MW00389102

Conversemos de tango

Sus orígenes, su música, el baile y la poesía

Volumen I

Lázaro Wisnia Gurovich

En ocasión del Centenario
del tango-canción
(1917 – 2017)

Tango
Poesía en movimiento.
Es pasión hecha música.
Es la tragedia humana hecha danza.
La belleza del ritmo musical y del movimiento perfecto,
coordinado y embrujador

Primera Edición
Los Ángeles
California, USA
Octubre de 2018
ISBN: 9781793455550

Diagramación y diseño:
S.E. y C. Estrofas del Sur
Santiago de Chile
www.estrofasdelsur.cl

En el libro *Conversemos de tango* (Volúmenes I, II y III) se reproduce material al que es posible acceder de manera libre, pública y gratuita en distintos lugares de Internet. Si algún autor o compositor, representante legal o sus derechos habientes considera que la exposición de algún material en particular afecta sus derechos de autor, rogamos comunicárnoslo a fin de proceder a su retiro.

Contacto con el autor: **lwisniatango@gmail.com**

QR musical incluido en el lomo: **TOMÁ MATE CHÉ** (El primer tango, 1856)

A Vera, mi esposa.
Por su constante amor, apoyo y
valiosa crítica constructiva
en la generación de este libro

Agradecimientos

Mis más sinceros agradecimientos a las numerosas personas que han contribuido, de distintas maneras, a mejorar, enriquecer y embellecer este libro: A Carlos Yáñez en Los Ángeles, California, por su colaboración con el diseño de la cubierta del libro, de la página web y del manejo de los Q-R íconos. A Antonio Moretti en Lima, Perú, por un excelente trabajo en la corrección del texto. A Sue Carrié de la Puente en Santiago de Chile y su equipo de Servicios Editoriales y Comunicacionales Estrofas del Sur, incluyendo el valioso trabajo editorial, corrección y diagramación de Alejandro Lavquén, Ernesto Jorquera y Nicolás Huerta. A Sandra Palma Núñez, también en Santiago, pues sin su oportuna y valiosa asistencia todo el proyecto habría sido doblemente complejo y difícil.

A Cristian Jiménez, colombiano residente en Buenos Aires, por su valioso trabajo en relación al material gráfico del libro. A los agentes en Buenos Aires, en el AGN, Fernando Citara y Mariano Petrecca. A Coco Trivisonno, argentino rosarino, residente en Los Ángeles, afamado bandoneonista de tres generaciones, por sus enriquecedores comentarios sobre la música y los personajes del tango.

En especial quiero agradecer también a los varios y eximios *escritores del tango*, autores de numerosos artículos y libros, debidamente reconocidos en el mundo tanguero, la gran mayoría de la República Argentina y del Uruguay, por permitirme el uso de sus artículos y por los valiosos comentarios sobre este libro: Luis Alposta, Dr Carlos Araujo, Carlos Basabe, Carlos Hugo Burgstaller, Lázaro Droznes, Carlos G. Groppa, Carlos Medrano, Dr Jose María Otero, Profesor Gustavo Varela y Mauricio Restrepo Gil de Colombia.

A Carlos G. Groppa, agradezco en particular, por su esfuerzo personal e incansable con el que ha contribuido por varias décadas, a través de Tango Reporter, a propagar la narrativa del tango en los Estados Unidos y sus alrededores.

En especial, quiero agradecer a mi esposa, Vera Cerny, por su incondicional apoyo y entusiasmo con este proyecto durante estos siete años de trabajo intenso. Siendo ella originalmente de la República Checa, su español con frecuencia es bastante mejor que el mío. También agradezco a los varios amigos que se tomaron el tiempo para con entusiasmo revisar y comentar en forma constructiva distintas partes del libro. Finalmente, agradezco a aquellos que en las tanguerías de Buenos Aires, de manera anónima, contribuyeron a mejorar mi entendimiento del tango y su epopeya.

A todos y a cada uno, mis eternos agradecimientos.

Dr Lázaro Wisnia Gurovich
Los Ángeles, California
Septiembre de 2018

Capacidad lírica de investigación y fluidez narrativa es lo que encontramos en el libro Conversemos de tango, en el que su autor, Lázaro Wisnia Gurovich, nos ofrece un estudio sereno sobre un tema que le apasiona, y que le agradecemos. Un libro que los amantes del 2 x 4 podrán leer con fruición 'de punta a punta' y quedar debida y puntualmente informados sobre autores e intérpretes del tango y sus historias.

Luis Alposta

El Dr. Lázaro Wisnia Gurovich nos ofrece con increíble maestría, una extensa y minuciosa investigación plasmada en Conversemos de tango. Escrito en un estilo comprensivo, sencillo y emotivo, no dudamos que la amenidad de su obra, deleitará y atrapará al lector, ni bien se introduzca en la lectura de sus páginas.

Carlos Araujo

El tratamiento que le da Lázaro Wisnia a su libro Conversemos de tango, es exquisitamente trabajado con pasión y gran tacto. Para llevar a cabo esta historia de la música más representativa del Rio de la Plata, hace falta tener los más grandes conocimientos de historiadores y revisionistas anteriores agregados al sutil trato que Lázaro Wisnia ha puesto en cada página. ¡Una obra genial!

Carlos Basabe Cerda

El tango requiere de cultores de manera permanente. Decir, explicar, investigar, traer nuevas propuestas a las propuestas ya conocida: el tango exige del esfuerzo de los historiadores, precisa de ellos para mantenerse vivo. Porque no hay tango sin el relevo permanente de su memoria. Sin dudas el trabajo del Dr Lázaro Wisnia Gurovich se inscribe en esta trama. Recorre cada uno de los rincones del tango, en un viaje que va de los comienzos hasta el presente. Son tres tomos de vida vivida por y para el tango. Celebramos y agradecemos a su autor la llegada de esta obra enorme.

Profesor Gustavo Varela

ÍNDICE GENERAL

VOLUMEN I

VOLUMEN II

VOLUMEN III

ÍNDICE
Volumen I

I
LOS ORÍGENES (ca 1860 – 1897)
La prehistoria del tango o la era del Prototango

CONVERGENCIA DE MUCHAS CULTURAS

ORÍGENES MUSICALES

LOS PRIMEROS TANGOS

CONVERGENCIA DE MUCHAS DANZAS

II
GUARDIA VIEJA (ca 1897 – 1917)
La adolescencia del tango

Tangos prostibularios

La guardia vieja: un origen humilde, "flor de fango"

El tango danza en plena majestad

Los estilos del tango y "los pasos"

En la pista de baile

Tangos carcelarios

La censura de la clase alta y de la iglesia

Los famosos bailarines del tango

El tango conquista Europa (ca 1900-1914)

El cantante de tango y su evolución en el tiempo

Prefacio

El tango es producto del hibridaje. Nace de circunstancias históricas y sociales muy precisas. Nos referimos a la inmigración masiva de europeos que acudieron al Río de la Plata en la segunda mitad del siglo XIX en busca de trabajo y oportunidades para mejorar sus condiciones de vida. Familias de distintos países, arribaron con esa esperanza. Aquella enorme masa de inmigrantes, en una o dos generaciones, transformaron a la sociedad de Argentina y del Uruguay, generando una nueva identidad. Entre los complejos efectos culturales que esa transformación conllevó surgió una música nueva, un baile nuevo y más tarde una poesía nueva. No ocurrió de la noche a la mañana, tomó unos 30 o 40 años en gestarse. De esta relación intercultural nació el tango.

En los años que siguieron el tango se separó de sus congéneres: el candombe, la habanera, la milonga campera, el tango español, la contradanza europea y otros géneros musicales de la época. A las masas de trabajadores porteños, negros, gauchos e indios urbanos, y a la gran inmigración europea, esta nueva música, muy alegre en sus comienzos, los sedujo y la convirtieron en su principal referente musical. Con frecuencia era solamente música y danza, agregándole en ocasiones letras pícaras, de alto contenido sexual, y términos del lunfardo, el lenguaje carcelario adoptado por los sectores populares. El tango creció y adquirió identidad propia, y, en el curso de cuarenta años, se convirtió en la música y danza preferida de la masa proletaria de Buenos Aires y Montevideo, también de Rosario y Córdoba, principalmente. El tango se gestó (Prototango), creció (Guardia Vieja), adquirió identidad propia (Guardia Nueva) y maduró (Época de Oro del Tango Argentino), llegando -podemos decirlo- a ser una de las más notables relaciones entre letra y música conocidas hasta el día de hoy.

Toda esta carrera de posicionamiento ocurrió sin intervención ajena, no había en la época entidades comerciales que le dieran apoyo financiero. Además, nunca lo necesitó, siendo eso uno de los méritos del tango. Creció a la fama y terminó por prevalecer frente a otros géneros musicales debido al enorme atractivo que provocaba su baile, música y letras. Es decir, gracias a sus propios méritos. Nunca necesitó auspiciadores, como ocurre hoy en día con los diferentes géneros musicales que siguen apareciendo. Y no solo conquistó a las ciudades donde nació -el tango fue un fenómeno urbano-, también conquistó Europa en dos etapas críticas, antes y después de la Gran Guerra Europea, la Primera Guerra Mundial. Reinó en París y en otras capitales del viejo continente en gloria y majestad. De hecho, en la actualidad, y desde los años ochenta del siglo pasado, el tango ha resurgido con mucho éxito en Europa.

El tango es vida y pasión, entusiasmo. No le pertenece a nadie y a la vez nos pertenece a todos aquellos que nos dejamos envolver por su encanto y creatividad. Así, el tango es de todos nosotros, y algunos sabemos más y otros menos. No es el propósito establecer jerarquías, sino más bien para conversar sobre un tema que nos apasiona a todos. En ese espíritu mutuo entre el lector(a) y el autor, está escrito este libro.

Algunos antecedentes históricos

El gaucho y el indio –mapuche, ranquel y tehuelche- desplazados de sus tierras de manera forzada, por cientos de miles, trajeron a la ciudad la milonga campera y otros ritmos nativos. Estos se mezclaron con el candombe africano de los afro-rioplatenses, liberados de la esclavitud solo décadas antes. A su vez, hubo una mezcla con el tango andaluz, la canzonetta italiana, la contradanza y otros géneros musicales traídos por los inmigrantes europeos, resultando de todo ello el hibridaje al cual nos hemos referido. Eso fue el hibridaje y, con este, el tango triunfó.

Como lo expresa muy bien la letra de Pascual Contursi, el tango fue *flor de fango*. Nació en la pobreza. Las condiciones de vida miserable durante las primeras décadas del siglo XX produjeron una convivencia, obligada si se quiere, de los diferentes grupos de inmigrantes, cada uno con su propia cultura, y por ende con su propia música y danza, en lugares reducidos. Por ejemplo, en lo que fueron los conventillos. Y en forma natural y esperada, por decirlo de alguna manera, en los prostíbulos, que se multiplicaron en Buenos Aires para atender las necesidades de la gran masa migratoria, que en un principio se trató, en su inmensa mayoría, de hombres solos. Por otro lado, en las calles de los barrios pobres, los arrabales, en las orillas, en los patios, se celebraban eventos familiares, cumpleaños, bautizos y matrimonios donde el tango obtuvo un éxito inesperado. Todo lo anterior, marcado por la relación social e intercultural entre los inmigrantes, contribuyó, en mayor o menor medida, a ese hibridaje muy *sui generis* que significó la gestación del tango.

Un factor que también contribuyó, fueron los organitos ambulantes que divulgaron el tango cuando aún no existían las tecnologías que dieron paso al gramófono y a los discos grabados. Tampoco existía la radio. Más tarde, estos medios contribuirían, de manera significativa, tanto en la difusión como en el éxito del tango.

Músicos e instrumentos

En aquel ambiente social que hemos referido, formaron sus vidas artísticas aquellos músicos itinerantes, iletrados, sin formación musical alguna en lo formal, que fueron dando vida al tango. Se trataba, en su inmensa mayoría, de músicos callejeros que se juntaban en pequeños conjuntos de dos o tres, con violín, guitarra y flauta, (excluido el piano, que era poco práctico para recorrer las calles con él en busca de posibles clientes que requirieran de sus servicios). Estos músicos de las calles, de las esquinas, de los conventillos y de los prostíbulos, son los verdaderos pioneros del tango. No solo interpretaron, también compusieron cientos o miles de tangos, cuyas partituras nunca se escribieron. Pues no sabían leer ni escribir una partitura. Mucha música sin partitura se perdió para siempre en la penumbra del tiempo, salvo algunas melodías que fueron pirateadas más tarde por las nuevas generaciones de músicos, ya más instruidas, que le fueron agregando letras y haciéndolas famosas.

Es importante señalar que en las últimas décadas del 1800, estos músicos, en general y sin educación de ningún tipo, se encontraron con un instrumento nuevo, extraño, que nadie entendía ni sabía cómo tocarlo, pero que terminó por conquistar al tango y lo hizo propio. Nos referimos, por supuesto, al bandoneón.

La importancia del teatro

Un medio importante en la difusión del tango como fenómeno urbano, sobre todo en sus comienzos, fue el teatro popular, en particular el género chico, el sainete. En una época en que escasamente había diversiones para los trabajadores y sus familias, el teatro, con sus obras simples y con un lenguaje directo, con mucho lunfardo, fue con frecuencia el puente natural de comunicación que representaba las vicisitudes de la vida diaria del inmigrante. Y si las obras incluían tangos, como habitualmente lo hacían, mejor aún. Muchos de los futuros cantantes de tango que hoy celebramos, hombres y mujeres, se iniciaron en el teatro popular.

Asuntos de linaje

Pero el tango, con todos sus méritos y valor musical intrínseco, traía consigo un problema serio, serísimo. No tenía linaje social. O más bien lo tenía, pero de muy mala estirpe. Era la música y baile de los necesarios pero despreciados inmigrantes y, por tanto, un baile digno de reproche. Además, era la música de los prostíbulos. Y peor aún, cuando traía letra, esta era viciosa, incluso explícitamente sexual. Y en sus primeras décadas, digámoslo con franqueza, ¡soez! Por lo tanto, no podía entrar a convivir en sociedad, ni en la clase alta ni en la clase media. Las familias debían proteger el futuro de sus hijas e hijos rechazando el contagio del pecaminoso tango. En esta empresa de protección de las buenas costumbres, las clases pudientes contaron con un fuerte apoyo del Estado y de la Iglesia.

Pero ocurrió algo inesperado que salvó al tango de su “aislamiento”. Los “niños bien” de la clase alta se entusiasmaron fanáticamente con él. No pudieron sustraerse a su embrujo y se familiarizaron, se contagiaron del virus del tango, lo aprendieron en los arrabales y en los lupanares de lujo, incluso lo llevaron a Europa. El tango se saltó a la sociedad bonaerense, aterrizando en París y otras capitales europeas, causando furor. Y así, tras esto, entró de vuelta en Buenos Aires, ahora por la puerta principal, aceptado por la sociedad de las buenas costumbres.

También sucedió algo más, una verdadera revolución, algo que los habitantes de los arrabales, de las orillas y aquellos músicos analfabetos, así como las regentes de los prostíbulos, nunca se imaginaron. El tango se hizo culto, aprendió a leer y escribir, y surgió la letra narrativa, la increíble poesía del tango (al menos para los hispanoparlantes). A la música y danza, el tango agregó la lírica, la insuperable poesía del tango. Surgieron no solo los poetas del tango sino también las maravillosas voces del tango, masculinas y femeninas, desde el increíble Morocho del Abasto (Carlos Gardel) en adelante.

Eso sí, un pequeño gran detalle: el tango, de orígenes alegres y pícaros, se hizo triste, melancólico, dramático. Fue el precio que pagó. Pero el resultado lo justifica, las letras le agregaron al tango una riqueza de experiencia humana que tal vez ningún otro género musical posee hasta ahora. Más adelante, el lector(a) podrá juzgar por sí mismo.

El tango, ya adulto y maduro, evolucionó en sus formas musicales, se enriqueció con el bandoneón y con la aparición de esa magia que fueron y son las Orquestas Típicas. Los creadores del tango, sus músicos, sus intérpretes y sus poetas, completaron su maduración hasta llegar a la perfección que adquirió en sus etapas siguientes. Aquel proceso persiste en nuestra época, con un resurgimiento que continúa embrujándonos. Toda esa epopeya del tango es el tema de este libro.

ALGUNAS ESPECIFICACIONES SOBRE LA PRESENTE EDICIÓN

ARGENTINISMOS: A través del texto, y con la intención de respetar el lenguaje original del Río de la Plata, se emplean muchos términos que aparecen con acentos gráficos (tilde) y sin él, acentuándose de manera diferente al español oficial. En la vida diaria y en la lírica del tango tenemos muchos ejemplos: andá en vez de anda; comé en vez de come, bailá conmigo, en vez de baila conmigo, por citar algunos entre cientos más.

RESPONSABILIDAD LEGAL: También es importante mencionar que descargo de responsabilidad legal respecto al uso de artículos publicados, material gráfico, fotos y grabados. Se ha hecho un esfuerzo consciente en dar a los autores respectivos los créditos de las fuentes utilizadas. Se han respetados los derechos de autor, trabajando con las fuentes del Archivo General de la Nación (AGN, Argentina) para obtener los permisos correspondientes. Para esta tarea contamos con la valiosa ayuda de dos agentes en Buenos Aires, los señores Mariano Petrecca y Fernando Citara. Asimismo, hemos contado con la generosa colaboración de los autores de los artículos que se reproducen aquí, quienes han dado su autorización para ser incluidos en este libro.

BREVE APOLOGÍA DE ESTE LIBRO: Este libro no es ni pretende ser una enciclopedia exhaustiva sobre el tango, ni tampoco ser un libro académico. Más bien intenta, en su tono, establecer una suerte de conversación informal con el lector(a). Ya hay publicada muchísima información, excelente y variada, en numerosos libros, revistas y sitios de Internet, sobre los diferentes aspectos del tango. Pero, salvo algunas excepciones, toda esa información está repartida y esparcida (fragmentada si se quiere) entre las numerosas publicaciones aludidas. Esto hace que para aquel lector(a) interesado en tener un entendimiento integral sobre el tango, se haga casi imposible la tarea, a no ser que quiera dedicar su valioso tiempo a explorar e investigar con un tremendo esfuerzo extra todas estas valiosas fuentes dispersas. En este libro, se intenta resolver ese problema reuniendo en una sola obra un compendio con aquella información. También, y en forma muy conveniente, se incluye un *mini diccionario lunfardo* al final de cada uno de los tangos expuestos en diferentes secciones del libro.

SOBRE EL TÍTULO: El título se explica por sí mismo. Este libro, como ya lo mencioné, no intenta ser un libro académico. Tampoco pretendo que sea una acumulación de información fría y despersonalizada sobre el tango. Menos deseo ahogar al lector(a) con información al estilo de una "enciclopedia pedántica" sobre el tango. Mi intención es realizar "una conversación informal" con el lector(a) sobre el tema que nos entusiasma.

Del autor a sus lectores

Buena parte del contenido de este trabajo no es originalmente mío. Como en cualquier investigación amplia sobre un tema de interés, se han utilizado múltiples fuentes de dominio público. Esto incluye numerosos libros sobre tango y materias afines, así como material que me ha sido enviado por otros entusiastas del tango para este trabajo de compilación. También se ha tenido a la vista varias biografías de Carlos Gardel y cientos de artículos, incluyendo muchos de atractivas revistas dedicadas al tango.

Otras fuentes han sido conversaciones con "tangueros viejos" y, por supuesto, escuchando mucha música de tango y asistiendo a las tanguerías (milongas) en Buenos Aires. A todo esto, sumo una fuente inagotable: El maravilloso mundo de Internet. Han sido más de seis años y miles de horas de trabajo para llegar al producto final. Un esfuerzo gigantesco y a la vez muy organizado y disciplinado, manejando una cantidad enorme de información y asegurándose de la exactitud de esta, así como de la consistencia entre las distintas fuentes. Seleccionar, descartar, incluir, consolidar, compilar, editar y extraer los conceptos más centrales y relevantes, ha sido una ardua tarea.

De esta manera, este libro es, por una parte, mi propio producto y creación, y por otra una recopilación de excelentes artículos y libros de otros autores que han escrito sobre el tango. Muchos de esos artículos -dada su alta calidad- se han reproducido en el libro total o parcialmente, la mayoría con la generosa autorización de sus autores para citarlos y reproducirlos.

Existen cientos de libros y miles de artículos excelentes sobre los distintos matices y aspectos del tango y sus creadores. Pero se necesita también una fuente acerca de la historia del tango en términos simples, es decir al alcance de aquella multitud de apasionados del tango sin experiencia y no familiarizados con los detalles y vericuetos que manejan los expertos en el tema. En ese sentido, mi libro está dirigido no al tanguero de toda una vida, con conocimiento amplio y profundo, sino más bien a un público joven que recién se adentra en la excitante y hermosa experiencia del tango. Ese es el objetivo que pretendo cumplir en estas páginas.

En un lenguaje asequible, sin necesidad de un conocimiento previo sobre el tango, el libro contiene la historia del tango desde sus inicios, pasando por su evolución y controversias. Incluyendo breves reseñas de sus músicos, poetas, cantantes y las maravillosas mujeres del tango, resaltando las circunstancias históricas y sociales en que se gestó. Creo que ese es el verdadero valor del libro. No va a reemplazar lo que ya se ha publicado –de alta calidad- sino más bien contribuye con un granito de arena a la eternidad del tango para acercarlo de manera educativa a los jóvenes "tangueros nuevos" de todos los rincones del mundo.

Ahora, si bien es cierto que condensar es una virtud, en un trabajo de investigación como este, también es cierto que malograr, con la intención de acortar un excelente artículo original, es un pecado literario. Por esta razón, en algunos capítulos he decidido citar el artículo original completo de algún autor -a veces con modificaciones mínimas para los propósitos y contexto de este libro-, opción mucho más valiosa, a mi modo de ver, que intentar editarlo y recortarlo. En todos estos casos, reitero, los créditos del autor han sido cuidadosamente respetados.

En ese aspecto, creo que mi contribución son los comentarios, los análisis del valor y relevancia del contenido, el enorme trabajo de ordenar y compilar el vasto material disponible, y darle un sentido histórico, de continuidad. Y, sobre todo, cumplir con el propósito de mantener toda esta rica información para la conveniencia del lector(a).

He intentado, con especial énfasis, mantener la belleza y la pasión envuelta en este tema, considerando que lo que menos debemos hacer -como ya lo he mencionado- es "intelectualizarlo", sino que se trata de gozarlo en plenitud. Escribir este libro ha sido una experiencia maravillosa. Entonces… ¡Conversemos de tango!

I
LOS ORÍGENES (CA 1860 – 1897)
La prehistoria del tango o la era del Prototango

SUS ETAPAS Y OTRAS YERBAS...

¿Qué es el tango?

"Es una manera de vivir, de sentir y concebir apasionadamente la existencia y el mundo... una danza de pareja abrazada... su música se combina en espíritu, métricas, acentuaciones, intenciones, ritmos y melodías con los versos de la poesía cantable... es contar la vida en un ritual... es constitutivamente teatral, es un quehacer dramático... es la multitud, pero solo en sentido metafísico, porque en su esencia es la multitud desmultiplicada en la soledad de una mujer y un hombre... es un ritual, así sentido, concebido y consumado, con una ceremonia que goza de plenitud en la noche, con la distancia y la luz... es oblicuo en su vínculo con la realidad, también en la oblicuidad de brazos y piernas de sus bailarines, son oblicuas las miradas gatunas de sus bandoneones en la noche y son oblicuos los ojos de la china criolla que habita los más antiguo repliegues del alma...tango es una cultura dentro de la cultura del Río de la Plata. Es una cultura en sí misma, y cultura muy del siglo XX, con su universo, sus ambientes, sus códigos, su plástica corporal, sus ropas, sus gestos, su idioma, su vocabulario, sus temas, sus artes, su ritual y su historia..." (Horacio Ferrer)

¿Quién o quiénes inventaron el tango?

A diferencia de otras áreas del quehacer humano, en que siempre se señala a algún individuo determinado que crea y desarrolla algún nuevo estilo en el arte, o tratándose de un avance tecnológico maravilloso, citando a grandes inventores, como un Thomas Alva Edison o un Alexander Graham Bell, por ejemplo, el tango es producto más bien de un fenómeno social colectivo que surge en condiciones históricas singulares y en segmentos de una sociedad en particular. Más que un invento paulatino, es un aglutinamiento de la costumbre existente que se van complementando y gestando en algo nuevo, dentro de las circunstancias propias de ese grupo social. Y sin haber intención aparente, o planificación y ejecución. Se trata, en concreto, de un "invento" de masas.

Al comienzo, fueron los excelentes bailarines de la "orilla" (las afueras de Buenos Aires, los márgenes, las orillas) los que tomaron el lugar de los verdaderos inventores del tango: los llamados *orilleros*.

El tango en una simple expresión

Baile rioplatense, argentino-uruguayo, difundido internacionalmente, de pareja enlazada, forma musical binaria y compás de dos por cuatro. Poesía realista cantable cuya letra es una expresión de arte popular. El tango es el canto de la madre, es el patio de juego, pero también es la tristeza de la pobreza. Para Borges: "El tango es una manera de caminar", y Juan Gelman lo parafrasea diciendo: "El tango es una manera de conversar". Luego Caralla agrega: "El tango es la danza popular más profunda del mundo". Y Enrique Santos Discépolo, uno de sus máximos creadores, dijo: "El tango es un pensamiento triste que se baila".

Preguntas y satisfacciones

¿Qué tanto con esto del tango, que parece marchitarse, casi desaparecer y sin embargo siempre vuelve?

Respuesta breve

Pues bien, es *la pasión del tango*. Una vez que se lo ha escuchado y además se lo ha visto bailar, la infección viral no tiene cura, quedamos contagiados y embrujados por la música, el canto, las letras, con ansias de querer bailarlo, bailar, bailar y bailar… El tango no está en los pies, está en el corazón. Y al final de cuentas, durante nuestra vida moderna, complicada y compleja, y en la cual transitamos brevemente, ¿acaso no somos más que simples seres humanos llenos de puro sentimiento? Se dice que el tango se baila "escuchando el cuerpo del otro". El tango no es una danza, es más bien una obsesión.

El tango no es ni será algo pasajero

El tango tiene valor permanente a través del tiempo, superando generaciones, porque representa la naturaleza humana universal. Contiene la experiencia de la vida, a veces con humor y muchas otras con tristeza, con melancolía. El tango se puede expresar en sus dos formas gemelas que se integran y a la vez compiten entre sí: a través de esa danza introvertida y embrujadora que es *el tango baile* o a expensas de una historia en tres minutos, el maravilloso *tango canción.*

Los amantes del tango: dos universos para un mismo amor

Por un lado, tenemos a *los tanguistas de por vida* –los tangueros viejos- que han nacido y se han nutrido en el tango, conocedores de la mayoría de los compositores y músicos, de las letras y de los cientos de anécdotas e historias de sus creadores e intérpretes. Unas verdaderas enciclopedias ambulantes. Este libro probablemente no es para ellos.

Estas páginas están dedicadas, más bien, al segundo universo: los *entusiastas del tango*, o a los que no conocen casi nada de su historia, pero se embrujan con la música, las canciones y el baile, buscando saber mucho más. Para estos, fundamentalmente, es la información acumulada en este libro. Un compendio organizado, sin ser exhaustivo, y lejos de ser completo, pero con la información suficiente, espero, para satisfacer todas las preguntas y dudas sobre el tango, su historia y sus creadores. Se trata, más bien, de una especie de *mapa del tango*, donde el lector(a) puede ubicarse, explorar y elegir los caminos que en particular más lo entusiasmen.

Espero haberlo logrado, el lector(a) será el juez. También deseo que lo disfruten y gocen tanto como yo y me acompañen en esta aventura de la imaginación y los sentidos por el mundo de la nostalgia. He intentado mantener la belleza y la pasión envuelta en este tema. Lo que menos he querido hacer es intelectualizarlo, sino que gozarlo en plenitud con nuestros sentidos: escuchar, cantar, bailar, palpar y amar.

"Conjuro extraño de un amor hecho cadencia
Que abrió caminos sin más ley que la esperanza,
Mezcla de rabia, de dolor, de fe, de ausencia
Llorando en la inocencia de un ritmo juguetón..."

EL CHOCLO

Música: Ángel Gregorio Villoldo (1903)

Letra: Enrique Santos Discépolo (versión IV, 1946)

Nota al lector

¿Qué son los Q-R icons?

El Quick reader ícon establece un link, en este caso con la interpretación musical/auditiva de un tango, para que así el lector, con su smart phone, pueda, si lo desea, mientras lee el libro, escuchar el tango correspondiente.

¿Cómo hacerlo?

El lector(a) va a observar que, a través del texto, muchos de los tangos mencionados van acompañados del ícono QR (Quick Response code). Este ícono -muy conocido y que se encuentra con frecuencia en productos comerciales- se utiliza en este libro para escuchar, cuando el lector(a) así lo desee, la música y la

letra de los tangos correspondientes. Esto permite al lector escuchar la música, en una o más versiones, de los tangos mencionados, directamente en su teléfono celular, mientras continúa leyendo el texto. Esto sin necesidad de ir a buscar esa música en particular en la computadora o en su colección personal. Resulta muy útil, sobre todo, si está leyendo el libro alejado de su computador, en otro cuarto, o en un lugar público, un café, por ejemplo. La inmensa mayoría de las canciones reproducidas en este libro proviene de mi vasta colección privada de MP3. Ocasionalmente, alguna está más bien en YouTube.
Para escuchar, solo necesita hacer es lo siguiente:

1. Bajar la aplicación de QR reader -hay varias, todas sin costo alguno- a su teléfono celular.
2. Con su teléfono celular y la aplicación activa, apuntar directamente al ícono en su libro impreso.
3. El QR reader va a leer automáticamente el ícono y abre en pocos segundos el tango correspondiente con su música. No es necesario apretar ningún botón o tecla en el celular. Eso es todo, simple.
4. Es importante que el lector sepa que al acceder a los QR se encontrará, en algunos casos, que habrá tangos que no empiezan inmediatamente, sobre todo los más antiguos, que pueden comenzar hasta casi un minuto luego de activado el audio.

Haga la prueba, por ejemplo, con el QR del tango “El choclo” versión IV.

El tango en el contexto de la experiencia humana

La música, podemos teorizar, es una expresión universal que se gestó desde que el hombre primitivo evolucionó hasta llegar a ser capaz, en medio de la lucha por la supervivencia, de distraerse por momentos y escuchar su entorno, prestar atención a su hábitat, a la naturaleza y a los sonidos que esta le entregaba día a día. Luego, desarrolló la capacidad de *vocalizar y reproducir* esos sonidos, que le despertaban tal vez ciertos sentimientos difíciles de definir, nostalgia, alegría, tristeza, pasiones, podemos imaginar emociones intensas a veces que lo elevaban a un plano sublime, diferente a las peripecias del diario vivir. Entonces, podemos imaginar que, desde el principio de la historia, los hombres han recurrido a la armonización del sonido para disfrutarlo a un nivel emocional y estético, quizás para aligerar las cargas de la vida. Para ser más felices. O por nostalgias. Más tarde, tras irse desarrollando el ser humano como un ser integral y colectivo, pueblos de todos los rincones del mundo crearon cantos a sus dioses tribales, acompañándose de primitivos instrumentos. En los milenios que se sucedieron, esto fue válido para la música folclórica y popular, así como para la llamada música clásica de los diferentes grupos humanos y sus respectivas culturas.

Cada sociedad, en unas pocas generaciones, desarrolló su propia música en distintas épocas de su historia. Todas fueron y lo son -en una u otra forma musical-

expresiones artísticas bellas que con frecuencia rayan en lo sublime, casi celestial. Más adelante, en los milenios que se sucedieron, cada civilización, en un proceso verdaderamente maravilloso del ser humano, fue creando su propia música, que, en importante medida, aporta a su identidad socio-cultural. Este proceso creativo, casi mágico, ha existido en diferentes momentos históricos y sociales, independiente de la ausencia de los avances tecnológicos, de cada cultura, comparada con otras civilizaciones llamadas "más avanzadas". La mayoría de aquellas músicas han desaparecido con el paso del tiempo, y no hay forma de reproducirlas, a pesar de haberse descubierto excepcionalmente sistemas antiguos de notación musical. ¿Cuánto se ha perdido de aquella música de la que jamás sabremos, o de los instrumentos y los bailes que la acompañaron?

Dado lo anterior, el tango sería así solo una música más, entre las cientos o miles que han germinado en la historia de la humanidad. Pero no. A quienes nos ha tocado vivir en las décadas presentes, hemos sido privilegiados al ser testigos de la genialidad en la creación de una música más, de un baile más: el tango.

El tango ha sido creación de una cultura muy particular, producto de la confluencia de muchas culturas debido a una oleada masiva de inmigrantes a la Argentina y el Uruguay en un período relativamente corto, de unos treinta o cuarenta años, donde la cultura de los inmigrantes interactuó con las culturas autóctonas de la región del Río de la Plata, produciendo uno de los fenómenos musicales más exitosos de que se tengan noticias. Vale agregar que en ese contexto de migraciones masivas al "Nuevo Mundo" fueron dos los géneros musicales que se gestaron gracias a aquella confluencia de culturas y que luego adquirieron fama mundial: el jazz en el hemisferio norte y el tango en el hemisferio sur. Este último se expandió con una fuerza irrefrenable desde el Río de la Plata a París. Algunos estudiosos del tango afirman que, sin la migración y la mezcla o fusión de tantas culturas, el tango e igualmente el jazz nunca hubiesen llegado a existir. Así el tango, en nuestro caso, en la época moderna, como expresión netamente rioplatense (argentina y uruguaya) no es una excepción. Ha sido una de las creaciones humanas más impresionantes que ha surgido, y sus creadores -compositores, poetas, intérpretes- merecen un lugar destacado en la historia de la música.

En el caso particular del tango y su evolución, las primeras etapas fueron del arrabal, de las orillas, (Prototango y Guardia Vieja, ca 1860-1917) y se constituyeron en la narrativa del tango como las fases de música popular. Luego, en las etapas que siguieron (Guardia Nueva y Época de Oro, ca 1917-1955) el tango fue incorporado por la clase letrada y la clase media, provocando un cambio significativo en la naturaleza íntima del tango, el paso desde la música alegre a una música melancólica, nostálgica. El tango pasa, en su evolución espacial, geográfica si se quiere, desde el campo (milonga campera) a la barriada (el candombe), a los arrabales y orillas (el tango reo[1]de la Guardia Vieja). ¡Entremedio con un pequeño paseo inaudito en París! Y finalmente al tango urbano, el tango ciudadano de la Guardia Nueva, que entra de lleno en la urbe de la clase media. Allí se queda, allí florece y obtiene su Época de Oro. De este modo, ese milagro del hombre y su creatividad sigue ocurriendo hasta nuestros tiempos, y es una vivencia que nosotros, los de esta generación, todavía estamos presenciando.

Asimismo, hay que tener presente que la música existió siempre *antes que la partitura*. Como ya lo mencionamos, las sociedades humanas desde el umbral de la historia siempre crearon música. En cambio, la educada partitura de sociedades letradas vino después, a poner en escrito, *en un pentagrama*, esa música ya existente por décadas o incluso siglos.

"Pido permiso señores
que este tango... este tango habla por mí
y mi voz entre sus sones dirá
dirá por qué canto así
porque cuando pibe
porque cuando pibe me acunaba en tango
la canción materna
pa' llamar el sueño
y escuché el rezongo de los bandoneones
bajo el emparrado de mi patio viejo"
POR QUÉ CANTO ASÍ (1943)
Con música de "La Cumparsita"
Letra: Celedonio Esteban Flores

¿QUÉ ES EL TANGO PARA USTED, ESTIMADO(A) Y LECTOR(A)?

Si preguntamos entre la gente común, no expertos ni pensadores profundos, tanto a hombres como mujeres, como usted y yo, las respuestas son sorprendentes y enriquecedoras a la vez.

"El tango para mí representa una necesidad, una ansiedad de buscarlo casi a diario, un descanso a mi angustia de vivir, una incertidumbre disfrazada de abrazo, una pena que casi encuentra consuelo en esos tres minutos, la duda constante del siguiente paso, el tango es un salto al vacío, es el que no me importe el siguiente paso estando al borde del abismo".

"Para mí es un cable a tierra que me ayuda a desenchufarme de los problemas, y las preocupaciones del día a día.".

"¡Me quedé 5 minutos sin palabras! Mi vida, mi lugar".

"Una hermosa danza que transmite muchas sensaciones... La eterna compañía por tres minutos".

"...El tango para mí es una pasión incomparable, es… bocanada de aire fresco en las tardes agobiantes de verano, es una frase de una poesía que mi amor compuso para mí y está ligada a mi sentimiento por el tango. Bailamos y disfrutamos juntos bailando tango".

"No lo sé explicar muy bien..., pero lo que sé es que cuando lo bailo me siento liviana, como que vuelo... ¡que el corazón late fuerte!".

Preguntas y satisfacciones

¿Y qué es eso de la Guardia Vieja?

Respuesta breve

A continuación de la "Prehistoria del tango" (Prototango) esta es la etapa inicial en su historia y, como veremos a continuación, se sucede a su vez con la Guardia Nueva y demás etapas.

Las etapas del tango

(Fecha inicial aproximada, de ahí el uso de la preposición *circa*: ca)

a) La prehistoria del tango o la era del Prototango (ca 1860 - 1897). La mayor parte de los investigadores señalan este período como las fechas más próximas al nacimiento del tango.

b) La Guardia Vieja (ca 1897 - 1917). Los estudiosos del tango fijan el inicio del período conocido como Guardia Vieja con la creación del tango *El entrerriano*, compuesto en 1897 por Rosendo Mendizábal, afro argentino.

Los orígenes: Los arrabales de Buenos Aires, el compadrón -y su sucesor e imitador: el compadrito-. La mezcla de migración interna (los gauchos desplazados de las pampas y los inmigrantes europeos).

El tango-danza: Este es llevado con gran éxito a Europa por los grandes conjuntos de principio del 1900 (antes de la Gran Guerra Europea), y solo después de esto es aceptado de vuelta por la clase alta de Buenos Aires. En 1921 Rodolfo Valentino protagonizó, en Hollywood, la película "Los Cuatro Jinetes del Apocalipsis", que incluyó el tango *La Cumparsita*, alcanzando gran éxito gracias a la escena donde Valentino baila vestido de gaucho.

c) La Guardia Nueva (ca 1917 – 1935)

Gardel, el gramófono y el invento del tango-canción. Segunda entrada del tango en Europa: Gardel y otros llevan nuevamente el tango al viejo continente, entre las dos guerras. Es la época de Caruso, Chaplin y la Mistinguett.

Las orquestas típicas, los cantantes y luego, en especial, los poetas del tango se multiplican y traen una producción masiva y de alta calidad en el mundo del tango.

Este período incluye también el comienzo de la llamada Década Maldita (1930-1943), la primera de muchas dictaduras militares en la Argentina, que entre sus consecuencias nefastas trajo una brutal represión y la prohibición de difundir muchos tangos.

d) La Época de Oro (ca 1935-1955)

Se trata de un período de alrededor de 20 años, aunque no hay acuerdo entre los conocedores de estos períodos: 1935-1952 ó 1940-1955, ó 1946-1955 (coincidiendo con el régimen peronista que sigue a la Década Maldita). Es la época post Gardel, de los intérpretes románticos (Edmundo Rivero, Hugo Del Carril, Julio Sosa, Roberto Goyeneche, Charlo). Y luego Troilo y Piazzolla, entre otros.

Y hasta aquí llega cronológicamente la temática de este libro

e) Hasta el día de hoy (1955)

El Tango de Vanguardia, el Tango Nuevo. Este incluye un período de pérdida de popularidad, en competencia con la renaciente música folclórica y géneros extranjeros (jazz, mambo, ritmos centroamericanos, rock). Se da la aparición del *tango queer*, y luego el renacimiento del tango clásico, recuperando popularidad en la Argentina y en todo el mundo. Ahora, como ya hemos mencionado, este libro no incluye esta etapa, salvo alguna referencia ocasional.

"...Tango que me hiciste mal
y que sin embargo te quiero,
porque sos el mensajero
del alma del arrabal..."
Apología del tango (1929)
Poema de Enrique Pedro Maroni

Dos temas importantes a conversar

El tango-danza: Música africana, habanera, candombe, contradanza, milonga. Primero *la etapa alegre* (criolla) y *luego la etapa triste*, *la nostalgia* (inmigrante).

El tango-canción: Una nueva etapa en la historia del tango. Las letras son un elemento importante, que muestran la expresión de diferentes vivencias y emociones, esperanzas, desilusiones, sueños, memorias y recuerdos, ansiedades, amor y filosofía diaria de la vida. Los poetas del tango logran relatar en tres minutos una historia completa.

Y otros temas igualmente importantes a desarrollar

Las academias, los peringundines (No, no es un error gramatical).

El tango fue, en gran medida, el efecto de la mezcla de diferentes culturas (hibridaje) y el producto del resentimiento del criollo contra la invasión del gringo, la tristeza y la nostalgia del inmigrante.

El gaucho trajo la Payada, con su poesía espontánea, verso octosilábico improvisado y cantado con guitarra.

Títulos, o a veces letras completas, prostibularias, morbosas o eróticas.

A falta de mujeres: hombre/hombre en el baile.

Prohibido por la Iglesia. Leyenda o realidad: demostración frente al Papa.

Nota

1 Reo: de lo popular, humilde, pobre.

HISTORIA Y ANECDOTARIO

"Siglo veinte, cambalache
problemático y febril!
El que no llora, no mama,
y el que no afana es un gil".
CAMBALACHE (1934)
Letra y Música: Enrique Santos Discépolo

¿Por qué este libro abarca solo hasta 1955? ¿Y qué pasó después, digamos los últimos 65 años?

Para muchos apasionados del *tango clásico* (tradicional) todo lo que ha venido después son solo agregados. Lo más importante ya fue. Pero como dije al comienzo: es solo una opinión personal. Puesto que el tango ha continuado desarrollándose, incluyendo un renacimiento, desde los años ochenta, con mucha fuerza.

La respuesta en forma simple: *es la preferencia personal del autor*. Confieso que tengo una fuerte predilección por aquellas etapas de la historia del tango conocidas como "la Guardia Vieja" y "la Guardia Nueva" y mis preferencias terminan más o menos en los años cincuenta, con alguna excepción.

Alguien, recientemente, esbozó una explicación parecida a esta preferencia en otra dimensión musical. Él es un apasionado de Mozart, Beethoven y los demás clásicos y románticos, los escucha con frecuencia, tantas veces como disponga de tiempo. Pero cuando se trata de música posterior, por ejemplo, de Gustav Mahler, no ha logrado entenderlo nunca ni gozar de su música, pese a varios intentos. Mahler -considerado uno de los gigantes de la música- pertenece a otra época en la evolución musical. Para el individuo corriente, no musicólogo, no es ni bueno ni malo, ni peor ni mejor, es simplemente diferente. Tal vez es correcto decir que es demasiado complejo para el gusto "simple" de mi amigo. "No le llega, no le toca el corazón". Él prefiere seguir inmerso en el enorme goce de los sentidos y la estética musical que le dan los clásicos. Algo parecido es lo que ocurre con el tango clásico tradicional y el Tango Nuevo. Los apasionados del tango clásico pueden seguir escuchándolo por el resto de sus vidas, una y otra vez. En cambio…

El tango, una universidad de la vida

Sin haberlo pretendido, el tango es una universidad de la vida. Es *una expresión profunda de todos los atributos de la sociedad*: frustración, tristeza, a veces desesperación y rencor, pobreza y sensación de abandono, y a menudo un sentido de marginalización por parte de las clases más pudientes, también nostalgia y, con frecuencia, la incapacidad de adaptarse a la adversidad. Suma todos los elementos de una sociedad disfuncional, que representa a la mayoría de las sociedades, particularmente urbanas, de ayer y de hoy. El tango es un acontecimiento existencial del Río de la Plata y, a la vez, un regalo al mundo entero.

Diferentes formas de hacer tango: danza y canto

El tango hay que verlo bailar, escucharlo y cantarlo. Vale la pena volver a mencionar, desde ya para el neófito, que el tango tiene dos expresiones, *dos mitades* por decirlo así, que se mezclan y se acompañan. Y a veces incluso compiten una con la otra: el tango-danza y el tango-canción, ambos por supuesto acompañados de la música tanguera. En ese sentido, este libro pretende ser una experiencia combinada de lectura y audio (opcional para los que lo deseen), y así gozar plenamente su contenido. El lector(a) va a obtener el máximo de provecho *si también escucha y canta los tangos* y no solo lee las líneas aquí presentes. La música y la letra de los tangos mencionados están hoy disponibles en el omnipresente teléfono celular (*smart phone*), para poder escucharlos y cantarlos si se quiere, acompañándose de las letras correspondientes.

¿Qué fue primero, la música, la letra, el baile?

El tango nació como música instrumental exclusivamente para ser bailado. Con el tiempo incorporó el canto, casi siempre un solista o un dúo, sin coro, pero manteniendo de manera bastante marcada la separación entre tangos instrumentales y tangos cantados.

La mayoría de esas líricas antiguas se han perdido a través del tiempo. Además, aunque existieron líricas en la etapa del Prototango y la Guardia Vieja, nunca llegaron a la rica expresividad y belleza que llegaría a tener el tango-canción de la Guardia Nueva. Por lo general, como ya lo expresamos más arriba, se considera que el tango-danza con su música fue primero, incluyendo al comienzo el baile hombre/hombre, debido a la falta numérica de mujeres. Muchos de los títulos, o a veces letras completas, en los comienzos, fueron *de origen prostibulario,* con fuertes elementos morbosos/eróticos. Solo años después, en la generación siguiente, nació el tango-canción, que es la verdadera etapa de oro en la historia del tango, la Guardia Nueva.

"Caminito que el tiempo ha borrado,
que juntos un día nos viste pasar,
he venido por última vez
he venido a contarte mi mal".
CAMINITO (1926)
Letra: Gabino Coria Peñaloza
Música: Juan de Dios Filiberto
Canta Carlos Gardel

"El tango es una historia en tres minutos"

¿Y *por qué en solo tres minutos?*

Debido a las limitaciones técnicas de los discos de la época. Los autores tuvieron que enfrentar el desafío de la tecnología si querían que sus tangos fueran escuchados no solo por las audiencias presentes sino, además, por la nueva moda de la radio y sus radioescuchas y los que podían comprar un fonógrafo. Lo veremos en detalle en los capítulos correspondientes. El tango-canción se desarrolla, en plenitud, a partir de 1917.

¿Cuántos tangos se han escrito?

Elija usted, querido lector(a), un número probable. Si uno se detiene a pensar por un momento en los tangos "más conocidos" o "los 40 ó 50 tangos que más le gustan a uno" como referencia, diríamos que el total de tangos que se han escrito son seguramente un número algo mayor. Así que, para ser más generosos en imaginar una cantidad, tomemos como punto de partida el número de tangos mencionados en este libro: 246 composiciones.

La realidad indica que es una cantidad incluso más grande que lo que nos imaginamos. Sin hacer ningún estudio o investigación, y como decimos en mi pueblo, "a ojo de buen cubero", debe haber unos mil o dos mil tangos... Respuesta incorrecta, lo siento. Son muchos más. Un investigador estableció que hay miles, si no decenas de miles de composiciones tangueras en un período de alrededor de 100 años.

Efectivamente, otras fuentes de investigación, bastante serias, citan un número muchísimo mayor: ¡15.000 composiciones! Estos números inimaginables incluyen tangos instrumentales, bailables y cantados. Según un comentario que se cita: "Así como hubo tangos que pudieron mantenerse por el aire, otros ni siquiera levantaron vuelo". ¿Cuántos miles de tangos, por no contar con personalidad suficiente como rasgo diferencial, o no hallar permeabilidad social, nunca prosperaron?

¿Cuántos tangos se compusieron finalmente? Se considera que hay registrados unos 50.000 títulos, de los cuales menos del uno por ciento se escucha en las milongas y en los programas tangueros.

Otras yerbas importantes

Milonga y tango: confusiones y mezcolanza.
Lunfardo: la riqueza de un lenguaje vivo (y secreto).
Un nuevo instrumento: la música de tango evoluciona desde sus orígenes en gran parte gracias al bandoneón, con un sonido dramático y misterioso que le es característico y lo diferencia del acordeón. Fue traído desde Alemania por un inmigrante llamado Heinrich Band.

Los creadores del tango: genialidad y creatividad

Los músicos, directores, compositores.
Los poetas: historias humanas completas en 20 líneas y 3 minutos.
Los cantantes: hombres y *las voces maravillosas de las* mujeres del tango.
Los grandes bailarines.
Las Orquestas Típicas: una maravillosa invención rioplatense.

Gardel, un capítulo especial en la historia el tango

"A Gardel hay que escucharlo en la Victrola". *Julio Cortázar*
Sus logros y su significado en la historia del tango.
Sus inicios como cantor criollo (no tango): Gardel-Razzano.
La vida en los bajos fondos: un muerto (por otro) y una herida de bala y otras historias.
El profesionalismo de Gardel: músico, compositor y poeta.
Biografía, leyenda y realidad, controversias.
Gardel-Razzano, el éxito local: de criollita al tango.
Las películas de Gardel.
Las mujeres de Gardel: posiblemente 3 ó 4 conocidas, el resto es un misterio o un secreto celosamente guardado.
Los grandes del tango y Gardel.
Gardel: la guitarra v/s las Orquestas Típicas.
La tragedia: La muerte de Gardel, de Le Pera y los guitarristas: Controversias.

Literatura y tango

Jorge Luis Borges (1899-1986).
Ernesto Sábato (1911-2011).
Adolfo Bioy Casares (1914-1999).
Julio Cortázar (1914-1984).
Una novela española (Arturo Pérez Reverte).

El tango como expresión política y social

Las letras prohibidas: Cambalache y otras.

El tango nació alegre

Conocemos el tango como nostálgico, triste. Sin embargo, el tango tuvo otro costado, el del humor, del doble sentido, que permitía expresar lo que de otro modo habría quedado mudo y ausente. Para eso usó el lunfardo, un idioma propio.

El tango, sensual desde su cuna, expresa en el baile una de sus principales características: la relación erótica entre el hombre y la mujer. La fuerte connotación sexual del tango deviene del ámbito de burdel en que nacieron muchas de sus letras. Los ejemplos a veces picarescos, y otras veces pornográficos, se refieren a los órganos genitales o a características físicas de las prostitutas, así como al acto sexual mismo, llevado a su máxima expresión en lo que se llamó tangos prostibularios. Como sorpresa, para muchos amantes del tango, este nació alegre. Muchas letras resaltaban el amor y la picardía, mezclados con la burla, lo grotesco, la sátira y la ironía.

El tango evoluciona y cambia a pesar de sí mismo

En la nostalgia queremos que nuestros recuerdos permanezcan inmutables. Igualmente, la música que conocimos en nuestra juventud no queremos que cambie, lo que es imposible en el curso natural de las cosas.

El tango evoluciona y sus diferentes etapas reflejan aquellos cambios, no solo en su arte, musicalidad y baile, sino que además como expresión de los cambios sociales de cada época. Estos cambios e innovaciones incluyen estilos musicales, carácter y contenido de las letras. Los instrumentos también van evolucionando. Los intérpretes aparecen con estilos diferentes y los conjuntos musicales -las grandes orquestas- van pasando por transformaciones que las generaciones anteriores jamás hubiesen imaginado. Todos estos cambios son difíciles de aceptar y absorber para los que se rindieron "a la magia del tango de otros tiempos".

"Buenos Aires, cuando lejos me vi
Solo hallaba consuelo
En las notas de un tango dulzón
Que lloraba el bandoneón".
LA CANCIÓN DE BUENOS AIRES (1933)
Música: Azucena Maizani y Orestes Cúfaro
Letra: Manuel Romero
Grabado por Carlos Gardel con guitarras.

Unas pocas frases lo dicen todo

"Tango que viene de lejos a acariciar mis oídos como un recuerdo querido con melancólicos dejos". Enrique Cadícamo

"Sobre el fino garabato de un tango nervioso y lerdo se irá borrando el recuerdo...". Homero Expósito

"Tango querido de ayer, qué ventarrón te alejó. Junto con ella te has ido y hoy la trae tu evocación". Enrique Cadícamo

"No entendí el tango durante muchos años, pero poco a poco me enamoré de él. El tango se ubicó en un lugar comparable al del jazz, originado desde un nivel algo cloacal, de prostíbulo, de esclavos, con instrumentos descartados...En este borde horadado van a ir mezclándose la delincuencia, la añoranza, el trabajo, la mafia y el arrabal. En el tango hay un llanto por algo que nunca se tuvo: una madre, una mujer". Marta Zatonyi

"Soy un fanático del tango. No existe otra cosa. Todo lo que te puede pasar en la vida está en un tango". José Larralde

"Todos los días le hago los cuernos al diablo, pero cuando llegue la hora del espiche diré: "Bueno muchachos, llegué hasta aquí, me las tomo, sigan ustedes". (...) Si al final... ¿Yo qué hice? Tangos. Eso es todo". Osvaldo Pugliese

"El tango tiene dos facetas que son definidas, una la melódica, y otra la rítmica, o como solemos decir nosotros, la milonguera". Osvaldo Pugliese

El tango como expresión cultural y sensual de dos culturas paralelas

En sus orígenes encontramos su esencia y su destino. A pesar de haber nacido varón siempre tuvo mujeres a su lado, bailando, cantando, componiendo y ejecutando. El tango nace con la población negra del Río de la Plata y la integración del gaucho a la urbe. Luego, el fenómeno de la migración masiva marca al tango en su evolución posterior.

El tango, desde sus comienzos, en la segunda mitad del siglo XIX, reflejó una brecha cultural entre la sociedad conservadora, con influencias europeas, y el nacimiento de una cultura popular de origen marginal, arrabalera. Pero con el tiempo se convirtió en un símbolo nacional de proyección mundial. Conviven en él, principalmente, la poesía, las costumbres y los prototipos sociales. Las primeras letras relataban, por un lado, los problemas de aquellos inmigrantes europeos, su tristeza y nostalgia de sus familias y su terruño. Por otro lado, estaban los ribereños (orilleros) que le cantaban a sus dificultades de adaptación a la ciudad, sus penas por la tierra abandonada y la incertidumbre sobre el futuro. El tango, con la invencible energía que tienen las expresiones genuinas, conquistó el mundo.

Y bien, después de haber estimulado
la curiosidad y el apetito con estas
muestras, entremos de lleno en el
capítulo siguiente, al maravilloso
mundo del tango y su increíble historia.

CONVERGENCIA DE MUCHAS CULTURAS

"Con permiso, soy el tango
Yo soy el tango que llega
De las calles del recuerdo
Donde nací, ni me acuerdo,
En una calle cualquiera
Una luna arrabalera
Y un bandoneón son testigos
Yo soy el tango argentino
Como guste y donde quiera"
ME LLAMO TANGO (Recitado)
Letra Héctor Gagliardi.

¿Cómo se originó el tango?

Distribuidos a través del libro, hay capítulos que describen el origen del tango en detalle. Por ahora basta con mencionar que fueron muchas las circunstancias sociológicas, culturales y demográficas en particular.

La masiva migración europea al Río de la Plata fue clave. El tango, como fenómeno musical, no nació en un día. Es resultado de un proceso largo y complejo que, social y culturalmente, duró varias generaciones. El libro en sus primeros capítulos relata el origen del tango en detalle.

Preguntas y satisfacciones

¿A qué se refiere aquello de "la complicada historia del tango"?

Respuesta breve

En realidad, depende del nivel de interés y curiosidad que cada uno tenga sobre el tango y su historia, y de cuánto más es lo que se quiera saber. Desde simplemente bailarlo, y tal vez entonar alguna de las letras más famosas, hasta explorar en su evolución para entenderlo mejor. Cuando se va agregando información y conocimiento sobre las facetas del tango, como la música, el baile, su poesía, los creadores, músicos, poetas, intérpretes, el desarrollo de la orquesta típica y el invento de un instrumento musical complejo como el bandoneón, la conclusión obvia es que ofrece mucho más que lo que podría ser una impresión inicial simplista.

El análisis del tango -no muy diferente de la política, la religión y el fútbol- no es solo para meros entusiastas, sino más bien para fanáticos. Nunca hay una sola versión, sea sobre su historia y sus orígenes o sobre cuáles fueron los mejores intérpretes -con excepción de Gardel, en que hay casi unanimidad que fue el mejor-. Tampoco hay acuerdo sobre cuáles fueron o son las mejores orquestas típicas o sobre la vida y logros de cada uno de los exponentes del tango. En fin, todo lo que tenga que ver con el tema y sus múltiples personajes va a encontrar partidarios apasionados y detractores férreos. La mentada objetividad para unos es mera invención para otros. No hay lugar para los indiferentes o tibios.

El principio...

Al comienzo fue el tango-danza, incluyendo el baile hombre/hombre, debido a la falta numérica de mujeres entre los emigrantes. Solo años después vino el tango-canción.

El tango se desarrolló sobre la base de la remota influencia colonial argentina y uruguaya -el llamado mundo rioplatense-, así como de variados estilos musicales, incluyendo la música africana, la habanera, el candombe, la contradanza europea, y luego la milonga (colonial). También hubo una primera etapa alegre (criolla), y luego una nostálgica (inmigrante). Ambas etapas se describen, respectivamente, como la Guardia Vieja y la Guardia Nueva. A este desarrollo en el tiempo se agregan los espacios físicos, los lugares donde el tango fue tomando vida: la calle, los prostíbulos, las academias y los peringundines. (No, no es un error gramatical).

El tango fue el efecto de la mezcla de diferentes culturas –hibridaje- y el producto del resentimiento del criollo contra la invasión del gringo, refiriéndose a la gran inmigración europea alrededor de 1880-1920 y combinado a su vez con la tristeza y nostalgia del inmigrante. El gaucho, por su parte, trajo la payada, con su poesía espontánea, un verso octosilábico improvisado, y cantado con guitarra.

> Así, sin organización ni planificación, como la vida y el arte verdadero en su creatividad, el tango tuvo muchos progenitores, muchas culturas que pueden, en justicia, tomar el crédito de su creación.

Además, todo coincidió con un fenómeno urbano trascendente. Buenos Aires y Montevideo, aunque este en menor medida, se expandieron rápidamente con la llegada de los inmigrantes en un período relativamente corto, dando paso a asentamientos en gran medida marginales. El tango fue una manifestación de la clase baja, de medios sociales considerados indeseables. Por tanto, en sus primeros cuarenta años fue, por definición, debido a su cuna, indeseable para el sector social establecido como dominante. Pero a la larga llegó a ser tan popular que se extendió por todos los medios urbanos, de tal manera que las autoridades llegaron a reglamentarlo. Incluso llegó a ser prohibido por la Iglesia. Leyenda o realidad, fue necesaria una demostración bailable frente al Papa, en Roma, para relajar las restricciones existentes a que fue sometido.

Buenos Aires y Montevideo son centrales en esta emergencia del tango, que es *un fenómeno urbano*. Los arrabales, el compadrón -y su sucesor e imitador, el compadrito-, la mezcla del afro-rioplatense con la *inmigración interna* (los gauchos desplazados de las pampas) y *la masiva inmigración externa* (europea).

Sobre el tango como experiencia universal

Tango, tango…
"El tango es un pensamiento triste, que se baila", dijo Enrique Santos Discépolo, uno de sus máximos creadores. Hay que reconocer que es triste muchas veces, porque el tango legítimo no vive los amores, sino que los recuerda; tal como piensa en el paso del tiempo, esperando el fin de la existencia.

"El tango -la emoción que muestra nuestros sentimientos- tuvo letristas maravillosos, inmensos poetas que no hemos olvidado porque sus palabras son música que llega al alma... Cuando se calla el pensamiento y se acaricia en el recuerdo un rostro amado, para que el tango pueda entrar dentro nuestro… ¡Ah! ¡Los dulces paisajes del recuerdo...!".

"Esos letristas estuvieron en el tango antes de Gardel..., pero Gardel es un capítulo aparte, cuando hablamos de las voces que en tango nos llenaron de emoción y de nostalgia… ".

A la vez, nos acordamos, cuando hablamos de historia, de los otros muchos talentos que formaron esa constelación de estrellas que deleitaron nuestros sentidos..., las otras voces que "hicieron época" en la vida del tango, como lo fueron a su turno Ignacio Corsini, Agustín Magaldi, Charlo, Olinda Bozán, Tita Merello, Libertad Lamarque y Susana Rinaldi..., y después de ellos Julio Sosa y el "Polaco" Goyeneche.

El tango es como una madre que arrima su hombro para que podamos recostarnos en él. El tango es eso: un consuelo, un dulce consuelo, íntimo, grato, caricia del ayer que vive en nosotros..., para siempre.

Dichosos los que bailan el tango, y lo saben bailar bien. "Danza procaz, maleva y pretenciosa". Sí... Tal vez el tango habla de impudicia, de traición, de lupanares y de melancolía; de luchas y desesperanzas, de esclavitudes y de escarnios; tal vez sea simplemente ese río que los porteños llevan en el corazón, porque acaricia la ciudad desde el Este, mientras el alma sueña con aquel horizonte que alguna vez añoraba desde la costa, a la hora de la primera estrella y que lo llevaría hasta tierras lejanas y extrañas[1].

Choques de gigantes empequeñecidos: los grupos étnicos

Los historiadores se dividen en sus opiniones sobre los hechos y eventos históricos que llevaron a la creación del tango[2]. Sin embargo, la mayor parte está de acuerdo en los hechos fundamentales. La explosión demográfica del Río de la Plata tuvo lugar, mayoritariamente, en tres grupos étnicos principales.

Los dos primeros grupos ya lo hemos visto, fueron, por un lado, el arribo de inmigrantes europeos a fines del siglo XIX y comienzos del XX (migración externa) y luego el choque cultural y económico con la masa de cientos de miles de habitantes de las pampas (migración interna), en particular el gaucho, descendiente de la mezcla de españoles e indígenas. Este migra solo ocasionalmente con su familia, y va a contribuir a la génesis del tango como guitarrista y payador[3]. Además, se integra un tercer elemento socio-cultural muy significativo, que es la población negra rioplatense, que a comienzos del siglo XIX se estimaba que era cerca de un 30% del total de la población urbana de Buenos Aires y Montevideo, cuando la anterior tenía solamente cerca de 40,000 habitantes. Estos habían logrado ser liberados de la esclavitud en 1812. Otros llegaron después en naves comerciales que venían desde el Caribe.

A Buenos Aires se la llamó "La Gran Aldea". El diccionario de la Real Academia Española, ya en 1889, incluía la acepción del tango como "fiesta y baile de negros y de gente de pueblo en América". Debieron pasar casi 100 años para que el diccionario definiera al tango, cambiando radicalmente la esencia de su significado, definiéndolo como "baile argentino de pareja enlazada, forma musical binaria y compás de dos por cuatro, difundido internacionalmente".

El gaucho, una imagen criolla para la Argentina[4]

Gaucho, vocablo utilizado en Argentina, Uruguay y sur de Brasil. El ambiente del gaucho en su cotidianidad rural fue la extensa llanura entre la Patagonia hasta los confines del norte, llegando a la región de Río Grande do Sul, en Brasil.

Etimología

No existe absoluta certeza en cuanto al origen del vocablo, profusamente utilizado en Argentina, Uruguay y en el sur de Brasil. Es probable que el quichuismo *huachuo huacho* (huérfano, vagabundo) haya sufrido una transformación por cuenta de los colonizadores españoles, que llamaban gauchos a los vagabundos y guachos a los huérfanos. No se descarta la hipótesis de que los criollos y mestizos comenzaron a pronunciar de esa manera la palabra *chaucho*, introducida por los españoles al modificar el vocablo *chaouch*, que en árabe significa arriero de animales. Recibían esta denominación los hijos de españoles (elemento criollo) o mestizos (hijos de españoles con indígenas), aunque sin sentido racial sino étnico, dado que también fueron gauchos los hijos de inmigrantes europeos, los negros y los mulatos que aceptaron aquella clase de vida. Más tarde también se adoptó el término "*el paisano*" para referirse al gaucho, como hombre de campo. En varios lenguajes europeos con frecuencia se alternan paisano y campesino.

Espacio físico

El ambiente del gaucho fue la extensa llanura situada entre la Patagonia hasta los confines del norte, llegando a la región de Río Grande do Sul, en Brasil, donde pasaron a ser *gaúchos* (con acento en la ú). A finales del siglo XVIII había en Argentina distintos tipos de gauchos, antes de ser conocidos por ese nombre. *Peones de campo de las primeras estancias* y el que designaban *gaucho alzado*, que existió en reducido número. El que realmente tuvo una fisonomía peculiar fue *el gaucho nómada*, algo más que un simple vagabundo, que habiendo sido desplazado de su hábitat original por los ejércitos gubernamentales[5], fue adquiriendo rasgos propios bien definidos a lo largo del siglo XIX en Argentina. Cuando se difundió, creciendo a la par de la población rural, fue llamado gaucho, tal como se había llamado *al paisano oriental* en el siglo anterior.

Caracterización

Los gauchos eran hábiles jinetes y criadores de ganado, lucían destreza física, altivez y un carácter melancólico y reservado. El caballo fue su mejor compañero y con él realizaba casi todas las faenas. El lanzamiento del lazo, la doma y el rodeo de hacienda eran realizados por estos corajudos jinetes que hacían del equino su mejor instrumento. Sobre el caballo criollo, aparte de las tareas cotidianas, participó en las patrióticas luchas por la independencia, inmortalizando su nombre en las centauras legiones de Martín Miguel de Güemes.

El gaucho era esencialmente un hombre de campo, luchador contra los desiertos, el viento y los caldenes que era, en definitiva, el repetido escenario de su vida legendaria y real. Vivían solitarios o en grupos, al igual que las tribus nómadas, o en rancheríos aislados de la pampa sureña. La edad de oro del gaucho -o al menos una evocación idealizada-, fueron los tiempos sin alambrados ni mojones, galopando a voluntad, boleando avestruces y potros, enlazando ganado cimarrón y alzado, viviendo en salvaje libertad y mudando de pago, aun teniendo que pelear de tanto en tanto con los indios.

Pasaron los años y el gaucho quiso seguir viviendo dentro de su mundo tradicional hasta que la realidad del alambrado, el ferrocarril, la inmigración en masa y las instituciones, todavía amorfas, vinieron a intimarle rendición o muerte.

Literatura

Existe una abundante literatura sobre el gaucho, la más conocida es el ya clásico poema *Martín Fierro*, de José Hernández. En él, se muestra al gaucho presionado por la frontera y la civilización que se expandía desde tierra adentro. Contribuyó a la derrota y al exterminio del indio sin intentar comprenderlo, a sabiendas que era el señor legítimo de la pampa. En el poema, que está escrito en octosílabos, aparece la sentenciosa lengua gauchesca, distinta a la modalidad citadina proclive a la charlatanería, a la redundancia, al tono oratorio y a la garrulería verbal.

El tango nace con artistas humildes, iletrados

Como ya se mencionó, el naciente período de la Guardia Vieja se manifestaba a través de artistas sin pretensiones que no sabían que estaban haciendo historia. En su gran mayoría no sabían escribir ni leer una partitura. Existían orquestitas humildes y rejuntadas, que sabían tener guitarra, violín y flauta, pero que también se las arreglaban con mandolín, con arpa y hasta con armónica. Esto hasta que aparece el bandoneón, instrumento extraño, enigmático en cierto modo, diseñado en Alemania a mediados del siglo XIX para acompañar los servicios religiosos en la misa de iglesias con pocos recursos. El bandoneón le dio al tango el sello definitivo. Instrumento sentimental, pero dramático y profundo, a diferencia del sentimentalismo fácil y pintoresco del acordeón, terminaría por separarlos para siempre del firulete divertido -del tango reo y alegre- y de la herencia candombera[6].

De los lenocinios y peringundines el tango salió en forma natural y avasalladora a la conquista del centro de la ciudad, donde frecuentaban la clase media y alta en un ambiente de bienestar económico desconocido para el arrabal. Lo interpretaban organitos con loros[7], que inocentemente pregonaban "atrocidades sensuales".

De esta manera, con esa invencible energía que conllevan las expresiones genuinas, con valor propio, el tango conquistó el mundo. Por él conocieron a la Argentina en Europa. El tango era la Argentina por antonomasia, así como, en una comparación simplista, España eran los toros. Esa esquematización, justa o no, encierra algo profundo y verdadero, pues el tango encarnaba los rangos esenciales del país, que empezaba a tener con las modalidades de la Guardia Nueva: el desajuste, la nostalgia, la tristeza, la frustración, la dramaticidad, el descontento, el rencor y la problematicidad. En sus formas más delicadas, iba a dar canciones como "Caminito"; en sus expresiones más grotescas, letras como "Noche de reyes"; y en sus modos más ásperos y dramáticos, la tanguística de Enrique Santos Discépolo.

Una multitud de hombres solos, escasez de mujeres

El visitante al lupanar necesita satisfacer el apetito, el interés, el deseo, lo que comienza a tomar forma en un baile. El tango es un tatuaje que palpita en el corazón; una noche abierta en lunas que busca el rostro de un querer. El tango es un acontecimiento existencial, principalmente urbano, del Río de la Plata. Ernesto Sábato lo describe en forma magistral en el capítulo Bandoneón del libro *Tango. Discusión y clave*:

> "Hacia fines de siglo, Buenos Aires era una gigantesca multitud de hombres solos, un campamento de talleres improvisados y

conventillos. En los boliches y prostíbulos hace vida social ese mascote de estibadores y cantinfleros, de albañiles y matones de comité, de musicantes criollos y extranjeros, de cuarteadores y de proxenetas: se toma vino y caña, se canta y se baila, salen a reducir epigramas sobre agravios recíprocos, se juega a la taba y a las bochas, se enuncian hipótesis sobre la madre o la abuela de algún contertulio, se discute y se pelea".

Débarquementd'immigrants à la Darse Sud. Port de Buenos Aires, ca 1900.

La proporción entre hombres y mujeres era más de 10:1, con los efectos sociales e individuales esperados, emocionales y sensuales, lo que también influyó en la aparición y desarrollo del tango. En aquellos años de migración masiva, uno o dos millones de personas en los comienzos del siglo XX, casi en su totalidad fueron hombres solos, que venían sin pareja a probar suerte, y por varias décadas *las mujeres escasearon*. La mayoría de las veces el único contacto, para los hombres, con el sexo opuesto, era en las academias o en las casas de citas.

Orígenes musicales: convergencia de muchas culturas

(Entrevista a Augusto Berto, bandoneonista, 1883-1953, sobre el origen del tango).

"El surgimiento del tango no puede ser más sencillo: es *una combinación de habanera, candombe y milonga…La habanera* había sido traída del Caribe en los siglos XVIII y XIX por los marineros que invadían los puertos del Río de la Plata, *el candombe* era un baile de negros, de la época de la independencia y la milonga, la herencia del gaucho -milonga campera-, era un baile y una canción florida y querendona que bailaban los compadritos del suburbio en los patios, en las milongas de sociedad y hasta en las calles, al son del organito… Y en las carpas de negros de Montserrat, resabio del tiempo de Rosas, se efectuaban farándulas formidables y ruidosas que solían durar días. Allí concurría también el compadraje blanco y, al bailar, por bromear a los negros, mezclaban el candombe con la milonga. Así, espontáneamente, en una creación genuina del pueblo como todo lo que es grande y perdurable, surgió el tango… ¡El varonil tango porteño!".

Berto sostenía que *el tango había nacido mucho antes que ser conocido en el barrio de La Boca.* Y decía: "...el tango se bailó en las baterías de Retiro. Lo bailaba el bajo pueblo, la chinada, con un compás que no se ha vuelto a usar después"[8]. Luego agrega: "Enseguida lo llevaron al corazón de la ciudad y las primeras reuniones se hicieron en la calle Sarmiento frente a la cortada Carabelas. Bastante tiempo después, allá por 1904, se lo llevó a las Romerías de Palermo".

Conventillo Calle Independencia 356 (Argentina. Archivo General de la Nación Departamento Documentos Fotográficos/Consulta_INV: 18186_A).

El rechazo

El tango, en sus comienzos, antes de alcanzar fama nacional, fue menospreciado y rechazado por la sociedad tradicional ("de buenas costumbres"), y por la Iglesia. Y con razón podría decir uno, pues, mirándolo en una perspectiva histórico-social, está asociado, en sus orígenes, a los barrios bajos, y no solo en su pobreza, también a la delincuencia, la prostitución y el abuso contra la mujer. A la vida orillera, al conventillo, a los bailongos. A un mundo de guapos, canfinfleros y prostitutas que caracterizaron el arrabal porteño. Como muy bien lo dice el tango mismo: *una bella flor nacida del fango.* Un mundo de inmigrantes mezclados con los gauchos y con los negros. Era un mundo muchas veces de caos social y cultural. Tragedias, nostalgias y recuerdos que los porteños actuales no vivieron, pero del que siempre hablan.

"De algún taita compadrón y asfalto de diagonal...!
Se hizo hombre este varón que allá
Por el novecientos...
Soy en el Sur... petrolero

¡De taura se vino al Centro y en el Norte...
¡Leñador del lao' de Constitución...!"
ME LLAMO TANGO (Recitado)
Letra: Héctor Gagliardi

El factor demográfico

Alrededor de 1870, la llegada de los inmigrantes se aceleró en forma dramática a medida que la industrialización continuaba en forma febril. En Europa, las guerras, la extendida pobreza, el hambre, las epidemias, las persecuciones políticas y religiosas y otras injusticias sociales hacían que cientos de miles de personas decidieran buscar un futuro mejor en América. El gobierno argentino era consciente de la necesidad de poblar las vastas tierras conquistadas a los indios -la inmensidad de las pampas-, si querían construir un país con el modelo de los grandes poderes mundiales. En competencia con otras naciones similares del Norte y de otros países de Sudamérica, se produjo una necesidad imperiosa de recibir inmigrantes.

Conventillos. Paseos por el municipio. Calle Piedras 1268 que tiene 104 piezas y más de 500 inquilinos. Vista interior de un conventillo Vista de un conventillo habitado por inmigrantes (Argentina. Archivo General de la Nación Departamento Documentos Fotográficos/Consulta_INV: 18213_A).

El marco social donde surge el tango primitivo, muy difícil de distinguir como tal en cuanto a ritmo y estructura, es el Buenos Aires de finales del 1800, que cuenta con una escasa población de 210.000 habitantes. Así, en un período relativamente corto de treinta años, con la migración interna (en su mayoría gauchos) y la externa (europea), la población crece en un 600%, llegando Buenos Aires, en el año 1910, a tener 1.200.000 habitantes. A la vez, el tango adquiere su modo reconocible. Este proceso social, complejo y riquísimo, y de una dinámica tan particular, no debe dejarse a un lado en el análisis.

En otras perspectivas numéricas, Buenos Aires fue una ciudad en construcción, en continuo crecimiento, que en 60 años creció 15 veces su población original, o sea, un 1.500%. La ciudad crece entre 1869, cuando contaba con 200.000 habitantes, y 1930, a tres millones de personas. Y estas son solo las cifras de Buenos Aires, no de la totalidad del país, que son aun más apabullantes. Buenos Aires fue la principal alternativa, junto con Nueva York, en el contexto migratorio del período histórico al que nos hemos referido.

Típico conventillo de Buenos Aires.

Más de dos millones de inmigrantes llegaron en un periodo muy corto (1890-1920) a Buenos Aires, provocando, debido a la absoluta falta de viviendas, la superpoblación de los conventillos. Estos eran antiguas casas grandes, generalmente de dos pisos, pertenecientes a familias ricas, convertidas ahora en casas colectivas de 30 a 50 habitaciones, suma de dormitorios, comedor y cocina, alojando un número igual de familias de inmigrantes en condiciones inhumanas. La privacidad y la dignidad de esos grupos humanos eran en los hechos inexistentes. Buenos Aires en 1900 no es reconocible. Tiene su rostro desfigurado por habitantes extraños que bajan de los barcos ocupando las calles y casas abandonadas. La peste de 1871[9] dejó vacías y a su disposición las enormes propiedades que la clase dominante poseía en San Telmo, quienes, ante el temor de contagiarse, deciden emigrar hacia el norte y fundar nuevos barrios, nuevos cercos. Así, lo que hasta entonces servía para albergar solo a una familia bien, se convierte en una verdadera ciudadela con nombre propio, el *conventillo*, constituido por decenas de habitaciones, de idiomas y de costumbres, todo reunido alrededor de un patio central que va a servir de Ágora para fundar una identidad de síntesis.

Estas olas de inmigrantes trajeron nuevas ideas de reforma política y social, con fuertes corrientes *anarquistas, socialistas y comunistas*, creando los primeros sindicatos y provocando las primeras huelgas, situaciones desconocidas en el ambiente laboral del Buenos Aires antiguo. Unos pocos inmigrantes no se adaptaron y retornaron a Europa, pero la gran mayoría permaneció, realizando grandes contribuciones políticas y sociales, así como al arte y a las profesiones liberales. Se mezclaron con los gauchos y los estratos sociales bajos de Buenos Aires, incluyendo a los negros porteños. Esta enorme masa de población es la que construyó el país e hizo una contribución importante a la música; en especial los italianos, que trajeron el amor por la música y el *bel canto*. Además, tenían gran habilidad para manejar los instrumentos musicales. Con el aumento masivo de la población, en especial masculina, los prostíbulos también crecieron en número y ofrecieron en forma natural, a esta población recién llegada, el tango como una forma de entretenimiento y satisfacción sentimental a la soledad del inmigrante. Fue el comienzo de la incorporación de los elementos de nostalgia y tristeza en el tango.

El gaucho, debido a los estragos de la llamada Conquista del Desierto (1878–1884) se vio obligado a asentarse en las ciudades en busca de subsistencia, provocando una inmigración interna de unas 200.000 personas. Este introduce en el tango el resentimiento que ha alimentado contra el inmigrante externo con quien tiene que competir por las mismas oportunidades de trabajo en las condiciones miserables de la época. El inmigrante externo había ido tomando espacios e influencia en la sociedad argentina. La masa de inmigrantes europeos y sus hijos, mejor preparados, rápidamente se adaptan, adquieren educación y pasan a constituir la mayoría de la clase profesional, con la cual la población nativa ya no puede competir. Este sector no solo contribuye en forma importante al desarrollo e interpretación del tango, sino que también influye de manera significativa en el lenguaje, incorporando muchas palabras y expresiones en la lírica del tango.

> *Estamos así en presencia de un complejo fenómeno social, migratorio-cultural, interno y externo, con la resultante de clases sociales destituidas buscando cómo sobrevivir y grupos sociales desplazados en dura competencia. Una resultante testimonial solo posible de comprender a partir de una visión integral de la historia y de la cultura argentina-uruguaya. Es decir, rioplatense.*

Sueños y ambiciones en el Nuevo Mundo

Una extrema pobreza europea causó olas masivas de emigración al Nuevo Mundo durante el último cuarto del siglo XIX.

Tango between men in Buenos-Aires. Hombres en la calle practicando el baile con otros hombres. Esto se debía a que había pocas mujeres en relación a la cantidad inmigrantes hombres.

Nueva York en América del Norte y Buenos Aires y Montevideo en América del Sur fueron los puertos de entrada más codiciados por lo inmigrantes europeos durante los últimos 25 años del siglo XIX. Elegir un destino era un lujo, los forzados aventureros terminaban más bien donde pudieran obtener una visa de entrada, o donde los familiares que habían emigrado antes, los requerían. Los inmigrantes llegaban con muy pocas pertenencias, ("con las manos en los bolsillos", situación reflejada muy bien en el cine por aquel también inmigrante que fue Chaplin). Con unos pocos enseres andrajosos, pero con muchos sueños y ambiciones en busca de una vida mejor arribaban al "nuevo continente". La mayoría de ellos solo encontraron hogar en los arrabales, es decir, en las afueras de Buenos Aires, en *las orillas.*

Refiriéndose al hermoso y elegante centro de la ciudad de Buenos Aires, y a las áreas pudientes, se la llamó "El París de Latinoamérica". Mostraba con orgullo amplios bulevares y avenidas con líneas de arboledas, electricidad pública y en los hogares sistemas extensos de transportación pública, así como una economía sana. Pero al mismo tiempo, en la periferia de la ciudad, existía una vasta clase pobre, mezcla de inmigrantes y de gauchos e indígenas desplazados. Esta masa urbana es la que hizo del tango su música propia.

Toda esta nostalgia histórica, de los comienzos del tango, se fortalece como una realidad deslumbrante al traer a la escena a esos magos que fueron los primeros creadores del tango. Luego, entre 1911 y 1943 la población de Buenos Aires aumentó más aún, de 2 a 8 millones entre la continua migración europea, escapando de la miseria prevalente en Europa, producto de los estragos de las dos Guerras Mundiales.

Es importante destacar que el fenómeno migratorio, en las últimas décadas del siglo XIX, se aceleró con la industrialización que avanzaba en el mundo. El imperio británico dominaba los mares, mantenía el poder del comercio mundial y controlaba la producción de bienes y materias básicas, mientras que Francia se erguía como la autoridad última en la cultura y las artes. Países tan diferentes como España, Italia, Gales, Irlanda, Francia, Alemania, Rusia, Polonia, Ucrania -estos últimos tres países con alta ascendencia judía-, Croacia, Siria, Líbano, Armenia y muchos otros, proporcionaron literalmente millones de pobladores de la más variada extracción social, cultural y religiosa, aunque la inmensa mayoría lo eran de la clase trabajadora. Todos estos grupos contribuyeron al crecimiento de una nueva cultura que emergía y se desarrollaba en campos tales como la arquitectura, bellas artes, música, teatro, poesía, política, diplomacia, educación, periodismo, comercio y otras disciplinas. En resumen, podemos decir que la forma actual del tango se originó en un fenómeno social basado en una combinación de múltiples elementos de la historia del mundo y de la Argentina. Buenos Aires ofrecía un entorno original para el desarrollo de nuevas formas de creación musical y literaria.

Con el crecimiento de la población los clubes y otros lugares de esparcimiento social aumentaron en número y ofrecieron, también, el incipiente tango como una forma de entretención. Este fue el comienzo de *la incorporación de la nostalgia y la tristeza de los inmigrantes* en los tangos. Esa increíble fusión cultural de tan diversas sangres con una vena española y nativa, tuvieron como consecuencia *el milagro de expresarse en una comunión musical y espiritual.* Es una síntesis sin precedentes, que hace entonces del tango un género universal e incomparable, donde se distingue luego el aporte en especial del componente italiano que llegó en gran cantidad.

Aunque sobre el tango y sus figuras son muchas las cosas que se discuten y se ponen en duda, es aceptado que el tango nace en Buenos Aires y Montevideo a finales del siglo XIX (ca 1870), siendo el punto de partida lo que no era más que una determinada manera de bailar aquella música.

Jorge Luís Borges destacaba que la música de tango está tan conectada con el mundo rioplatense que cuando un compositor, de cualquier otra parte del mundo, pretende componer un tango "descubre, no sin estupor, que ha urdido algo *que nuestros oídos no reconocen, que nuestra memoria no hospeda y que nuestro cuerpo rechaza*". Esa característica local del tango, imbricada con el ritmo y la musicalidad del lenguaje rioplatense, ha sido señalada reiteradamente.

Notas

1 Extraído y adaptado de Carlos Parache-Chaves, Libertad Noticias.
2 Todo lo que sigue a continuación se refiere fundamentalmente al tango como música y danza; el tango-canción en cambio, con identidad propia, ya maduro, resplandece históricamente más tarde, como ya se ha dicho, en 1917.
3 Los payadores eran trovadores populares errantes, improvisadores inteligentes, rápidos de palabra y agudos, de muchos recursos y de una inventiva casi interminable. Cantaban coplas, en forma individual, acompañándose de guitarra, la mayor parte de las veces en competencia con otro payador. La mayoría era de origen humilde, hombres del campo. Existieron a fines del siglo XVIII hasta comienzos del XX, en el Cono Sur de América Latina, principalmente Chile y Argentina, llegaron a ser parte de la leyenda popular. Tal vez el exponente literario más conocido es el *Martín Fierro*, de José Hernández. Han renacido en las últimas décadas, como un recuerdo nostálgico de lo que fueron.
4 "Gaucho". Tangocity.com. Extraído y adaptado de: http://www.tangocity.com/tangopedia/1693/Gaucho.html, TangoCity.com
5 En la llamada Conquista del Desierto (1878-1885), contra los pueblos mapuche, tehuelche y ranquel, con el objetivo de obtener el dominio territorial de la Pampa y la Patagonia oriental, hasta entonces bajo control indígena.
6 Es decir, de la influencia negra del candombe.
7 Músicos callejeros muy populares en las calles de las ciudades latinoamericanas durante las primeras décadas del siglo XX. Portaban una caja musical, accionada con una manivela, sostenida en el suelo con tres cilindros de madera livianos, agregándoles con frecuencia un loro que sacaba la suerte para atraer a los clientes.
8 Como una excelente ilustración en vivo, véase los inicios de la película "La historia del tango", 1949, Victrola Tango Club, dirigida por Manuel Romero.
9 Las epidemias de fiebre amarilla en Buenos Aires tuvieron lugar en los años 1852, 1858, 1870 y 1871. Esta última fue un desastre, hubo días en los que murieron más de 500 personas, y se pudo contabilizar un total aproximado de 14.000 muertos por esta causa, la mayoría inmigrantes italianos, españoles, franceses y de otras partes de Europa.

En el próximo capítulo veremos cómo el tango comienza a surgir de entre todos los otros géneros musicales de la época, y su atractivo único lo hace distinguirse de los demás compases musicales y de baile, convirtiéndose el tango en el género preferido de los arrabales,
de las orillas.

Y todo este fenómeno sin ayuda de una campaña publicitaria masiva como en los tiempos presentes. Humilde y exitoso, la magia del tango... sale del fango y se eleva, se eleva...

ORÍGENES MUSICALES

Soy la morocha argentina,
la que no siente pesares
y alegre pasa la vida
con sus cantares.
Soy la gentil compañera
del noble gaucho porteño,
la que conserva el cariño
para su dueño.
LA MOROCHA (1905)
Música: Enrique Saborido
Letra: Ángel Gregorio Villoldo

En resumen: El tango es la comunión de las culturas ya establecidas -española, criolla y negra-, con la cultura inmigrante europea, con fuerte influjo italiano. Sus orígenes, desde el arrabal amargo hasta el éxito en Europa y el mundo entero: desde "flor de fango" hasta la mundanidad de París.

Preguntas y satisfacciones

¿Y qué tiene de particular la música del tango?

Respuesta breve

Es una música de hibridaje, de influencias negras, gauchas y de la inmigración europea. El tango tiene compás de 4/4 (a pesar de que se le llama "El dos por cuatro"), y forma binaria (tema y estribillo) que le da un ritmo propio. Una de las primeras características de la música tanguera fue la exclusión de los instrumentos de viento y percusión, quitándole estridencias con el fin de construir una sonoridad intimista y cálida, capaz de transmitir la sensualidad que lo definió desde un principio. Esa característica local del tango, el ritmo y la musicalidad del lenguaje rioplatense, ha sido reiteradamente señalada.

El Prototango (tango danza)[1]

Según algunos investigadores, se bailó por primera vez en Montevideo, en 1866 y se llamaba "chicuba". El tango, "Cosa de negros", un CD de Juan Carlos Cáceres[2], un argentino en París (1993), reafirma la teoría del origen negro del tango. Es decir, originado en el candombe como padre de la milonga, y madre a su vez del Gotán (lunfardo por tango).

Desde la época colonial, y atendiendo a las crónicas de la época, hacia 1870 los negros de Buenos Aires bailaban al compás de unos tambores que ellos llamaban *tangos*. Aquellos bailarines eran descendientes de los esclavos, afincados al fandango. Mientras fueron esclavos, se reunieron en lugares baldíos para confraternizar y cantar sus melancólicas melodías. Sin embargo, los bailarines morenos despertaron la sospecha de la "gente de bien" y, por ello, las autoridades virreinales procuraron suprimir sus manifestaciones. Una vez que los negros obtuvieron su liberación, como es natural, siguieron con sus reuniones, esta vez con la anuencia de los criollos. Incorporados a las luchas de índole política, solían realizar desfiles por las calles cantando diversos himnos que siempre tenían el mismo estribillo:

Cum – tango
caram – cum – tango
cum – tango
caram – cum - tango
cum – tango
caram – cum – ta

El pueblo empezó a hablar de tango (tan-gó), tanto al nombrar el instrumento (el tambor) como a la danza o al bailarín de ascendencia africana. Por lo tanto, en su inicio, el tango "fue cosa de negros". Como decíamos al principio, y según los datos aportados por el investigador Santiago Rossi, se bailó por primera vez en Montevideo en 1866, denominándosele "chicuba".

Aunque la mayoría de los estudios se inclinan por un remoto origen negro de esta danza, no faltan las opiniones disidentes. Algunos reivindican la ascendencia española y citan al tango andaluz que se bailó hacia 1850 en el Río de la Plata, y sobrevivió hasta la primera década del siglo XX en numerosos sainetes y zarzuelas.

El tango apareció en las ciudades portuarias del Río de la Plata y sus zonas de influencia, en la segunda mitad del siglo XIX, en el marco socio-cultural de las grandes oleadas migratorias. Buenos Aires y Montevideo, y en menor medida Rosario, se disputan ser el lugar en el que nació el tango. Se trató de una música eminentemente popular y urbana, rechazada y prohibida por la clase alta y la Iglesia Católica, por lo que se desarrolló en los barrios pobres de los suburbios, los arrabales, los puertos, los prostíbulos, los bodegones y las cárceles, donde confluían los inmigrantes.

Mucho antes, alrededor de 1820, la zona de la ribera de Buenos Aires, conocida como "El Bajo", era un centro de diversiones y alboroto nocturno. Se bailaba en los burdeles al compás del violín y la flauta. Tripulaciones de los barcos y gente de mal vivir se mezclaban con chicas criollas en turbios lupanares y casas de juego. Conflictos, peleas y represión policial completaban aquel cuadro escénico. Pasada la mitad del siglo, ya los bailes se habían organizado, desde las cinco de la tarde hasta las tres de la mañana. Aparecieron las primeras academias de tango, donde se reunía gran cantidad de personas, superando los caballeros en número a las damas. Pagaban cinco pesos a un italiano que hacía de maestro de ceremonias. Las damas asistían estimuladas por una prima de quince pesos por noche (pagados con anticipación por la empresa) y un par de zapatos en atención a los que se rompían bailando toda la noche, además les obsequiaban cigarros de papel o de hoja.

Durante la ola inmigratoria masiva, se produjo un desequilibrio cultural. Entre los inmigrantes venían pocas mujeres (entre un 70 y 90 % de los inmigrantes eran hombres), lo que produjo además un desequilibrio demográfico y una enorme desproporción sexual. Aquellos hombres sin mujeres provocaron las condiciones para el auge de uno de los principales escenarios en el cual se desarrolló el tango: el prostíbulo.

En esa mezcla de distintos idiomas y costumbres nació el tango.

"Nació en los corrales viejos
allá por el '80
Hijo fue de la milonga
y de un taita de arrabal
Lo apadrinó la corneta
del mayoral del tranvía
y los duelos a cuchillo
le enseñaron a bailar"

"EL TANGO"

Miguel Camino (1877-1944) Poeta
De su libro *Chaquiras* (1927)

Los tangueros de la Guardia Vieja eran capaces de estar involucrados en hechos violentos y, a la vez, podían componer tangos alegres. Donde se sugiere la idea de que los movimientos del tango son un reflejo de la esgrima criolla de los compadritos. Borges escribió "Alguien le dice al tango", que Piazzolla musicalizó y cantó Edmundo Rivero. Retoma esta idea en los siguientes versos: *"Tango que he visto bailar contra un ocaso amarillo/ por quienes fueron capaces de otro baile, el del cuchillo".*

Entonces, ¿dónde se formó el tango?

En una sola palabra: en la calle. En los conventillos y en los prostíbulos. Y en los sainetes, *el género chico*.

Se formó en un sitio colorido y miserable: *en las orillas y en el arrabal*, y uno de sus escenarios recurrentes eran los prostíbulos, llegando a importarse mujeres europeas para equilibrar la balanza (en lunfardo "loras" o "polacas"). El arrabal se extendió en rancheríos que combinaban una ambigua ecología de pampa y urbe. Cerca de la Plaza Mayor existía un primer reducto marginal resistido por las calles del centro, más allá la chusma aliada natural del mundo campesino. El poblado lindante, El Matadero, refugiaba un hampa de pulperías, contrabandistas, garitos y prostíbulos. Un poco más al sur los ranchos de las "chinas" estaban siempre abiertos al vicio: el juego, la bebida y las fiestas con finales violentos. Al terminar el núcleo céntrico de la ciudad, entre las quintas y huecos pantanosos, había extensos suburbios de población criolla donde se refugiaban malhechores, desertores y otros sujetos que desafiaban la autoridad pública.

Confluían en el Río de la Plata diferentes culturas, con su poesía y sus instrumentos musicales, con un nuevo lenguaje, una mezcla de todas las lenguas.

Entre los barrios alegres debe recordarse Montserrat, barrio de negros candomberos, con su calle del *Pecado*, con un prostíbulo al lado del otro. San Telmo se mantiene criollo, poblado de guapos y Palermo hace gala de los cuchilleros que desvelaron a Borges. Al final del siglo XIX es famoso Constitución por sus lupanares. En La Boca, hasta después de 1910, los lenocinios se aglomeraban junto a las cantinas y cafés de camareras.

Los arquetipos del malevaje suburbano incubado por la corrupción de la etapa comercial y dependiente de la economía argentina son: el malevo, los ladrones, rateros, pungistas, cuenteros, adivinos, curanderos. Los auxiliares de la delincuencia como el reducidor, que compra lo robado, el usurero, el tratante de blanca, con su aparato administrativo de mediadores, regentas, agentes comerciales y prostitutas.

Esto es durante ese período, el de la Guardia Vieja. Muchas letras resaltaban el amor y la picardía, mezclados con la burla, lo grotesco, la sátira y la ironía. Los estudiosos del tango afirman que su carácter, con frecuencia melancólico y triste, lo infiltra más tarde en la llamada Guardia Nueva, bajo la inevitable influencia del inmigrante solo, sin su familia en los comienzos y en las condiciones miserables de vida en la periferia de la gran urbe en las primeras décadas de su arribo al Nuevo Mundo.

No está de más repetir a estas alturas que el tango nació alegre. Y vale la pena también repetir que el tango fue y es un fenómeno urbano, citando lo dicho por Borges: "El tango no se entiende sin Buenos Aires"[3].

El primer tango

Algunos historiadores sostienen que el primer tango fue escrito por el actor, cantante, músico y compositor español Santiago Ramos, introductor del tango andaluz y generador del tango argentino. Casi todos los tangos criollos iniciales fueron adaptaciones de sus homónimos traídos del sur de España a los escenarios porteños. Se sabe que en 1856 Ramos entonó un tango en la obra "La cabaña del tío Tom" (Teatro Argentino) y en 1857 escribió *Tomá mate, che*, la más antigua muestra de tango compuesto en Buenos Aires, para la comedia "El gaucho de Buenos Aires", que se estrenó en el Teatro de la Victoria el 22 de octubre de ese año. En parte, dice su letra:

"Tomá mate, tomá mate,
tomá mate, che, tomá mate,
que en el Río de la Plata
no se estila el chocolate"

TOMÁ MATE, CHE

Santiago Ramos (1856)

Versión letra y música de Francisco Canaro (1951)

De allí en más, *el tango -también la milonga, por supuesto-* señorearían sobre las tablas del teatro porteño.

Tango y sainete

Ya hemos mencionado brevemente el papel que jugó el teatro chico, el sainete en particular por varias décadas, en presentar en la escena teatral los primeros tangos. Con lo cual, antes de la aparición de la radio y las grabaciones en disco, lograron difundir el tango en el medio social popular.

Llegó un momento en que casi no había un sainete sin alguna pieza de tango, a veces alguna ya conocida, otras con tangos originales escritos para un sainete en particular. Todo esto con mucho éxito. Unos se podrían preguntar quién dio más a la relevancia y el crecimiento del otro, el sainete o el tango. Parecería que la respuesta correcta es que ambos se nutrieron mutuamente, y esto por un largo período de cerca de medio siglo, desde 1860 hasta 1910. Entre las obras más afamadas podemos mencionar "El conventillo de la Paloma" y "Tu cuna fue un conventillo", de Alberto Vacarezza. Además, varios cantantes famosos de tangos, varones y divas se consagraron cantando en los escenarios del sainete, para después pasar al cine.

El lunfardo, el arrabal

El habitante del arrabal habla una jerigonza enrevesada y pintoresca: el "lunfardo" -de lo cual trataremos en detalle más adelante-, idioma delictivo que se permite negar (desde el lenguaje) las pautas juiciosas de los civilizados del centro urbano. Las expresiones "mina", "cafishio", "gavión" y "giro" son los arquetipos básicos de la dialéctica de la prostitución: el malevo y la mina.

El escenario social

(Donde se desarrollaron las historias tangueras)

En el arrabal y en las orillas se fueron fusionando libremente, las formas musicales más diversas: candombe, payada, milonga, habanera, tango andaluz, polca, vals, provenientes de los orígenes más diversos (africanos, gauchos, hispanos coloniales, indígenas, italianos, alemanes, andaluces, cubanos), hasta consolidarse en el tango.

El gaucho trajo *la Payada*, que como lo expresamos más arriba, se trata de *una poesía espontánea, improvisada en el momento*, muy propia de los países con influencia colonial española. Esta mezcla de poesía y música con influencia de inmigrantes produjo la *milonga*[4], un baile muy popular en la década de 1880. Las mujeres bailaban dentro de la casa. Los músicos acostumbraban a pasar de un burdel a otro tocando en grupos de dos o tres intérpretes, por lo general músicos ambulantes que en los primeros tiempos improvisaban. Los tríos eran una combinación de arpa, violín y flauta y, algunas veces, acordeón. Este último instrumento fue reemplazado, posteriormente, por el bandoneón.

El tango es rioplatense

En los suburbios, en los arrabales, se fueron fusionando, libremente, varias de las formas musicales más diversas ya mencionadas antes (candombe, payada, milonga, habanera, tango andaluz, polca, vals), provenientes de los orígenes más diversos (africanos, gauchos, hispanos coloniales, indígenas, italianos, judíos, alemanes, andaluces, cubanos), hasta dar forma al tango.

Se estima que la transición duró alrededor de cuarenta años (ca 1850-1890) para afianzarse el tango como un género plenamente constituido en la última década del siglo XIX.

Workers of the "Mercado Modelo" of Buenos Aires, dancing tango as part of the celebrations for the closure of the market. The MM was demolished in 1898 to build the Avenida de Mayo. Baile de tango entre hombres.

En 1857, el músico español Santiago Ramos, como explicamos, compuso uno de los primeros tangos que se conocen, "Tomá mate, che". La canción no es, estrictamente hablando, un tango andaluz. Sí se sabe que es uno de los primeros tangos compuestos en el Río de la Plata. Se hizo con arreglos musicales andaluces y con el texto en lunfardo[5]. El tema formaba parte de la obra "El gaucho de Buenos Aires", estrenada en el Teatro de la Victoria. Hay que destacar que la milonga es la "madre", o "hermana mayor", del tango del Río de la Plata, por eso el parecido.

El primer tango que alcanzó difusión masiva, de acuerdo a los registros existentes, fue "El Queco", en 1874. De estilo musical andaluz con una letra sobre las "chinas" (mujeres argentinas del gaucho, de origen indígena, africano y mixto). Muchas de ellas -obligadas por circunstancias- trabajaban de prostitutas en los burdeles.

En 1876 se hizo muy popular un tango-candombe llamado "El Merenguengué", que se convirtió en un éxito en los carnavales afro-argentinos celebrados en febrero de cada año. Estos carnavales anuales -como hoy en día el carnaval de Brasil en cierto modo-, eran celebrados por la clase trabajadora con un porcentaje de cerca del 35% de población negra liberada de la esclavitud solo una o dos generaciones antes. Como se puede ir notando, la influencia de la música africana en la gestación del tango fue más que pasajera.

El tango se interpretaba con violín, flauta y guitarra[6]. Casi no existen partituras de esta etapa originaria, porque los músicos de tango de entonces era gente humilde, sin educación formal, no sabían escribir la música y, probablemente, interpretaban sobre la base de melodías existentes, tanto de habaneras como de polkas. La primera partitura de la que existe registro es "La Canguela" (1889) y se encuentra en el Museo de la Partitura en la Ciudad de Rosario.

El tango, hijo directo del mestizaje

Se sabe que los primeros tangueros eran afro-argentinos y afro-uruguayos; que el bandoneón proviene de Alemania; que su sensualidad deriva de su origen prostibulario, donde los inmigrantes europeos que llegaban solos a buscar empleo mantenían relaciones sexuales con las nativas, mayoritariamente afro-argentinas e indoamericanas, las ya mencionadas *chinas*. Se sabe, también, que el argot del tango, el lunfardo[7], está plagado de expresiones italianas y africanas; que su ritmo y clima nostálgico está emparentado con la habanera cubana; con el fado, con la tuna, con la jota…, y que tango, milonga, malambo y el ya mencionado candombe, son parte de una misma familia musical de raíces africanas, así como también de las costumbres provenientes de los gauchos que migraron a la ciudad. Sin embargo, el tango no se confunde ni deriva de ningún estilo musical en particular. Ernesto Sábato dice que, por sobre todas las cosas, *el tango es un híbrido*, una expresión original y nueva que deriva de una movilización humana gigantesca y excepcional.

Orígenes culturales. Arte urbano de fusión

Como ya lo hemos mencionado antes, Argentina, que en 1850 contaba con 1,1 millón de habitantes, recibió 6,6 millones de inmigrantes entre 1857 y 1940. Uruguay tuvo un proceso similar. Buenos Aires pasa de tener 150.000 habitantes en 1865 a 1. 500.000 en 1914. Un crecimiento de 10 veces su población original en solo medio siglo. Se trata de una experiencia humana “aluvial”, casi sin parangón en nuestra historia contemporánea. De esta forma, si bien el tango reconoce lejanos antecedentes africanos, latinoamericanos y europeos, sus orígenes culturales se han fusionado de tal modo que resulta casi imposible reconocerlos. En esencia, el tango es una expresión artística de fusión, de naturaleza netamente urbana y con raíz suburbana (arrabalero), que responde al proceso histórico concreto, ya mencionado, de la inmigración masiva. A diferencia de otras zonas del mundo, los inmigrantes que llegaron al Río de la Plata pasaron a ser más bien la mayoría en la sociedad que los acogió. Los inmigrantes europeos superaban por mucho en cantidad a las poblaciones nativas y fueron a su vez parte de un intenso proceso de mestizaje multicultural y multiétnico, en gran medida inducido por el Estado a través de una formidable promoción de la escuela pública laica.

En el curso del siglo XX y con la importancia que adquirió la sexualidad y la introspección, así como una visión existencial y menos optimista de la vida, el tango cambió -ya en el período llamado la Guardia Nueva- y desarrolló sus componentes básicos como una expresión artística relacionada con la problemática del hombre contemporáneo. Sábato reflexiona que la reunión en el tango, de componentes marcadamente “existenciales”, con el temple metafísico, es lo que hace de esta danza y estas canciones una expresión artística singular en todo el mundo.

En resumen, podemos decir que el tango, en su forma actual, se modeló a través de una combinación de múltiples culturas que se encontraron, en la encrucijada entre el mundo exterior y la Argentina, en un momento único en su historia de expansión. Esto en una rica amalgama entre sus colonizadores, los inmigrantes, las culturas nativas y, por supuesto, las culturas importadas del África.

"Arrabal amargo...
Con ella a mi lado
No vi tus tristezas,
Tu barro y miserias..."
ARRABAL AMARGO (1935)
Música: Carlos Gardel
Letra: Alfredo Le Pera

¿En qué parte del antiguo Buenos Aires surgió y creció el tango?

El tango es un arte de raíz suburbana, arrabalero, derivado de su naturaleza popular. Surge y se desarrolla en los barrios de trabajadores, *las orillas*, que rodean a las ciudades rioplatenses: en la periferia, el arrabal. Para el tango el arrabal es la musa inspiradora, el lugar de pertenencia que no se debe abandonar, ni traicionar, ni olvidar. Por sobre todas las cosas, el tanguero es un hombre (y una mujer) "de barrio". En el lenguaje del tango, el arrabal y el centro componen dos polos opuestos: el arrabal, muchas veces unido indisolublemente a los amigos y a "la vieja" (la madre), expresa lo verdadero y lo auténtico, en tanto que el centro suele expresar lo pasajero, "las luces" que encandilan, el fracaso del que no pertenece al centro y nunca va a ser parte de él.

A su vez, el sentimiento de pertenencia al arrabal llevó al tango a construir culturas de barrio, a darles personalidad. Sobre todo, en Buenos Aires (la Gran Aldea como se la llamó después) y Montevideo, el tango está ligado a la identidad de los barrios. La ciudad del tango es una ciudad vivida desde el arrabal.

De los múltiples y coloridos prostíbulos y centros sociales de Buenos Aires hacia finales del siglo XIX, a las magníficas paredes del distinguido Carnegie Hall, la música popular tardó muchos años en llegar. En el caso del tango, el rechazo estuvo relacionado con sus orígenes, los lugares donde se bailaba y el segmento social de "mala clase" asociado a esta música.

Tango-danza y tango-canción. Dos modalidades de una misma música

Aunque existieron líricas en la etapa del Prototango, la mayoría se han perdido a través del tiempo. Por lo general, como ya está dicho, se considera que el tango-música y danza fue primero (ca 1860-70) -incluyendo al comienzo el baile hombre/hombre- y solo años después (1917) vino el tango cantado.

El tango-danza es llevado con gran éxito a Europa por los grandes conjuntos de antes de la Primera Guerra Mundial, y solo a su regreso se hace aceptable por las clases media y alta, en especial en Buenos Aires. Además, influyó el fenomenal éxito de Rodolfo Valentino en Hollywood, con su película "Los cuatro jinetes del Apocalipsis", que fue mostrada en 1921, y donde se ve a Valentino bailando un tango ("La cumparsita") con una mujer para seducirla. El tango-canción, será luego una nueva etapa en la historia del tango, la Guardia Nueva.

Muchos de los títulos, o a veces letras completas, al comienzo fueron de origen prostibulario, con elementos morbosos/eróticos.

En resumen: Como ya se mencionó, el tango es la comunión de las culturas ya establecidas (española, criolla y negra) con la cultura inmigrante europea, con fuerte influjo italiano.

- La milonga campesina, el candombe y la habanera, por un lado, y el tango andaluz (sainetes), la música lírica y la canzonetta, por el otro, influyen en su génesis.
- Tuvo su nacimiento en la calle, en los conventillos, en los prostíbulos, con músicos improvisados.
- Y en los suburbios, en el arrabal, en los barrios más alejados del centro y lindantes con el campo: *las orillas* y su habitante, *el orillero*.
- Se instala y desarrolla en los lugares de baile denominados *academias*.
- Los *organitos* y luego la radio lo difunden por los barrios.
- Los teatros lo incluyen en sus obras, *los sainetes*.
- Convive con otras danzas, pero poco a poco se destaca, prevalece y termina por conquistar al centro de la ciudad.
- Pasando los primeros años fue aceptado, en mayor o menor medida, por todos los sectores sociales y se impone en Europa primero, y después en Estados Unidos y el resto de América.

"Con este tango nació el tango, y como un grito
Salió del sórdido barrial buscando el cielo.

Carancanfunfa se hizo al mar con tu bandera
Y en un pernó mezcló a París con Puente Alsina..."
EL CHOCLO (Versión IV)
Música: Ángel Gregorio Villoldo (1905)
Letra: Enrique Santos Discépolo (1946)[8]

TÉRMINOS LUNFARDOS EN EL ORDEN MENCIONADO:

Carancanfunfa: En la jerga de los compadritos, el baile de tango con interrupciones (cortes) y también los que lo bailan así y lo hacen de una manera muy hábil.
En un pernó: El licor francés 'pernod', una marca de anís francés (pastis). Metáfora: en el tiempo que toma beberse un trago rápido.
Puente Alsina: Es un puente que cruza el Riachuelo uniendo la avenida Sáenz del barrio Nueva Pompeya de la Ciudad de Buenos Aires, con la localidad de Valentín Alsina, Partido de Lanús, Provincia de Buenos Aires, Argentina. Como metáfora de un arrabal: el tango 'saltó' desconocido, desde un barrio orillero en Buenos Aires a ¡la capital del mundo: París!

EN CONCLUSIÓN: DESDE EL ARRABAL AMARGO HASTA EL ÉXITO EN EUROPA Y EL MUNDO ENTERO

Desde las últimas décadas del siglo XIX en que brillaban los múltiples y coloridos burdeles de la gran urbe de Buenos Aires, hasta el tiempo en que el tango se destaca en la mundanidad de París y la magnificencia del Carnegie Hall, esta música popular era despreciada. Para que fuera aceptada como algo respetable, tuvieron que pasar muchos años.

En el caso del tango-música el rechazo se debió a varias razones, todas centradas en su definida identificación social, el segmento de la sociedad rioplatense que produjo el género y, por ende, los orígenes y localidades bien poco respetables, por decir lo menos. El reconocimiento de que el tango era un producto real de la convergencia de estilos musicales, traídos a la Argentina por sucesivas olas de inmigrantes europeos, vino después, una vez superada la objeción racial, social y cultural, incluyendo los tonos musicales y ritmos de esclavos negros que existieron antes de su emancipación.

El tango en su segunda etapa, la Guardia Nueva, representó y es aún, tristeza y melancolía, una danza introvertida inclusive de todos los atributos de la sociedad: frustración, amargura, rencor, nostalgia, resentimiento y la incapacidad de adaptarse a la adversidad. En suma, contiene todos los elementos de una sociedad disfuncional que representa, sin discusión, a la mayoría de las sociedades urbanas. En otros términos, en esta mezcla de múltiples orígenes, se representa el resentimiento de los nativos y la tristeza del inmigrante.

Se ha dicho, por otro lado, que el tango "es elegancia y formalidad, apasionado e íntimo, representa poder y a la vez vulnerabilidad, es a la vez baile y metáfora, y para los que caen presas de su espíritu mágico puede llegar a ser una obsesión".

Otro elemento importante y obvio es la sexualidad, particularmente en el caso de la mujer, en que el tango se mostró desde sus orígenes -y todavía es así en muchos casos- como un baile erótico, lascivo, que solo se podía ejecutar en los burdeles y con prostitutas. Las prostitutas servían una función económica doble para el dueño, o dueña, del burdel. Por un lado, atraían por sus inherentes habilidades sexuales y como bailarinas expertas de una danza compleja como el tango y, por otro lado, induciendo el consumo alcohólico. El tango se ofrecía como una forma de entretener a la clientela tanto antes como después del encuentro sexual. Y era ese contacto físico íntimo, de dos cuerpos casi pegados con goma arábica lo que dio al tango un carácter erótico y a la vez una forma de poder y dominio sobre la mujer que era definitorio de la sociedad fuertemente machista de la época.

Además, fue en estos lugares, y más tarde en los cafés que se abrieron a finales del siglo, y donde se bailaba el tango, en los que hubo un consumo substancial de cocaína por un selecto grupo de clientela. La cocaína sin embargo no estaba al alcance en ese entonces de la población general, como ha ocurrido en el mundo moderno.

Notas

1 Estrada, Jorge. "La Génesis del Tango". Extraído y adaptado: http://rehisco.8m.com/historia.htm
2 Todo Tango, por Julio Nudler, tomado de la revista *Tres Puntos*, mayo de 1999.
3 Como se ha mencionado en otras partes del libro, el tango como fenómeno urbano es propio del Río de la Plata, es decir tanto de Buenos Aires como de Montevideo, en especial al comienzo. Pero más tarde, la aritmética (es decir la desproporcionada población) le da a Buenos Aires, indudablemente, la primacía en la evolución del tango.
4 Más adelante nos extenderemos respecto al uso del término *milonga* y sus diferentes acepciones.
5 El lunfardo, ya establecido como jerga popular en ese entonces, en 1857, era la jerga mestiza de los barrios bravos, y pasó rápidamente a darle colorido al lenguaje de todas las clases sociales. Hoy esta variedad del español se ha convertido en un objeto de estudio de sociólogos, lingüistas y poetas.
6 El bandoneón, que le dio forma definitiva al tango, recién llegaría al Río de la Plata allá por 1886, en las valijas de inmigrantes alemanes.
7 Como se menciona en otra sección, se puede estimar que cerca de un tercio de los tangos con letra, o sea tango-canción, tienen una parte, o casi el total de la lírica en lunfardo. Para beneficio del lector, este libro incluye un pequeño diccionario español-lunfardo.
8 Con la música original de Villoldo, fallecido muchos años antes, el genio poético de Discépolo creó esta, la versión más conocida de "El choclo".

LOS PRIMEROS TANGOS

"Ya los años se van pasando,
Y en mi pecho no entra un querer,
En mi vida tuve muchas, muchas minas
Pero nunca una mujer..."

PATOTERO SENTIMENTAL[1]
Música: Manuel Jovés
Letra: Manuel Romero (1922)
Grabado por Carlos Gardel con guitarras

TANGOS COMPUESTOS ENTRE 1874 Y 1890

El Prototango tuvo su nacimiento en los ambientes populares, en los aledaños del puerto, en los cafetines y quilombos en los alrededores de la Vuelta de Rocha, en las milongas en patios de tierra, en las "carpas" donde se amalgaman y entrecruzan milicos licenciados de la Expedición al Desierto (1885), carreros, peones de los hornos de ladrillos, cansinos, pequeños artesanos en tren de diversión barata, inmigrantes y obreros de las primeras fábricas. Son las etapas iniciales del tango, el Prototango y la Guardia Vieja. Lo exploran y alimentan hombres de ese mismo ambiente, que se identifican con su ritmo pegadizo y bravío o que descubren el sólido poder de fascinación que ejerce esa nueva música tocada repetidamente por un trío de arpa, guitarra y flauta que muele con intensidad las notas de "Dame la lata"[2] y "El Queco", para una clientela cada vez más numerosa de cuarteadores y cocheros del tranvía (todavía a caballo), cuyos orígenes permanecen envueltos en una suerte de bruma primigenia durante los primeros días del mundo.

De esos años prehistóricos del tango se pueden rescatar otros títulos como "No me tires con la tapa de la olla" y "Andate a la Recoleta", compuestos entre 1874 y 1885. Son primitivos tangos que hoy han quedado como una curiosidad y sus autores en la bruma que todavía envuelve aquella parte de la historia del tango. También están aquellos tangos compuestos entre 1896 a 1905, cuando el tango era todavía reo, alegre. Un conjunto de obras que aún mantienen su vigencia, con una alegre transparencia de cosa joven y en plena germinación, llenas de esa dichosa claridad de las obras iniciales. Tangos primitivos a la usanza de la Guardia Vieja, advirtiendo que las letras fueron adecentadas, dado que las originales mantenían un léxico poco recomendable.

Tangos del "tiempo e ñaupa". Obras de la época prenatal del tango[3]

Aunque en los primeros años el tango fue solo instrumental y danzante, algunos contenían coplas o letrillas que eran entonadas por la concurrencia en los salones y piringundines[4]. A través de un fragmento puede observarse el espíritu de aquellos primitivos tangos alegres.

BARTOLO

"Bartolo quería casarse
por gozar de mil placeres
y, entre quinientas mujeres
ninguna buena encontró
Pues, siendo muy exigente
no halló mujer a su gusto
y, por evitar disgustos
solterito se quedó"

Algunos investigadores afirman que el primer compositor de tango fue Juan Pérez, autor del tango "Dame la lata" (1888). Sin embargo, es muy probable que hayan existido otros autores y canciones anteriores. Además de la obra de Pérez, las primeras composiciones fueron "El Tero" y "Andate a la Recoleta"[5]. Por otra parte, en cambio, como se menciona en otra sección, Santiago Ramos, en 1857 escribió: "Tomá mate, che". Para muchos, este habría sido el primer tango conocido.

Otra lista citada de los primeros tangos y milongas de que se tiene referencia desde finales del 1800 incluye, también, varios tangos prostibularios. Esa fue la época del tango alegre, con frecuencia soez en sus letras. Recordar que, aunque muchos tenían letra, no eran una narrativa, con argumento -como lo iniciaría mucho más tarde, en 1917, Pascual Contursi con "Mi noche triste", estrenada en el escenario por Carlos Gardel. Los primeros tangueros, y estudios posteriores, concuerdan en que los primeros (amén de los anónimos) fueron: el negro Casimiro, Jorge Machado, Miguel Diez, Lino Galeano y un tal mulato Sinforoso.

Los títulos de los primeros tangos y milongas compuestos en las décadas de gestación, y de los que se tienen referencias son, en orden cronológico:

- Tomá mate, ché (1857), de Santiago Ramos, y uno de los primeros contenidos de aire tanguero que se conozca.
- El Queco (anónimo, 1874). Muchos lo consideran el primer tango conocido.
- El Merenguengué (1876). Un tango-candombe muy popular que se convirtió en éxito en los carnavales afro argentinos.
- Tango de la Casera (anónimo, 1880).
- Detrás de una liebre iba (anónimo, 1880).
- Ar salí los nazarenos (anónimo, 1880).
- Andáte a la Recoleta (anónimo 1880).

- Señor comisario (anónimo, 1880).
- Entrada Prohibida (el "Negro" Casimiro, 1880).
- El Porteñito (Gabriel Diez, 1880).
- Milonga de Tancredi (anónimo, 1882).
- Tango Nº 1 (Jorge Machado 1883).
- Tango (sin título) (Miguez, 1884).
- El Piringundín (anónimo, 1885).
- Pejerrey con papas (anónimo 1886).
- Tango de las sirvientas (anónimo, 1887).
- Dame la Lata (Juan Pérez, 1888). Algunos lo consideran el primer tango.
- El Lecherito (anónimo, 1888).
- El Rejicilo (anónimo, 1888).
- La Estrella (Domingo Podestá, 1889).
- Tango de la Menegilda (arreglo para piano de A. Hargreaves, 1889).
- Qué polvo con tanto viento (anónimo, 1890).
- Una negra y un negrito (anónimo, 1891).
- Tango del Mate (Pedro Palau, 1891).
- No me tires con la tapa de la olla (anónimo, 1892).
- El Talar (Prudencio Aragón, 1894).
- **El Entrerriano** (Rosendo Mendizábal, 1897). Con este se inicia el período de la Guardia Vieja.
- Don Juan (el panzudo) (Ernesto Ponzio, 1898).
- Soy el rubio pichinango (E. García Lalanne, 1898).
- Sargento Cabral (Manuel Campoamor, 1899).
- Bartolo (F. Hargreaves, 1900).
- La Nación (Luis Teisseire, 1900).
- En el séptimo cielo (1900) del citado Campoamor.
- Don Juan (1900) de Ernesto Pondo.
- Otros del 1900: La Guardia Vieja, La Yapa, El Llorón, Cara Pelada.
- La C...M DE LA 1… (La concha de la lora, 1901) de Campoamor.
- Venus (1902) de Bevilacqua.
- La metralla (1902) de Campoamor.
- Ma qui fu (1903) de De Bassi.
- Unión cívica (1904) de Domingo Santa Cruz.
- El choclo (1905) de Ángel Villoldo. Sí, el famoso "El choclo" es de esa época.
- La morocha (1905) de Saborido.

El tango crece en el prostíbulo

El tango puede representar sexo y tristeza. La moral victoriana del siglo XIX, de la que participaba la clase dominante, generó circunstancias en donde la corrupción y la prostitución se enlazan en el deseo de poder; en esa voluntad de dominio tan propia del hombre, la mujer prostituida era una obrera del amor (hoy la llamamos "trabajadora sexual") que laboraba para permitir que sobrevivieran los matrimonios arreglados de la clase acomodada, matrimonios de conveniencia sin amor y, además, sin placer sexual. Sin ella, uno puede teorizar. Hubiese sido imposible que se constituyeran esas familias de bien. Para las mujeres estas eran verdaderas cárceles emocionales de por vida. No tenían ni salida ni consuelo, salvo la dedicación a sus hijos. Mientras, en esa desigualdad perenne, el hombre podía encontrar, sin mayores obstáculos, satisfacción a sus necesidades sexuales fuera del hogar.

En una dimensión socio-económica diferente, para esa masa de hombres trabajadores solos, el deseo sexual, sublimado en sensualidad, y la tristeza o melancolía, derivada de un estado permanente de insatisfacción, fueron componentes centrales del tango. En sus orígenes esos sentimientos afloraron de la dura situación de millones de trabajadores inmigrantes, mayoritariamente varones, solitarios en una tierra extraña, acudiendo masivamente a los prostíbulos, donde el sexo pagado acentuaba la nostalgia de la comunión y del amor, la añoranza de la mujer y la evidencia de la soledad. El apetito, el interés, el deseo, comienza a tomar forma en un baile: el tango. Es un tatuaje que palpita en el corazón; una noche abierta en lunas que busca el rostro de un querer.

Nadie decidió, en forma futurística: "*inventemos un baile y música nueva y empecemos en los prostíbulos*". No sucedió debido al diseño planificado de alguna mente fantasiosa y torcida. Ocurrió, más bien, como parte de la evolución urbana y social. En todo el Nuevo Mundo, desde Nueva York a Buenos Aires, que crecieron con áreas marginales de pobreza, con muchedumbres de hombres solos migrados sin sus familias, tanto del interior de los campos sin trabajo, como de los inmigrantes extranjeros. Hombres que necesitaban satisfacer sus deseos sexuales naturales, mercantilizados por esa sociedad en movimiento, no por los usuarios mismos. Los usuarios, eso sí, agregaban el alcohol y la música, el trago y el baile, para completar la entretención.

Cuando apareció el tango cobró mucha popularidad entre los clientes de estas casas de diversión. Desplazó, en buena medida, a los demás géneros musicales. Y se bailaba también en los patios, en los conventillos, en las celebraciones familiares, en matrimonios y aniversarios. Fue la época del tango alegre[6].

Era el tango de Guardia Vieja y de antes incluso. El tango no pertenece ni nace en los prostíbulos. El tango se gesta, crece y madura donde hubo gente que quisiera escucharlo y bailarlo, porque el tango tuvo inspiración propia, éxito propio, no necesitaba del lenocinio. Obviamente los prostíbulos fueron parte geográfica natural de ese éxito arrollador del nuevo género musical, fines del siglo XIX, pero no fueron la partera del nacimiento del tango ni su mamá de crianza láctea.

Las casas alegres dan la imagen de una algarabía de burdel para las almas en busca de diversión, para heteras y malevos (aunque no siempre tan malévolos) y que después la moral burguesa insistió en interpelar para ensombrecerla de pena y melancolía.

> *"Y al mismo tiempo es sobre el cuerpo de una puta de lupanar donde los viejos diagramas del poder oligárquico se van disolviendo; es en la habitación de una casa de tolerancia donde por primera vez se integra socialmente al inmigrante, un espacio en el que se derriban las murallas de clase, en el que los prejuicios ante la barbarie extranjera ceden frente al apetito sexual. Buenos Aires es la capital internacional de la prostitución, y el tango, ese hijo bastardo de criollo y extranjero, se concibe en la cama de un burdel".*[7]

El tango fue con frecuencia pendenciero, de orgiástico discurrir: un entrevero feroz y fatal con el filo de la vida. Sacar el cuchillo y resolver disputas, como lo describe genialmente Borges[8]. El tango es la morada de los pobres, del descastado; en su poesía habita el marginal, el orillero, la mujer prostituida y su cafisho; el inmigrante (interno y externo), el vividor; el que está fuera de la ley y el que hace la ley a su capricho; cualquier malandra[9] y el niño bien. El tango como baile, en su comienzo y el tango con letra más tarde, trazan una línea divisoria impasable entre la mujer santa y respetada y la que reside en el prostíbulo, o incluso la bella muchacha que algún día encandilada va a terminar en la casa de alegrías. Así, asegura dejar fuera a la santa madre, sacrificada laburante y a la virgen (hermana).

Es un paso en danza, que se traslada del burdel al conventillo -pequeño convento; claustro de habitaciones hacinadas-, allí donde se origina ese crisol de razas, el hibridaje del tango, síntesis de un extravío, que no ha dejado de ser tal.

Algunos autores sostienen que el tango-danza puede haber evolucionado, además, como una suerte de "actuación" de la relación entre una prostituta y su proxeneta. Estuvo asociado desde un principio con burdeles y cabarets. Debido, por un lado, a la escasez de mujeres y, por otro, porque solo las prostitutas aceptarían dicho baile. Por eso, en sus comienzos, era común que el tango se bailara en parejas conformadas por hombres. Las chicas de esos "centros sociales", fueron inmortalizadas en tangos como Madame Yvonne, Muñeca Brava, La rubia Mireya, Malena, Milonguita o Zorro Gris. Estos y muchos otros tangos mencionados en este libro son fácilmente encontrados, con su música e interpretación vocal en Internet. ¡Viva la tecnología!

"¿Te acordás, hermano, qué tiempos aquellos...?
Eran otros hombres, más hombres los nuestros.
No se conocía coca ni morfina;
Los muchachos de antes no usaban gomina..."
TIEMPOS VIEJOS (1926)
Música: Francisco Canaro
Letra: Manuel Romero
Grabado por Carlos Gardel con guitarras

En las décadas de 1870 y 1880, los burdeles, enramadas y quilombos, eran una parte integral de la vida en Buenos Aires y Montevideo. Como siempre lo han sido, parte integral de la historia de la Humanidad, en todas las civilizaciones. Estos eran lugares de reunión para hombres solos, solteros o no, esto es, la gran masa de emigrantes. *Fue aquí donde nació el tango.*

Para algunos investigadores, como ya adelantábamos, el tango danza se desarrolló como un "actuar" de la relación entre prostituta y su proxeneta. De hecho, los títulos de los primeros tangos se referían a los personajes en el mundo de la prostitución. Fueron, a menudo, improvisados y vistos como obscenos. (Véase el capítulo "Tangos Prostibularios" más adelante). Además, los primeros tangos no solo representan una especie de coreografía sexual, también, a menudo, un verdadero duelo, un combate de hombre a hombre entre rivales para obtener los favores de una mujer que, generalmente, terminaban en la muerte simbólica de un oponente. En los comienzos del tango, tal vez la mejor descripción fue la de estar frotándose las áreas genitales de los machos y las hembras mientras ambos se mueven al ritmo hechizante de la música. Fuertes sentimientos sexuales, alternados con tendencias destructivas, malévolas, eran celebrados en este cuasi ritual del tango-danza primitivo. Al mismo tiempo, el lamento melancólico del bandoneón se convirtió en el pilar de la música del tango. Desde estos crudos inicios, luego evolucionó en algo un poco más aceptable para toda la sociedad.

El tango y el prostíbulo[10]

El prostíbulo ha desempeñado un papel muy importante en la trayectoria del tango, siendo etapa obligada en su recorrido. Para la población de los barrios y los suburbios, la diversión la brindaba el circo barato y el prostíbulo. Este anexó al tango como una atracción más, para mantener y acrecentar la clientela. Por su origen prostibulario, estaba prohibido escuchar tangos en los hogares. Pero los llamados "niños bien", fueron los difusores indirectos del tango, al conocerlo en sus lugares de origen y llevarlo a sus casas. Los músicos que se destacaban en los boliches, peringundines y academias integrando tríos y cuartetos, fueron requeridos y bien pagados por los propietarios de los establecimientos. Algunos fueron muy conocidos como el de María "La Vasca", Laura Monserrat o Concepción Amaya. Muchos autores sostienen que los tangos nacieron en esos ambientes prostibularios con títulos afines: "El Queco", "Cobrate y dame el vuelto" y "Sacudime la persiana", con referencias directas al cuerpo femenino o a su oficio. En un nivel intermedio se encontraban las "Academias", donde se daban lecciones de baile, a razón de 5 a 10 centavos por pieza, con actividades simultáneas de comercio sexual. La *lata*, en términos de burdel, era la ficha que el cliente compraba en la caja del prostíbulo y que debía dar a la pupila; ésta, a su vez, le daba las latas a su hombre, quien las hacía dinero efectivo frente al dueño del establecimiento, previa deducción del porcentaje establecido, que nunca era menor del 40%. En retribución, el rufián se encargaba de pagar los gastos de ropa y alimentación de la mujer, y cuidar de ella durante las posibles enfermedades.

En su primera etapa, los tangos fueron bautizados con modalidades del ambiente prostibulario, carcelario o conventillero. *El organito* fue el primer difusor de música de tango en el prostíbulo y en ocasiones, reemplazo de los conjuntos estables cuando no podían actuar. El prostíbulo cumplió funciones de club social, ya que los hombres tenían la oportunidad de vincularse con mujeres y también con otros hombres donde se entablaban conversaciones de negocios, de empleos -lo que hoy llamamos "contactos de negocio"- y además por supuesto también bailaban tango.

Los buenos conjuntos orquestales se desempeñaron en prostíbulos de lujo, incluyendo a cantantes como Carlos Gardel, ubicados en locales privados, casas y departamentos cerrados al público y restringidos a una clientela adinerada. El tango se difundió en forma silenciosa y firme, hasta llegar a sectores de la clase media y media alta, introduciéndose cada vez más en la sociedad porteña. En cambio, el grueso de la sociedad que formó el mundo donde se desarrolló el tango, fue el elemento obrero que de a poco fue incluyendo a sectores cada vez más amplios de la clase media. Los miles de hombres que concurrieron a los prostíbulos porteños le dieron al tango una popularidad que no tenía ninguna otra música en ese Buenos Aires que se fue.

El tango surge vinculado a la sexualidad[11]

En los cabarets del Río de la Plata, el tango nace como una danza primero y una canción después que estimula o censura el deseo de hombres y mujeres, y ordena tanto su moral como sus ideas de la ciudad en expansión. El tango es un tatuaje que atraviesa ambas orillas del Río de la Plata. Borroneado por el paso del tiempo. Para el filósofo y músico Gustavo Varela, *con el tiempo, el tango pierde su carácter exclusivamente popula*r, su marca perdura con elegante nostalgia y se aviva todavía en las milongas, aunque estas, ya de clases medias y turistas, poco se parecen a la danza erótica surgida en los extintos cabarets.

¿El tango, en sus comienzos, fue exclusivamente prostibulario?

Había una preocupación por la sexualidad muy importante. Pero en la gestación del tango, no solo participan los sectores populares, sino (fuertemente) los sectores más aristocráticos. Esto tiene que ver con *la doble moral de ese sector* y con los prostíbulos, ambientes amplios donde se juntaban sectores de diferentes clases sociales. En el prostíbulo grande, con piano, fue donde se gestó el tango. Ese era un prostíbulo caro; los obreros no iban ahí. Y los músicos que tocaban el tango eran de los sectores más populares; las prostitutas, en general, eran extranjeras. Y lo frecuentaban niños bien, como Ricardo Güiraldes, que bailaba el tango, o Jorge Newbery.

El primer tango publicado, "El Entrerriano" (1897), pertenece a Rosendo Mendizábal. Es un apellido de la alta sociedad, pero él era negro, posiblemente descendiente de algún esclavo que fue criado en una familia bien, heredó, pero toda su fortuna la dilapidó en un prostíbulo. La fuerte presencia de las clases altas en el tango es similar a lo que pasaba en el hipódromo, que también reunía sectores populares con sectores de clases altas.

¿Qué marcas quedan de semejante origen?

Inherente a los otros factores ya mencionados, en particular la desproporcionada población de hombres sobre mujeres, el tango surge *fuertemente vinculado a la sexualidad,* a una erótica que se manifiesta en el prostíbulo. Indicios de la proyección de la prostitución en la sociedad lo dan el hecho de que *el índice de sífilis en Buenos Aires era el segundo más alto del mundo* y la cantidad de prostitutas[12] que había y de gente que transitaba por los prostíbulos. Estos lugares, además, aparecían como un espacio de encuentro social, no solamente de práctica sexual. Eran grandes salones con mesas donde la gente conversaba y consumía.

¿Se lo bailaba en los prostíbulos?

Sí. Ese tango era de un ritmo machacante, como las marchas. Después se volvió más lírico.

¿Y cómo se hizo canción?

Los primeros músicos eran más bien afro-rioplatenses, alegres, seguidos por los que gestaron el tango melancólico, los inmigrantes, muchos de ellos italianos. *La necesidad de ponerle letra al tango* surge cuando los hijos de esos inmigrantes se arraigan a la ciudad. Los que le ponen letra al tango son aquellos que se educaron en la escuela de Sarmiento, con una concepción fuerte de lo nacional. En 1910 se toca un tango cuando viene la Infanta Isabel, durante el festejo del Centenario de la Revolución de Mayo. Fue un signo de que el tango ya estaba diseminado y legitimado por la sociedad. Después va a aparecer Leopoldo Lugones, diciendo *que es un "reptil de lupanar"*, en 1913, y va a seguir habiendo oposición al tango. Fue en la década del diez cuando apareció el tango canción, aunque ya algunos tenían letras. De 1903 es "La morocha", pero aparecen después letras más íntimas y confesionales, con una moral muy clara. El primer tango canción es considerado "Mi noche triste", se trata de la historia de un hombre que confiesa una derrota de amor; un hombre tremendamente débil que está esperando a la mujer.

¿Pero no es machista el tango?

El tango tiene algunos componentes de género fuertes, pero *en general manifiesta la debilidad del hombre*. Es un hombre que llora, que espera, que sufre, que quiere olvidar y no puede.

¿Qué lugar ocupa la moralidad en las letras?

El tango aconseja, ordena y establece y define qué es lo bueno y lo malo en una ciudad en expansión. *El problema de la vivienda era grave y se lotean terrenos en los barrios, donde van los sectores más populares*. Así se traza *la diferencia entre el barrio y el centro,* también entre el pobre y el rico; pobreza y riqueza quedan así connotadas *moralmente*. Ser pobre pasó a ser un signo del bien y ser rico, de alguna manera, un signo de corrupción. El tango mantendrá esto. También aparece el rechazo al progreso. En 1916 asume el primer gobierno popular, el de Yrigoyen. El primer tango canción es de 1917, es decir, son contemporáneos, y eso habla de un reordenamiento de las relaciones sociales.

¿Hay muchos tangos radicales?

Sí, hay bastantes. También de políticos de otros signos. Algunos tangos eran como una suerte de *jingle* que todo el mundo cantaba. Muchos se han perdido.

Ese rasgo contrario al progreso, ¿se vincula a la nostalgia?

El tango es nostálgico en sus letras desde el comienzo. *Remite a un pasado que ha sido*, a un pasado ideal. El presente, en cambio, siempre es un problema. Se privilegia el recuerdo de un amor, el recuerdo de un tipo de ciudad ya inexistente. Se piensa que la nostalgia tiene que ver con la inmigración. Los que componen las letras de los tangos son los hijos de los inmigrantes que, lejos de querer volver a su patria de origen y arrastrar la nostalgia de sus padres, se afirman en el país y, después, van a participar de la política, como Homero Manzi y Discépolo. Tienen conciencia nacional y espíritu patriótico. Y, además, en el momento de gestación del tango, la Argentina rompió relaciones con la Santa Sede, por la impronta del positivismo. Después, cuando se restablecieron, comienza a reflejarse, en el tango, la presencia de lo religioso, de la cristiandad, de un alma ajena a las pasiones del cuerpo. El tango describe a la mujer del cabaret que toma champagne y se divierte, pero tiene el alma destrozada. El alma está delicadamente descripta, ajena al devenir mundano.

¿Qué mujeres valora el tango?

Las que rescata el tango, en términos morales, son la madre y la novia. El deseo de la mujer en el tango es problemático. La madre es asexuada y no desea, compone una unidad familiar, la familia burguesa. La novia es una suerte de remedo de la madre, su continuación. Y después está la otra mujer, que es la que desea, abandona, quiere otras cosas, quiere desarrollarse, conquistar una vida mejor, salir del barrio. A ella el tango le advierte que eso no está bien.

En la danza, ¿la mujer es pasiva, es llevada por el hombre?

La danza es un ritual erótico. A partir de 1913 se transforma en una práctica más reglada. Pero en su origen se bailaba en un prostíbulo, como paso previo al acto sexual. *En la erótica del tango, el hombre avanza, la mujer retrocede.* Es una danza de agarre, donde hay siempre un avance del hombre. Y la mujer retrocede. Lo que intenta hacer el hombre, continuamente, es abrir las piernas de la mujer. La mujer elude, y va para un lado y para el otro, y hace un ocho, que es cerrar las piernas. *La danza tiene un fuerte componente erótico.* Los europeos se asombran hoy al ver ahí una erótica extraordinaria, desplegada en el baile.

¿Y en la época más reciente, el tango sigue siendo popular?

El tango, a partir del '55, con el fin del peronismo y la aparición de Astor Piazzolla con el octeto, *lentamente pierde su rasgo popular* y se transforma en una experiencia vinculada a la clase media. Poco a poco, la letra empieza a desaparecer y se comenzará a dejar de bailar. Esto, porque *se cierran los cabarets.* El tango fue popular desde su origen hasta el '55, que marca el fin de la Época de Oro del tango argentino. Después fue perdiendo la popularidad, a manos de otros géneros musicales.

PERO LAS MILONGAS ACTUALES, ¿NO HABLAN DEL RESURGIMIENTO DE LA POPULARIDAD DEL TANGO?

La sociabilidad y la erótica que tenía el tango, en su origen, siguen estando presentes. En el período de oro del tango, en las décadas del '40 y '50, el tango sonaba como una amalgama para el encuentro de la mujer y el hombre. Estaba en todos lados y el cine argentino potenció su presencia. El tango resistió, fue una barrera a la música extranjera, a los embates del *jazz* y del *foxtrot*, aun cuando en la década del '30 tuvo una crisis que se resuelve trágicamente con la muerte de Gardel.

¿Qué efectos provocó esa desgracia?

La muerte de Gardel fue un humus que cayó sobre el tango y lo volvió a reverdecer. Permitió un despliegue mayor del tango junto a las grandes orquestas. En el '55 se derrumban barreras culturales y entramos a participar de la Guerra Fría. Se internacionalizan las prácticas culturales y, entonces, aquello vinculado al resguardo de lo nacional se desvanece, y el tango canción entra en un proceso de agonía final. Lo que hizo el peronismo fue poner en términos políticos lo que el tango reclamaba en términos poéticos.

PODEMOS ASÍ VISUALIZAR EL *TANGO EN TRES PERÍODOS*[13]

- Uno de gestación, donde respondió a *una erótica*, a la presencia del prostíbulo, a los discursos sobre la sexualidad y a la sexualidad sublimada *(Prototango y Guardia Vieja, ca 1860-1917).*
- El período del tango canción compuso *una ética*, en la cual el tema del deseo de la mujer es muy importante (*Guardia Nueva y Época de Oro, ca 1917-1955*).
- El del tango contemporáneo. A partir del '55 y el fin del peronismo, el tango queda expuesto a *condiciones políticas mucho más complejas*.

Notas

1 Con el despuntar del siglo XX hizo su aparición un personaje colectivo y ajeno en la geografía de la ciudad, a las orillas: *la patota*, "suma de cofradías", *jóvenes bien* que iban de farra a salones y casas de baile, protegidos por su número, y dejaban tras ellos una estela de brutalidades y desmanes perpetrados en la impunidad. "Los Patoteros" eran resentidos al revés: envidiaban los lujos de la miseria, que no se pueden comprar. Hasta los proxenetas, que indirectamente solían vivir de ellos, los despreciaban. Aunque evocan en cierta forma a la *jeneusse dorée* de Paris, durante los años de la Revolución Francesa.
2 La "lata", como ya se ha mencionado, en términos de burdel, era la ficha que el cliente compraba en la caja del prostíbulo y que debía dar a la pupila.
3 Extraído y adaptado de "Tango, Radio y más Historias" (28/9/2014) del blog de Héctor Palazzo.
4 Piringundines: lugar de baile público donde acudía la gente del pueblo, confundiéndose con orilleros y maleantes: pronto la mujer se adiestró en las filigranas del tango y del piringundín de esencia porteña. También se refiere a bares baratos, desaseados, tugurios. Podría estar relacionado, además, con los apodos y apellidos de los músicos argentinos Domingo Piris, Pirín, guitarrero, y de José Pérez Gundín, acordeonista, *Pirín-gundín*.
5 Mariñas, Alberto J. "Tango en Argentina. Orígenes". Extraído y adaptado de: http://www.welcomeargentina.com/tango/historia.html
6 Véase en YouTube la película "La Historia del Tango".
7 Ferrero, Antonio. "El tango, una estética de la pasión". *Topia*. Extraído y adaptado de: https://www.topia.com.ar/articulos/el-tango-una-estética-de-la-pasión)
8 *Hombre de la esquina rosada*. Borges con frecuencia, en sus versos y cuentos cortos, relacionados con el tango saca a relucir el cuchillo y la violencia de la puñada. Aparentemente, fue como una obsesión para él.
9 En lunfardo: delincuente, maleante, malandrín.
10 Araujo, Carlos. "Tango y prostíbulo". El Buenos Aires que se fue (14 de noviembre de 2011). Extraído y adaptado de: http://blogs.monografias.com/el-buenos-aires-que-se-fue/2011/11/14/el-tango-y-el-prostibulo/
11 Varela, Gustavo (profesor de filosofía e investigador). *Clarín*, 2010. Extraído y adaptado de: http://edant.clarin.com/suplementos/zona/2010/04/11/z-02178188.htm
12 ¡6.000 prostíbulos en el Buenos Aires de la época!
13 Varela, Gustavo. Extraído y adaptado de:http://edant.clarin.com/suplementos/zona/2010/04/11/z-02178188.htm

En el capítulo siguiente vamos a entrar en el origen del tango como danza, y cómo el baile surgió y conquistó exitosamente a una parte extensa de la población que vivía en la miseria, una vida de privaciones y cuyo único paraíso en la tierra fueron los momentos del tango.

CONVERGENCIA DE MUCHAS DANZAS

"Así se baila el tango,
mientras dibujo el ocho,
para estos filigranas,
yo soy como un pintor.
Ahora una corrida,
una vuelta, una sentada.
Así se baila el tango,
un tango de mi flor".

ASÍ SE BAILA EL TANGO (1942)
Música: Elías Randall
Letra: Elizardo Martínez Vilas
Canta Alberto Castillo

La danse à Bougival (Renoir, 1883).

Vals y contradanza, candombe, habanera, tango negro y milonga campera

Como lo hemos expresado anteriormente, del *candombe tradicional* se pasó a *la habanera*, sin dejar de lado *el fandango*, luego *al tango negro* para desembocar en *la milonga* y en el auténtico tango, el clásico. Estas etapas tienen su tiempo cronológico desde la época hispana. Ya en *la época rivadaviana* (ca 1820-1827) se hacían representaciones teatrales, en escenarios porteños, con números de bailes que mostraban *a parejas de negros*, danzarines, lógicamente, de *tangos negros*, pero adaptados al público blanco de aquel entonces. El *negro* aportó el ritmo de sus tambores y la coreografía de la pareja separada, mientras que *el gaucho criollo* contribuyó con el tiempo musical de sus canciones. Con posterioridad a la Batalla de Caseros (1852)[1], en un cambio cultural musical evolutivo interesante, los negros comenzaron a dejar de lado el baile tradicional que era *el candombe* para ir incorporando nuevos ritmos que tenían y tuvieron buen apoyo y repercusión entre el público.

Los investigadores coinciden en que *la milonga* -esto es *la milonga campera*, de danza y música de las pampas argentinas, no así la milonga en el tango que vendría mucho después-, es una innovación creadora de toda la música popular que se escuchaba hasta las décadas de 1860/70, agregándose la creatividad del orillero rioplatense. Es decir, el aluvión de pobreza de la migración interna y externa, que engendraron aquella masa de trabajadores en los arrabales, en las orillas. La milonga es el baile del chusmaje, del pobrerío y del compadraje de los suburbios capitalinos.

La gran innovación consistió en integrar la pareja de bailarines suelta, danzando abrazada. Pero como el ritmo era demasiado frenético y solo apto para expertos bailarines, se bajó la velocidad para que fuera accesible a ineptos e inexpertos.

Tal necesidad de adaptación dio lugar al surgimiento del tango americano -en contraposición al tango negro y del tango o tanguillo andaluz[2]-, que luego fue llamado tango argentino y más adelante, sencillamente tango.

El proceso de adaptación paulatina se dio en los lugares más diversos: en los ranchos de las chinas cuarteleras, en las academias, en los patios de tierra de las pulperías y en los salones enladrillados de los almacenes barriales. En cualquiera de ellos era posible encontrar al chinitaje, los lunfas, la soldadesca, los carreritos[3] y de manera cada vez más frecuente, *a los niños bien* que, para rematar la noche, atiborrados de alcohol, sexo y baile, se lanzaban *a patotear* por las calles de bajo fondo porteñas, los tugurios de las orillas.

No habían desaparecido el negro ni su influencia. Es posible rastrear la preponderancia negra en el tango buscando el origen y la aplicación del vocablo. Se ha rastreado la palabra tango y encontrado nada menos que 23 acepciones, mayoritariamente indicadoras de baile, *lugar de baile practicado en local cerrado*. Todo ellos compendían la idea de un baile popular, celebrado dentro de determinadas pautas culturales.

UN BAILE DE FUSIÓN. PRIMERAS ETAPAS

El tango nace a mediados del siglo XIX, evolucionando *de una mezcla de varios ritmos* provenientes de los suburbios de Buenos Aires. Los rioplatenses, ciudadanos de Buenos Aires y Montevideo, desarrollaron en conjunto las primeras etapas del tango.

El tango no es una música enteramente original, debe su vida a otros ritmos, a formas melódicas que, al fundirse entre sí, le dieron características propias, identificables dentro de su contextura. No hay nada nuevo sobre la tierra, todo crece, muere, se transforma. Horacio Ferrer afirma que el tango es hermano y no hijo de las otras.

Para muchos investigadores, el tango tiene:

- *De la habanera*, la línea melódica sentimental y la fuerza emotiva.
- *De la contradanza europea*, la musicalidad.
- *Del tango andaluz*, también la línea melódica y el ritmo.
- *De la milonga* (*milonga campera*), la coreografía.
- *Del candombe*, el ritmo.

Además, están los que afirman que el tango procede de la habanera, otros se inclinan por establecer su parentesco con *el tanguillo andaluz*. Es un debate, podríamos decir, y al parecer, eternamente en desarrollo.

LA HABANERA: Partió de Cuba, pasando luego a España; allí se le llamó "Tango Americano" para diferenciarlo del "Tango Andaluz". Llega al Buenos Aires del 1830 donde se bailaba en salones de los suburbios (El Bajo), con coreografía propia.

LA CONTRADANZA EUROPEA: Original del siglo XVII español (*country-dance*), se convirtió en uno de los antepasados directos del tango a través de las modificaciones producidas por individuos de origen africano. ¡Qué mejor ejemplo de hibridaje musical!

EL TANGO ANDALUZ: Llegado al Río de la Plata, aproximadamente, en 1870, con la migración española, y con numerosas versiones musicales que se modifican de manera total o parcial, incluyéndose además en algunas obras representadas en los escenarios de la época.

LA MILONGA (MILONGA CAMPERA): Combinó los ritmos de indios de América del Sur con la música de los primeros colonos españoles. La milonga, una forma de danza rural antigua (1700), luego se transformaría en el tango. Después se la llamó la *milonga campera* para diferenciarla de la *milonga urbana*.

EL CANDOMBE: Como ya se ha dicho, fue una forma rítmica uruguaya y porteña típica de origen afro-rioplatense. El candombe fue una danza dramática y religiosa que congregaba a los esclavos y sus descendientes. Desapareció a fines del siglo XIX. Es interesante notar que hoy la música del verdadero tango no utiliza tambores.

"Siga el baile, siga el baile
De la tierra en que nací
La comparsa de los negros
Al compás del tamboril
Siga el baile, siga el baile
Con ardiente frenesí
Un rumor de corazones
Encendió el ritmo febril".
SIGA EL BAILE
(Milonga candombe 1860 / 1953)
Canta Alberto Castillo

¿Bailando abrazados?

Los bailes de salón del siglo XVIII, principalmente el vals y la contradanza, en que los hombres y mujeres bailaban abrazándose (aunque los cuerpos conservaban una distancia respetable) son considerados por muchos como el precedente del tango-danza, que, en combinación con los otros géneros bailables mencionados aquí, evolucionaron hasta convertirse en lo que llegó a ser conocido más tarde como tango.

Otra versión tiene que ver con el historial trágico del gaucho urbano. Alrededor de 1880, a consecuencia de la Campaña del Desierto, los gauchos fueron forzados a migrar a las ciudades, en particular a Buenos Aires, pasando a vivir en las orillas, en los barrios marginales. La adaptación a la vida urbana fue muy difícil para estos y con frecuencia cayeron en la vida delictual para sobrevivir. De ahí su transformación al compadrón y, más tarde, al compadrito.

Luego, la relación con la población negra de Buenos Aires, quienes siempre habían vivido en la ciudad, fue difícil, de dura competencia por los escasos recursos. Según algunos estudiosos, entre otros efectos sociales, produjo que, a diferencia de los afro-argentinos que bailaban separados, los compadritos, para burlarse de los negros, bailaran el tango abrazados.

¿*Country-dance* o contradanza?

En Inglaterra (ca siglo XVIII), mientras sus audaces conquistadores arriesgaban sus vidas en esta parte del globo, un baile conocido como *country-dance*, originario de Inglaterra, se había hecho popular en ciertos círculos. De Inglaterra pasó a España y Francia, donde fue rebautizada como *contradanza o contredanse*. Después de algún tiempo llegó a ser común en los salones aristocráticos europeos. Tanto es así que incluso Mozart y Beethoven compusieron algunas bellas melodías para esta danza. Como es sabido, el intercambio económico y cultural entre España y sus colonias era intenso, lo que condujo a que la contradanza europea pasara hacia la isla de Cuba, donde se hizo muy popular.

La habanera

Entre la Habana y Buenos Aires tenía lugar un importante tráfico marítimo comercial. Naves de Cuba se dirigían a las costas argentinas cargadas de cocos, tabaco y bananas, y regresaban con carne salada para el consumo local. Las tripulaciones de estos buques fueron muy activas en el intercambio de las tendencias culturales y hábitos entre ambos puertos. Versiones locales de la contradanza fueron llamadas "habanera" o "danza cubana", integrando una fuerte influencia de los esclavos negros. Las corrientes musicales de la época florecieron a lo largo de las costas del Caribe y América del Sur.

Musicalmente, el tango entronca en su genealogía con la habanera hispano-cubana y es, por tanto, hijo del trasiego mercantil entre los puertos de lengua española de La Habana (Cuba) y Buenos Aires (Argentina). Sin embargo, estos orígenes explican poco sobre su nacimiento.

Así, como ya se mencionó más arriba, el baile y la música se derivan de la fusión de *tres influencias culturales*: de Europa (especialmente España e Italia), la milonga del gaucho y los ritmos africanos. Fue una mezcla enriquecida de las habaneras, el tango andaluz, los mezzogiornos italianos, las "milongas" criollas -una forma temprana, la milonga campera, y en su base el "candombe" con sus ritmos de tambor de antiguos esclavos africanos, entonces viviendo en Uruguay y Argentina.

El tango en las "orillas". ¡Hija, es una danza callejera!

Estamos en la segunda mitad del siglo XIX. Por las callejuelas *orilleras* -hogar del submundo-, solían irrumpir bandas al ritmo de tamboriles y primitivos instrumentos de percusión. Era "el baile de los negros" que atraía a la multitud aburrida y silenciosa. Pronto los bailes se convirtieron en tumulto, en ruedas y estruendos de música. Tanto alboroto obligó a alejarlos de las calles y debieron buscar refugio en lugares cerrados, poco adecuados para contener el ritmo saltarín del "baile de los negros". La falta de espacio obligó al cambio de las libres coreografías iniciales. Los movimientos se tornaron necesariamente más lentos.

Los organitos callejeros

Los organitos callejeros difundieron el tango por los barrios, era muy común ver bailarlo en las calles, muchas veces entre hombres. Porque como hemos visto antes, en los comienzos el tango se bailaba, con frecuencia, entre hombres. No se atrevía la mujer a participar en esta danza, tenida por lúbrica y procaz. Nos referimos a mujeres en el concepto tradicional, de familias, honestas y decentes. Las "otras", las pecaminosas, sí aparecen asociadas al tango desde sus primeros días. Pero, además, no había mujeres suficientes, solo una por 8 a 10 hombres.

Portada de partitura del tango "Organito de la tarde", de Cátulo Castillo.

En plena calle, en las esquinas, en el patio de los conventillos: el tango nace en la calle

Drawing Street Organ Paint Design.

La danza callejera paulatinamente se fue convirtiendo en baile entre parejas que lo hacían en distintos estilos y desplazamientos. Entre estas formas de bailar el tango se distinguió *a la uruguaya* y *a la argentina*. Según informaciones de la época, *el bailarín uruguayo* tendía hacia los pasos largos, en cambio *el argentino* los ejecutaba dentro de un perímetro corto y esquemático. De tales apreciaciones habrían nacido las frases que luego se hicieron populares: ¡abran cancha que baila un oriental! Y la que se refería al porteño, de manera jactanciosa: ¡con una baldosa basta y sobra!

El tango adquiere personalidad propia

A finales de la década de 1890 el tango bailable ya había logrado su propia técnica y coreografía, y a principios del siglo XX, alrededor de 1905, ya era el baile preferido durante la época de carnaval (el equivalente de Mardi Gras en Nueva Orleans). Se puede estimar que la transición duró alrededor de cuarenta años, desde alrededor de 1850, para afianzarse como un género constituido, en plenitud, en la última década del siglo XIX.

"Tango de la guardia vieja
Compadrón y sensiblero,
El del compás milonguero
Que reinó en el tiempo aquel.
Tango de la guardia vieja
Tango guapo y melodioso,
El del Canyengue canoso
Tango viejo del ayer".
TANGO DE LA GUARDIA VIEJA

Street Musicians. August Sander, ca 1922-1928).
Músicos callejeros tocando tango.

El tango "se adentra" en lugares cerrados

De alguna forma ya un poco más organizada, y además por razones de usufructo comercial, el tango pasó a practicarse en locales establecidos, lugares de mala muerte, tugurios, abandonando poco a poco la calle. Como todas las actividades humanas, que primero nacen en forma independiente y autónoma y, digámoslo, auténticas, luego aparecen los que tiene cerebro calculador y saben sacarle fruto a las invenciones e ideas de los demás. Estos son los que a larga triunfan, no los de las ideas originales. Como alguien dijo, hay dos tipos de personas en la sociedad, los que trabajan duro y los inteligentes. Probablemente Ud., querido(a) lector(a), y yo, pertenecemos a los del primer grupo.

A group of musicians playing tango in a house of Mataderos, Buenos Aires. 1933.

Los lugares de baile

El nuevo hogar del tango, los lugares de baile *en lugares cerrados* fueron muchos y diversos: bares, cafés, prostíbulos, lugares de juegos de azar, peringundines, casas de baile, simples patios de conventillos, clubes nocturnos y las Academias. Cada uno atendía a distinta clientela, según las circunstancias y la capacidad monetaria y, sobretodo, según la ubicación, más o menos cerca del arrabal o a la inversa, del centro de la ciudad.

En las academias de baile, los parroquianos masculinos podían bailar con mujeres proporcionadas por la casa, por unos tres o cuatro pesos por hora. (El salario mensual promedio de un trabajador inexperto oscilaba entre 100 y 150 pesos). Estos lugares ofrecían entretenimiento con el baile, incluyendo el tango, ofreciendo, además, satisfacer las urgencias sexuales de los hombres solos, que eran la gran mayoría. En cambio, la gente más humilde solo podía costear su baile en algún patio común de los conventillos, con los invitados pagando por el alcohol, la comida y el costo de los músicos.

Notas

1 Luchas federales donde se enfrentaron fuerzas de Argentina, Brasil y Uruguay.
2 Cante flamenco popular de la provincia española de Cádiz, de carácter festivo y compás ligero, ritmo vivo y alegre en que se cantan textos generalmente irónicos o burlescos. Es una variante flamenca del tango. Los tanguillos se cantan en las fiestas de Carnaval.
3 Todos vocablos atingentes a varios componentes de la población de las orillas, luego los arrabales: *chinitaje*: mujeres jóvenes, pobres, generalmente de origen campesino; *lunfas*: ladrones de menor cuantía, rateros; *soldadesca*: la masa de soldados del pueblo llano en sus días libres buscando acción, entretención; *carreritos*: conductores de carretas.

En el próximo capítulo vamos a entrar en esos lugares mágicos del Buenos Aires antiguo, ese que ya no existe, donde después de su nacimiento en las calles, el tango crece a su adolescencia, en esos tugurios de mala muerte, y donde el tango adquirió su esencia, su pasión, y llegó a ser más tarde, ese arte musical universal y sublime que admiramos hoy en día.

PROTOTANGO (CA 1860-1897) Y GUARDIA VIEJA (CA 1897-1917)

"Te acordás, hermano, qué tiempos aquellos...
Eran otros hombres, más hombres los nuestros.
No se conocía coca ni morfina;
los muchachos de antes no usaban gomina..."
TIEMPOS VIEJOS (1926)
Música: Francisco Canaro
Letra: Manuel Romero
Canta Carlos Gardel

La etapa de las calles y los conventillos, bares y quilombos

En la etapa más temprana, en los comienzos del tango, la gente bailaba en las calles, en los patios de los conventillos. Luego se trasladó a lugares cerrados como bares, cafeterías, lugares de juegos de azar y los quilombos (prostíbulos). Fue en todos esos lugares donde nació el tango. Terminó por diferenciarse de los otros géneros bailables de la época y luego maduró, dando comienza el período de la Guardia Vieja.

En "La Gran Aldea", hoy la ciudad de Buenos Aires, afincada prácticamente sobre el puerto, la población buscaba distracción. Debemos situarnos mentalmente en aquella época, donde todavía no se había inventado el fonógrafo, ni la radio, y menos la televisión, el Internet y YouTube. El único modo de escuchar música era en vivo, en presencia de los ejecutantes. Y esos músicos, en su mayoría orejeros (aprendían música "de oído"), que no sabían leer partituras, ejecutaban lo que con el transcurso del tiempo se transformó en nuestro tango.

El tango ameniza los prostíbulos

La mayoría de los inmigrantes que se distribuyeron a lo largo y a lo ancho de la zona del Río de la Plata eran varones que venían en busca de mejores horizontes y dejando en sus países de origen sus hogares ya constituidos o a sus novias. Fue así como se hizo evidente la necesidad de crear burdeles. Se trajo para ese trabajo a mujeres francesas, italianas, españolas, polacas y hasta alemanas. La demanda fue superior a la oferta, formándose en aquellos lugares largas filas de hombres que esperaban para satisfacer sus necesidades.

En alguna oportunidad, de la fila deben haber salido dos clientes (hombre-hombre) atrapados por lo picaresco de la música y comenzaron a hacer piruetas. Fue tanto el éxito que los músicos tuvieron que repetir el tema, ignorando que había nacido el tango. En un principio, el baile fue entre hombres. Los dueños de los prostíbulos, para evitar que los clientes se aburrieran y se fueran, contrataban grupos de músicos que amenizaban la espera. Ejecutaban las músicas conocidas del momento: polcas, habaneras, cuadrillas, valses, mazurcas y chotís.

Las milongas y piringundines. Las academias

Había comenzado la hora de las academias y de las casas de baile, que pronto se multiplicaron para contener a los innumerables visitantes, la enorme masa de inmigrantes en busca de esparcimiento y sexo, que gastaban sus noches al compás de nuevas formas musicales. ¡Ahí el tango adquirió su adolescencia!

El Buenos Aires de finales del 1800 era una gran aldea, donde había academias (bailables, no de intelectuales valga la aclaración, pero academias al fin, donde se enseñaba a bailar el tango) y teatros, únicos lugares donde se podía bailar o ver bailar. En los barrios periféricos hubo academias llamadas "piringundines", que contaban con mujeres contratadas para enseñar a bailar. Eran sitios que requerían una autorización para funcionar. Se encontraban en el suburbio, en zonas alejadas del centro de la ciudad. No muy diferentes de los villorrios y pueblos de "la frontera" en el llamado "lejano oeste" en las películas de Hollywood. Un mundo primitivo.

En esas primeras etapas, el tango naciente convivía -y competía- con otros ritmos como la habanera, la polca, el corrido, el vals, el schotis[1] y otros ritmos diversos. Es allí donde crece y se va conformando el tango, donde se va desarrollando con el impulso propio que tienen los géneros populares, en una ciudad que crecía a pasos agigantados. También nacieron esos "*piringundines*" donde se bailaba -y se aprendía a bailar-, se tomaban unas copas y donde no faltaban esas mujeres de la noche que tanto los entretenían. Eran las academias de barrios marginales. La tanguería "Lo de Margot", fue uno de los lugares que rescató las características de autenticidad de los piringundines de antaño. Era común, asimismo, que, en toda comedia, zarzuela u otra obra del género chico como un sainete, los actores cantaran y bailaran. Ya antes de terminar el siglo, el tango figuraba en esos espectáculos.

"Milonga de la canguela
sos de barro transparente
como el agua del charquito
en tu espejo vive gente

----

ya clausuró la canguela
el tiempo y su autoridad
y las minas que conmigo
garroneaban su puchero
se fueron tomando el buque
remontando el Paraná"
MILONGA DE LA CANGUELA
Sergio Gobi

En la actualidad, la milonga o academia de tango, también llamada piringundín o *canguela*[2], es un centro usualmente privado y de acceso público, dedicado a enseñar a bailar el tango. En ellos se realizan prácticas de enseñanza, formación de ballets y baile popular. De origen afro-rioplatense, las primeras academias se crearon en Buenos Aires y Montevideo a mediados del siglo XIX para bailar candombe, y en ellas se gestaría la danza que a fines del siglo XIX recibiría el nombre de "tango". Actualmente existen academias de tango en muchos países del mundo. Se calcula que, en Buenos Aires, en el año 2013, existían más de 200 academias.

Un poco de historia-

Los antecedentes de las academias de tango se encuentran en los tangos y candombes de los esclavos de origen africano, cuando Buenos Aires y Montevideo se encontraban bajo el dominio colonial de España. Desde la época colonial, se llamó tangos a las reuniones musicales de las comunidades de origen africano del Río de la Plata.

En los comienzos del siglo XIX, después de la independencia de Argentina y la subsecuente liberación de los esclavos negros, las comunidades afro-rioplatenses comenzaron a crear las academias o milongas, llamadas también piringundines por los inmigrantes italianos y canguelas en Rosario. La más antigua de las academias, la Academia de Pardos y Morenos, de Buenos Aires, data de comienzos de la década de 1830.

En las academias o milongas, las mujeres de pueblo, conocidas como negras, mulatas, pardas y chinas, jugaron un importante papel en el origen del tango, sobre todo como anfitrionas, coreógrafas y bailarinas. A ellas se sumaron los *compadritos*, tipo popular urbano definido como "el gaucho desmontado" y los músicos, que mayoritariamente pertenecían a las comunidades negras.

Con posterioridad, en Buenos Aires, alrededor de 1854, apareció la Academia de la Parda Carmen Gómez. También se recuerdan los nombres -muchas veces en las letras de los tangos-, de bailarinas como la Morena Agustina, Clotilde Lemos, las pardas Refucilo, Flora, Adelina, la Negra Rosa, la mulata María Celeste, la Ñata Aurora, la Ñata Rosaura y La Voladora, entre muchas otras. En Montevideo se han rescatado los nombres de la Parda Deolinda, el bailarín Pintín Castellanos, la Morena Sixta y el Negro Hilario, cantor, guitarrista y payador.

En Buenos Aires, los principales barrios en los que se instalaron las academias fueron San Telmo, Balvanera, Montserrat (antiguo Barrio del Tambor), La Boca (la leyenda atribuye a la esquina de Suárez y Necochea ser el lugar de nacimiento del tango), Barracas, San Cristóbal y Palermo.

"¿Te acordás, hermano, la Rubia Mireya
que quité en lo de Hansen al guapo Rivera?
¡Casi me suicido una noche por ella,
y hoy es una pobre mendiga harapienta...!
¿Te acordás hermano, lo linda que era?
¡Se formaba rueda pa' verla bailar!
Cuando por la calle la veo tan vieja,
doy vuelta la cara y me pongo a llorar..."
TIEMPOS VIEJOS (1926)
Música: Francisco Canaro
Letra: Manuel Romero
Canta Carlos Gardel

SEGUNDA ETAPA. LAS "CASAS DE BAILE"

Luego, en una segunda etapa aparecieron lugares más dedicados, como las "Casas de Baile". Las más famosas fueron "La Casa de Laura", "La Casa de María la Vasca", "La Gringa Adela" y "La Parda Adelina". Estos lugares eran alquilados por personas con suficiente dinero para costear estos bailes, que incluían el tango, cena, las mujeres y el alcohol. Más de alguna vez un compositor dedicaría una canción a algún invitado especial. El huésped también pagaba por este favor. Hasta hoy llevan un aura de leyenda.

MARÍA "LA VASCA"

(María Rangolla, mujer de origen vasco-francés)

En la calle Europa, hoy Carlos Calvo, n° 2721, la casa de baile conocida como de María "La Vasca", fue como un faro tanguero que alumbraba las noches diqueras[3] del viejo San Cristóbal. María La Vasca estaba casada con un inmigrante inglés de carácter rudo que actuaba también como el *gorila* de la casa, el guardaespaldas. La casa de María La Vasca era una mansión hermosa. Puertas con arabescos de hierro permitían a los invitados ver los jardines interiores.

Portada de partitura del tango "La Vasca" (Tango para piano), de Juan Carlos Bazán.

En lo de "María La Vasca"".

Parejas bailando en un piringundín. En este caso, en lo de "María La Vasca".

En lo de María "La Vasca" podía bailarse (¡el tango, por supuesto!) todas las noches, a tres pesos la hora por persona. Concurrían estudiantes, cuidadores y jockeys, y, en general, gente de bien. Por allí pasó Vicente Greco, el eximio bandoneonista de los comienzos del tango. El pianista oficial era Rosendo Mendizábal, y allí fue donde por primera vez se tocó "El Entrerriano", en 1897. Hablar hoy de María "La Vasca" es remitirse a uno de los altares bautismales del tango, erigido en lo que por entonces era el suburbio sureño de Buenos Aires.

Así fue cambiando la ciudad. Muchos lugares antes famosos se fueron olvidando. María Rangolla, la célebre propietaria de aquella inolvidable casa de baile donde las bailarinas más *diqueras* sumaban su embrujo al de los tangos de los grandes músicos de entonces, era una mujer de belleza excepcional, nacida en la vasconia francesa. Fue como una emperatriz del tango en San Cristóbal. Sus cenizas se conservan en el Cementerio de la Chacarita, y su fama se mantiene como una leyenda en el corazón de los tangueros de ley.

Vista de lo que era un piringundín por dentro, donde se alcanzan a vislumbrar tres niñas de entre ocho y once años, lo que sugiere bailes familiares. También se distinguen hombres que por su vestimenta se pueden identificar como un petimetre elegante, un obrero, un compadrito y quizás hasta un militar se encuentre entre los presentes. Información sin establecer.

El cuarto grande estaba reservado para los grandes eventos, mientras que las habitaciones más pequeñas eran asignadas según el número de invitados que se esperaba. Se requerían reservaciones por adelantado para que así hubiera disponible un número correcto de bailarinas para el número correspondientes de clientes. La costumbre era comenzar el baile de la noche con una polca y, también, al concluir, cuando el baile llegaba a su fin de acuerdo al número de horas reservadas. Los músicos ganaban un promedio de cinco pesos por noche. En los primeros días, tocaban solo un piano, pero más adelante los grupos incluían un violín o dos y una flauta. Finalmente, se añadió el bandoneón.

Lo de Laura[4]

(Lo que sigue ilustra muy bien, como un ejemplo, del ambiente tanguero de la época)

Era un lugar elegante, caro y con una clientela muy selecta. Fue la más famosa de las casas de baile que animaron al Buenos Aires en la época del Centenario. Se la conoció como “Lo de Laura”, deformando el verdadero nombre de su regenta: Laurentina Montserrat. Estuvo en calle Paraguay n° 2512, a metros de la Avenida Pueyrredón, que entonces se llamaba Centroamérica. Pero no solo se bailaba en sus instalaciones… Hay dos noticias sobre su dueña, y con toda seguridad ambas fueron inventadas. La primera informa que era mujer exquisita y que tenía abono en el famoso y elegante Teatro Colón. La segunda, que era mujer de una vulgaridad atroz cuya característica memorable era su asqueroso repertorio de insultos.

Lo más probable, quizá, fuera que Laura ocultase su natural tendencia a la grosería bajo un disfraz de refinamiento. El problema era cuando afloraba su instinto. No en vano decían de ella que era una fiera. Laura la "Morocha" era, también, Laura la "Fiera", la que cuando un cliente se suicidó en su establecimiento y cayó rompiendo una botella de cerveza, estalló en ira y desató una sarta de palabrotas que hubieran avergonzado al peor compadrito del Bajo. Le indignaba perder su preciosa cerveza. Sobre su figura, en cambio, no hay discusión: todo apunta a que en su época de esplendor Laura era una señora entrada en años y en carnes; alta, desbordante, como salida de una pintura de Rubens, aunque en realidad más cercana al prototipo que años después impondría Mae West y, como ella, dotada con una sensualidad chabacana.

Una gran atracción del local era el pianista Rosendo Mendizábal, uno de los pioneros del tango, quien compuso su famoso tango "El Entrerriano", en 1897, mientras trabajaba en esta casa. La casa, o más bien mansión, tenía habitaciones reservadas para los bailarines más jóvenes, así como para los bailarines mayores, todo de acuerdo a las necesidades particulares de cada cliente, que obviamente pagaban muy bien. Otros músicos que aparecieron algo más tarde aquí incluyen nombres como Vicente Greco y un dúo de canto con guitarras que recién empezaba, llamados Gardel-Razzano. En la cinemática demostración de baile de tango, el actor Rodolfo Valentino, en 1921, en la película "Los cuatro jinetes del Apocalipsis", recrea muy bien la atmosfera de la casa de Laura o al menos un quilombo de cierta categoría.

Lo de Laura estaba decorado con gobelinos, pesados cortinados de terciopelo, muebles franceses, grandes sillones, lámparas con caireles, y paredes cubiertas de pinturas caras y espejos, en los que se reflejaban jarrones rococó y cuadros de la escuela de Fragonard. Los poetas del tango -que fueron posteriores- lo han difamado: mencionaron un "bailongo", término que rebajó la categoría de aquel sitio. Hablaron también de *tauras* y de disputas. Para la mitología porteña, Lo de Laura quedó confundido con un lupanar. En realidad, no era un prostíbulo en sentido directo; o mejor expresado: lo era, pero se cuidaba mucho de admitirlo. Era una casa particular exclusiva y de baile, y en la ciudad de Buenos Aires el baile y el burdel no coexistían: para eso había otros locales, todos de extramuros; los más próximos, cruzando el Riachuelo. Sin embargo, todos sabían que esto era puro eufemismo: incluso en pleno centro había casas particulares de baile, peringundines y reboticas de cafés que no eran sino prostíbulos encubiertos. La clave consistía en no pregonarlos como tales.

Lo de Hansen

Otro de los primeros lugares de baile fue el "Hansen". Johan Hansen abrió su restorán (con pista de baile) en 1875, a continuación del Armenonville, también con mucho éxito. Funcionaba como restorán que permanecía abierto tanto de día, con concurrencia de familias, como de noche, con un público diferente que permanecía hasta el amanecer. Este famoso y mítico lugar, que se conoció como Café de Hansen o Antiguo Hansen, funcionó entre 1877 y 1912 en la intersección de las avenidas Figueroa Alcorta y Sarmiento, en la esquina opuesta al Planetario. Fue demolido en 1912 durante la intendencia de Joaquín de Anchorena.

Fotografía (ca. 1895) de Samuel Rimathé donde puede verse al famoso Café de Hansen, en el Parque 3 de Febrero, Palermo, Buenos Aires, Argentina, donde hoy se encuentra ubicado el Planetario. Es el lugar donde la historia ubica a la *rubia Mireya*.

Lo de Hansen de día (hasta las 23 horas)

La revista *Caras y Caretas* informó en 1903: "Tal como está actualmente, es sin duda el paraje más pintoresco de Buenos Aires. Todo el servicio es allí eminentemente "yankee" así como el confort y la hábil distribución de los salones reservados. Una deliciosa orquesta de música clásica, traída especialmente de Milán, deleita con escogidos trozos musicales a la culta y numerosa clientela del restaurant". Parece ser que en la mañana se servía el desayuno, a media mañana leche y yema batida para jinetes y ciclistas, por la tarde merienda o aperitivo, y al anochecer se cenaba. Se puede decir que en estas horas el ambiente era tranquilo.

Lo de Hansen por la noche (a partir de las 23 horas)

E. Puccia nos dice que los tangueros llegaban para disfrutar de esa música y bailar. El establecimiento tenía cinco automóviles que de manera gratuita llevaban y traían a sus domicilios a los clientes. El Hansen tenía aspecto de merendero andaluz y cervecería alemana. Desde varias cuadras, a media noche, se descubría su ubicación por las líneas de luces de los faroles de los carruajes y los farolitos de colores que alumbraban las glorietas. En esas glorietas se cenaba, entre risas y farándulas, y en el gran patio los parroquianos bebían bajo un techo frondoso de glicinas y madreselvas olorosas. La orquesta tocaba milongas, polcas y valses.

Por otro lado, la tranquilidad de la jornada daba lugar "a un clima más agitado". En la época dorada del Hansen, desde 1903 a 1908, cuenta *Caras y Caretas*: "Con frecuencia volaban los sifones, las copas, las botellas y las sillas. A veces tiros y puñaladas. Más de un "taita" pasó al otro mundo desde el escenario del

Hansen en viaje directo, *senza tocare* en el hospital. Estaba prohibido el bailongo, pero a retaguardias del caserón de Hansen, en la zona de las glorietas, tangueábase liso, tangos dormilones, de contrabando. "La Morocha, el tango de Saborido, se tocaba vuelta a vuelta. Se encontraba en el apogeo de su popularidad. La orquesta nocturna era de línea. "Pas" (nada) de bandoneón. El fuelle todavía no habíase hecho presente en público. Los tangos de Bassi y de Villoldo, "El Incendio" y "El Choclo", respectivamente, se abrían cancha. Unión Cívica, el mejor tango del compositor Santa Cruz, también estaba de moda...". Por este café pasaron aquellos que empezaron a darle forma a nuestro tango. Uno de ellos, en nuestra primera historia, es Rosendo Mendizábal.

La "Academia" de María La Vasca, en "Popurrí". Eduardo Muñiz (1946).

Más tarde, ya en el 1900, la nueva era del tango tuvo lugar en los clubs nocturnos, las discotecas. El primer club nocturno (discoteca) fue conocido por el nombre de "Armenonville" (1874), donde los clientes pasaban toda la noche bailando el tango. Las más conocidas de las discotecas fueron El Abdullah, Royal Pigall, Tabaris, Montmartre y El Chantecler, entre otras.

Además, estaban las academias de baile donde había bailarines profesionales muy bien pagados para dar instrucción. También había otras "academias", que eran enramadas (prostíbulos), abarcándose así toda la gama socio-económica, desde lugares para la clase alta hasta los humildes quilombos de los suburbios.

Las reinas del bailongo bonaerense

La mayoría fueron mulatas o negras, muy exitosas. Fueron bailarinas eximias, requeridas en todas partes. La Parda Flora, la Barquinazo, la Tero, la Chata, fueron a principios de siglo XX reinas del bailongo bonaerense. Frecuentaban las llamadas casas de confianzas – *"los quilombos"* - y bailaron el tango con el compadraje orillero. Hacían gala no solo de su dominio en el arte de bailar, sino de esgrimir *la faca*[5]. Cuchilleras indómitas, se reían con desenfado en la cara del "*chofe*" (el policía). Una crónica de aquel tiempo consigna tales lindezas: "... que estando enseñando el tango a un joven de nuestra sociedad fue interrumpida Rosenda Pacheco, llamada "*La Calandria*" por un grupo de vagos y mal entretenidos, que fue provocada, de palabra y, de hecho, a la que el joven que la acompañaba amagó un golpe sin suerte. Se abalanzaron entonces los intrusos, munidos de arma blanca, pero "*La Calandria*" los disuadió, enfrentándolos con una *fañidera* de considerables proporciones".

Las matriarcas del tango

Fueron mujeres que ejercieron una suerte de matriarcado en las primeras décadas del tango. Eran orilleras, bailarinas de habaneras y milongas. No eran las musas del tango, que más tarde inspirarían letras famosas, pero que en sus comienzos prescindían de la culpa y la tristeza. (Para una información más completa acerca de las bailarinas del tango véase el sitio de Internet "Todo Tango": *Reseña de mujeres bailarinas*, por Luis Alposta, y aportes de Oscar Himschoot).

Las partituras

Los primeros tangos, sus partituras musicales, no han llegado hasta nosotros como ya se ha mencionado, por la sencilla razón que no fueron escritos. Y esto, simplemente, porque la gran mayoría de los músicos eran muy primitivos. No sabían leer ni escribir, menos escribir o interpretar una partitura. No había, obviamente, en este medio algo parecido a los derechos de autor, lo que surgió mucho más tarde. Cualquier músico encontraba una composición nueva y "se la apropiaba", no en el mal sentido, sino porque le gustaba, era popular, pegaba. Desde que la danza fue erradicada de la vía pública y buscó asilo en las academias, su evolución musical fue progresiva.

En sus inicios, el tango debió ser un modo de interpretar melodías ya existentes, y sobre cuya base fueron creándose otras nuevas. De hecho, con el correr de los años, algunos de los primeros tangos, ya transcritos, no van firmados por sus autores sino por avispados personajes que sí sabían escribir música y aprovecharon el vacío existente sobre la autoría de determinados tangos, celebrados por el público, para ponerlos a su nombre y ganar con ello unos pesos.

Pero el tango como danza no se limitó a las zonas bajas, "barrios de mala muerte" o a los tugurios tenebrosos, ni tampoco a sus ambientes cercanos y de pecado. *Se extendió también a los barrios proletarios* y mucho más tarde empezó a ganar aceptación "en las mejores familias", sobre todo después que el baile tuvo éxito en Europa.

Tango, desde *un movimiento continuo*

El tango-danza fue modificado desde un movimiento continuo a uno de movimiento suspendido. Con la introducción de esta detención en movimiento, el hombre quedaría quieto mientras la mujer baila a un lado en un estilo rotatorio y hace esas figuras muy especiales del "ocho". Este movimiento de las piernas que nunca se repite dos veces va a necesitar más adelante mayor espacio y pistas de baile amplias para su desplazamiento. Esto desembocó en el *abrazo de los cuerpos*; las caras se tocan unas a otras, y con el hombre llevando los movimientos y la rotación por la mujer a seguir.

Tango para goce personal v/s Tango espectáculo

En las academias de tango se baila el llamado "tango de salón", también conocido como "tango de pista" o "tango milonguero", un tipo de baile popular que preserva las características esenciales de la danza tanguera (abrazo y caminata). El tango de salón es el tango popular, que se baila recreativamente "para el propio regocijo" y no como espectáculo. Se diferencia del "tango escenario" (tango-show), que está orientado más bien al espectáculo, en especial, para entretener a los turistas.

El tango *es tristeza* y sexualidad

Desde la Guardia Nueva (1917) en adelante, el tango fue –y es- *tristeza, melancolía,* una danza introvertida que abarca todos los atributos de la sociedad: frustración, infelicidad, rencor, nostalgia, resentimiento y la incapacidad del individuo para adaptarse. En fin, todos los aspectos de *una sociedad disfuncional.* Se ha dicho que el tango es elegante y formal, apasionado e íntimo. Representa el poder y la vulnerabilidad. Es a la vez un baile y *una metáfora*, y para sus seguidores puede convertirse en una obsesión magnífica. También simboliza la mezcla y la influencia de muchos grupos sociales en competencia, la tristeza de los inmigrantes y el resentimiento de los nativos. Un elemento importante fue la sexualidad, desde sus comienzos, en muchos sentidos, fue un baile lascivo, erótico, que solo podría ser bailado en un burdel y solo por prostitutas.

Al principio, en el tango no había ningún contacto físico directo. Para 1880 solo eran aceptados, por la sociedad, bailes sin roce corporal. Sin embargo, el tango, poco a poco, evolucionó hacia un abrazo de la pareja, tal como se baila hoy. Se decía que el tango era la africanización de *la mazurca* y *la milonga.* Eventualmente estos bailes se trasladaron del interior de las casas a las calles, donde muchas veces dos hombres se veían bailar juntos. Desde allí encontró su camino a los burdeles de Buenos Aires.

Músicos de la guardia vieja

Músicos como el Mulato Sinforoso, El Negro Casimiro, El Pardo (Sebastián Ramos Mejía) estuvieron entre los primeros que se dedicaron con fervor al tango. El Pardo fue, también, unos de los primeros exponentes del bandoneón, "la caja de botones", que se convirtió luego en el alma del tango.

El Armenonville en 1912.
Lujoso cabaret que estaba ubicado en el barrio de la Recoleta en Buenos Aires.

En conclusión, hemos visto que:

- El tango danza es la comunión de la cultura española y criolla, afro-rioplatense, y de la inmigrante europea, con fuerte influjo italiano y español.
- La milonga, la habanera y schotis (o chotis) por un lado, y la música lírica y la canzoneta, por el otro, influyen en su génesis.
- Tuvo su nacimiento en los suburbios, en el arrabal, en los barrios más alejados del centro y lindantes con el campo: *las orillas* y su habitante, *el orillero*.
- Se instala y desarrolla en los lugares de baile denominados *academias* y en *los prostíbulos*.
- Los *organitos* lo difunden por los barrios.
- Los teatros lo incluyen en sus obras.
- Convive con otras danzas, pero poco a poco se destaca y conquista el centro de la ciudad.

Pasando los primeros años, el tango fue aceptado, en mayor o menor medida, por todos los sectores sociales. Logra primero imponerse en Europa, luego en Estados Unidos y en el resto de América.

En síntesis, la génesis del tango fue el encuentro de tres culturas:

- La que trajo el gaucho desde las zonas rurales a la ciudad.
- La cultura afro-argentina preexistente.
- La enorme influencia cultural de una migración europea masiva a Buenos Aires.

Reiteremos aquí, entonces, lo expresado en el capítulo anterior: "De esta forma, si bien el tango reconoce lejanos antecedentes africanos, latinoamericanos y europeos, sus orígenes culturales (danzantes) *se han fusionado de tal modo* que resulta casi imposible reconocerlos. En esencia, el tango es *una expresión artística de fusión*, de naturaleza *netamente urbana* y con raíz suburbana (*arrabalero*), que responde al proceso histórico concreto mencionado de la inmigración masiva, mayoritariamente europea la que, a partir de las últimas décadas del siglo XIX, reconstituyó por completo las sociedades rioplatenses, de Buenos Aires y Montevideo…".

Como ya se mencionó, el baile se trasladó pronto *desde las esquinas callejeras* a los espacios interiores: bares, salas de baile e incluso en lugares de clases sociales más elevados. En 1902, por ejemplo, en el Teatro Ópera de Buenos Aires, comenzaron a organizarse bailes de gala que, entre otras danzas, también incluyeron audazmente ciertos tangos. Pero tanto en Montevideo como en Buenos Aires, el tango se bailaba más bien en los "peringundines", locales sórdidos y muy pobres ubicados cerca de las áreas de los muelles. Hay que tener en cuenta que alrededor del año 1900, en Argentina y Uruguay, el tango se popularizó dentro de un panorama social heterogéneo. Además de los inmigrantes europeos blancos, también hubo muchos ancestros negros afro-argentinos, más el gaucho urbano, el compadrón.

Notas

1 El chotis o schotis es una música y baile social centroeuropeo, que se puso de moda en casi toda Europa durante el siglo XIX y se extendió a América. En Argentina, Paraguay y Uruguay, el *schotis o chotis* fue introducido por los inmigrantes alemanes del Volga y polacos asentados a partir de la segunda mitad del siglo XIX, en la región litoraleña de los ríos Paraná, Paraguay y Uruguay que *integran la Cuenca del Río de la Plata*. Constituye uno de los estilos destacados de lo que en la Argentina se llama música litoraleña. El chotis acompañó el ingreso a la región de uno de sus instrumentos más característicos, el acordeón diatónico, de una y dos hileras, que se sumó a la guitarra van a formar *la orquesta típica campesina* o *campiriña*.

2 Canguela se llamaba a un prostíbulo con baile, o simplemente a una casa de aprendizaje de baile.

3 *Diquero*: Presuntuoso, fanfarrón y de cuanto sirve para fanfarronear.

4 Benedetti, Héctor. "Lo de Laura". El Tangauta, 2008. Antiguos Bailes I - Lo de Laura. Extraído y adaptado de: http://www.eltangauta.com/nota.asp?id=863)

5 De *facón*: cuchilla.

En el capítulo que sigue vamos a redescubrir el olvidado papel central en la gestación y crecimiento del tango que tuvo la comunidad afro-rioplatense, en especial en las primeras etapas del tango.

LOS AFROARGENTINOS CREADORES DEL TANGO

"Al compás del tamboril
Siga el baile, siga el baile
Con ardiente frenesí
Un rumor de corazones
Encendió el ritmo febril".
SIGA EL BAILE
(Milonga candombe ca 1860/1953)

Nota preliminar: Este capítulo no pretende ser una descripción exhaustiva de la historia de los afro-argentinos, para eso hay excelentes publicaciones de historiadores e investigadores de renombre. Aquí solo se intenta dar una breve narrativa de aquellos aspectos relacionados con la historia del tango.

El ignorado rol afro en la gestación del tango argentino

Varios investigadores afirman que, por lo general, hablar de "negritud argentina" en ese país es un oxímoron. Mientras para algunos significa una broma racista de mal gusto, para otros es una excentricidad. En esas latitudes se suele negar el origen afro de una buena parte de la población, cuando, sin embargo, para 1800, en varias provincias, el porcentaje de la población de origen africano era superior a la mitad de los habitantes. De golpe, se explica, *desaparecieron*. Se dice que la fiebre amarilla de 1871 en Buenos Aires los aniquiló, sumado al hecho de haber sido carne de cañón en buena parte de los conflictos bélicos del siglo XIX, durante aquella centuria turbulenta de la historia argentina, como la guerra de independencia, los combates de guerras civiles, más las duras condiciones de vida que incidió en una alta mortalidad y, por último, como la estocada mortal, el mestizaje que producto de las grandes oleadas de inmigrantes blancos los diluyeron, terminando por casi desaparecer.

Una frase que se repite como anécdota, con bases reales, sin embargo, es de aquel tanguero al que le preguntan: "¿Y esto del tango, que es eso?". Él responde: "Es cosa de negros".

Reconocer a la población afro como una parte importante en las etapas iniciales del tango, se ha convertido en una necesidad perentoria. Por muchos años, el importante rol jugado por los afro-argentinos en la gestación del tango fue simplemente minimizado u omitido, o peor aún ignorado en las numerosas publicaciones sobre el tango. Esto aparece más que nada como una expresión de discriminación e ignorancia que se fue perpetuando de generación en generación. Más que un simple olvido histórico, una realidad que había sido tratada a nivel académico, de modo vago, y siempre desde una perspectiva blanca. Quienes escribieron al respecto lo hicieron basándose solo en documentos producidos por blancos, lo cual no es malo en sí mismo, pero es parcial y, como, toda verdad parcial, termina siendo falsa. Finalmente, en las últimas dos décadas, en particular, han surgido muchos investigadores y amantes del tango que están poniendo las cosas en su lugar. Como veremos a continuación, la contribución afro-argentina a la gestación y desarrollo del tango, fue muy significativa y enriquecedora. Más que algo casual. Así, en los últimos años, varios investigadores e historiadores del tango han logrado traer a la luz la real importancia que la población afro-argentino tuvo en la gestación del tango desde sus inicios, incluidos brillantes y valiosos músicos, compositores, letristas/poetas, cantantes y danzarines.

Para los latinoamericanos, como denominador común, es imprescindible, incluso para beneficio propio, entender el largo proceso histórico de la formación de nuestras sociedades, que no puede serlo solo en términos euro-centristas. La sociedad argentina no fue una excepción, se urdió con la gente de la tierra, los aborígenes, y con quienes bajaron de barcos europeos que venían desde Europa y desde de África. Por ende, el tango no pudo haberse gestado ni desarrollado de manera refractaria al común denominador de la América post-colombina, el mestizaje. Más de cuatro siglos de convivencia pluriétnica y multicultural invitan a repensar la música ciudadana desde una perspectiva socio histórica integradora. Aun así, equiparando aportes con ingredientes, se consideró en forma simplista que los negros aportaron el ritmo y los blancos la melodía y la armonía, lo que es pecar de simplista en lo musical, como si en África no hubiera más elementos sonoros que el rítmico.

Asimismo, considerando que el tango es uno de los géneros más vastos de la música popular contemporánea, con cerca de 15.000 composiciones, apreciado y cultivado a nivel mundial, sopesar la representatividad, vigencia y presencia de lo negro implica la revisión de uno de los grupos que lo gestó y consolidó. Tal vez el menos conocido y valorado. Dado que el tango no fue, ni es, el producto homogéneo ni estático de un grupo único o sector social determinado, y que a lo largo de su vida ha atravesado -y atraviesa- por diferentes escuelas y estilos, que operaron modificaciones e influencias sociales, culturales, históricas y económicas, la validez de esta revisión de corte africanista cobra legitimidad en el marco de otros estudios revisionistas similares, como los estudios del aporte al tango de las mujeres y, en menor medida, numéricamente hablando, el de los judíos, un segmento no mayoritario en la sociedad argentina.

Una prueba irrefutable de la negritud fundacional del tango está en la cantidad de talentosos músicos de origen afro que salpican las partituras de los primeros temas y la participación de estos intérpretes en distintos dúos, tríos, cuartetos y demás formaciones de la primera etapa. Incluso los que tocaban en las casas de baile, eran en su mayoría de ese origen.

La contribución de los negros no es citada con frecuencia. Habiendo constituido cerca de un 30% de la población de Buenos Aires en 1810, su número se redujo a solo 8.005 a fines de aquel siglo. Una parte pequeña (2%), si consideramos que el total de la población de Buenos Aires hacia 1887 era de 433.375. Sin embargo, podemos contar unos 52 músicos, compositores, bandoneonistas, guitarristas, pianistas y violinistas de origen afro-argentino en el período de la Guardia Vieja y comienzos de la Guardia Nueva.

Los primeros bandoneonistas fueron negros también. Durante la última década del 1800 y las dos primeras del 1900 había muchos músicos negros en Buenos Aires. Nombres raciales, como el *Negro* tal y el *Pardo* aquel, ayudan a identificarlos para la historia del tango. Siempre ha habido músicos, compositores y bailarines negros. Incluyendo el hecho de que dos de los seis guitarristas de Gardel eran afro-argentinos.

Cuestionado este origen afro del tango en el Río de la Plata, en blog reciente, un participante (Luis) argumenta: "como hubiera sido el tango sin la inmigración italiana porque "todos" los músicos, poetas y cantores eran italianos o descendientes de italianos". No todos, pero sí un número importante de los creadores del tango fueron de descendencia italiana. La diferencia es que todos ellos fueron ampliamente reconocidos, en cambio los creadores afro fueron casi borrados de la historia. Además, como responde el autor del blog es muy claro: "En realidad no es así, estimado Luis, el tango nació de las manos de cientos de compositores y músicos negros, hay que revisar un poquito la historia, La pulpera de Santa Lucía, El Entrerriano, El Retirao, entre cientos de títulos, son de autores negros mucho antes que llegaran la gran inmigración europea".

Varios de los que se menciona a continuación estaban a fines del siglo XIX cuando nació el tango, entre los intérpretes habituales que amenizaban las llamadas "academias de baile" y cafés de la ciudad, y concretamente de las casas de baile ya mencionados en el capítulo anterior: "La Vasca", "La Morocha" Laura Montserrat y "Lo de Hansen". Una buena parte de estas academias y salas de baile eran de mujeres afro argentinas, que así le dieron al tango su pesebre de nacimiento. Lo mismo vale con las ya mencionadas "matriarcas del tango", *en su mayoría afro*.

Unas líneas sobre el candombe

El candombe fue una danza dramática y religiosa que congregaba a los esclavos y sus descendientes y desapareció a fines del siglo XIX. Esto se cumplía en torno al 6 de enero, Día de Reyes, acción que recordaba la coronación de los Reyes Congos. Desde el albor de la colonia hay testimonios -escritos por blancos- de la ejecución de música por negros. Su música ancestral estaba controlada por la Corona y la Iglesia. Además, los afro-porteños pronto aprendieron el arte musical académico europeo, y muchos se convirtieron en afamados ejecutantes y compositores de música religiosa, de salón y de teatro.

Esta danza ritual se efectuaba en lugares al aire libre o en salas religiosas. Los instrumentos que acompañaban al candombe eran *tamboriles* con un solo parche clavado al casco del tambor y percutido con palo y mano o mano sin palo, como así también *marimbas* o *zambombas*.

El nombre de candombe o tambos, como se lo nombraba hasta 1830, tenía diferentes significados por aquella época. Muchas veces eran llamados así los lugares de reunión en los cuales se agrupaban los africanos. También algunas músicas y bailes que se ejecutaban en esas reuniones tenían el mismo nombre. A medida que el candombe fue evolucionando, fue perdiendo gran parte de sus elementos religiosos africanos iniciales. Sí sobrevivió su instrumento principal: el tambor.

Los personajes del candombe como *el gramillero*, que es un negro que está disfrazado de frac con una barba blanca postiza, galera y bastón, o *la mama vieja*, que está vestida con miriñaque y encaje, ridiculizaban a los patrones. Cuando estos se iban de viaje sacaban su ropa y los parodiaban. El *escobero* es un malabarista con una escoba chiquita. Hay otro que lleva una estrella como estandarte. Otro que lleva la bandera y barre el aire de abajo hacia arriba.

Los tambores se tocan en grupos de entre 30 y 100, tocados cada uno por un percusionista. La cuerda tiene tres tipos de tambores: el chico, el repique y el piano. Agrupados en diferentes proporciones entretejen un intercambio rítmico. Estos diálogos *en situación de caminata* se conocen como llamada de tambores.

El tambor chico es la columna vertebral del candombe. El que mantiene el tempo. Siempre toca lo mismo parejo y derecho.

El tambor repique suena un poco más grave que el chico. Es el tambor que hace solos. Que improvisa. En él se puede ver la destreza de los tamborileros.

El tambor piano es como el zurdo del candombe. El tambor más gordo. Lleva la parte del bajo. Tiene un sonido grave. El piano tiene una figura (*pattern*) continuo, pero puede improvisar.

Cada uno tiene su expresión y le dan su toque y su color. *El repique* es el que conversa. Con su toque va sugiriendo cosas como bajar o subir el ritmo o anunciando el próximo final. El repique manda. Algunas veces también *el piano* puede ordenar algunas cosas. *Es una conversación apasionante.* Hay que escuchar.

Otra descripción es también ilustrativa. Los afro-porteños estimaban *al tambor* como la piedra basal de su música y, a su vez, a su música como parte intrínseca de su vida, dadora de sentido identitario y marca social de su historia. Su manera de entenderse en el mundo a través de lo sonoro es con *la palabra candombe* (aunque usualmente se piense que solo se trata de un género musical). Su interpretación es con *dos tipos de tambores*, de *exclusiva ejecución masculina*:

1. *Llamador*, base, tumba, quinto o tumba base, que es grave.
2. *Contestador*, repicador, requinto o repiqueteador, que es agudo.

Sendos tambores los hay, a su vez, en dos modelos:

1. En tronco excavado, que se cuelgan con una correa en bandolera y se tocan en desfile de comparsa.
2. Con duelas, más altos que aquellos y se tocan de sentado.

Ambos tipos se percuten directamente *con las manos,* aunque, hasta hace unas décadas, se tocaban también con dos baquetas.

Otros dos tambores tocan los afro-porteños ocasionalmente: *el macú* y *el sopipa*. Ambos son hechos con tronco excavado,

1. El primero se toca acostándolo en el piso pues se trata del tambor más grande y grave de todos.
2. El segundo, pequeño y agudo, colgado o sosteniéndolo entre las rodillas.

Otro instrumento propio del candombe porteño es la mazacalla (o mazacaya). Consiste en un pequeño palo que tiene en su extremo distal una figura romboidal hecha en metal, con piedritas o semillas en su interior. Para su ejecución el músico la toma con una mano por el palo e imprime un movimiento en dirección arriba-abajo, lo que hace entrechocar las piedritas o semillas.

El término tango. La contribución afro-rioplatense

No conocemos el origen exacto del término *tango*. Sabemos que en la década de 1890 la palabra apareció por primera vez refiriéndose a una danza en particular. En la actualidad se cree que se habría utilizado en el antiguo Candombes, las fiestas religiosas celebradas por los descendientes de esclavos negros. Durante estas fiestas de Candombes hubo mucho baile al ritmo de los tambores Tang y, curiosamente, los participantes utilizaban la palabra Tang para todo, para baile, para los tambores usados y, también, para los lugares donde se realizaron estos rituales religiosos. Es muy probable que el Tang se convirtiera en la palabra Tango de hoy.

Otra hipótesis dice que el término parece provenir del *idioma ibibio* (de Níger y Congo) *tamgú*: *'tambor'* y *'bailar* (al son del tambor)'. Se desconoce a ciencia cierta si la palabra española tambor proviene de este *ibibio tamgú* o del árabe hispánico *tabal*. En el siglo XIX, en la isla El Hierro (de las islas Canarias), y en varios lugares de América, la palabra *tango* significaba "Reunión de negros para bailar al son del tambor".

El historiador Ricardo Rodríguez Molas investigó los lenguajes de los esclavos traídos a la Argentina. La mayoría provenía de etnias del Congo, del Golfo de Guinea y el sur de Sudán. Para ellos, *tangó* significaba "espacio cerrado", "círculo" y cualquier espacio privado al que para entrar hay que pedir permiso.

En Buenos Aires se creía, incorrectamente, que los negros llamaban a su instrumento *tangor*, porque tenían dificultad para pronunciar *tambor*. El pueblo empezó a hablar de tango (tan-gó), tanto al nombrar el instrumento (el tambor) como al referirse a la danza o al bailarín de ascendencia africana. Por lo tanto, al principio el tango *"fue cosa de negros"*, como lo expresaba el dicho popular.

Por su lado, los traficantes de esclavos españoles llamaban "tangó" a los lugares donde encerraban a los esclavos, tanto en África como en América. Asimismo, el sitio donde los vendían también recibía ese nombre. En el Diccionario Provincial de Voces Cubanas (1836), de Esteban Pichardo, tango se define como "reunión de negros recién llegados a bailar a los tambores o timbales". En Buenos Aires, tango se refería, en el siglo XVI, a "las casas donde los negros llevan a cabo sus bailes". Algunos documentos del siglo XIX utilizan la palabra *tambo* en lugar de *tango*, que para los recién llegados significaba el tambor, el instrumento de percusión utilizado para esos bailes.

Algunos historiadores mencionan que en el siglo XVIII hubo una danza en el México colonial español llamada tango. Podría haber sido una palabra de origen africano como sugiere Matamoro. Rodríguez Molas también afirma que en el año 1802 funcionaba una casa de tango en Buenos Aires y en 1821 los negros estaban recolectando dinero para apoyar a una organización llamada Tango de Bayle (¿o tango de baile?) y que en Montevideo el baile público de tangos de los negros en un momento dado fue prohibido como perjudicial para la sociedad.

Por otro lado, un baile llamado *tango* fue señalado en el sur de España y luego importado a las colonias de América del Norte. En Cuba, los movimientos de danza de negros fueron incorporados en la *habanera*, y desde allí encontró su camino a Andalucía (España) para luego ser llevada por los españoles a Buenos Aires.

También, en un posible origen *no africano* de la palabra, en la España del siglo XIX se empleaba la palabra tango para *un palo flamenco*, palo con el que marcaban el ritmo los primeros cantaores flamencos dando golpes en el suelo.

Los negros y el carnaval porteño

Los negros se organizaron durante la época colonial en las denominadas *naciones* o *tangos*, ya sea por afinidad lingüística, o porque a los traficantes les convenía identificar virtudes y defectos de las diferentes tribus o grupos de proveniencia. Dichas *naciones*, promediando el siglo XVIII, y por influjo de la religión católica asumen el carácter de *cofradías* y en la segunda mitad del XIX se convierten en *sociedades*, que se constituían mediante un reglamento que debía ser aprobado por las autoridades. Las *naciones y cofradías* eran integradas en su mayoría por esclavos, mientras que las *sociedades* estaban conformadas sobre todo por libertos. Estas sociedades musicales y de carnaval, perduraron hasta la década 1860-70, luego de lo cual pierden notoria significación debido al descenso del número de morenos y la abolición de la esclavitud. Algunas de ellas, transformadas en *sociedades de socorros mutuos* perduraron hasta bien entrado el siglo XX.

Las sociedades referidas se disolvieron o dieron lugar a conjuntos de negros que se reunían con el solo fin de participar en los festejos del carnaval, en comparsas pintorescas en los días de carnaval, con canciones y música que ellos mismos componían.

Es ilustrativa la descripción que hace Domingo Faustino Sarmiento (presidente de la Argentina entre 1868 y 1874), contrario, sin embargo, a la esclavitud: "Aquella bestia humana de dos pies, lejos de gemir bajo el peso, canta para animarse", refiriéndose al *candombe* y otros bailes de la comunidad negra. Ya mucho antes, en 1770, Juan José de Vértiz y Salcedo, último gobernador de Buenos

Aires y posterior virrey del Río de la Plata intentó vedarlos con un bando: "Que se prohíban los bailes indecentes que al toque del tambor acostumbran los negros y las juntas que estos mulatos, indios y mestizos tienen para los juegos que ejercitan en los huecos (plazas), con movimientos indecentes y obscenos, bajo del río y extramuros, bajo la pena de doscientos azotes".

En el Buenos Aires post-colonial (luego del 1810) fueron abigarrados (en grandes multitudes, los participantes muy cerca unos de otros) los candombes, sobre todo en las fiestas de los Reyes Magos y en el carnaval, logrando su mayor apogeo y popularidad durante el gobierno de Juan Manuel de Rosas quien era asistente asiduo de los *tambos* y encabezaba con su hija Manuela los candombes. El más famoso y documentado de ellos fue el que se realizara para Manuelita en la Plaza de la Victoria, en el que participaron todas las comunidades afro de la ciudad, el 25 de mayo de 1836, con seis mil asistentes, una cantidad impresionante para la época.

"Candombe federal" pintura de Marín Boneo (Argentina, 1836). Los "tangos", reuniones de la comunidad negra. El candombe y el carnaval fue el escenario donde evolucionó el tango (período del Prototango), fusionándose durante cuatro décadas con las más diversas formas musicales y culturales hasta tomar identidad propia hacia fines del siglo XIX con la Guardia Vieja (1897).

Según las descripciones de este período, cuando sonaba el cañón a las 12 en el fuerte, abandonaban los morenos sus barrios hacia el centro, con sus cantos en media lengua africana y diversos ritmos, danzas e instrumentos. Desde luego los tambores, pero también mazacayas, marimbas, platillos, campanas, triángulos. Al frente marchaban los reyes del Congo con sus parasoles, *insignia de dignidad real*, le seguían los tatas viejos, herencia de los magos y sacerdotes africanos con vestimentas de colores llamativos, con banda roja. Clausuraban el desfile los patriarcas de los tambos, tangos o naciones, vestidos con *antiguos fraques* y altas galeras. Los tambores, de diferentes tamaños, formas y usos prolongaban la tradición africana de ser ellos la columna vertebral de la manifestación y ejerciendo una fuertísima fascinación sobre el conjunto de la población, y que pervive aún hoy con el protagonismo del bombo y el redoblante en la murga, y en todas las expresiones populares.

Hacia 1867, una de las primeras agrupaciones, llamada La Raza Africana en Montevideo, en su repertorio brindaba como novedad "una composición denominada tango". Esta es la primera vez que en el Río de la Plata sonó el término aplicado a un baile nativo. Su descripción es la de un candombe acriollado (con notas titubeantes o picadas, que culminaban con redobles nerviosos y quebrallones del tambor). Sus letras solían ser alusivas "a la raza y de cariño para los amitos" y se distribuían en hojas impresas para que fueran conocidas por el pueblo. *El tango de La Raza Africana* ofrecía una novedad dentro de su modalidad danzante, evitándose el entonces vulgarísimo candombe.

Pero para entonces el cólera, la fiebre amarilla y la guerra del Paraguay, diezmaron a la población negra, y los ritmos de los candombes se fueron silenciando. Los negros, según parece, comenzaban a bailar como los blancos (aparece el tango de pareja enlazada en academias y peringundines), y los últimos cultores de la danza originaria se hundían cada vez más en la vejez y la pobreza.

Hacia 1866 la principal de esas comparsas, La Sociedad de los Negros, se mostró por primera vez. Esa comparsa, además de los instrumentos de aire, contaba con un gran conjunto de percusionistas formado por la casi totalidad de tambores usados por los negros desde la época hispana. Con ello se rescataba uno de los filones más acentuados de la tradición musical africana.

Hay que tener en cuenta que, precisamente, esta es la época del Prototango. El tango está por nacer.

Las comparsas afro-porteñas

Así fue que hacia 1870 los afro-porteños comenzaron a participar en el carnaval agrupados en sociedades carnavalescas o comparsas, de las cuales había femeninas, masculinas y mixtas. Si bien su razón de ser era la participación en el carnaval, como muchas de ellas tenían local propio, se sabe que ensayaban todo el año, (como lo siguen haciendo por ejemplo en Brasil para el Carnaval de Río). Realizaban tertulias y bailes para recaudar dinero y brindaban a sus socios/as clases de música. De igual modo, cada una tenía su reglamento, comisión directiva, días de ensayo y una línea estilística que definía la indumentaria y el repertorio. En la arena pública, donde estas comparsas exhibían sus habilidades, había una disputa respecto a qué prácticas musicales eran más propias de realizar. Por ello, básicamente, había dos tipos de comparsas:

1. Las "africanas", que hacían candombe con instrumentos tradicionales.
2. Las que tocaban marchas y danzas de salón con instrumentos europeos.

Imbuidos en el espíritu europeizante que ya gravitaba en Buenos Aires, el grueso de los afro-porteños preferían las comparsas "a la europea", como epítome de modernidad, mofándose de las "a la africana", cual resabios primitivos de una época que debía olvidarse. Solo entre 1873-1882 las comparsas afro-porteñas (de ambos estilos) sumaban más de setenta, contando cada una entre diez y sesenta integrantes (unos 2.000 a 3.000 negros marchando en las comparsas del carnaval). Es posible que las de corte europeo hayan sido uno de los contextos sociales en que se gestó el tango. Su repertorio aún no ha sido estudiado en *detalle* y se lo conoce parcialmente, pues los periódicos negros publicaban las letras, nunca su música (aunque algunas pudieron documentarse etnográficamente al estar vigentes entre los afro-porteños). Se trata de himnos, marchas, valses, chotis, polcas, varsovianas, mazurcas, habaneras y tangos. Si bien muchos de estos géneros son, en principio, europeos, nada impide inferir que los negros los interpretaran introduciendo modos estilísticos propios. Homólogo proceso de tradicionalización se dio en la música criolla con géneros como el vals, la mazurca y la polca, que indiscutiblemente arraigaron en nuestro folclore con características *sui géneris*.

Tango, el término en la cultura afro-rioplatense del siglo XIX

Como ya sabemos, los propios negros titulaban a su reunión principal *tocá tangó* (tocar tambor). La población morena, a pesar de la sensible disminución que experimentó a partir de 1850, desempeñó en los comienzos del tango un papel protagónico en los cuartos de chinas, academias, piringundines y quilombos, en los cuales los negros refulgieron con sus "distorsionados quiebros" y las mujeres de color actuaron como regentas o simplemente como avezadas bailarinas previas al coito. Lo anterior no significa que esos locales fuesen de uso exclusivo de los morenos. Por el contrario, en ellos se entremezclaron, cada vez más, el matón, el rufián, el niño bien y el trabajador inmigrante.

Cabe anotar que las *comparsas carnavalescas*, entre 1860 y 1880, cantaban y bailaban los genéricamente denominados *tangos negros*, cuya naturaleza, forma e incidencia sobre el tango actual han sido discutidas por los especialistas. Con el flujo inmigratorio, los negros fueron siendo sustituidos en los oficios y también en el tango (danzado ya a la manera de los blancos con el abrazo típico del vals); y las pardas, mulatas y negras reemplazadas (a paso apresurado) por inmigrantes europeas y las "tristes" milonguitas nativas. Los morenos, sin embargo, siguieron primando en el tango como musicantes, pioneros entre los compositores y precursores en la utilización de distintos instrumentos o creadores de singulares efectos como el *canyengue* (derivado del vocablo afrocubano "cañengue", equivalente a desmedrado y cansino). La participación de los músicos negros en la prehistoria y en la etapa inicial del tango es evidente. Su claro carácter de precursores en distintos instrumentos y efectos es también indiscutible.

Tangos plagiados

Muchos tangos fueron plagiados a sus autores afro, aunque más tarde les fueron restituidos sus créditos, No eran plagios o robos como se los consideraría hoy. Era muy común, en las primeras épocas, tomar un tango sin autor o de algún autor conocido, y al agregarles compases, pequeñas o grandes modificaciones musicales, incluso letras nuevas. Se consideraba legítima una nueva autoría. Digamos que todos lo hacían. Era una anarquía si se quiere, hasta que el sistema de autoría se organizó en cuanto a los tangos de autores afros, música y letra. Un ejemplo es el tango *Concha Sucia*, compuesto por Casimiro Alcorta y más tarde adecentado como *Cara Sucia*. Francisco Canaro le realizó arreglos con la letra de F. Elpidio, también fue rebautizado como *La Caretita*, de Genaro Vázquez.

Casimiro también compuso, hacia 1880, el tango *Entrada Prohibida*, y en 1916 apareció firmado por Luis Teisseire; otro tema fue *Pobre gallo Bataráz*, estilo de José Ricardo y publicado como de Carlos Gardel y José Razzano, y el tango *Pobre flor*, compuesto por Enrique Maciel en 1916 y editado por Bachicha (Juan Bautista D'Ambroggio) y Pascual Contursi, en 1928, como *Bandoneón Arrabalero*.

Evidentemente las cifras de esta lista son mayores, pues solo se contabilizan las obras que se pudieron documentar. Nada se sabe, por ejemplo, de las obras inéditas de Manuel Posadas que, al morir, su hijo regaló a Aníbal Troilo (Pinsón y Cespi 2004: s/p). Si bien es difícil saber la opinión de estos compositores sobre sus obras, es de considerar que Rosendo Mendizábal en todas ocultó su autoría con el seudónimo A. Rosendo, esperando alguna obra que lo satisficiera (Héctor y Luis J Bates 1936).

52 músicos, compositores y letristas afro-argentinos

Los estudiosos del tango fijan el inicio del período conocido como Guardia Vieja con la creación del tango *El Entrerriano*, compuesto en 1897 por el afro Rosendo Mendizábal (1868-1913). Este hito no es casual ni excepcional, ya que para entonces existía una nutrida presencia de músicos y compositores afro-porteños. Negros, mulatos, y zambos, han surgido en el tango con el tango mismo. Los más antiguos que se han detectado provienen de los tiempos pre-tangueros. Se trata de la parda Carmen Gómez y la Morena Agustina -ambas bailarinas y propietarias de academias-; Clotilde Lemos -bailarina- y Alejandro Vilela, un pianista conocido como "El Pardo Alejandro". La primera habría nacido hacia 1830, si no antes, y se inició bailando en la Academia de Pardos y Morenos de Buenos Aires, ubicada en la Calle del Parque (actual Lavalle). Alrededor de 1854 abrió sus puertas la que se conoció como Academia de la Parda Carmen Gómez, en las cercanías de la Plaza Lorea (parte de la actual Plaza del Congreso). Al venderla, en 1864, abrió otra en las primeras cuadras de Corrientes. De la Morena Agustina se sabe que también poseía una academia cerca de Plaza Lorea. La bailarina Clotilde Lemos debutó en la Academia de Pardos y Morenos, en la segunda mitad del decenio de 1850. En cuanto a Alejandro Vilela, amenizó las veladas de la academia de la Gómez, donde se empleó, se supone, en el momento de abrir sus puertas. Ninguno de ellos demoró en sumarse a los cultores de ese nuevo género criollo llamado tango.

Anselmo Rosendo Mendizábal, composer of the first printed tango in 1898. Fotografía de autor desconocido, ca 1889. El pianista afroporteño Rosendo Mendizábal, autor de "El entrerriano" (1897), uno de los tangos clásicos que inauguraron la Guardia Vieja (ca 1907).

"El Negro Casimiro" (Casimiro Alcorta), los siguió en orden cronológico y es el primer compositor de un tango célebre, "Concha sucia" (más tarde "Cara sucia" en una versión de Francisco Canaro). Fue el primero en hacer conocer sus tangos. Contemporáneo de Alcorta fue el clarinetista conocido como el Mulato Sinforoso. Bailarín, pianista y tamborilero, Facundo Laprida, "El Pardo Laprida", nació en 1850 y falleció centenario o casi. Era hijo de una negra y un coronel rosista. Tocó en la "casita" de Laura y, paralelamente, ejerció su profesión de abogado. En las academias de Montevideo, brilló la Parda Deolinda, milonguera y propietaria de uno de aquellos sitios de baile. Otras de las negras que estaban al frente de una academia en Montevideo fue la Morena Sixta. Esta mujer, tan de agallas como la anterior, había obtenido jinetas de sargento de este lado del Plata, en la Batalla de Caseros (1852). También el pardo Isabelino Palermo dirigió otra academia montevideana. En ella, según el memorialista Emilio Sisa López, se bailaba el tango dentro de "un estilo más sobrio y elegante que el que imperaba en las milongas del Sur". Otro oriental, el Negro Hilario, en cambio, era cantor, guitarrista, compositor y payador. Volviendo a Buenos Aires, tenemos a Jorge Machado, conocido como "El Pardo Jorge", acordeonista y compositor.

Entre las milongueras (bailarinas) algunas ya mencionadas, hubo varias pardas famosas: La Parda Loreto bailó, allá por el 1880, en los peringundines, en la "Milonga de la Calle Chile" y en el Salón San Martín, popularmente conocido como "Rodríguez Peña". Ya disipados sus encantos, terminó -siempre fiel al ambiente-oficiando de madama. La Parda Refucilo bailó en los peringundines del "Barrio de Corrientes", a comienzos de los 80, y formó pareja, en las milongas y en la vida, con un célebre milonguero de la época apodado El Biundín. Y la ya mítica Parda Flora mencionada en la "Milonga de Tancredi", en el boquense La Pandora, en los peringundines de Corrientes, y tuvo su propia academia en 25 de Mayo y Viamonte, para pasar sus años finales en Flores.

Como ya se ha mencionado, la mayoría de los músicos de tango anteriores a 1900 llevaban el apodo de *pardos* y en efecto lo eran. El mítico Negro Casimiro (Casimiro Alcorta), "fue el primero en hacer conocer sus tangos a la par del mulato Sinforoso (un clarinete que tocaba solo de tanto empinar ginebrones), autor del mayor número de composiciones de esa índole que se popularizaron hasta en los organillos, siendo además uno de los mejores ejecutantes de Academias, por el cosquilleo que imprimía a su viejo y remendado violín".

Los datos que existen sobre el pardo Jorge Machado (violinista y acordeonista) son también escasos, se sabe que enumeraba sus tangos y que el primero de ellos apareció en 1883. Villoldo dice "que era un verdadero virtuoso del acordeón, instrumento en cuya ejecución nadie se hubiese atrevido a disputarle". José Santa Cruz y Sebastián Ramos Mejía, ambos negros, figuran entre los bandoneonistas iniciales que recogen las crónicas y los testimonios orales de los precursores hombres de tango. Del primero suele decirse que en tiempos de la guerra del Paraguay (1865) ya tocaba dicho instrumento en los campamentos militares. El segundo, hijo de libertos, con su *fuelle de 53teclas*, actuaba en siniestros tugurios o en prostíbulos como "La Estrella" de Ensenada, alternando tangos con valses, mazurcas y polcas.

Entre los primeros guitarristas se destaca Eusebio Aspiazú (negro y ciego) con su viola de once cuerdas (anteriormente había tocado la bandurria y el violín), que desde 1880 a 1910 formó parte de diferentes grupos que actuaban en lo de Hansen, en el Tambito o en el Almacén Suizo. Murió contento y orgulloso, a los 80 años en 1945, porque en su vida "no se le había perdido una sola nota". Anselmo Rosendo Mendizábal, tal vez el pianista y compositor más popular en la etapa inicial del tango, también afro-argentino, fue el pianista insustituible de Lo de Laura y autor de numerosos tangos que firmaba con el seudónimo A. Rosendo. El más famoso de ellos "El Entrerriano", que para muchos investigadores marca el comienzo del periodo de La Guardia Vieja. Su padre, Horacio Mendizábal, poeta, periodista e infatigable luchador contra la segregación racial en Argentina, muere en 1871 durante una de las epidemias de fiebre amarilla.

Carlos Posadas, violinista, pianista, guitarrista, fue sobre todo un eximio compositor de tangos, y su hermano Manuel fue primer violinista del Colón. Por su parte, negro y norteamericano, Harold Philip, fue un brillante pianista de tango en los comienzos del siglo XX. En 1911 integró el conjunto del eximio bandoneonista Eduardo Arolas. En momentos en que era mayor su popularidad anuncia un precipitado viaje a Europa. Estalla la Primera Guerra Mundial y la última noticia que llega dice, escuetamente: "Philip fue fusilado por espía".

A Domingo Santa Cruz (hijo de José Santa Cruz) le debemos, según Gobello, "la adaptación temperamental y musical y la imposición pública del bandoneón como voz cantante del tango". Fue autor de varias piezas de La Guardia Vieja. Su polka "Amelia" señalaba el comienzo del baile en Lo de María la Vasca.

Ruperto Leopoldo Thompson, otro norteamericano y negro, fue el primer gran contrabajista del tango y uno de los mayores en todas sus épocas. Actuó inicialmente con Arolas y luego con Canaro, integró el Cuarteto de los Maestros con Cobián, De Caro y Arolas, y los sextetos de Fresedo, Cobián y De Caro. Dotado de un notable sentido rítmico trasladó a su instrumento una serie de recursos y efectos que hicieron escuela. Entre ellos el empleo del contrabajo como fuente de percusión y de los *canyengues*, combinación de golpes a contratiempo en la caja y en el encordado, también llamados ritmo o *paso candombe.*

El tango nació al compás de la música candombera, pasando en el trascurso de los años a ser una danza alegre de las orillas porteñas. El tango primitivo, el puro, el del candombe, padre legítimo del actual, tenía toda la belleza de lo espontáneo… Mientras el tango fue "cosa de negros" no perdió la alegría ni la picardía. Cuando lo adoptó el blanco, el criollo y el hijo del inmigrante con ilusiones frustradas, el tango se sumerge en letras que hablan de decepciones, traiciones, ultrajes, miseria, alcohol, cárcel, soledad y del dolor existencial de la ciudad.

Entre las danzas con influencia negra además del tango y la milonga (vocablo bundu-bantú, que quiere decir palabrerío, canto oral y por extensión reunión de negros para cantar y bailar) están también el malambo, la zamba, la chacarera, el gato, la resbalosa). Santiago del Estero (primera ciudad fundada en la Argentina) es considerada el epicentro rítmico del baile negro. Hay que recordar que la chacarera y el malambo son música "criolla", siendo que el término "criollo" de procedencia africana, significa en toda América "negro nacido en ella".

En el capítulo siguiente, si realmente queremos entender lo que nos dice el tango, tendremos que olvidarnos por unos momentos del idioma español puro e intentar con un poco de paciencia y ayuda (que vamos a traducir cada vez que el texto lo requiera para beneficio del lector(a)) y penetrar esa jerga secreta de los arrabales que lo dice todo, el lunfardo, que creció hasta entrar en el teatro popular y en el tango en gloria y majestad.

TANGO Y LOS ORÍGENES SOCIALES: EL LUNFARDO TOMA POSESIÓN EFECTIVA

Tango y Lunfardo, convivientes de circunstancias

Advertencia: Si Ud., querido lector(a), puede entender el lenguaje que sigue a continuación, está entonces legal y moralmente autorizado para saltarse todo este capítulo y pasar al siguiente. A ver, intentémoslo:

"Era un mosaico diquero
Que yugaba de quemera,
Hija de una curandera
Mechera de profesión;
Pero vivía engrupida
De un cafiolo vidalita,
Y le pasaba la guita
Que le shacaba al matón".
EL CIRUJA (Versión I, 1926)
Música: Ernesto de la Cruz
Letra: Francisco Alfredo Marino

Canta Tita Merello

Canta Julio Sosa

¿No, no lo entendió? Gracias por ser honesto. Pues no se sienta mal, no está solo. En realidad, está en muy buena compañía, con millones de apasionados del tango similares a Ud., con una falta de entendimiento de ese argot. Así que tranquilo, continúe leyendo entonces, lo que sigue puede ayudarlo a comprender el contenido lírico de muchos tangos y aumentar su experiencia 'tanguera' tanto intelectual como sensual.

Términos lunfardos en el orden mencionado:

Un mosaico diquero: Una muchacha fanfarrona.
Quemera: Era empleado para denominar a la planchadora, oficio que en aquella época se desempeñaba con plancha apoyada en carbón, por lo que más de una vez las prendas quedaban quemadas.
Que yugaba de quemera: Que tenía el difícil trabajo de recolectora en la Quema.
Mechera: Ladrona de tiendas, que roba mercadería y la pone entre su ropa.
Engrupida: Engañada, que le sacan provecho.
Cafiolo/ vidalita: Ambas palabras definen a los explotadores de mujeres.
Guita: Dinero, vento.
Que le shacaba al matón: Que le hurtaba (sacaba) a su hombre bravo.

El lunfardo, los tugurios, las cárceles y los barrios bravos

Lunfardo: "Un código para comunicarse entre dos sin que se entere un tercero". Mezcolanza de palabras sueltas aportadas por inmigrantes y criollos, que llegó a estructurar un dialecto carcelario y se convirtió en una lengua viva que hasta hoy en día, aun sin gramática, sobrevive y cambia. Fue la primera forma con pretensiones poéticas que tuvo el tango. No son solo las palabras sino los temas que, a menudo, son crónicas que, leídas ahora, dan cuenta de una forma de vida o una manera de ver el mundo en aquel Buenos Aires de entonces.

El lunfardo nace a mediados del siglo XIX en los barrios pobres, debido a la convivencia forzada entre inmigrantes y nativos, los pobres inmigrantes de las orillas, los gauchos urbanizados y los negros. La babel portuaria genera un particular modo de expresión que se mezcla con la jerga delincuencial. Ayuda a comprender que la cultura de aquellos grupos sociales bajos respondía al entrevero de personajes que fueron construyendo el imaginario popular argentino.

En el período de 1900 a 1930, en Buenos Aires y otras ciudades, como ya se mencionó, los inmigrantes llegaron a ser más numerosos que la población original: una cuarta parte de la población de la ciudad de Buenos Aires y sus alrededores eran italianos nativos y sus descendientes. Fue muy importante la jerga que se practicó en las casas de inquilinato o conventillos, abarrotados durante años de inmigrantes de diferentes lenguas y dialectos, que descubrían, en los novedosos giros, un modo de fraternizar. Hay una intención oculta en cada palabra. En el dialecto vive el alma local, el paisaje vernáculo. La actitud desafiadora del compadre, el insulto, el neologismo de la jerga arrabalera, son formas vengativas, afiladas y secretas de herir. Los criollos se sintieron desplazados de tan complicado territorio. De esa mezcla nació el lunfardo, lenguaje opuesto a la civilización del centro. Las expresiones *mina*, *cafishio*, *gavión*, *yiro*, son ejemplos básicos de la dialéctica surgida en ese tenebroso ámbito.

El lunfardo es, también, la expresión idiomática del compadre, personaje admirado y respetado del orillaje, por ser "macho, rencoroso, guapo; y de una nobleza, resabio del culto hispánico del honor". Además, hablar *al revés*, al "vesre", es una forma patológica del odio cuanto no de la incapacidad. No pudiendo hablarse otro idioma, como lo hacía el gringo, desdeñándoselo cuando se lo habla, para el trato social e íntimo de todo género, se invierten las sílabas de las palabras con lo que el idioma, siendo el mismo, resulta ser lo inverso. No es un idioma en el sentido propio del concepto, carece de estructura idiomática, prosodia, sintaxis, y ni tampoco se puede escribir un texto completo en lunfardo, solo palabras sueltas y expresiones, alternadas con ayuda del idioma establecido.

El lunfardo se desarrolló como un conjunto de voces y locuciones con sus respectivas traducciones. Entre las primeras se encuentra la relación lunfardo (lunfa) igual a ladrón, que luego se extiende a estafador y después a malviviente, pasando el nuevo léxico a ser utilizado por el compadrito bonaerense, y más tarde por el bajo pueblo, para luego avanzar sobre el centro de la ciudad, terminando por ser una forma coloquial y popular de comunicación, en constante aumento y desarrollo en todas las clases sociales, al punto que quienes no lo usan en su habla, al menos lo comprenden en gran parte. Así en alguna medida dejó de ser una jerga exclusiva.

El término "lunfardo" parece haber sido utilizada por primera vez en 1879 por Benigno Baldomero Lugones (1856-1884) escritor y lingüista[1]: "Es la lengua orillera del Gran Buenos Aires". "Es un repertorio de términos del pueblo de Buenos Aires". "Es una forma lúdica o festiva del habla popular de Buenos Aires". Incluía 56 palabras[2]; proviene del italiano lombardo, natural de Lombardía; tal vez, dice Gobello, por vía del romanesco lombardo que quiere decir ladrón (*lunfa*). Jorge Luis Borges dijo del Lunfardo: "vocabulario gremial, tecnología de la furca y de la ganzúa" (*furca*: horca, saltear por medio de la horca, mientras un delincuente sostiene a la víctima por atrás y del cuello, el otro lo saquea; *ganzúa*: varilla de metal doblada en una punta con que suelen abrirse las puertas). Avelino Herrero Mayor, mencionado por José Gobello dice: "Es un idioma nuevo advenido de la lengua franca del suburbio, con sus tres docenas de voces artificiales". También se recuerda a Rodolfo Ragucci quien asegura que: "Es el lenguaje peculiar de la gente inculta, mezclado con el de los arrabales, con el de la chusma[3] y el hampa". La estructura del lunfardo se nutre de la sustitución de sustantivos, verbos, adjetivos e interjecciones castellanas por términos, a los que se les cambia el significado, provenientes de la germanía, del caló, del italiano y sus dialectos, del francés, del portugués, del inglés, de las lenguas indígenas y hasta de palabras hispánicas a las que se les da un sentido que nada tiene que ver con el original.

El lunfardo es un lenguaje que se originó como una fusión, por un lado, de los dialectos traídos a Buenos Aires por los elementos renegados de toda Europa y, por otro, con un código de palabras utilizadas por los ladrones y criminales en la cárcel para confundir a los guardias. Y es en el tango, como en ningún otro lugar, en que el lunfardo expresa esta fusión migratoria que originó las sociedades rioplatenses. El lunfardo es originado, principalmente, por los inmigrantes italianos del barrio Palermo en Buenos Aires, pero, como todo lenguaje vivo, en un cambio continuo, y sin las restricciones de la academia, contiene otras influencias. Palabras sicilianas, africanas, italianas, aimaras, mapuches, judías, gitano-españolas, gallegas, quechuas, árabes, guaraníes, polacas, portuguesas, inglesas, se mezclan en el uso cotidiano, sin conciencia de su origen. El lunfardo fue en sus orígenes -y lo sigue siendo hoy- un lenguaje oculto, metafórico, construido a partir de una notable dinámica entre la sociedad carcelaria, los jóvenes de la calle y el mundo de los trabajadores. De algún modo, al decir de José Gobello, el lunfardo es "una travesura léxica, algo así como un guiño travieso que el habla le hace al idioma".

Si bien hoy persisten distintas posturas en cuanto a la elección de los términos pertenecientes al lunfardo, la mayoría coincide en que esta jerga es un repertorio de términos traídos por la inmigración, especialmente la italiana, durante la segunda mitad del siglo XIX y hasta el estallido de la Gran Guerra Europea. Algunos lingüistas como el italiano Matteo Bartoli (1873-1946), afirmaron que el término "lunfardo" proviene del término dialectal italiano *lumbardo* (o sea, Lombardo, habitante de Lombardía, una región del norte de Italia), y el grueso de los términos incorporados al lunfardo provinieron del genovés. Puede ser, pero al mismo tiempo hay una gran cantidad de términos napolitanos, es decir, del sur de la península itálica.

Con el paso del tiempo, para las nuevas generaciones que habitaron los arrabales, el lunfardo, se convirtió en la lengua oficial de los tugurios. Para la élite cultural, en cambio, el lunfardo representó la jerga de los sin educación, de la clase baja. Y tenían razón, el lunfardo en sus propios términos, era *reo*[4], pero en una actitud propia de la época, una actitud condescendiente, discriminadora, casi racista. A pesar de todos estos prejuicios, las obras de teatro popular, en especial los sainetes, el *circo* y los encuentros fortuitos de los ricos y acomodados con la plebe en sórdidos bares y burdeles, se generó un flujo constante de palabras del lunfardo hacia el lenguaje del resto de la población.

Entre los textos especializados, se destaca el ya clásico *Nuevo diccionario lunfardo*, de José Gobello (1919-2013), escritor, ensayista y poeta argentino, quien fue el fundador y presidente de la Academia de Lunfardo en Buenos Aires. El lunfardo suele ser considerado como una lengua *argótica* (definido como un lenguaje característico, exclusivo de un grupo social o una profesión y, por lo tanto, críptico para las demás personas), inventada por seres marginales. Según esta teoría, como ya se dijo, era originalmente un lenguaje en código entre los delincuentes, para poder comunicarse entre sí por entre las rejas de la cárcel.

Sainete y lunfardo

No se puede dejar de enfatizar la significativa relación entre el popular y exitoso sainete y el lunfardo, al igual que entre el sainete y el tango, como se menciona en otra parte de este libro.

Este era lo que se llama el género chico. Un género español de arte escénico y lírico, para muchos un subgénero de la zarzuela. Se caracteriza por tratarse de obras teatrales con contenido musical de cerca de una hora de duración, liviano en su contenido y sencillez en su argumento, con pocos personajes y un solo decorado. Su temática suele ser costumbrista: alusiones políticas, sátira social, comentarios de la vida diaria y, ante todo, música. Recuerda un poco al teatro bufo. Ahí es donde, dada la popularidad creciente, el tango se impuso frente a los demás géneros musicales. No eran Shakespeare ni Racine, ni tampoco Strindberg. Era en cambio un teatro profundamente popular, que le llegaba al corazón a la concurrencia, que se sentía muy bien representada con esos argumentos livianos, llenos de lugares comunes, con mucho humor y con finales predecibles.

Los sainetes fueron un vehículo de difusión importante tanto del tango como del lunfardo, que se nutrían el uno al otro, llegando al público con mucho entusiasmo. Ahí estaba la clave del éxito, en el sentido de identidad. A la vez, el lunfardo, como idioma popular, y el tango, como música y baile de los arrabales, se afianzan y consolidan. Se produce una demanda tan grande, que los letristas no dan abasto. Es lo que va a dar lugar luego a la edad de oro del tango.

Los finales del siglo XIX y comienzos del XX, fueron las décadas de una explosión en la cultura popular porteña. Fue en ese género de teatro simple, para el gusto de un gran público, de mayoría inmigrantes, no sofisticados, pero con expresión fácil de comunicación, que se identificaban tanto con el lenguaje como con los temas. Estos trataban de la vida diaria de la población de los arrabales, la temática nacional de la pobreza, la vida en los inquilinatos y las dificultades para la inserción social de inmigrantes y nativos. El sainete lo lograba en parte al incluir un personaje parlanchín que pronto se popularizará. Con ello se puede apreciar un detalle inesperado. Estos personajes del sainete que solían expresarse en lunfardo, de los compadritos a los cocoliches, nunca fueron malandrines consumados y, salvando alguna picardía menor, todos ellos sostenían la defensa familiar, la autoridad paterna y las costumbres instituidas, tradicionales.

El sainete enunció mejor que cualquier otra expresión los profundos cambios tras la llegada masiva de inmigrantes, la subsecuente miseria de las primeras décadas y el terrible hacinamiento habitacional, todo un cambio en el estilo argentino de vida. Reflejó en especial al europeo recién llegado que -como ha ocurrido en muchas otras sociedades en las que la migración ha sido numerosa- terminaría por desplazar al criollo. En ese entorno no faltarían en segunda escena las multitudes de personas sin oficio, hambrientas, desesperadas y marginales que también acuñaron inflexiones lingüísticas para hacer comprensible la palabra. Y a veces, hasta un desplazamiento novedoso en el ritmo del caminar, exacerbado por el habitante argentino de la metrópoli. Esto, además, de sustituir al compadre de características más pampeanas, con poca educación básica o ninguna (léase campesina, "más primitiva"), y ya condenadas por la modernidad y el naciente *compadrito*, que sin saberlo representaba la transformación visual de la comarca y debió generar, también, esa ingeniosa y distintiva jerga de comunicación, el lunfardo.

"Sola, fané y descangayada
La vi esta madrugada salir de un cabaret.
Flaca, dos cuartas de cogote,
Y una percha en el escote, bajo la nuez".
ESTA NOCHE ME EMBORRACHO (1928)
Música y Letra: Enrique Santos Discépolo
Canta: Carlos Gardel
Guitarras de Barbieri y Ricardo

TÉRMINOS LUNFARDOS EN EL ORDEN MENCIONADO:

Fané: Cansada, desgastada.
Descangayada: Arruinada, estropeada. También: perdió el canyengue, el caminar con garbo.

EL LUNFARDO, ARGOT DOMINANTE DEL TANGO

Son muchísimos los tangos con contenido lunfardo, algunos con solo uno o dos términos, otros en que el argot lo cubre todo. Además de ser extraño descubrir términos que son desconocidos para la mayoría forense del Río de la Plata, le otorga al mismo tiempo una tonalidad especial, una poesía propia, una musicalidad especial.

En sus inicios las letras de tango utilizaban el lenguaje de la gente de estratos socio económicos bajos. Este lenguaje carcelario encontró su camino entre los familiares y amigos de los reclusos en su uso diario, convirtiéndose en un dialecto tan popular en las clases bajas que, finalmente, sería incorporado en las letras del tango. El denominador común fue la vida en los burdeles. Debido a ello muchos títulos de tango tuvieron connotaciones sexuales u obscenas. En algunos casos, por ejemplo, se utilizan hasta 18 palabras de argot en referencia a una mujer y 16 en referencia al dinero. La enorme inmigración italiana tuvo gran influencia, incorporando muchas palabras de maneras parciales o modificadas. Un elemento auxiliar del lunfardo, como ya se dijo, es *el vesre o verres*, (*al revés*), cambiando el orden de las sílabas: *tango es gotán*, *bacán es camba, viejo es jovie*, *cabeza es zabeca* y así. Este "idioma" carece de reglas fijas, nutriéndose de un enorme dinamismo.

El lunfardo se enriquece con la llegada de inmigrantes de tantas culturas europeas, cuyas lenguas se mezclan con las jergas autóctonas. Nacen nuevas voces, giros y metáforas. Podemos encontrar, por ejemplo, palabras que derivan del "chamullo" gitano y otras del argot francés, del dialecto genovés, etc. Esas voces se oyen en el conventillo y se mezclan al lunfardo, que de lengua carcelaria pasa al lenguaje común de la ciudad. En estas mutaciones del habla, el lunfardo se modifica. Transforma el significado de sus palabras, socializa sus conocimientos de la mala vida, se enriquece con las experiencias del trabajo y, en particular, vale la pena mencionarlo, el concepto "como a una *mina* de oro", se generaliza como sinónimo de mujer.

En los primeros tiempos, cuando ya el tango bailado comienza a convertirse en canción, las letras que acompañan la música son obscenas y sus títulos dejan lugar a pocas dudas: "Dos sin sacarla", "Qué polvo con tanto viento", "Con qué tropieza que no dentra", "Siete pulgadas". O, incluso, "El Choclo" que, aunque literalmente significa mazorca de maíz, en sentido figurado y vulgar, equivale al castellano "chocho" o "coño".

¿Un tango elegante?

He aquí un ejemplo de lo que decíamos anteriormente.

"... Carancanfunfa se hizo al mar con tu bandera
Y en un pernó mezcló a París con Puente Alsina
Fuiste compadre del gavión y de la mina
Y hasta comadre del bacán y la pebeta.
Por vos, shusheta, cana, reo y mishiadura
Se hicieron voces al nacer con tu destino,
¡Misa de faldas, querosén, tajo y cuchillo!
Que ardió en los conventillos y ardió en mi corazón".

EL CHOCLO (Versión IV, 1946)
Música: Ángel Gregorio Villoldo (1903)[5]
Letra: Enrique Santos Discépolo (1946)

Términos lunfardos en el orden mencionado:

Carancanfunfa: En la jerga de los compadritos, el baile de tango con interrupciones (cortes), y también los que lo bailan así y lo hacen de una manera muy hábil.
En un pernó: El licor francés Pernod, una marca de anís francés (*pastis*). Metáfora:

en el tiempo que toma beberse un trago rápido.

Puente Alsina: Es un puente que cruza el Riachuelo, uniendo la avenida Sáenz del barrio Nueva Pompeya, de la ciudad de Buenos Aires, con la localidad de Valentín Alsina, Partido de Lanús, Provincia de Buenos Aires, Argentina. Como metáfora de un arrabal: el tango "saltó" desconocido, desde un barrio orillero, pobre y miserable en Buenos Aires, a la capital del mundo: ¡París!

Mina: Mujer.

Gavión: Hombre libertino que seduce a las mujeres. Un Don Juan que encanta a las mujeres.

Bacán: Hombre rico o alguien que pretende ser rico. Un hombre que posee una mujer. Un proxeneta que es dueño de una mujer.

Shusheta: Individuo que se preocupa en forma excesiva de su postura y vestimenta. También se utiliza para describir a un informante de la policía, una persona que acusa en secreto, un soplón. Un petimetre, un *dandy*.

Cana: Policía o la cárcel.

Reo: Popular; también vagabundos, desempleados, dado a las juergas reticentes a trabajar. Típico de la gente de clase baja. Además, se utiliza como humilde, pobre. *Mishiadura*: Pobreza.

Pebeta: Mujer o niña.

Misa de faldas, querosén, tajo y cuchillo: Las cuatro actividades en los conventillos de aquel tiempo: *faldas,* el juego de azar; *querosén,* el beber; *tajo,* las mujeres empleando el apelativo genital y *cuchillo*, los duelos.

La clase ilustrada habla en tango y lo escribe en lunfardo

Más tarde (ca 1915 en adelante), con la aparición en escena de los primeros letristas cultos, el tango abandona su ámbito original y se ve obligado a disimular la procacidad de sus primeras canciones. Sin embargo, y esto es interesante, el lunfardo lejos de ser abandonado resucita rápidamente, pero ahora en manos de compositores ilustrados, hijos de inmigrantes en su mayoría, y ajenos al mundo delictivo que lo había engendrado. Las letras del eximio poeta El Negro Cele (Celedonio Flores), por ejemplo, reflejan los problemas del pueblo y la moral del suburbio, utilizando el lunfardo que habla la gente en tangos como "Corrientes y Esmeralda", "La mariposa", "Mano a mano", "Muchacho" y "Porque canto así". De esta forma el poeta/letrista culto, logra establecer una conexión empática con su audiencia de las orillas, de los arrabales, que es la masa que nutre al tango en su dinámica. Lo correcto sería, tal vez, hablar de *letras lunfardescas*, escritas por autores que conocen muy bien el lenguaje y el ambiente, pero que sin embargo no pertenecen a él.

Algunos de los letristas posteriores a Contursi -de 1930 en adelante- resucitaron el lunfardo para dotar al tango de una reclamada autenticidad, en reemplazo de la que estaba perdiendo y ellos no podían darle. Pero el verdadero idioma del tango no es el lunfardo en estado puro, dominio de malvivientes, lunfardólogos y letristas, sino el habla popular mechada de lunfardismos, de aquellos que le habían llegado a la gente a través del conventillo y del sainete, y que se usaban hasta en la conversación de la sobremesa familiar. En este lenguaje porteño compusieron los poetas del tango las letras hermosas que poseemos, sin preocuparse demasiado por saber si estaban practicando el lunfardo de modo correcto.

El resto de la sociedad bonaerense -la clase media y alta- fue aprendiendo y adoptando el lunfardo para poder participar en el tango, no solo de su música y su danza, sino también de su significado y gozarlo.

El tango-canción con el lunfardo incorporado

La siguiente es una historia ya clásica del tango

En 1917, Pascual Contursi escribió unos versos para una melodía tanguera ya existente, pero que como mucho de los tangos de entonces, hasta ese momento, no tenía letra. Se trataba de un tango solo orquestado y que llevaba el nombre de "Lita", compuesto por Samuel Castriota. La ironía narrativa de Contursi cuenta de un proxeneta sentimental desangrándose por el amor de una prostituta que lo ha abandonado. Comienza su lirica con una expresión en lunfardo, *Percanta que me amuraste*... (Muchacha que me abandonaste...).

Tomar nota que esa narrativa es una historia de amor, de desengaño, una historia pequeña, corta, pero historia al fin, y esto es parte importante de lo que siguió.

Dicen que Carlos Gardel cayó enamorado con la canción y arriesgando su reputación de cantante criollo, y en contra de los buenos consejos de sus amigos, tomó un riesgo en su carrera artística, presentándolo en el escenario de un tango bar de la época bajo el nombre de "Mi noche triste". Fue un éxito. Gardel, sin saberlo en ese momento, quedó en la historia del tango, junto a Pascual Contursi, como los iniciadores -los inventores- del tango-canción. Empieza una nueva etapa en la historia del tango, la llamada Guardia Nueva[6]. Así, 1917 quedó registrado como el año histórico del nacimiento del tango-canción. ¡Y con el lunfardo incorporado en pleno! Como, el lector(a) puede percatarse, no suena lo mismo "muchacha que me abandonaste" (letra casi cursi, cliché), que "percanta que me amuraste". Y el resto de la letra, también con elementos en lunfardo, con una fuerza interior distinta, que al público del arrabal le tocaba en el alma, lo hacía sentir ese tango suyo, se identificaba con su lírica, le era familiar. Así fue, efectivamente, puesto que en sus albores el tango tuvo de protagonista estelar a la clase trabajadora urbana. El lenguaje del tango será por esta misma razón, el hablar popular, incluido el lunfardo. Fue la génesis natural, como cabía esperar.

Ejemplos de tangos con lunfardo

En *Mano a mano* (1920), citando nuevamente a Celedonio Flores, autor de la letra -muy versado en la parda jerga antiacadémica y desnuda-, tiene el mérito de hacer surgir en forma muy viva a ese porteño compadrito del año '20, romántico y burlón.

"Se dio el juego de remanye, cuando vos, pobre percanta,
Gambeteabas la pobreza en la casa de pensión;
Hoy sos toda una bacana, la vida te ríe y canta,
Los morlacos del otario los tiras a la marchanta
Como juega el gato maula con el mísero ratón..."
MANO A MANO (1920)
Música: Carlos Gardel y José Razzano
Letra: Celedonio Flores

Términos lunfardos en el orden mencionado:

Remanye: Percatarse, conocer a fondo.
Percanta: Muchacha, así el rufián llamaba a su amante.
Gambeteabas: Esquivabas.
Los morlacos: El dinero, la viyuya, el vento, el mango.
Otario: Tonto, gil.
Marchanta: La compradora en los mercados públicos, la que se aviva; disputa cosas antes que otros las agarren, como los dulces cuando se rompe una piñata.
Maula: Cobarde.

Como era de esperarse, el lunfardo propagado desde los sectores populares fue rechazado por los puristas del idioma y defensores de las buenas costumbres.

Más aún, y esto es en una dimensión diferente, un hecho curioso, interesante. El lunfardo tampoco conquistó las simpatías de las corrientes políticas más próximas al proletariado, la izquierda establecida, en una actitud que hoy podríamos calificar de muy corta de visión. En los periódicos y proclamas anarquistas, por ejemplo, rara vez se aprecia la voz del habla marginal, "propia de delincuentes y prostitutas", de "gente sin conciencia de clase". Esta distancia con el habla cotidiana, en la que era frecuente una que otra palabra del lunfardo, se acentuaba todavía más en la prensa socialista, en el discurso de sus dirigentes, creadores de las bibliotecas populares, creyentes en la cultura, severos jueces del "tango de lupanar".

En 1926, Alfredo Marino tuvo la brillante inspiración de escribir la letra de un tango, *El Ciruja*, con contenido lirico totalmente lunfardo. Este se ha convertido en la letra de tango lunfardo por excelencia. La trama es muy simple y predecible, pero el talento de Marino ha hecho de *El Ciruja* un clásico. La palabra *ciruja* primero trae la imagen de un vagabundo, un carroñero, pero la verdad es que Marino utiliza la expresión para apodar a su protagonista, el cirujano, debido a su habilidad para el manejo del bisturí. Usa una versión abreviada de la palabra, "ciruja". Es probable que sea el tango más rico construido en lunfardo. Y es prácticamente imposible entender su lírica si no se está familiarizado con el argot.

"Recordaba aquellas horas de garufa
Cuando minga de laburo se pasaba,
Meta punga, al codillo escolaseaba
Y en los burros se ligaba un metejón".
EL CIRUJA (Versión I, 1926)
Música: Ernesto de la Cruz
Letra: Francisco Alfredo Marino
Grabado por Carlos Gardel con guitarras

Canta Tita Merello

Canta Julio Sosa

TÉRMINOS LUNFARDOS EN EL ORDEN MENCIONADO:

Las horas de garufa: Farra, juerga, las horas de diversión.
Minga: Nada, negación de algo, jamás.

Minga de laburo se pasaba: Pasar todo el tiempo sin trabajar, no había ningún "trabajo" (delictual) para hacer.
Laburo: En la jerga del delito, tiene connotación de ocupación ilícita, "trabajarse a un gil, una víctima".
Meta punguia/ punga: Si bien un punga (robo de dinero) es quien hurta, en este caso parece provenir de "meta y ponga", que significa "hacer algo reiteradamente, sin detenerse".
Meta punguia: Cometía delito reiteradamente, de punga, delincuente.
Punguia: De "punga", hurto de dinero de los bolsillos de la víctima.
Escolasear: Jugar (a los naipes, carreras, etc.).
Al codillo (variante de un juego de naipes): Escolaseaba (jugaba con trampa) apostaba incluso cuando todo parecía indicar que no ganaría.
Burros: En la jerga hípica, los caballos de carrera.
Ligar: Conseguir.
En los burros se ligaba un metejón: En las carreras de caballos no podía dejar de apostar.

El lunfardo es inseparable del tango

Si bien el tango puede cantarse con una mayor o menor presencia del lunfardo en sus letras, es la pose y la sonoridad del lunfardo rioplatense la que lo caracteriza. El lunfardo no es solo un argot integrado por cientos de palabras propias, sino que también es una pose lingüística, una forma de hablar algo exagerada (en la que se incluye comerse las *eses*), por la que suelen ser reconocidos en todo el mundo los argentinos y los uruguayos de la región del Río de la Plata. *El tango es "reo"* porque el lunfardo *"es reo"*. Es decir, se trata de un estilo musical construido sobre el habla popular. El lunfardo es el habla del suburbio, la voz del arrabal.

Se puede estimar en cerca de un tercio del total de tangos, los que tienen contenido lunfardo, ya sea solo uno o dos términos hasta casi la totalidad de su lírica. También depende del autor y de la época en que fue escrito. Gardel, por ejemplo, tiene un porcentaje mucho más alto de contenido lunfardo en los tangos de sus primeras etapas, antes de hacerse cantante internacional. Asimismo, hay más lunfardo en las letras de tango de la Guardia Vieja y la Guardia Nueva que en los períodos que les siguen. De una u otra forma, el lunfardo, en aquellos tangos que lo utilizan, le da un sabor especial, muy atractivo y nostálgico, una magia cautivante que el tiempo no marchita.

El lunfardo sometido a la represión de la dictadura militar

El lunfardo fue cuestionado por los académicos de la Real Academia Española y luego perseguido en la Argentina -socialmente al comienzo y políticamente después-, como también le ocurrió al popular carnaval.

Durante la dictadura instalada en 1930 y luego en 1943, se sancionó una circular *censurando los tangos que contuvieran letras en lunfardo*, o líricas consideradas subversivas. Por esa razón muchos de ellos fueron proscritos[7]. El uso del argot lunfardo había llegado a ser generalizado. Tanto así que después del golpe de extrema derecha que estableció la Junta Militar, impuesta por el general Pedro Ramírez y el coronel Juan Domingo Perón[8], el gobierno tomó medidas para frenar este fenómeno lingüístico-social, bajo la influencia del notorio escritor fascista y antisemita Hugo Wast (también conocido como Gustavo Gonzales Zuviria). Era la época del nazismo en Alemania y en Argentina. Nombrado Ministro de Justicia y también de Educación, Wast emitió un decreto censurando y prohibiendo el uso del lunfardo en las letras de tango *con el fin de preservar la pureza de la lengua española*.

Se desarrolló una verdadera persecución racista y también de intolerancia a la cultura popular. La modesta -en número- comunidad judía y el lunfardo se convirtieron en enemigos de la dictadura. En cuanto a los judíos, Wast no solo hizo despedir a los maestros y profesores judíos, sino también implementó las enseñanzas obligatorias de religión y moral en todas las escuelas públicas, lo que significó que los estudiantes no católicos (incluyendo inmigrantes judíos y protestantes entre otros) tuvieron que ser segregado a otras aulas. En cuanto al lunfardo, la censura en las letras de tango fue estrictísima y duró hasta 1949, ya bien entrada la presidencia de Perón. Esta censura fue un intento indirecto de la clase alta para desacreditar la "impúdica" letra y música del tango. Pero después de casi 50 años de su uso, era demasiado tarde. El lunfardo ya era parte de la cultura argentina.

Décadas más tarde, en la Segunda Guerra Santa contra los herejes del lenguaje, durante la dictadura de Juan Carlos Onganía (1966-1970), el lunfardo desapareció del tango y la música popular. Pero retornó en gloria y majestad. Desafiantes, en 1969 Alejandro Dolina incluyó el término "bulín" en su tema "Fantasmas de Belgrano", y Horacio Ferrer iniciaba su famosa "Balada para un loco" con una exclamación lunfarda: "*Ya sé que estoy piantao, piantao, piantao...* ". Desde entonces, y a pesar de algunos intentos durante la dictadura siguiente, establecida en 1976, por "adecentar" la cultura popular, el lunfardo registró un notable resurgimiento. Podemos decir que, ya viviendo las primeras décadas del siglo XXI, el lunfardo goza de una gran vitalidad, habiendo sido adoptado y reformulado por las nuevas generaciones. En gran parte, por esa razón, el tango se ha insertado también en los ritmos modernos (rock, hip hop, y otros) a través de las letras y el habla lunfarda.

Lunfardo y cocoliche

Mencionemos en forma muy breve, el *cocoliche*, una jerga del español hablada por los inmigrantes italianos que vivieron en la ciudad de Buenos Aires y se volvieron "porteños". Se cuenta que por el 1900, el inmigrante italiano Antonio Cuccoliccio, recién llegado[9], consiguió trabajo como peón en el circo de los hermanos José y Jerónimo Podestá. Hablaba, como muchos inmigrantes de su país de origen, una mezcla de italiano y castellano. A Celestino Petray, que actuaba como actor cómico con los Podestá, se le ocurrió un día presentarse en escena hablando de la misma manera "a lo gringo"[10] y diciendo:

"Mi quiamo Cocoliche e sono creolio hasta lo güese da la taba e la canilla de lo caracuse, amico". "¿No me conóscano? So Pascuales Ventricello, lo guarda. O ido a combrá todo esto pe que hoy cumble vende año la chica mía, e quiero convidare a lo novio, que va a tocarle la serenata esta noche. Yo tengo na hija que se me va a casá. ¡Parece mentira! Lo novio, Rafaele Llorende, la ha conocido a lo tranguay".

Posteriormente, con el título de "Medio siglo de Farándula", José Podestá contaría sus memorias, haciendo referencia al personaje cómico, originado en aquella ocurrencia espontánea de Celestino Petray. Así surgió la palabra *cocoliche*, que, desde 1927 figura en el Diccionario de la Real Academia, como: "Argentina y Uruguay. Jerga híbrida que hablan ciertos inmigrantes italianos mezclando su habla con el español". Los inmigrantes italianos formaban, entre 1880 y 1930, más de un 40% de la población de la ciudad.

Con el tiempo el lunfardo asimiló y absorbió al *cocoliche,* que se fue oyendo en Buenos Aires cada vez menos en la segunda mitad del siglo XX, debido a la desaparición generacional y absorción de los inmigrantes del sur de Italia que lo hablaban. Al mismo tiempo, muchas de las palabras del *cocoliche* hoy se encuentran en su mayor parte formando parte del lunfardo.

Ejemplos de algunas palabras del *cocoliche* hoy incorporadas al *lunfardo*:

Laburar: Del italiano *laborar*. Sinónimo de trabajar.
Fiaca: Flaqueza en italiano; desgano, pereza.
Mufa: Moho, fastidio y también mala suerte.
Mina: Muchacha en dialecto lombardo.
Gamba: Pierna, alguien que ayuda o tiene buenas intenciones, también cien pesos porque "ayudan".
Gambetear: Esquivar.
Minga: Nada en dialecto lombardo.
Yeta: Del italiano *gettare*. Lanzar, mala suerte.
Yira/Yiro: Girar, dar vueltas, prostituta callejera.
Atenti: Atentos, atención.
Salute: Salud en italiano.
Cuore: Corazón en italiano. *De cuore* quiere decir te quiero con el corazón.

Cuatro poemas lunfardos de Enrique Cadícamo (1900- 1999)

Uno de los más grandes poetas del tango que existió y primera generación descendiente de inmigrantes italianos. La belleza poética y creatividad literaria de Cadícamo son legendarias. A eso se agrega su riqueza del lunfardo, lo que le dio al lenguaje del tango una dimensión mucho más enriquecida aun, como se aprecia en estos hermosos poemas lunfardos -también uno de cada uno de José Págano y

Edmundo Rivero- que siguen a continuación, con su correspondiente traducción al español. Nótese también el uso frecuente del ya mencionado "*verres*", o sea, invertir el orden de las sílabas, en una palabra.

ADIÓS

Che, Carola, disculpame si te mando estos trapitos.
Vos sabés, sin grupo, vieja, cómo soy de cumplidor...
Los mandé lavar primero pa' mandártelos limpitos...
Ahí tenés tu poyerita, tu samica con moñitos,
tu piyama espamentoso y tu suéter sobrador.

Lo olvidaste en el apuro de batirte en retirada,
esa tarde que resuelto lo fajastes a mi amor...
Yo que estaba palpitando desde enfrente la largada,
al junarte que salías de apurón y embagayada,
me escondí, te lo confieso, de vergüenza y de dolor.

Pronto supe tu guarida, me lo dijo una fulana
y es por eso que hoy te mando lo que ayer se te olvidó...
Yo no sé si te hará falta el piyama o la sotana,
pero solo sé decirte que aunque estés hoy en bacana,
cuando lleguen estas pilchas te toqués el corazón.

Desde toda mi amargura, pa' ladrarte, me agazapo,
un rechifle de amurado me trabaja en el melón...
Yo me he sido en esta vida malandrín, carrero y guapo,
hoy me está golpeando el cuore como garganta de sapo
al pensar que te piantaste como se pianta un ladrón...

Al principio, te lo juro que pensé en darte la biaba,
pero luego poco a poco le di al guiye marcha atrás.
Era darte demasiado y eso a vos no te importaba
y mamao, volando bajo, casi cuando me entregaba,
como el tango de Lomuto yo te dije: Nunca más...

Divertite, che Carola... Meté ruido y espamento...
Si podés fajate un viaje, vos que soñás con París...
Pero atento pelandruna, andá amarrocando vento,
no vaya a ser que te pase como a aquel santo del cuento,
que, de tanto andar yirando, al final quedó en chasis...

TÉRMINOS LUNFARDOS EN EL ORDEN MENCIONADO:

Samica: Al verres; camisa, camisón.
Espamento: Aspaviento, exageración, demostración afectada, alharaca, ostentación.
Fajaste: Lo golpeaste, le diste una paliza.
Junarte: Mirar, mirar de reojo, ver, percibir, ojear.
Embagayada: Embrollada, engañada, mentira.
Bacana: En lujos.
Pilchas: Ropas.
Rechifle: Enojo / locura.
Amurado: Abandonado.
Melón: Cabeza.
Carrero: Con experiencia, corrido.
El cuore: El corazón.
Piantaste: Dejar, dejar plantado, echar, despedir, abandonar.
Biaba: Paliza.
Guiye: Fraude, locura.
Mamao: Borracho.
Espamentoso: Ostentoso, agrandamiento más allá de lo que es.
Pelandruna: Persona abandonada en su aspecto, descuidada, perezosa, indolente, floja.
Amarrocando: Atesorar, amarrocar: amarrete, tacaño.
Vento: dinero.
Yirando: Girar; caminar sin sentido, crucero, a la deriva.
En chasis: En la carrocería solamente, en la nada.

CAFÉ NACIONAL

En una calle céntrica donde la ola
de la ciudad arrastra todo el descarte,
hay un café salvado de la victrola
donde el tango levanta su rancho aparte.

En este templo mishio del pentagrama,
porteño hasta la mezcla de su revoque,
es donde el tango vuelca toda su gama
y entra en los corazones como un estoque.

Estos muros tan viejos que ha respetado
la biaba prepotente de la piqueta,
son los testigos de mi café cortado
y de las filigranas de Antonio Aieta.

Términos lunfardos en el orden mencionado:

Mishio: Pobre.
Biaba: Paliza.
La piqueta: Grupos de gente manifestando, bloquean el tráfico.
Antonio Aieta: Famoso bandoneonista compositor y director argentino (1896 - 1964).

ELLA SE REÍA

Ella era un hermosa nami del arroyo.
Él era un troesma pa' usar la ganzúa.
Por eso es que cuando de afanar volvía,
ella en la catrera contenta reía,
contenta de echarse dorima tan púa.

De noche él robaba hasta la alborada.
De día dormían los dos abrazados.
Hasta que la yuta, que lo requería,
lo alzó de su saca... Y ella se reía,
mientras a Devoto iba el desdichado.

Tras la negra reja de la celda, el orre
a su compañera llorando batía:
"¡Por vos me hice chorro! ¡Quereme, paloma!"
Pero, indiferente al dolor del choma,
alzando los hombros, ella se reía...

Pasaron los meses... Vino la sentencia...
Pa' Tierra del Fuego al punga embarcaban
a las seis en punto de una tarde fría...
A la siete, ella se apiló a otra rufa;
a las ocho, andaba con él de garufa y,
al sonar las nueve, curda se reía...

Términos lunfardos en el orden mencionado:

Nami: Al revés, mina, mujer, muchacha.
Troesma: Revés, maestro, experto.
Ganzúa: Llave maestra.
Afanar: Robar.
Catrera: Cama.
Yuta: Personal policíaco.
Saca: Al revés, casa.

A devoto iba el desdichado: Una comisaría/cárcel en el barrio Devoto en Buenos Aires.
Orre: Al revés reo, preso.
Batía: Decía; delataba.
Chorro: Ladrón.
Choma: Al revés, macho.
Pa' Tierra del Fuego: Prisión federal argentina en el extremo sur.
Punga: Delincuente.
A otro Rufa: A otro rufián.
Garufa: De juerga, entretención.
Curda: Borracha.

NORMA

La ligó en Leandro Alem de recorrida
una noche p'al crimen que la pobre
Norma, la cariñosa iba pa'l sobre,
con el negro balurdo de su vida.

La trabajó de puro cantatriche...
¡Qué buena voz tenés para la radio!...
Y con toda la cancha de un estadio
le prometió ponerle un piso chiche.

Y gran carrero en la cuestión de nami
mimosamente la llamaba "mami"
desde el alto pescante de su rroca.

De vez en cuando una fajada en forma,
hasta que vino el gran final de Norma
y otro chofica la piantó a la Boca.

TÉRMINOS LUNFARDOS EN EL ORDEN MENCIONADO:

La ligó: La consiguió, la enganchó.
Leandro Alem: Calle de Buenos Aires.
Balurdo: Mentira, embrollo, engañar.
Cantatriche: Atrevido.
Chiche: Revólver.
Carrero: Con experiencia, corrido.
Nami: Al revés, mina, mujer, muchacha.
Rroca: Al revés, carro, automóvil.
Fajada: Paliza, azote.

Chofica: Al revés, cafisho, hombre que vive de las mujeres, las explota.
Piantó: Quitó, dejó.
La Boca: Un barrio de tango en Buenos Aires.

DE ROMPE Y RAJA
(Poema lunfardo de José Págano)

Vení, ñata, quiero hablarte,
mas no levantés la cresta,
no ensayés ni una protesta
ni te me mandés la parte,
mejor rajate al descarte
con esos fules desplantes,
¡se acabaron mis aguantes!
vos lo sabés demasiado
que por eso la he rajado
a una negra que tuve antes.

Querés cacharme de otario
al junarme tan tranquilo
y te me venís sin filo
ahora que es tan necesario,
analizá mi prontuario
para que yo no te bata
que estás engrupida, ¡ñata!
cachar de gato a este zorro
y venirse pa'l cotorro
con dos miserables latas.

Juná a la rusa Rebeca,
la "donna" del chino Lucio
que, aunque la labura sucio,
sabe imponer su muñeca
y a Rosalía, la Chueca,
no la's junao ¡caramba!
que siempre fue pa' su camba
hacendosa y consecuente
y le aporta diariamente
nada menos que dos gambas.

Aquí ya sabés quién ronca
¡basta! y minga de desmayo,
grandiosísimo bagayo,
engrupir así a su trompa.

Como ella tiró la bronca
murmurándola en voz baja,
dijo él... y se fue a baraja,
vas a ver si te parece
cuántos pares son tres nueces
y armó la de rompe y raja.

No faltaba más ahora
querer rajar de corbata
y siendo una mishia gata
dárselas de gran señora,
¡no chiyés! mistonga lora,
porque si yo te acamalo
te viá hacer ver si soy malo
¡qué tanto rezongo y queja!
¡raje! y dígale a su vieja
que le agradezco el regalo.

Sin más vuelta ni simpleza
se va envolviendo el pilchaje
y baja tomando el raje,
yo no la quiero en la pieza
¡mírenla a la vampiresa!
fule y mistonga gatita,
largarme seco y sin guita
galgueando así en este apuro
y hablarme a mí de laburo
¡no faltaba más, "m'hijita"!

Ella sigue lloriqueando,
buscando de viva un pero
y el coso más que cabrero
se la pasó chivateando
¡basta ya de andar chiyando!
ni cacharme pa'l churrete
¡te viá bajar el copete!
y le acomodó una zurda
que me la dejó más curda
que invitada de un banquete.

TÉRMINOS LUNFARDOS EN EL ORDEN MENCIONADO:

De rompe y raja: Una fiesta, con todas las de la ley, sin reparar en gastos, por todo lo alto. Otro ejemplo: un partido de fútbol, jugado de gran forma, sin ahorrar

esfuerzos, con emociones variadas, muy disputado. Último ejemplo: una campaña política, muy reñida, con vaivenes, a ganar o ganar, con final de bandera verde.
Ñata: Expresión cariñosa a una muchacha, por nariz chata.
La Cresta: La cabeza.
Te me mandés la parte: No trates de hacerte la importante.
Rajate Al Descarte: ¡Escapá ya! ¡desaparecé ya!
Fules: Falsos, tratando de impresionar.
Rajado: Despedido, echado.
Una Negra: Cariñoso por mujer, sin que necesariamente sea negra o indígena.
Cacharme: Burlarme, timarme.
Otario: Un tonto, un gil, cándido.
Junarme: Mirarme, percibirme.
Te bata: Te diga.
Engrupida: La engañaron.
Cachar: Burlar, timar.
Pa'l Cotorro: Cuarto pobre, dormidero.
Cotorrear: chismear.
Latas: Referencia a las fichas de latón con el número de turno en los prostíbulos. Aquí el hombre la recrimina por venir del prostíbulo con tan pocas ganancias y tratar de engañarlo.
Juná: Mirá, fíjate.
La rusa Rebeca: Prostituta proveniente de Europa del Este.
Donna: Mujer, la amante del Chino Lucio.
Chino: Apodo.
Camba: Verres (revés o más propiamente "vesre) bacán, su hombre rico.
Dos Gambas: 200 pesos, o sea denominación de cien en dinero.
Quién Ronca: Quien manda.
Minga: Nada, negación (nada de desmayos).
Bagayo: Feúcha, fea.
Trompa: Patrón, su hombre que es el que manda.
La Bronca: Enojo.
A Baraja: Mezclar naipes, en este caso las amenazas expresadas como cartas del juego.
Armó La De Rompe y Raja: Se armó la grande, armó un lío de lo mejor.
Rajar de corbata: Golpe de furca (asalto atacando a la víctima de atrás y con ambas manos) pasaje de una bola en el billar por detrás de otra a la que estaba dirigida, sin tocarla.
Rajate Al Descarte: ¡Escapa! ¡Desaparece!
Mishia Gata: Pobre gata, pobre muchacha (prostituta); persona que vale muy poca cosa.
¡No Chiyés!: No grites, no hagas escándalos.
Mistonga Lora: Pobre mujerzuela (proveniente de Polonia)
Acamalo: Te mezquino, no te doy para tus gastos.
¡Raje!: ¡Váyase, parta!
El pilchaje: Las ropas viejas.
Fule: Colérico, disgustado; enfadado; falso, fallido, de mala calidad, persona fea, pobre.
Mistonga: Individuo pobre, arruinado, insignificante.
Gatita: persona que vale muy poca cosa.
Sin guita: Sin dinero, patrón.
Galgueando: Ando indigente; andar de un lugar a otro en busca de comida; padecer

necesidad, hambre; sufrir escasez.
Laburo: En la jerga del delito, tiene connotación de ocupación ilícita, "trabajarse" a un gil, una víctima.
Cabrero: Enojado, enfadado, molesto, enojado, fastidiado disgustado, enfurecido, receloso.
Chivateando: Enojarse con otra persona, explosión de rabia; alcahuetar, delatar, acusar soplonear.
Pa'l churrete: Mofarse, burlarse de otro.
El copete: Altanería, orgullo, soberbia, ínfula.
Una zurda: Una trompada, puñetazo con la mano izquierda.
Más curda: Más ebria, borracha.

MILONGA LUNFARDA

(Edmundo Rivero)

Esta "Milonga lunfarda" es un muy buen ejemplo de lunfardo en el tango, y una ayuda para entenderlo mejor

En este hermoso país que es mi tierra, la argentina,
La mujer es una mina y el fueye es un bandoneón.
El vigilante, un botón, la policía, la cana,
El que roba es el que afana, el chorro un vulgar ladrón,
Al zonzo llaman chabón y al vivo le baten rana.

La guita o el vento es el dinero que circula;
El cuento es meter la mula, y al vesre por al revés.
Si pelechaste, tenés, y en la rama si estás seco.
Si andás bien, andás derecho; tirao, el que nada tiene,
Chapar es, si te conviene, agarrar lo que está hecho.

El cotorro es el lugar donde se hace el amor.
El pashá es un gran señor que sus mangos acumula.
La vecina es la fulana, el tordo es algún doctor,
El estaño un mostrador donde un curda se emborracha,
Y si es que hacés pata ancha te la das de sobrador.

El que trabaja, labura; quien no hace nada es un fiaca,
La pinta es la que destaca los rasgos de tu apostura.
Mala racha es mishiadura, que hace la vida fulera.
La cama es una catrera y apoliyar es dormirse.
Rajar o piantarse es irse, y esto lo manya cualquiera.

Y que te van a contar, ya está todo relojeado.
Aquello visto, es junado, lo sabe toda la tierra.
Si hasta la real academia, que de parla sabe mucho,
Le va a pedir a pichuco y a grela, con su guitarra,
Que a esta milonga lunfarda me la musiquen de grupo

Notas

1 No hay relación, al parecer, con el escritor y político argentino Leopoldo Lugones (1874-1938), ya mencionado antes, y, como curiosidad, uno de los pocos intelectuales argentinos, junto a Borges, en la década fascista del 30 al 40, opuestos al antisemitismo.
2 En las décadas siguientes, con la inmigración masiva, una buena parte procedente de Italia, el lunfardo creció enormemente. Hoy se enumeran cerca de 12.500 términos.
3 *Chusma*: personas de baja condición social.
4 Ya mencionado. *Reo*: de lo popular, humilde, pobre.
5 Con la música original de Villoldo, fallecido ya muchos años antes, el genio poético de Discépolo creó esta, la versión más conocida de El choclo.
6 ¿Y qué pasó con el autor original, el músico Samuel Castriota? Bueno, no muy contento al comienzo, porque le "habían robado el tango", o por lo menos que se lo habían tomado de sus manos sin su permiso, estableció litigio, pero después de unos años, las partes llegaron a un acuerdo y su nombre también pasó a la historia, dándole a Castriota el crédito correspondiente.
7 Más adelante nos extenderemos en ese tema.
8 Más adelante, en 1946, Perón sería elegido presidente democráticamente.
9 Uno de los *tres millones de inmigrantes italianos* que desembarcaron en el puerto de Buenos Aires entre fines del siglo XIX y comienzos del siglo XX en busca de una vida mejor, siendo la Argentina el granero del mundo y uno de los países más ricos del planeta, rebosante de promesas que alentaban los sueños de los jóvenes pobres de varios países de la vieja Europa.
10 Tuve (el autor) mi experiencia personal con mi padre venido de Polonia, cuyo idioma español mostraba las mismas carencias, pero también mucho amor.

En el próximo capítulo vamos a explorar los orígenes sociales, incluyendo el rol de la ciudad en el tango y sus varios personajes anecdóticos, algunos misteriosos y otros que han permanecido como los íconos del tango.

ORÍGENES SOCIALES
COMPADRÓN Y COMPADRITO

"Compadrito a la violeta,
si te viera Juan Malevo
qué calor te haría pasar.
No tenés siquiera un cacho
de ese barro chapaleado
por los mozos del lugar".
COMPADRÓN (1927)
Música: Luis Visca
Letra: Enrique Cadícamo

Gaucho argentino en 1870.

Indios patagones.

EL BUENOS AIRES DEL 1900. ¡ABARROTADO DE EXTRANJEROS!

Como ya se mencionó anteriormente, las cifras hablan por sí solas: Argentina pasó de tener dos millones de habitantes en 1870, a cuatro millones solo veinticinco años más tarde. La mitad de esa población se concentraba en Buenos Aires (inmigración externa). Más revelador aún, el porcentaje de extranjeros llegó a ser del 50 por ciento. Otras fuentes incluso parecen establecer que en un momento dado los inmigrantes sobrepasaron en número a la población original. A la urbe, por necesidades de sobrevivir, en busca de trabajo, acudían también gauchos e indios procedentes del interior del país (inmigración interna).

En este ambiente -estamos hablando de las décadas de 1870 al 1890- se comienza a bailar en tugurios y lupanares el nuevo ritmo -el tango-, que se asocia así desde su inicio al ambiente prostibulario. Ya que eran solo prostitutas y "camareras", las únicas mujeres presentes en las *academias* o peringundines, los lugares donde se iba a aprender y perfeccionar el nuevo baile. Puesto que se trataba de damas dedicadas en alma y, sobre todo en cuerpo, a sus accidentales acompañantes, el tango en sus inicios se bailaba de un modo muy "corporal", provocador, cercano, explícito, socialmente poco aceptable, como se vería cuando, siendo ya un fenómeno emergente, el tango comenzó a salir del arrabal de su ciudad de origen y empezó a expandirse.

A "las orillas" llegaban los huidos de la ciudad: delincuentes, prostitutas en decadencia, fugitivas, veteranos de olvidadas guerras, matones que imponían sus propias leyes. Allí también arribaban -facón[1] y guitarra-, desplazados, los gauchos oriundos de las soledades pampeanas, y los ya mencionados *gauchos matreros.* A esta mezcolanza terrible y temible se sumaba una nube de inmigrantes europeos sin destino.

> *"Rufianes de todas las nacionalidades vinieron a renovar los métodos de los malvivientes criollos. Dejaron documentado testimonio de su paso en el léxico de los lunfardos, plegado de voces de los argots criminales europeos[2]".*

Gaucho urbano. (Courret Hermanos), 1868).

Como ya se mencionó más arriba, los arquetipos del malevaje suburbano, incubado por la corrupción de la etapa comercial y dependiente de la economía argentina, fueron los malevos, ladrones, pungistas, reducidores de lo robado, cuenteros, adivinos, curanderos, usureros, tratantes de blancas y su pertinente aparato administrativo.

Transcurrido cierto tiempo, de la masa informe salieron tipos sociales que destacarían por sus hechos y sus asociaciones. Es el caso del "*compadrón*" o "*compadre*", resto del gaucho pampeano -sucesor del gaucho matrero-, establecido en "las orillas". Es hombre que posee un curioso código de honor que lo eleva por encima del delincuente. Si asesina, lo hace en duelo y por cuestiones de hombría. Abajo, mucho más abajo, en la escala social orillera, asoma otro personaje, una especie de derivado más corrupto del compadre, y de ahí su trato en diminutivo: "*el compadrito*". Es éste un rufián, traidor y asegura su prestigio ruin y su propia persona mediante el engaño, el gesto solapado y su capacidad para confundirse con el medio gris e informe de la barriada. *El compadrito* será el protagonista de la mala estofa en muchos tangos.

Desde el gaucho al compadrón y al compadrito

El gaucho venía a la gran urbe en busca de trabajo, para sobrevivir después de ser expulsado fuera de las enormes extensiones de la pampa tomadas a la fuerza por los grandes latifundistas, muchos de ellos ingleses, que se apropiaron de una u otra forma de la tierra, de la pampa Argentina. Entre el más serio despojo fue la cruenta campaña militar ya mencionada, la llamada Conquista del Desierto. Estos señores de la tierra se apoyaban en las fuerzas militares, que paradojalmente se formaban, como lo describe muy bien el mismo José Hernández en su *Martín Fierro*, en su mayoría de esos mismos gauchos forzados en la milicia federal. Gigantes extensiones de tierras y el subsecuente encercamiento con alambradas, de millones de hectáreas, fueron previniendo el tradicional movimiento libre del gaucho, desplazamiento que había sido su expresión de libertad por dos centurias.

El *compadrón*, originado por el gaucho urbano, fue reemplazado a su vez por el *compadrito*, que adoptó la vestimenta del compadrón, los "hongos" (un sombrero ancho con borde lanzado sobre un ojo), un pañuelo blanco atado alrededor de su cuello, la capa corta y pantalones ajustados y, como una última conexión con la dureza del puerto, el cuchillo a su lado. Pero fue *pura pinta*, no tenía nada de la esencia del compadrón. Allí, en esos barrios bravos, en las orillas y en los arrabales, tenían sus territorios *los compadritos*, *los guarangos* y *los malevos*. Tomás Gutiérrez publicó allá por 1859: los "compadritos" son "hombres criados en los alrededores de la ciudad". A lo que Ángel de Estrada agregó:

> "...el compadrito es un gaucho degenerando en hombre de pueblo, o un hombre de pueblo degenerado en gaucho, replanteando desde otro punto de vista el tema de la interface, *el contacto orillero* de Buenos Aires con la pampa. Interface con *fronteras ambiguas*, *tanto hacia afuera*, con la pampa, *como hacia adentro*, con la urbe".

Nuevos personajes en el horizonte urbano

Entre los años 1830 a 1890, el gaucho desplazado a una urbe desconocida, para él, crea el *compadrón*, con valores éticos de honor y dignidad personal, lo único que tiene para enfrentarse pese a su pobreza, a esa sociedad que lo acorrala y lo explota. El *compadrito*, el hijo bastardo, solo un imitador del compadrón y valores sociales distintos, más solapado y socarrón (Gardel lo describe muy bien en sus creaciones). Luego este gaucho -ahora gaucho urbano- expresa abiertamente su hostilidad frente al inmigrante europeo. El compadrón se enfrenta al *gringo* -así llamaban al inmigrante, no importando el país de origen-. Lo trata de disminuir en su imaginación (véase *Martín Fierro*) para poder competir con él por una fuente de sustento y, en particular, en conseguir una mujer, en aquella situación social en que había un promedio de una mujer por cada diez hombres, o menos.

Los espacios del tango evocan al malevaje (hombría, coraje, virilidad) al mismo tiempo que recuerdan a la vida modesta (honestidad, orgullo, virtud, domesticidad cariñosa). Y hay que incluir en este complejo social también *al atorrante*.

El *compadre* es el rey de este submundo. Mezcla de gaucho y malo, y de delincuente siciliano, viene a ser el arquetipo envidiable de la nueva sociedad: es rencoroso y corajudo, jactancioso y macho. La pupila es su pareja en este baile malevo; juntos bailan una especie de *pas de deux* sobrador, provocativo y espectacular. Es el baile híbrido de gente híbrida: tiene algo de habanera traída por los marineros, restos de milonga[3] y luego mucho de música italiana. Todo entreverado como los músicos que lo inventan: criollos como Poncio y gringos como Zambonini (1870-1900).

El compadrito -que aparece más tarde, del 1900 en adelante- era esencialmente un imitador, una especie de guapo a mitad de camino que no era querido ni respetado. Exagerado en sus gestos y en el vestuario, el fanfarrón compadrito gustaba alardear de triunfos que no le pertenecían, provocaba disturbios innecesarios y precisaba de aduladores y lisonjeros. Se presentaba en los bailes luciendo su mirada sobradora y aire conquistador. Este sujeto, agresivo por costumbre, cargaba cuchillo, pero no dejaba de lado el revólver, cuyo uso era considerado por el guapo propio de cobardes. Le gustaba beber y era un mantenido que le agradaba vivir del dinero que pudiera darle una mujer, o dos cuando era posible. Este fue el caso del *cafishio* porteño, a diferencia de las mafias internacionales bien organizadas -digamos "*más empresariales*"-, que poseían y manejaban cientos o miles de mujeres, la mayor parte traídas del exterior. La trata de blancas.

El tango se gesta como un fenómeno muy peculiar en medio de esta situación de cuasi caos social y, sobre todo, de reiteradas crisis económicas. Esto es para ambos, para el gaucho (emigrante interno), como para el inmigrante externo europeo. Se trata de una situación conflictiva, a veces violenta. Así, el gaucho desplazado a la ciudad, a la urbe que el desconoce y a la cual debe adaptarse, necesita convertirse ahora en *el compadrón*. Por otro lado, para el inmigrante europeo, en su soledad, es un largo camino nostálgico y triste después de haberse separado de su mujer y familia para venir al nuevo continente y hallar medios de sustento.

Compadre, compadrón y compadrito..., sus edades

Estamos hablando de la época del Prototango (ca 1860-1897). El compadre, según la edad, compadrito cuando muy joven, compadrón cuando ya era hombre maduro y aún canoso; no siempre es un haragán de "esquinas" (almacenes de barrio descendientes de la pulpería). Trabaja de carrero, de matarife, de vendedor de resaca, de frutero, de mayoral o conductor de tranvías a caballo. Y no pocas veces de "guardaespaldas" de un caudillo o caudillejo. Las esquinas donde bebe y juega a los naipes, los peringundines, los reñideros de gallo y las carreras son sus diversiones.

Ilustración de "Los Compadritos" en diario *Crítica*. Eduardo Linage. Fecha desconocida.

Y si la tradición gaucha dejó los nombres de un Juan Cuello, de un Juan Moreira o de un Tigre del Quequén, como guapos capaces de enfrentar a la policía y pelear uno solo contra muchos, la tradición arrabalera ha dejado nombres como el de Juan Muraña, José Olave, Avelino Galiano, Anastasio Peralta y Juan Tink, éste de origen inglés. Hubo ingleses bien agauchados. Yo, siendo adolescente, por los barrios del sur, antes de ayer barrios de negros y hoy de gringos, conocí a "Braso'e fierro". Se llamaba Domingo Brignoli, era hijo de un albañil y una lavandera, ambos italianos. Cuando se emborrachaba, tomaba una guitarra y un poncho y salía a la calle, provocativo, con el poncho arrastrando, a ver quién se le animaba a "pisarle el poncho" para achurarlo. Sin borrachera se le iba el matonismo y volvía a ser un pacífico obrero, como su padre.

Este es en esencia el sustrato social y psicológico donde nace el tango, "los muchachos de antes no usaban gomina" (1870-1910). Una vez maduro se integra a la sociedad rioplatense, durante el tango de la Guardia Nueva, en los años 1917-35, que va a ser la era de Gardel, y de esos otros grandes intérpretes, compositores y poetas del tango.

Coplas de compadres verseadores[4]
El folclore suburbano ha recogido algunas coplas de compadres verseadores.

Por ejemplo, estas, provocativas:

Vení no más, compadrito,
Cuchillito a la cintura,
Salí al medio de la calle,
Te deshago la figura.
Qué estrilo le da al talón
cuando la media está rota
pero más le da a la bota
cuando es corto el pantalón.

O estas, burlonas:

Mi madre se llama Clara
y mi hermana Claridá;
yo me llamo francamente...
¡Miren qué casualidá!
Como soy canchero viejo
me requinto el chamberguito
y la polca del espiante
es mi baile favorito.

O esta, amorosa:

Mañana por la mañana
me voy a las cinco esquinas,
a tomar un mate amargo
de la mano de mi china.

O esta, profesional:

Soy carrero de l'Aduana,
tengo una chata de lay,
mi chata es chata con cola,
¡solo le falta cantar!

O esta, jactantes:

Yo soy del barrio del Alto,
donde llueve y no gotea,
a mí no me asustan sombras
ni bultos que se menean.

Soy del barrio 'e Monserrá
donde relumbra el acero,
lo que dije con el pico
lo sostengo con el cuero.

(Cantar popular)

El compadre, o compadrito o compadrón se "floriaba" con las inscripciones de su carro: "Me alquilo, pero no me vendo", "Por tu mirada, la vida", "El que me envidie, reviente", "Donde para este varón, hacen fila las mujeres", "¡Macho! Gritó la partera".

Siempre la compadrada jactante y provocativa, a lo chulo de Madrid o a lo gaucho matrero. Cuando el tráfico de Buenos Aires se hizo molesto a causa de los innumerables vehículos, detrás de las chatas y camiones apareció este letrero: ¡Sufra! Siempre la agresividad y la prepotencia, la "prepo" dialectal. El compadre, que trae su nombre de un tratamiento, de algo así como el "amigo" o "aparcero" o "cuñao" de los gauchos, tuvo sus héroes del cuchillo y tuvo sus cantores. Si al Juan Moreira, el creado por Eduardo Gutiérrez, el que pasó a la tradición, no el real, corresponde un José Clave, para el mítico Santos Vega pampeano está Gabino Ezeiza, cantor del suburbio, como el payador y el guitarrero, y para el tango Carlos Gardel, de perdurable memoria en discos, radios y orquestas típicas.

Análisis de un "compadrito"[5]

Esta es la historia de "El Cívico", personaje de la noche que habitó la pieza Nº 15, de "El Sarandí", un conventillo muy famoso de San Cristóbal. Su honorable profesión consistía en la explotación de su mujer, apodada "La Moreira", y en la pesca y tráfico de nuevos clientes. Él era de ascendencia italiana meridional (albaneses); ella en cambio, hija de andaluces gitanos. No es necesario pintar a "El Cívico" como un buen mozo excepcional, porque *la clave primera de su éxito estaba en la seducción*, pero una seducción indispensable, hechicera, de su físico. La segunda clave estaba en la astucia -viveza-, en la frialdad criminal disimulada, *en el arte de la daga*, en el coraje (típico compadrito guapo). La tercera clave estaba en *su "simpatía"*, en sus costumbres de adinerado, en los finísimos modos de su trato social, en sus aptitudes famosas de "bailarín", y finalmente en su *labia*[6]. Rendía culto a todo lo criollo. Lo era y trataba de serlo mucho más. No le faltaba voz para cantar y era buen guitarrero. Y ¿cómo era el día a día? Al atardecer, "La Moreira" se iba con otras al "café" de La Pichona, en la calle Pavón, entre Rincón y Pasco, donde "trabajaba" como pupila, como lancera[7], como proxeneta[8] y como bailarina[9]. Como lancera, porque tiraba la lanza, la punga, a los giles alcoholizados y al gringuerío con plata; como proxeneta, porque era socia de su "marido" en eso de engatusar infelices (muchachas) y de venderlas como "novedades"; como bailarina, porque lo fue en grado sumo, y porque el café de La Pichona fue uno de los que ayudaron a darle al tango la fama de prostibulario que se le asigna. *El Cívico* también salía al atardecer, pero un rato más tarde. Subía a una victoria (carro) que lo dejaba en lo de Hansen, en Palermo, o cerca de cualquier bar de La Boca, si no lo apuraba algún "negocio". Sus preferencias estaban en lo de Hansen, porque *todo compadrito de su clase* anheló siempre codearse con los de arriba. Para vestirse y adornarse los compadritos *eran exagerados*. Eran exagerados en todo. Llegaban a extremos tales como *ponerse los anillos sobre los guantes*. Entre compadritos se llamaban "relajados". Imitaron la moda de los ricos, y se trajearon y acicalaron, con un narcisismo exagerado de mujer, evidentemente sexual y sospechoso; *tomaron el tango y lo llevaron a los medios sexuales obscenos. El contoneo criollo* del caminar, el famoso caminar canyengue, que tuvo su origen en los tacos altos, ellos lo hicieron medio tilingo, si no afeminado.

Otros personajes en los orígenes del tango

Como se mencionó antes, otros personajes típicos eran *los guapos y los malevos* -hermanos urbanos del *gaucho matrero*[10]-, *los carteristas, carceleros, duelistas, ladrones,* sea que intimiden o presionen, presumidos y explotadores algunos, quienes compartieron sus alegrías, esperanzas y penas con los habitantes ordinarios de los suburbios.

Los espacios del tango evocan al malevaje (hombría, coraje, virilidad) al mismo tiempo que recuerdan a la vida modesta (honestidad, orgullo, virtud, domesticidad cariñosa). También debemos incluir en este complejo social *al atorrante*.

Fotografía de vagabundos caminando sobre la vía férrea, uno de ellos carga sus pertenencias en un hatillo. De autor y fecha desconocida.

El guapo

En esta amalgama social que va surgiendo, producto de la aparición de todas estas corrientes demográficas nuevas, *el guapo* conforma una rara mezcla entre hombre de la ciudad y campesino, *entre la orilla y la pampa*. Como un posible descendiente del gaucho urbano, casi dos generaciones más tarde, era temido, envidiado y respetado al ser considerado el corajudo personaje que poseía el título máximo de la hombría. El honor, la lealtad y la palabra empeñada eran los códigos que sobresalían de su personalidad. Se ocupaba generalmente como guardaespaldas de personas importantes -léase políticos locales, caudillos, jefes de sindicatos, empresarios a la medida-, o matón a sueldo, y su presencia la justificaban las frecuentes grescas en la vida del burdel.

Trae a la mente, aunque con colores locales, la mafia de Nueva York en sus niveles bajos. Vestía de negro, como de luto, porque su tarea lo obligaba a tutearse con la muerte y tenía gran dominio del cuchillo, aunque no hacía alarde de sus duelos. Visitaba el prostíbulo para satisfacer una necesidad o para mantener su condición de *carteludo* entre los suyos, pese a ser un solitario por convicción. No quería que una mujer o la familia lo hicieran titubear en medio de un enfrentamiento. Sabía que podía morir en cualquier pelea o terminar encarcelado si su protector, el caudillo político de turno, lo abandonaba para no verse involucrado en un crimen. Como veremos más adelante, el mismo Gardel convivió con este personaje en sus primeras épocas.

El malevo

Es poco afecto al trabajo y por eso le gusta convertirse en parásito de alguna mujer de mala vida. Subestima a la mujer, que debe ser fiel y la traición se paga con la muerte. La *mina* por ser pasional, asustadiza y emotiva es presa fácil de celestinas y rufianes y necesita del hombre que la discipline y la defienda de las acechanzas del medio. La mujer en su afán de triunfar en la vida coquetea para excitar la competencia masculina y se rinde al más guapo. Se entrega totalmente al elegido y soporta resignada la pobreza, los golpes y la complicidad en los delitos.

El cafishio (o cafiche)

Ya visitado más arriba, es el que vive explotando a la mujer -a quien posee- para su propio beneficio. Buenos Aires (en la época que abordamos) está plagado de prostitución (6.000 prostíbulos). El *cafishio*, conocido asimismo como rufián, *fioca* o *canfinflero*, es un personaje central en un gran número de tangos, como villano y a veces como héroe. Tenía la tarea de proveer de mujeres a los burdeles de la ciudad. Su profesión consistía en explotar a las féminas y captar nuevas pupilas, aunque no llegaba a tener más de dos. Era un trabajo artesanal basado en la pinta y la seducción personal, la labia. Muy diferente de la trata de blancas, con un perfil empresarial que se instaló en Buenos Aires a comienzos del siglo XX y con la cual el *cafishio* tuvo que competir. Junto con su pupila, el rufián formaba la pareja tutelar, curiosa relación ya que, a causa de la división del trabajo, él era la parte pasiva, el mantenido, mientras ella la activa y laboriosa.

Bastan aquí, para botón de muestra, los siguientes versos populares:

"Canfinfle, dejá esa mina!
¿Y por qué la voy a dejar?
Si ella me calza y me viste.
Y me da para morfar..."

El atorrante

El atorrante integró el submundo de individuos pobres y sin trabajo, en busca de alguna changa[11]. Curioso, como muchos otros términos nuevos –neologismos-, nacen por apodos populares, la dinámica de una lengua viva conectado con el nombre de algún personaje conocido sin saberlo este. Generaciones más tarde, el uso diario no permite reconectarlo con su origen en el nombre de alguna persona o institución social. El estigma social o psicológico del término vino después. En este caso su nombre nació por dormir dentro de los caños de agua, fabricados por un industrialista llamado A. Touraint, que estaban ubicados en un depósito en la zona de Recoleta. (*Aunque esta interpretación muy florida y tentadora, se ha cuestionado por algunos y es sugestivo que ninguno de los muchos escritores que abordaron el tema de la vagancia y la mendicidad en Buenos Aires a fines del siglo anterior, hubiera registrado tal antecedente*). La mayoría eran extranjeros. Entre ellos se encontraban profesionales que integraron un grupo de *inmigrantes desalentados* desde el primer momento, que, al quedarse sin un centavo, les faltó fuerza para luchar.

La imagen visual que evocan es de un individuo con la cabeza hundida entre los hombros, el sombrero caído sobre los ojos, la mirada clavada en el suelo, caminaban pensativos, con paso arrastrado, inseguro, las manos a la espalda, pero disfrutando su modo de vivir. Pertenecían a la calle, dormían en los caños y comían en la puerta de los conventos algún plato de sopa con trozos de carne. Hoy se los llamaría "los sin casa" (*homeless*). Descansaban en los bancos de las plazas hasta ser desalojados por los guardianes, o a veces pasaban la noche en las comisarías.

El atorrante poseía una calificación laboral que abandonaba para vivir al margen de la sociedad y solidarizarse en favor de otros atorrantes, enfermos, postrados. Eran libres de pensamiento, metódicos, ordenados y no estaban de acuerdo con el orden social vigente. Pero muchos eran también enfermos mentales, desvalidos, sin familias, en una época en que la atención médica no existía para casos como esos. Poseían un atado donde guardaban algunos restos y representaban una expresión de rebeldía frente a la acumulación de bienes materiales. Eran el fenómeno social de muchos países pasando por el complejo y difícil fenómeno de urbanización, que no se adaptaron, un poco como los *hobos* en el país del norte. No cometían delitos, no eran ladrones, ni asesinos, vivían en completo abandono y no eran delincuentes para ser llevados a la cárcel. Personaje simpático y no agresivo, pedían para comer o recogían restos de comestibles de los tachos de basura o recibían la comida de instituciones benéficas y conventos. Muchos no admitían la dádiva porque era denigrante. Algunos habían abandonado sus riquezas, rechazando los aspectos más mercantilizados de la nueva sociedad. Los atorrantes fueron el saldo negativo de una inmigración mal dirigida y desalentada.

El puerto, las orillas, los arrabales[12]

En el ámbito rioplatense hallamos las huellas más concretas para los orígenes del tango. La ciudad de Buenos Aires era en las últimas décadas del siglo XIX un bullente centro social y comercial en cuyo derredor se iba apretando un cinturón de pobreza, barriadas informes y población heterogénea de mal vivir, los barrios bravos.

Eran "las orillas", sucesión de barracones y callejuelas enlodadas surgidas por generación espontánea. En estas "villas miserias" se imponían nombres pintorescos y decidores: "Tierra del Fuego" en recuerdo de una antigua prisión allí existente y tan inaccesible como ese confín del mundo; "Barrio de las Ranas", aludiendo a una laguna próxima donde aquellas levantaban sus coros; "Los Corrales", "Palermo", o "Pompeya", todos nombres muy rimbombantes en esos momentos y fuera de la realidad, eran otros barrios igualmente bravos de la capital.

Son todos los espacios aledaños, alejados pero inmediatos a la ciudad, ajenos a la cultura; socialmente periféricos; pobres; étnicamente abigarrados; desamparados y larvales. Si lo referimos a parámetros geográficos no fue el tango, ni música rural ni urbana. Se dio, escribió Vicente Quesada (a V. Gálvez), "en los suburbios, como quien dice, entre pueblo y campo".

Lo dice tal vez mejor -y en verso- Miguel Camino, al hablar del nacimiento del tango en Los Corrales Viejos (hoy plácido Parque Patricios):

"Nació en los corrales viejos allá por el 80'[13]
Hijo fue de la milonga
Y en pesao del arrabal
La apadrinó la corneta
Del mayoral del tranvía
Y los duelos a cuchillo le enseñaron a bailar".

Raúl González Tuñon señala en cambio a Barracas, La Batería y al Viejo Palermo. Por su parte, José Saborido (oriental[14]) le dijo a Borges que la cosa fue en Montevideo.

Un tango que nace: las orillas y el viejo Buenos Aires

Fue un espacio urbano "extraño", "extrañado". Borges cuenta que Giusti decía, refiriéndose a Carriego: "*Su conversación evocaba los patios de vecindad los quejumbrosos organillos*[15]*, los bailes, los velorios, los guapos, los lugares de perdición, su carne de presidio o de hospital. Hombres del Centro, le escuchábamos encantados, como si contase fábulas de un país lejano*". Los cuentos no eran fabulosos, pero sí eran lejano el país.

"Barrio... Barrio...
Que tenés el alma inquieta
De un gorrión sentimental.
Penas... Ruego...
Es todo el barrio malevo
Melodía de arrabal.
Viejo... barrio...
Perdoná si al evocarte
Se me pianta un lagrimón,
Que al rodar en tu empedrao
Es un beso prolongao
Que te da mi corazón".

MELODÍA DE ARRABAL (1932)
Música: Carlos Gardel
Letra: Alfredo Le Pera y Mario Battistella.
Grabado por Carlos Gardel con guitarras
(De la película "Melodía de arrabal", 1932)

Las orillas, un fenómeno geográfico y también sociológico

Debemos ampliar el concepto de "orilla". No se trata solamente de lo periférico, de lo físico, o de la geografía, sino que también, sociológicamente, del límite de la segregación. Segregados estaban del espacio urbano, las cárceles, los hospitales, los cuarteles y los lupanares. En estos últimos reinó el tango. Los más inmediatos estaban en el Bajo, desde Paseo de Julio hasta la calle San Martin. Los más afamados rodeaban la esquina de Suipacha y Viamonte, en el Barrio del Temple.

Portada de partitura del tango "El rey de los apaches" (Tango compadrito para piano), de Alberto Bellomo. No se conoce autor ni fecha.

Borges esquematizó así al "hábitat" del tango (no todos los tangueros, que como en el caso de los tilingos y cajetillas, venían del centro): el alto de San Telmo al Sur (Chile, Garay, Balcarce, Chacabuco); Tierra del Fuego al Norte (Las Heras, Arenales, Pueyrredón, Coronel) y al oeste el Once. Habría que agregar La Boca, El temple, El Bajo, Palermo, Villa Crespo, San Cristóbal y Boedo.

Las "orillas" y "el arrabal" (Borges)

"El arrabal, que no se llamaba así antes, por ejemplo mi abuelo no hablaba del arrabal, ni mi padre tampoco, sino de las orillas, y al decir las orillas pensábamos menos en las orillas del agua, en lo que se llamaba El Bajo, desde Palermo hacia un poco más allá del barrio de las bocas del Riachuelo, no: pensábamos ante todo en *las orillas de la tierra*; porque esa metáfora que confunde la llanura con el mar es una metáfora natural, no una metáfora artificiosa. Es decir, pensábamos en esas vagas, pobres y modestas regiones en que iba deshilachándose Buenos Aires hacia el norte, hacia el oeste y hacia el sur. Esas regiones de casas bajas, esas calles en cuyo fondo se sentía la gravitación, *la presencia de la pampa; esas calles ya sin empedrar*, a veces de altas veredas de ladrillo y por las que no era raro ver cruzar un jinete, ver muchos perros. Nada de esto era muy pintoresco, pero ahora quizá lo sea, porque ya lo vemos, no a través de la realidad, sino a través de la imaginación de quienes lo han contado".

Canyengue una forma de caminar..., y también de bailar

Efectivamente, a la coreografía del tango -el canyengue, con pasos de corte- le dio un estilo propio de exageraciones eróticas. La palabra es de origen afro, se pronuncia *cañengue* y significa "de caminar cadencioso". Pasó a ser allá por el 1900, un baile sensual y picaresco, con movimientos cortados y marcados. Sus compases eran 4x8, pero con el paso del tiempo las partituras se fueron puliendo hasta llegar al tango actual de 2x4. Se presenta con estilo de piernas flexionadas, propio de la postura del baile de los negros, torsos en contacto y el abrazo, como características del tango canyengue. Lo ejecutaban las orquestas típicas de aquellos años tales como Francisco Canaro, Juan Maglio Pacho y Víctor Antonio Carabelli acompañado por Mercedes Simone, entre otros.

Un tango piel roja. el "apache" argentino

Otro personaje más de los arrabales en el 1900. El nombre que adquirió es un ejemplo más de los vericuetos que a veces se fabrican en diferentes sociedades sobre la base de hechos históricos, pero con resultados de mito, de leyenda. En este caso en particular, como repetidamente nos mostró el cine de Hollywood de los años '50 en adelante, *apache* era el nombre de una de las naciones indias del sur de los Estados

Unidos. Y fue, durante las últimas guerras que estos sostuvieron (1860-1880), contra el ejército estadounidense[16], cuando la palabra "apache" se difundió por la prensa mundial. Tanto insistió el periodismo con los nombres de los caciques apaches alzados, que los hampones de París adoptaron alias como "Cochise", "Jerónimo" y "Manuel". Y aún más, en su afán de copiar, tomaron también nombres de la tribu sioux, como "Toro Sentado" y "Caballo Loco", por dar algunos ejemplos.

En consecuencia, los diarios franceses *Le Matin de París* y *Le Journal*, terminaron por denominar *"apache"* a los delincuentes de la capital francesa. Pocos años más tarde Buenos Aires siguió la moda y apareció un artículo de periódico titulado: "Buenos Aires tenebroso. Los apaches". Fue el historiador rosarino Héctor Nicolás Zinni quien rescató estas insólitas líneas. Decía Soiza Reilly:

"¿Quiere ver apaches?", me preguntó un activo comisario de investigaciones.
"¿Apaches? ¿Existen en Buenos Aires?".
"Abundan. Poco a poco se van aclimatando. Lentamente introducen en nuestra ciudad sus bárbaras costumbres... Discuten, juegan, roban, pelean, asesinan, matan. Usan en el destierro el caló parisién".

Acota, Zinni, que la nota muestra, además, fotografías de los denominados apaches reunidos en el interior y exterior de distintos cafés ubicados en la zona céntrica porteña.

Así, en la década del diez del 1900 surgieron varios tangos que mencionaban en sus títulos a los referidos personajes: "El apache", de Mauricio Mignot; "El apache porteño", de Luis Bernstein, en 1913, grabado por su hermano Arturo para discos Atlanta; "El rey de los apaches", de Alberto Bellomo, dedicado a los argentinos residentes en París; "Apache uruguayo", de Francisco Baldomir, que ganó el primer premio del Concurso de Tangos verificado por el Casino de Montevideo, en 1914; "El apache oriental", de Enrique Delfino, de 1912; "El apache rosarino", de Federico Gallo; "El apache argentino", de Celestino Reynoso Basavilbaso y su homónimo, y el más conocido, de Manuel Aróztegui, de 1913. Más tarde, para los carnavales de 1930, se produjo el estreno del tango "Apache", de Juan D'Arienzo. Curiosamente, algunos títulos coincidían. Pero el único de ellos que perduró y constituye uno de los mayores clásicos del género, es el que compuso Aróztegui, cuya grabación por Juan Maglio "Pacho", en 1913, fue un éxito. Luego le agregaron sendas letras Arturo Mathon -que la grabó ese mismo año- y, con posterioridad, Carlos Waiss, para la película "La cumparsita" dirigida por Antonio Momplet, en 1947. Pero "El apache argentino" quedó como el tango instrumental "que habría que tocarlo con el bandoneón cubierto de laureles", según las acertadas palabras de Joaquín Gómez Bas.

El tango se hace decente, ya puede entrar al hogar

Se dice que el tango se fue "adecentando". Esto fue, más bien, una combinación de aceptación social y una evolución propia en la manera de bailarlo. Un gran avance, o un retroceso según quien lo mire.

El tango originalmente era reo[17], alegre e incluso procaz en las pocas letras que tenía (léase Guardia Vieja). Luego se hizo serio, melancólico y nostálgico (léase Guardia Nueva). En ese proceso el lenguaje se limpió, las letras se hicieron elaboradas (tango-canción), y perdió mucho de su originalidad socarrona y maliciosa. Pero como se dice, "se adecentó" y con eso ganó aceptación en la sociedad en general, no solo en los arrabales entre el malevaje, los inmigrantes y los pobres, también en la clase media y alta. Así, se hizo presente en el centro; es decir, el centro físico de la ciudad, más pudiente, más elegante, con más restricciones en el código social, pero también ansioso de experimentar nuevas sensaciones.

Portada de partitura del tango "El Apache" (Tango Parisien), de Mauricio Mignot.

Portada de la partitura del tango "El apache argentino", de Manuel Aróztegui. (Editor Juan S. Balerio) (Fotografía tomada a partitura del archivo de SADAIC).

Pero antes de ser aceptado y conquistar el centro, el tango tuvo que pasar por esa travesía, esa transformación en su personalidad urbana. Empezó así en la década de 1870: recuadros, espacios delimitados por piolines atados a los árboles, en las romerías de La Recoleta, "espacios para bailar", o sea el tango bailado en las esquinas, en las calles, con mucho entusiasmo popular y mínima comercialización, solo una pequeña remuneración a los músicos itinerantes, primitivos, con frecuencia letrados.

Luego, en su crecimiento, madurando su identidad, el tango entra a la etapa siguiente: los sitios cubiertos, sean estos burdeles, "salones" o las "academias". Todos estos lugares se completaban con pistas de baile, zonas de mesas para el consumo y para esperar, conversar, jugar y/o beber, un mostrador y, por supuesto, un lugar para los músicos. Este último evolucionó desde ser un sitio indiferenciado hasta llegar a un balcón-escenario, en los cafés, pasando por la tarima al tablado.

La Cumparsita, El Marne, El Choclo, Mano a Mano
Don Juan y El Entrerriano son tangos del ayer,
De aquel florido tiempo de guapos y elegantes
Del Buenos Aires de antes, que nunca ha de volver.
En sus cadencias vive la época del jopo
La del gentil piropo y el corte flor y flor,
El Pañuelito Blanco, A media Luz y El Once
Son tangos de ese entonces, que añoro con amor.

Tango de la guardia vieja
Compadrón y sensiblero,
El del compás milonguero
Que reinó en el tiempo aquel.
Tango de la guardia vieja
Tango guapo y melodioso,
El del canyengue canoso
Tango viejo del ayer.

Arolas, Bardi, Firpo, Gardel, Contursi, Flores
Cobián y otros autores de gran inspiración,
Son los que nos legaron la música emotiva
Con la palabra viva del tango bien varón.
Perdido en la distancia del arrabal de antaño
Después de tantos años, retorna a revivir,
El tango bien compadre, del tiempo aquel galante
Pa'que las barras de antes, lo vuelvan a sentir.

TANGO DE LA GUARDIA VIEJA (1939)
Música: Armando Baliotti
Letra: Enrique Mónaco

Para el Centenario (1910), mientras el tango va siendo admitido por la sociedad "decente". El "cabaret" aparece en el centro de Buenos Aires (calle Corrientes). La admisión del tango en Europa, en general, y en Francia, en particular, ayudó a su aceptación por parte de la clase alta, en particular, y media en Argentina. En 1913 Elvira Aldao[18] bailó sin rubor el tango en la cubierta del transatlántico "France".

Más tarde, después de la Primera Guerra Mundial, cuando Europa bregaba por escapar de aquella pesadilla, y buscaba diversiones que la ayudaran a distraerse y a olvidar, Francisco Canaro tuvo un éxito espectacular en París, la Ciudad Luz, donde se mantuvo por muchos años con su orquesta típica. Así, el tango había logrado pasaporte propio y podía ser ejecutado en la capital argentina con respetabilidad y pasión.

Algunos títulos de esa época pretérita, la época de la Guardia Vieja, son evidencias que permanecen: "El taita del arrabal", "Corazón de arrabal", "Arrabal amargo", "Melodía de arrabal", "Acuarelita de arrabal", "El patio de la morocha", "Ventanita de arrabal", "De mi barrio", "Viejo patio", el inolvidable "Sur", de Homero Manzi, "Barrio pobre", "El callejón", y muchos más. En estos tangos todavía reinan María La Vasca (salón de Carlos Calvo y Jujuy) y Laura La Morocha (en Pueyrredón y Paraguay).

Notas

1 Derivado del portugués *faca*, un cuchillo típico de los habitantes de las pampas.
2 *Carlos Gardel, tango que me hiciste bien* (Ed. Andrés Bello, 1985). Selección y textos por Miguel Arteche. Página 14.
3 De la milonga campera, gaucha, una de las fundaciones originales del tango.
4 Yunque, Álvaro. "La poesía dialectal porteña" (Editorial Peña Lillo, 1961. Buenos Aires). Extraído y adaptado de: http://www.alvaroyunque.com.ar/ensayos/alvaro-yunque-dialectal.html
5 Extraído y adaptado de: http://metejondebarrio.blogspot.com/2012/11/analisis-detallado-de-un-compadrito.html, una excelente descripción del compadrito.
6 Capacidad de hablar mucho, entretenido y cuentero, en este caso necesario para envolver a su víctima y sacarle provecho.
7 Lanza, ladrona.
8 Procuradora de mujeres para otros clientes.
9 Bailarina de tango, como acompañante o también ensenándole a bailar a un/una cliente(a).
10 El gaucho, víctima de la sociedad, desplazado de las pampas, desposeído, con frecuencia separado de sus familias, vuelto malo por la injusticia a la cual se ve sometido. Forzado a buscar trabajo en la ciudad, en competencia con el inmigrante europeo, se rebela contra la ley. Su astucia y su temeridad combinadas con su auto percepción de inferioridad social le trae una mala reputación. Esto a su vez le obliga a aislarse, volviéndose un ser violento y antisocial. Este gaucho es llamado, según la expresión popular, "*gaucho matrero*".
11 Trabajo simple, de *changador*, transportar mercaderías, cargar pesos con su físico.
12 De "Los Extraños Lugares del Tango", del libro *Buenos Aires: La ciudad y sus sitios*, de Rafael E. J. Iglesia y Mario Sabugo.
13 Para los pibes de hoy: 1880. (¡Y no 1980!).
14 Oriental, aquí y en otras partes del texto se refiere al Uruguay.
15 Los organilleros italianos, con sus organitos, difundieron el tango y le aportaron el tono quejumbroso que luego asumió el bandoneón.
16 Similares a las guerras argentinas para conquistar tierras y despojar a los indios, la Conquista del Desierto (1878-1884).

17 El tango es "reo", porque el lunfardo "es reo". Es decir, se trata de un estilo musical construido sobre el habla popular.
18 (1858-1923).Distinguida dama de la sociedad rioplatense que escribió acerca de la sociabilidad propia de la élite argentina, perteneciente a una de las familias más distinguidas de la provincia de Santa Fe, los Aldao-Cullen, estirpe vinculada al pasado colonial, a la propiedad y explotación de la tierra. Tuvo, como exclusiva herencia de su padre, Camilo Aldao, el ideario liberal.

En el próximo capítulo vamos a examinar
cómo el tango tuvo su difusión en buena parte
a través del gaucho urbano que lo llevó
a la nueva clase proletaria en
formación, en los arrabales.

DIFUSIÓN: EL GAUCHO URBANO Y EL AFRO-RIOPLATENSELLEVAN EL TANGO A LA CLASE PROLETARIA Y LA SOCIEDAD TERMINA POR ADOPTARLO

"Coplas del viejo almacén,
cantata de meta y ponga,
San Telmo sangra milongas
y yo milongas también".

COPLAS DEL VIEJO ALMACÉN
Milonga (1959)
Música: Edmundo Rivero
Letra: Horacio Ferrer
Canta Edmundo Rivero

Migración europea

Como ya se ha mencionado, los hombres que bailaban el tango eran parte de los cientos de miles, más tarde millones, de trabajadores inmigrantes a la Argentina y el Uruguay, que llevaban una vida dura, de miserias. Vinieron de todas partes de Europa, principalmente de Italia y España. Un número menor arribó desde Europa del Este -estos últimos en su mayoría de origen judío- y de Francia y Alemania. Esta inmigración masiva casi arrasa con la existencia de los otros dos grupos étnicos urbanos que también iban a contribuir en forma muy significativa a la creación del tango y que existían desde mucho antes en la Argentina: los afro-argentinos y los gauchos.

La emergente clase proletaria. Década de 1870

En Argentina y Uruguay, los indígenas y los gauchos, y los inmigrantes recién llegados de Europa se encontraron con la cruda realidad de tener que trabajar largas horas y en circunstancias, con frecuencia, casi inhumanas. El trabajo se realizaba en condiciones extremas en lugares como las empacadoras de carne a lo largo del Riachuelo, en Buenos Aires; cerca del puerto en Montevideo, Uruguay, y en lugares como el barrio de Liniers de Buenos Aires y El Cerro de Montevideo; también a lo largo de los muelles de ambas orillas del lodo del Río de la Plata.

Trabajaban desde el amanecer hasta el anochecer en medio del calor y el hedor de la carne muchas veces ya insalubre. Condiciones de vida duras para los inmigrantes, como también ocurría en otras grandes urbes de los países industrializados en muchas partes del mundo.

Vista general de un conventillo. Piedras 1268 (Argentina. Archivo General de la Nación Departamento Documentos Fotográficos/Consulta_INV: 18211_A).

El malevaje, compadrones

El malevaje, ya antes mencionado, era el grupo de hombres duros, indígenas y el gaucho urbano, trabajando con cuchillos y ganchos de la carne en sus cinturones, que llegaron a ser llamado "compadrones". Hoy, los argentinos todavía se refieren a ellos como "Los Malevos", hombres endurecidos por esas realidades, pero que apreciaban la amistad y la lealtad, a menudo se envolvían en escaramuzas y francas luchas físicas para proteger a los amigos o coterráneas. Por la noche, soñaban con las mujeres que habían dejado atrás en sus pueblos nativos. Esos personajes típicos eran los guapos y los malevos, carteristas, carcelarios, duelistas, ladrones, embaucadores y muchos otros que compartieron sus alegrías, esperanzas y tristezas con los habitantes ordinarios de los suburbios. La jerga bastarda de estos ambientes endurecidos fue lo que luego se llamó *lunfardo* -como ya lo hemos visto- que pronto coloreó el lenguaje de todas las clases sociales. Y de un interés especial, el que le dio el sabor al tango.

"En el Conventillo". Ilustración de Alejandro Sirio en *Caras y Caretas* No. 896, en 1915 (Argentina. Archivo General de la Nación Departamento Documentos Fotográficos/Consulta_INV: 348261_A).

La década de 1870, milonga y tango

En un principio, se configuró un baile llamado *milonga* -traída por el gaucho desde sus tierras, la llamada *milonga campera,* ya mencionado en otra sección- y seguida bastante rápidamente por el tango, cerca de como lo conocemos hoy. Estos danzantes del tango, como era natural, estaban consumidos por la pasión por las niñas. Sabían que podrían ganar los favores de una dama si bailaban bien, así que a menudo practicaban sus técnicas de baile, a veces solos y a veces con otro hombre, ambos tomando turnos para liderar o seguir al que lideraba. Pero hay que entender, eran hombres duros, no "maleados", que solo practicaban el baile con la esperanza de atraer a una hembra. Gran diferencia de lo que aparecería después como "*compadritos*".

Del mismo modo, las mujeres también practicaban su técnica de baile entre ellas, les gustaba aquel "fruto prohibido", el pecado del tango. Había hombres pensando en las mujeres y damas pensando en los hombres. Las mujeres eran una parte esencial del tango, de hecho, sin mujeres no hay tango. Pero las mujeres eran escasísimas en número, como se ha mencionado. Los inmigrante italianos, españoles judíos, rusos, turcos[1], franceses, irlandeses o alemanes se congregaban en las esquinas de los "arrabales", las zonas ultra periféricas de Buenos Aires, con sus calles fangosas, chozas y talleres, que existían en vivo contraste con el magnífico centro de Buenos Aires, o se apiñaban en los bares donde pudieran sopesar sus deseos con vino barato y cante andaluz triste, así como con canciones de amor napolitanas, en recuerdo de sus esposas o novias dejadas atrás.

Vista general del patio de un conventillo. Conventillo de la calle Piedras y San Juan, del cual la municipalidad pide el desalojo (Argentina. Archivo General de la Nación. Departamento Documentos Fotográficos/ Consulta_INV: 18212_A).

"En este viejo almacén
tengo un coro de gorriones,
sabios, poetas y chorros
que mezclan por los rincones,
un tango de antiguos sones
y un son de tangos cachorros".

COPLAS DEL VIEJO ALMACÉN
Milonga (1959)
Música: Edmundo Rivero
Letra: Horacio Ferrer

Los conventillos. Un señor llamado A. Touraint

Vista de un conventillo.

Muchos inmigrantes llegados a Buenos Aires vivían de cinco a seis en una habitación, en conglomerados de viviendas de bajo costo en los arrabales. Algunos vivían, incluso, en las tuberías de alcantarillado, almacenadas en un lote vacío, perteneciente a un francés que respondía al nombre de A. Touraint. Hoy en el vernáculo argentino, "atorrantes" sigue siendo una expresión del argot para describir a personas sin hogar 'vagos'. Los conventillos albergaban centenares de miles de inmigrantes pobres, principalmente de España e Italia, pero de otros lugares también, incluyendo muchos argentinos nativos de las provincias, indígenas y gauchos. Como ya se mencionó antes, Buenos Aires en 1900 no es reconocible. Tiene su rostro desfigurado por habitantes extraños que bajan de los barcos –los inmigrantes-- que ocupan las calles y se instalan en casas abandonadas, que devinieron en los fatídicos conventillos.

Inmigrantes viviendo en conventillos.

La peste de 1871 dejó vacías las enormes propiedades que las clases dominante poseían en San Telmo, quienes ante el temor de contagiarse deciden emigrar hacia el norte y fundar nuevos barrios. Lo que hasta entonces servía para albergar a una familia bien, se convierte en una verdadera ciudad con nombre propio, el conventillo, constituido de decenas de habitaciones, de idiomas y de costumbres, reunidos todos alrededor de un patio central que va a servir de ágora para fundar una identidad de síntesis. Con el tiempo, muchas mujeres argentinas del interior, abandonando sus familias en una vida de escasez máxima, igualmente en busca de trabajo, algunas de ellas prostitutas, la mayoría no, encontraron su camino en las ciudades portuarias. También encontraron su camino en el tango. Los "quilombos" y "enramadas" mezcla de lugares de baile y prostíbulos donde las prostitutas practicaban su comercio alrededor de la vuelta del siglo, se convirtieron en expertas exhibicionistas danzarinas del tango.

Patio de un conventillo, año 1914 (Argentina. Archivo General de la Nación. Departamento Documentos Fotográficos/ Consulta_INV: 18210_A).

Conventillo Perú 951. (Autor desconocido). (1940) (Argentina. Archivo General de la Nación. Departamento Documentos Fotográficos/ Consulta_INV: 320507_A).

"Quilombos" y "Enramadas", mezclas de baile y prostíbulos

Interesante y triste la relación tango-burdel. Los prostíbulos no crearon el tango, como erróneamente se sigue afirmando, pero sí lo promocionaron con intereses propios. La dura realidad es que la escasez numérica de mujeres no daba abasto. Con el tiempo, mujeres francesas, italianas, españolas, polacas y alemanas fueron traídas legal e ilegalmente (trata de blancas), muchas de ellas engañadas con la esperanza de contraer matrimonio, para trabajar en estos "Club", quilombos y enramadas. Desde el punto de vista de los proxenetas, poseyendo a una mujer capaz de ganarse bien la vida en un burdel, se convirtió en una pasión. Desde el punto de vista de la mujer, tanto para las argentinas como para las damas europeas, la prostitución era el único camino para salir del hambre y de la pobreza sin fin y sobre todo si ella pudiera encontrar un "niño bien" (como ocurrió en toda sociedad mercantil de la "Europa civilizada" y en el Nuevo Mundo también). Y así, el tango se convirtió en una seducción diabólica en este juego de altas apuestas. La "oferta" en el burdel, muy a menudo, no era suficiente para satisfacer la "demanda", y los hombres ansiosos tenían que esperar en la calle. Así, en una ciudad con un grave déficit de mujeres, los hombres a menudo tenían que formar una línea de turno fuera de la enramada.

El café de Los Inmortales estuvo situado en la famosa calle Corrientes de Buenos Aires, y es un lugar referenciado por los seguidores del tango (Argentina. Archivo General de la Nación. Departamento Documentos Fotográficos/ Consulta_INV: 181386_A).

Los dueños de burdel comenzaron la práctica de contratar músicos como entretenimiento. Los músicos tocarían dentro del burdel para mantener a los hombres pacientes y otras veces en la calle para mantener la calma de los hombres que esperaban su turno. En su mayoría tocaban la música popular de la época. Los clientes podían, a menudo, "bailar" con una prostituta. Algunos historiadores dicen que, antes de terminar sus "negocios", en una zona más apartada del establecimiento, se formó una tradición para el "cliente" del burdel, que procedía a bailar tres tangos con una señorita de su elección. Se dice que esta costumbre fue la inspiración de la forma musical de "tres canciones por el sistema" en los bailes-milongas. Sin embargo, es mucho más probable que los músicos necesitaran un pequeño descanso después de tocar tres canciones.

Hay que tener presente, y en forma tal vez, muy sorprendente para nosotros, que, en esa época, antes de la invención del fonógrafo, una canción podía durar unos 10 a 15 minutos, o incluso 20, como ocurría con los payadores ¡y no solamente los actuales tres minutos! Uno puede imaginarse caminando a lo largo de las calles de los arrabales, uno podía ver a menudo hombres jóvenes bailando entre ellos en las esquinas. Pero hay que entender que estos hombres solo estaban aprendiendo o practicando para perfeccionar sus habilidades en el baile del tango, porque ellos sabían que un buen bailarín tenía más posibilidades de atraer a una hembra. Las damas también bailaban unas con otras bajo el mismo entendimiento de que si eran buenas bailarinas, podrían atraer a un hombre mejor. Durante este período temprano en la historia del tango, este decididamente perteneció a la noche, cuando los hombres encontraban unos breves momentos de felicidad en los burdeles. Aquí, los nuevos inmigrantes, así como los mismos "porteños" (los nacidos en Buenos Aires), podrían encontrar compañía y ahogar sus problemas en un par de tragos. Y también, vale la redundancia, el tango pertenece a la ciudad, fue y es un fenómeno urbano.

"Era un malevo buen mozo
De melena recortada,
Las minas lo cortejaban
Pero él las trataba mal,
Era altivo y le llamaban
"El taita del arrabal"

EL TAITA DEL ARRABAL (1922)
Música: José Padilla
Letra: Manuel Romero
Grabado por Carlos Gardel con guitarras (1922)

Una mezcla ecléctica de culturas. El tango pertenece a la clase proletaria, al arrabal y a los prostíbulos

Esta mezcla ecléctica de culturas (europeos, campesinos, indígenas y gauchos, afro-rioplatenses y porteños), coalesció en una nueva clase social: el proletariado. Comenzaron a crear sus propias expresiones culturales, su jerga particular, usos y costumbres de grupo. Buscando escapar de sus propias emociones y sentimientos, tal vez sin darse cuenta y como fenómeno sociológico importante, encauzarían estas experiencias en forma enriquecedora, y desarrollarían una música y una danza que expresaría su soledad y deseos. "Su" tango habló bastante más que solo del tema del amor frustrado, bastante más que lo que fueron y lo que son todavía muchos otros géneros musicales. En gran contraste de identidad, el tango desde sus comienzos adquirió una fuerte presencia social, en la esfera emocional y también en la psicología personal. El tango habló de nostalgia, de fatalidad, de destinos sumergidos en el dolor, de tristeza, de dolor y de lujuria y ambiciones no alcanzadas. "El tango no está en los pies. Está en el corazón".

La clase alta Argentina, como pasa con frecuencia, en situaciones sociales/demográficas similares, al comienzo se desentendió de este fenómeno y en particular en lo musical, no quiso tener nada que ver con el tango. Esto indudablemente debido a sus orígenes en *los ambientes maleados*, lo que no les permitió en sus comienzos ver que detrás de ello había toda esta tremenda riqueza de música y lírica, esperando "ser descubierta" por las clases sociales letradas y afluentes. Pero fue una batalla perdida, la barbarie del tango terminó por seducir a las clases media y alta sin compasión.

Este es entonces el caldo de cultivo social (y sexual) donde nace el tango: la Guardia Vieja

El tango era algo primitivo y salvaje, imposible de resistir. Los códigos de conducta social, muy rígidos y limitantes, no fueron suficiente defensa. Si se quería ver y escuchar tango, y aprenderlo a bailar, no había alternativa más que ir, visitar y convivir por unas horas en los arrabales. Era como ir en un safari, visitando los barrios de las poblaciones pobres, modestas, en busca del tango, esa danza exótica y misteriosa.

Pronto, sin embargo, la alta burguesía, en un proceso lento, se llevó el tango consigo, literalmente en sus bolsillos, a los cabarets nuevos como en lo de Hansen (1877) y más tarde en el Armenonville (inaugurado en 1912) y en lugares de la ciudad que eran más aceptables. También había otros lugares. Lugares secretos donde las mujeres de vida alegre practicaban la profesión más antigua del mundo, y donde hombres de otra profesión también muy antigua, los gigolós, se hicieron entonces disponibles a las mujeres de "clase" por un pequeño suplemento. Los impulsos sexuales naturales, como expresión poderosa del quehacer humano, y contra todas las porfiadas normas sociales de conducta inventadas por el mismo ser humano, exponían una vez más el conflicto íntimo de toda sociedad, escasamente manejable. El tango triunfaría con o sin una moralidad social organizada.

Nota

1 Así llamaban en los países latinoamericanos a todos los árabes provenientes del entonces Imperio Turco, independiente de su verdadero país de origen.

En el próximo capítulo vamos a intentar aclara la confusión de algunos términos claves en la narrativa tanguera, que conllevan múltiples significados y que ¡se supone entenderlos priori!:
¿Tango y milonga? o ¿tango o milonga?

CONVERSACIÓN Y ETIMOLOGÍA: TANGO Y MILONGA

Términos, ritmos y lugares

"Milonga pa' recordarte
Milonga sentimental,
Otros se quejan llorando
Yo canto pa' no llorar".

MILONGA SENTIMENTAL
(Milonga 1931)
Música: Sebastián Piana
Letra: Homero Manzi
Canta Carlos Gardel

INTRODUCCIÓN: TANGO Y MILONGA, CONFUSIÓN DE TÉRMINOS

Los términos milonga y tango, y también el término canyengue, se entremezclan y se confunden, para dar lugar a un sinnúmero de definiciones e interpretaciones, producto de la interrelación entre estos. Ha habido un uso engañoso de estos términos que solo ha contribuido a generar más confusión. La historia del tango, en sus inicios e incluso más recientemente, se encuentra plagada de conceptos a veces contradictorios, que confunden al lector(a) y no agregan nada para entender los términos usados y su incidencia en la génesis del tango.

Adelantemos ya las tres acepciones más comunes del término *milonga* relacionadas con el tango:

1. Música popular temprana de las pampas y del Río de la Plata (milonga campera), que se canta al son de la guitarra.
2. Danza y música cadenciosa cercana al tango, con frecuencia con un ritmo más rápido que el tango mismo. Se las agrupa juntas, simplemente como "tango".
3. Lugar para bailar tango.

Otras acepciones no relacionadas con el tango pueden significar mentira, cuento falso, asunto dudoso, enredo, alboroto, desorden. El tema es bastante más complejo de lo presentado en este capítulo. Lo que sigue, no pretende ser el análisis de un musicólogo ni tampoco histórico de estos géneros, y a riesgo de sobre simplificar, solo intenta responder, en parte, algunas preguntas y aclarar los términos.

El término milonga

En primer lugar, se refiere a un género musical originado en Argentina y Uruguay a mediados del siglo XIX, muy popular en la década de 1860. La milonga, que precede al tango en la historia, era una canción solista cultivada durante el siglo XIX por el gaucho en la vasta zona rural conocida como la Pampa. Se deriva de la payada de contrapunto, en que dos cantantes (payadores) se acompañan con la guitarra, improvisando sobre diferentes temas en una práctica de competencia. Los versos eran cuartetos octosílabos estructurados en un período musical de ocho medidas en 2/4. El término *milonga* es en realidad un término afro-brasileño que significa *palabras*, es decir, las palabras de los payadores. Se la nombra *milonga rural* para distinguirla de la evolución posterior de este género (*milonga ciudadana*).

Así, el género proviene de *la cultura gauchesca.* Se presenta en dos modalidades:

1. La milonga rural, campera, pampeana o sureña, la forma original de la milonga (1860-1920).
2. La milonga ciudadana, forma más tardía creada en 1931 por Homero Manzi y Sebastián Piana con "Milonga sentimental", "Milonga del 900", "Milonga triste", entre otras. Es una variante del tango (baile y canto), con frecuencia con un ritmo más rápido.

La milonga rural, con sus características musicales también está presente en los primeros tangos de principios del siglo XX. El tango "El choclo" (1903), de Ángel Villoldo, es un claro ejemplo de la influencia de la milonga rural en los primeros tangos. En este periodo inicial, conocido después como Guardia Vieja (ca 1897 -1910), pequeños conjuntos formados por flauta, violín y guitarra dieron a la milonga rural un timbre peculiar que mantendrían los primeros tangos. Este tipo de conjuntos también estará presente en los burdeles, los lugares de reunión de los compadritos, que fue donde primero se tocaron los primeros tangos. Las características del tango descritas más arriba son propias del período mencionado, comprendido entre esta época de los orígenes del tango (ca 1860, Prototango) y la década de 1910.

Durante ese mismo período, *la milonga rural* sobrevivió como un género del campo independiente del tango. Esto explica parte de la confusión de nombres.

Por su parte, en el período siguiente, llamado más tarde Guardia Nueva (ca 1917-1935), el tango sufrió transformaciones significativas. Durante este período, aparecieron dos tipos diferentes de tango: tango milonga (esencialmente bailable), y el tango-canción.

"Vieja milonga, que en mis horas de tristeza
Traes a mi mente tu recuerdo cariñoso,
Y encadenándome a tus notas dulcemente
Siento que el alma se me encoge poco a poco.
Recuerdo triste de un pasado que en mi vida
Dejó una página de sangre escrita a mano,
Y que he llevado como cruz de mi martirio
Aunque mi carga infame me llene de dolor".

EL CHOCLO
Música: Ángel Gregorio Villoldo (1903)
Letra: Juan Carlos Marambio Catán (Versión III, 1930)

Tango milonga o simplemente milonga

Al *tango milonga* a menudo se lo llama simplemente *milonga,* produciendo así otra confusión más de términos. Otros nombres que se le han dado al desarrollo del tango durante este período son milonga tango de corte o milonga urbana.

Sin duda, Sebastián Piana fue el pionero del tango milonga con su hermosa "Milonga sentimental", compuesta en 1931 con versos de Homero Manzi. Se enriquecieron las armonías simples de la milonga rural y se abrió un abanico de posibilidades rítmicas, melódicas y poéticas. Muchos otros compositores siguieron su camino. Algunas de las producciones más representativas son La Trampera (A. Troilo), La Puñalada (P. Castellanos), Nocturna (J. Plaza) y el exitoso Taquito militar (M. Mores).

Además, muchos de los tangos milongas se ejecutan en *tempos rápidos*, marcando los acentos con fuerza, dándoles así un carácter rítmico sólido. Es probable que este hecho contribuyera a la confusión popular que describe el tango milonga como un "tango en un tempo rápido". Esta representación, sin embargo, es insuficiente para explicar la existencia del tango milonga lento, como la "Milonga triste", del mismo Sebastián Piana (1936), o la "Milonga del ángel", de Astor Piazzolla, (1966). La confusión creció más aún cuando algunos historiadores del tango crearon el término *orquesta milonguera* para las orquestas que tenían un gran sentido del ritmo.

La principal característica del *tango milonga* (tanto lento como rápido) es la presencia de los patrones rítmicos de *la milonga rural.* Astor Piazzolla, el creador del Tango Nuevo (ca 1955), que revolucionó el tango tradicional con la introducción de elementos de la música clásica y jazz, utiliza el ritmo de tango milonga como parte esencial de su estilo. Piazzolla usó este patrón en varios tangos milongas, tanto rápidos, como lentos, así como en muchas de sus otras composiciones, a menudo combinados con otras células rítmicas.

"¿Quién fue el raro bicho
que te ha dicho, che pebete
que pasó el tiempo del firulete?
Por más que ronquen
los merengues y las congas
siempre fue tiempo para milonga".
EL FIRULETE (Milonga, 1964)
Música: Mariano Mores y Fernando Caprio
Letra: Rodolfo M. Taboada
Canta Julio Sosa

TÉRMINOS LUNFARDOS EN EL ORDEN MENCIONADO:

Pebete: Muchacho, joven.
Firulete: Paso de tango y milonga elaborado, complicado.
Los merengues y las congas: Dos ritmos centroamericanos muy populares en la década de 1940.

Finalmente, en esta búsqueda de la etimología, la irremisible falta de una documentación escrita acerca del origen ágrafo del tango ha dejado esto en teorías e hipótesis y parece que el origen real, concreto, del término callará la respuesta para siempre.

La Real Academia de la Lengua y las etimologías erróneas

No hay un conocimiento exacto de donde se origina la palabra *tango*, pero hay evidencia sustancial que es un derivativo de *tangano* según el diccionario de la Real Academia Española de la Lengua (Edición de 1803) y de la palabra *tangir* (reproducción o un instrumento) que se asoció con la danza africana negra, como ya se mencionó. En su edición de 1899, el diccionario de la RAE definía al tango como una "fiesta y danza de negros o de gente del pueblo, en América", y también, con segunda acepción, "la música de esa danza".

Es interesante notar que el diccionario le da al término un falso origen latino. Dice que proviene del latín, que es *tangir* (más bien sería tángere, de donde proviene *tañir*) y de ahí ergo tango: "*yo taño"*. Más tarde, la edición de 1914 traía la etimología tangir y tángere: "*tañir o tocar (un instrumento)*". Las ediciones siguientes eliminaron el error. Luego la edición de 1925 definía al tango como antes (aunque ya sin la etimología latina errónea), y agregaba: "Danza de alta sociedad importada de América al principio de este siglo". Esto evidencia que el tango había pasado de ser de la clase baja a la clase alta, se había vuelto honroso. También se agregaron más acepciones: "música de esta danza" y "tambor de Honduras". Finalmente, la edición de 2001 (la vigésima segunda) definió el tango como un "baile rioplatense, difundido internacionalmente, de pareja enlazada, forma musical binaria y compás de dos por cuatro".

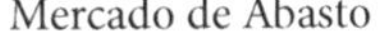

Mercado de Abasto

Mercado de Abasto Proveedor. Vista exterior del antiguo edificio. Autor desconocido, 1898. (Argentina Archivo General de la Nación Departamento Documentos Fotográficos/ Consulta_INV: 12393_A).

Canyengue y tango canyengue

Canyengue

En los dialectos africanos se refería a los movimientos laterales de cadera durante el baile. Antes de 1900 a este género se lo llamaba "tango canyengue". La palabra es de origen africano. Los negros porteños la pronunciaban caniengue y desde 1900 los blancos lo escribieron y pronunciaron canyengue (con la *ye* porteña). El "caminar canyengue" es una manera de caminar del compadrito, de cadenciosos movimientos de cadera. También se lo llama "caminar arrabalero". Muy ilustrativo es como lo representa, hermosamente, Tita Merello en las películas "Arrabalera" (1945), y más aún, en "Mercado de Abasto" (1955), cantando "Se dice de mí" que hoy pueden ser vistas y admirarse en YouTube.

"Se dice de mí...
Se dice de mí...
Se dice que soy fiera,
Que camino a lo malevo,
Que soy chueca y que me muevo
Con un aire compadrón,
Que parezco Leguisamo,
Mi nariz es puntiaguda,
La figura no me ayuda
Y mi boca es un buzón".
SE DICE DE MÍ (1943)
(Versión femenina. Milonga, 1943)[1]
Letra: Ivo Pelay Música: Francisco Canaro
Canta Tita Merello.

Tango canyengue

El *tango canyengue* es para muchos la más pura esencia de los principios del tango. Su significado afro es "caminar con cadencia" y usa el abrazo de tango original. Es un estilo sensual y agradable del tango con un ritmo y una marcha liviana. Su principal característica es su musicalidad, como baile canyengue significa estar coordinado con el *tempo* musical. Sus movimientos son sincopados y correspondientes a una medida de 2 por 4. Ha sido interpretado por orquestas consagradas como las de Francisco Canaro, Julio De Caro, Francisco Lomuto, Orquesta Típica Víctor y muchas otras. El canyengue utiliza el movimiento de separación del cuerpo para que el líder pueda tomar la iniciativa y centrarse en caminar con paso firme y con cadencia, marcando el ritmo con cada paso, el peso del cuerpo va cambiando en una forma que se ve y se siente.

El canyengue es un tango no estructurado, libre de secuencias coreografiadas, pero que se baila con las piernas muy flexibles y con movimientos juguetones rápidos de los pies, y con pasos ágiles coordinados con el ritmo. De esa forma es el antecesor del estilo libre de la milonga. El tango Canyengue alienta la improvisación y el placer del baile.

"Milonga que hizo su ausencia
Milonga de evocación,
Milonga para que nunca
La canten en tu balcón".
MILONGA SENTIMENTAL
(Milonga 1931)
Canta Carlos Gardel

Tango y milonga, una relación estrecha

Como consecuencia de un activo intercambio comercial entre La Habana y Buenos Aires y de *cierta coincidencia de ritmo* entre canciones de gaucho y habanera, un nuevo género apareció, recibiendo el nombre de milonga. Diversas clases de milongas eran cantadas por los sucesores de los primeros payadores y, presumiblemente, bailadas por los esclavos negros en ambos lados del Río de la Plata. De milonga a tango moderno había solo un trecho corto, porque tanto la milonga como el Prototango comparten la medida emblemática de 2/4 y una estructura musical muy similar. La milonga, un baile popular en la década de 1880, era una mezcla de poesía y música, producto de la influencia de los inmigrantes internos, los gauchos. La palabra milonga es un término *de origen quimbunda*, de la lengua hablada por los angoleños negros de Brasil, que significa *palabra*, según el Diccionario de Vocablos Brazileiros (Río de Janeiro, 1889).

La conquista del desierto

Un poco de historia. Alrededor de 1880, a través de la -así llamada convenientemente- Conquista del Desierto, el gobierno argentino, con la utilización del ejército, hizo posible lo imposible: el vallado de la pampa gigantesca y la subsecuente distribución de la tierra formando propiedades enormes -las estancias- para los nuevos dueños aristocráticos. También se crearon pequeñas parcelas de tierra cercadas con alambradas, para los inmigrantes europeos, que llegaban a la Argentina en grandes cantidades.

Pero las pampas tenían ya sus habitantes, los indios y *los gauchos* semi-nómadas, por unos trescientos años. Los gauchos descendían del mestizaje entre los indios aborígenes y los conquistadores españoles. Algo similar sucedió en toda las Américas, desproveyendo de las tierras a los aborígenes y entregándolos a los nuevos señores de las tierras, con la ayuda de las fuerzas militares de los gobiernos establecidos. La conquista brutal, de carácter militar, obligó a decenas de miles de indios y gauchos, con una cultura obviamente no urbana, a una forzada migración masiva interna, para llevarlos a establecerse en las zonas suburbanas más pobres de la capital, Buenos Aires, y otras ciudades en busca de trabajo y subsistencia.

La rica vida cultural de Buenos Aires

La ciudad de Buenos Aires, en medio de un enorme auge económico, en el siglo XIX, proporcionó un terreno fértil para el desarrollo de nuevos parámetros estéticos, entre otras razones por el rol de los salones en la vida cultural que habían sido relevantes incluso antes de la independencia. La actividad marítima, por su parte, promovió un intercambio frecuente de valores culturales, e incluso la vida rural contribuyó con su rica tradición de payadores. Por último, la organización política de la Argentina también tuvo gran influencia en este proceso a través del sistema educativo creado por el presidente Domingo Faustino Sarmiento, que permitió la integración cultural de hombres y mujeres de los lugares más variados y remotos del planeta.

La orilla, el arrabal, el compadrito. La adolescencia del tango

Estas zonas, en realidad ni urbanas ni de la pampa, en un proceso de una a dos generaciones, se constituyeron en *las orillas* (orilleros) y *los arrabales*. La adaptación de esta masa rural a la vida de la ciudad fue difícil, y con frecuencia vivían vidas marginales del crimen. Eventualmente, muchos devinieron en *compadritos*.

"Arrabal amargo...
Con ella a mi lado
No vi tus tristezas,
Tu barro y miserias..."
ARRABAL AMARGO (1935)
Música: Carlos Gardel
Letra: Alfredo Le Pera
Grabado por Carlos Gardel con la orquesta de Terig Tucci.
(De la película "Tango Bar", 1935).

Como ya se ha mencionado, vino así la enorme colisión social de estos tres grupos de culturas étnicas muy diferentes, indios y gauchos, por un lado, afro-rioplatenses, por otro, y los inmigrantes europeos que llegaron por millones, luchando todos por sobrevivir día a día, compitiendo por conseguir trabajo y subsistencia. Además del agravante social de que los europeos, en su gran mayoría, como se mencionó más arriba, fueron inicialmente inmigrantes de hombres solos, que dejaron a las mujeres y familias atrás, hasta consolidarse en el Nuevo Mundo. Todos estos grupos en un principio disimiles, en las generaciones siguientes serían objeto del cedazo dialéctico de la evolución social pasando a tener el denominador común de "la clase trabajadora o la clase proletaria".

Como ocurre muchas veces en el curso de la historia de los pueblos, lo inesperado ocurrió: la confluencia de muchas danzas. La compleja y no siempre pacífica relación entre los compadritos (ex gauchos) y la población afro-argentina en los suburbios de Buenos Aires dio a luz a la danza del tango (Prototango), que se inició entre otras causas como resultado de la actitud burlona -y racista también- de los compadritos frente a las danzas de los negros, pero con una diferencia importante: los negros bailaban separados y los compadritos bailaban abrazados. Diversos historiadores afirman que la palabra tango deriva del nombre (en la jerga de la gente negra) de sus lugares de bailes, conocidos como tambos y, posteriormente, tangos. Está aceptado que esta nueva coreografía, como una forma burlona, fue llevada a los burdeles por los compadritos antes que la música de tango existiera como tal.

La música fue creada para adaptarse a este baile, y no es extraño que la milonga rural y la habanera, de moda en la época, influyera. Por un simple proceso de ensayo –y, error, evolución, no revolución-, se fueron creando adaptaciones a la nueva danza. Reuniendo así la milonga rural de los gauchos, la habanera (contradanza-*country dance*) de los inmigrantes europeos y las danzas afro-rioplatenses en el crisol que fue Buenos Aires, confluyó para crear una mezcla llamada tango.

En resumen. Los tres diferentes significados del término milonga

1. Milonga campera o sureña: La canción -y danza- folclórica con líricas y melodía simple, muy popular en el período 1860 -1910, que se canta al son de la guitarra. Es una medida importante, contribución del gaucho urbano a la creación del tango.
2. El lugar: Donde se va a bailar, que puede incluir cualquiera de las tres variantes, tango vals y milonga (como baile).
3. Tango-milonga o simplemente milonga: El estilo de danza tanguera iniciado en los años 1920-1930, primero por Francisco Canaro y después por Homero Manzi y Sebastián Piana, con su famosa "Milonga sentimental" (1931), muy exitosa en su estilo musical y que abrió una nueva compuerta en la evolución del tango, en la transición del 2/4 al 4/8. Es la versión más alegre, fiestera del tango, y generalmente con un ritmo, tanto de baile como de canto, más rápido.

Nota

1 Es también la fuente musical de la comedia colombiana "Betty, la Fea" y en muchos otros países, incluyendo su adaptación en Estados Unidos "The Ugly Betty".

II
GUARDIA VIEJA (CA 1897 – 1917)
La adolescencia del tango

TANGOS PROSTIBULARIOS

El tango nace reo, picaresco y alegre...,
después se haría tristeza y nostalgia

Nota de las autoridades pertinentes:
PROHIBIDA SU LECTURA PARA MENORES DE 45 AÑOS
No apto para señoritas

"Concha sucia, concha sucia, concha sucia,
te has venido con la concha sin lavar,
melenuda, melenuda, melenuda,
esa concha que tenés sin afeitar,
esa concha tan sabrosa y picarona
que me tiene encajetado hasta el ojal".

CONCHA SUCIA
Fragmento de la letra original (1884)
Música y letra: el Negro Casimiro
"Cara Sucia" versión sanitizada bajo la dictadura militar
Por Francisco Canaro

No apto para señoritas. Recuérdelo, ¡ya se lo advertimos!

Seriamente, mucho del material en este capítulo es de carácter bastante sórdido y lenguaje muy procaz. Puede producir todavía, hoy en día, cien años más tarde, en algunos lectores, un rechazo hacia el tango mismo. Sin embargo, es bueno tener en cuenta que esto fue solo una etapa en el crecimiento del tango, no la regla general. Y como esta etapa en la historia del tango existió, no se puede ignorar. El tango sigue siendo hermoso, embrujador y poético en todas sus expresiones.

¡Alerta! La influencia "nefasta" del nuevo baile en la sociedad

Desde su baja cuna a su encumbramiento como baile rey en los salones del mundo civilizado, el tango recorrió un curioso camino de ida y vuelta entre el nuevo y el viejo continente, con una estadía decisiva y brillante en París. Antes de eso, mucho antes, iba a pasar en forma casi necesaria, dados sus orígenes, por una etapa "inmoral e indecente", que provocó inquietud y rechazo en las clases altas y en la Iglesia, preocupadas de evitar la influencia peligrosa de ese baile nuevo en la sociedad, en la familia y en el futuro de los hijos. Esta inquietud, se justificaba, por un lado, debido el estilo sensual de la pareja bailando el tango con sus cuerpos íntimamente juntos; y por otro, por la frecuente aparición de títulos y letras de carácter soez y procaz.

¿Aparece la lírica en los tangos? Todavía no, solo los títulos

Los tangos prostibularios son compuestos, en buena parte, dentro de los últimos 20 años del siglo XIX y los primeros del XX (etapa del Prototango y parte de la Guardia Vieja). Es un tango sin literatura que se baila sin ninguna explicación. Son títulos puestos en la algarabía de una noche, seguramente, de placer, de acercamiento a una mujer que ofrece el cuerpo, primero para el baile y más tarde para el acto. Reflejaban la misma alegría de los hombres que caminaban hacia el prostíbulo, expresada en música y danza, o improvisada en una letra o un título para alguna melodía. El tango daba cuenta del instante, de aquello que sucedía en el momento preciso en el lupanar, un tango hecho a la ocasión, heterónomo de una sociedad que todavía pensaba sobre las bases de un país que ya no era igual, pero que ponía en circulación un discurso de prohibición y control, que el tango vivía noche a noche en el prostíbulo.

A esta altura de la narrativa tanguera, en este libro, estamos por entrar en un horizonte más amplio, lo que podríamos llamar *la otra mitad* de ese fenómeno maravilloso que es el tango. No hay suficiente hipérbole para describirla. Me refiero a la increíble riqueza humana, afectiva, de la lírica del tango, a lo que va a devenir en el tango canción.

Pero primero volvamos al comienzo, cuando la lírica del tango toma una dirección de acuerdo a las condiciones y cultura de las orillas y arrabales. O sea, antes que los letrados poetas del tango, léase clase media, aparecieran en escena.

Es lo que se ha dado en llamar los *tangos prostibularios*. Esta adjetivación proviene exclusivamente de los títulos de esos tangos ya que la gran mayoría carecían de versos. Reiteramos, el tango canción no aparece hasta dos o tres décadas más tarde, en 1917, con Carlos Gardel. Además, algunos de los títulos eran más bien polcas, mazurcas, música de zarzuelas y otros ritmos anteriores al tango.

En los primeros tiempos (ca 1880-1900), cuando el tango comienza a convertirse en canción, las escasas letras que acompañan la música son, en su mayoría, obscenas y sus títulos dejan lugar a pocas dudas: "Dos sin sacarla", "Qué polvo con tanto viento", "Con qué tropieza que no dentra", "Siete pulgadas", o incluso el consagrado y mundialmente famoso "El choclo". Los primeros tangos, muy improvisados, *no tenían realmente letras* y eran bastante obscenos en sus títulos. Los títulos, o parte de ellos, como pueden leer, en general eran de doble sentido o con alusiones picarescas o referidos a partes del cuerpo humano o utilizando palabras vulgares o referidos a la copulación. Ya no es solo el tango y su música y menos su letra ausente, es más bien el nombre mismo del tema, *los títulos procaces*. Los autores, como ya se ha dicho, eran gente modesta, más bien pobres, de estratos sociales bajos y sin educación formal, que con frecuencia no sabían leer ni escribir. Durante este período muy temprano, se nota *una viveza, un fuego, una espontaneidad* en el tango. El tango era reo (pertenece al pueblo, es popular).

Los primeros tangos, puramente instrumentales

Los primeros tangos fueron, en su gran mayoría, instrumentales, sin voces, sin cantantes, sin lírica. Pero ostentaban títulos que reflejaban el lugar y los hechos que le dieron inspiración. Reflejaban la vida diaria del Buenos Aires de la época (ca 1860-1900), las condiciones miserables de vida, los trabajos duros y de mala paga y la nostalgia del inmigrante, pero también representaban la parte más entretenida del medio ambiente de aquel entonces, incluyendo los lupanares y su vida pecaminosa, lugares imprescindibles para aquella masa de hombres solos, recién emigrados. Son innumerables los títulos procaces que responden a esta pseudo clasificación, los que se mencionan a continuación son algunos de ellos. Estos tangos eran para piano, generalmente sin letras, o se trataba de partituras con títulos "pícaros", con "doble sentido", o incluso un poquito procaces referidos a veces al acto sexual, a partes del cuerpo masculino o femenino, pero en mayor o menor medida divertidos. Era el tango reo, picaresco, entretenido. Algunos ejemplos: "La clavada", "La franela", "Siete pulgadas", "Cachucha pelada", "La concha de la lora", "El fierrazo", "Dos sin sacar", "Sacudime la persiana", "¡Qué polvo con tanto viento!" y "El choclo".

A partir de los años treinta los gobiernos militares prohibieron las letras y títulos con alusiones procaces, por lo que la mayoría de ellos desaparecieron, mientras que otros fueron reescritos, como el famoso "Concha sucia", que fue reescrito por Francisco Canaro como "Cara sucia".

Los títulos procaces y alguna lírica ocasional también obscena

El tango nació alegre. Muchas letras resaltaban el amor y la picardía, mezclados con la burla, lo grotesco, la sátira y la ironía.

Los títulos procaces y alguna lírica ocasional, también obscena, no fueron exclusivos del tango, se encontraban en el ambiente y existían en los otros bailes, además del tango. Esos mismos títulos antes los habían tenido polcas y corridos, y las letras, cuando las tenían, se iban repitiendo, pasando de un ritmo a otro.

A los tangos prostibularios se los llama de esta manera no solo por tener un origen prostibulario, sino que además por tener títulos de ¨doble sentido¨, con palabras usadas en las casas de alegría en la época en que surgió el tango.

Controversia: ¿El tango nació en los prostíbulos? ¡No!

Es muy común escuchar y leer que el tango tiene un origen prostibulario. Nada más absurdo e incorrecto. En los lupanares no había músicos. Solo en algunos lugares de provincia había locales que, con la apariencia de ser lugares de baile, brindaban el doble servicio, y allí no solo se tocaban tangos, también polcas, milongas, cifras, valses y todo ritmo que animara el ambiente. En Buenos Aires la locación era muy cara, mucha la demanda, por lo que no se justificaba la pérdida de plata y tiempo. La confusión obedece a varios motivos. Acudían compadritos y chicas de vida fácil a casas de baile y academias, que no contaban con buena reputación, pero esto no convierte a esos lugares en prostíbulos ni nada que se le parezca. Además, allí no solo se bailaban tangos.

Por otra parte, había academias prestigiosas donde acudía la elite de Buenos Aires y el tango reinaba entre las danzas, no necesariamente lugares de prostitución. Los que repiten esta versión se basan en los títulos procaces y de doble sentido que tenían algunos tangos primitivos. Esos mismos títulos antes los habían tenido polcas y corridos, y las letras, cuando las tenían, se iban repitiendo, pasando de un ritmo a otro. Otra inexactitud es la que habla del tango prohibido, del tango rechazado por las capas altas de la sociedad. Pero no siempre fue así. Hubo excepciones. En el año 1902 y en los sucesivos, el Teatro Ópera organizó bailes con tangos. Este lugar, de cierta categoría social, no era una localidad donde asistieran precisamente los trabajadores o la gente del arrabal.

Además, con el avance tecnológico apareció la industria discográfica y con ella un enorme desarrollo de la música, en particular del tango. Un disco valía entre dos pesos con cincuenta centavos y cinco pesos. El gramófono entre 150 y 300 pesos. Las partituras entre uno y tres pesos. ¿Quiénes eran los posibles consumidores? Sin duda la gente pudiente que, además, del aparato que reproducía el disco, tenía piano en su casa para poder ejecutar las partituras. El salario de un vigilante de ese tiempo era de sesenta pesos, lo cual lo hacía prohibitivo para esos lujos del tango. Además, para ese asalariado era más natural ir a bailarlo en su propio barrio, el arrabal.

"Sin lata no hay culata
basta ya de serenata
sin lata no doy el tajo
que yo trabajo a destajo.

Sin lata te vas ahora
no entrás en esta lora
no enterrás la batata
y queda adentro tu nata"
DAME LA LATA
Milonga candombera en lunfardo (1883)

TÉRMINOS LUNFARDOS EN EL ORDEN MENCIONADO:

Lata: Las fichas de latón con el número de turno que daban a los clientes en espera en el prostíbulo.

Culata: Aquí se refiere a la parte de atrás del cuerpo; también a guardaespaldas y al bolsillo posterior del pantalón.

Tajo: Vagina.

Lora: Era la forma de llamar a las prostitutas gringas que en general eran europeas.

Batata: Aquí se refiere al genital masculino; tipo de trompo, también llamado pepino.

Nata: Aquí se refiere al semen.

EL ORIGEN MALDITO DEL TANGO, "EL REPTIL DE LUPANAR"

"La Argentina pedagógica del 1880 se tuerce: la sífilis es epidemia y un ejército de meretrices y rufianes cuelga sexo a ritmo sostenido", dice el profesor de filosofía y músico Gustavo Varela en el artículo "El origen maldito del tango", publicado en la revista *Nómada* (2007).

Lejos de la melancolía y la tristeza (de la Guardia Nueva y posterior), el tango nació en los arrabales prostibularios de la mano de la fiesta del baile, la algarabía sexual y el desenfado de sus compositores. Un fortuito pero fatal cruce de culturas acaecido en el Buenos Aires de fines del siglo XIX forjó un género infame, lascivo y bastardo que con los años fue modificando ("adecentando" por los poetas cultos, de clase media) su esencia hasta perder prácticamente toda huella de sus primeros pasos.

"Los primeros títulos son dobles, dice el antropólogo alemán Robert Lehmann Nitsche (1872-1938) en *Textos eróticos del Río de la Plata* (1923), humor y sexo, risa y cierto pudor público. Nada de traición ni de reproche: "Afeitate el siete que el ocho es fiesta", "Dos sin sacarla", "Va Celina en punta", "Aura que ronca la vieja"; un verdadero escándalo para la sociedad victoriana que insiste, que no tolera el fermento del tango y lo prohíbe, lo oculta, lo ve como una música infame". Incluso hoy no son títulos de canciones que se encuentren con frecuencia. La presión moral de la clase media sigue teniendo fuerza.

En aquella época el tango era "*el reptil de lupanar*", como lo llamó el poeta y ensayista argentino Leopoldo Lugones (1874-1938). Una música lasciva con sensualidad de suburbio.

"¿Suburbio?" -se pregunta Lehmann Nitsche-: Arrabal prostibulario, habitado por patotas de niños bien y por músicos inmigrantes que improvisan para que aquellos bailen con las mujeres extranjeras (prostitutas) que desafían en cuartetas la moral imperante:

De cantores como vos tengo un aposento lleno,
con el culo para arriba me sirven de candelero,
con el culo para abajo me sirven para un carajo.

Y concluye Lehmann Nitsche: "Son versos de prostíbulo, dichos por ella a él, como en una payada, improvisados, provocativos. No hay lamento ni un alma que sufre".

Es interesante luego observar que, aunque las letras cambiaron, "se adecentaron" desde la Guardia Nueva en adelante:

"Todavía hoy -sostiene Varela- a pesar de la llanura moralizante que tiene el baile, tan diferente al del origen, a pesar de ser liso y sin cortes, la danza exuda sexo. Son las secuelas de la infección prostibularia, la fiebre puerperal con la que se contagió el tango en su parto. Por eso nunca fue un baile entre hombres sino un ritual de amantes, que los hombres practicaban entre sí para ser aún más diestros y llevarse consigo a la mejor presa del prostíbulo".

Este es el origen del tango.

Villoldo *el padre del tango*[1]

El eximio y popular músico y poeta, Ángel Gregorio Villoldo, nacido en el barrio de Barracas, en el sur de Buenos Aires, el 16 de febrero de 1861, es uno de los pioneros del tango. De hecho, ostenta el título de *Padre del tango*, honor tal vez un poco exagerado, porque fueron muchos los autores que participaron en las circunstancias que originaron esta música. Enormemente prolífico, compositor, músico, cantor, actor, fue de los primerísimos en llevar el tango a París. Poseía una personalidad fascinante y pintoresca. Su gravitación en el tango fue tan importante en sus inicios y desarrollo que lo hizo merecedor del apelativo que ya mencionamos. Fue, además, un gran transformador de tanguillos españoles, cuplés y habaneras, ritmos a los que dio el sonido característico del Río de la Plata.

De pluma fácil, Villoldo escribió versos para comparsas carnavalescas y numerosos poemas y prosas para famosas revistas de la época como *Caras y caretas*, *Fray Mocho* y *P.B.T.* Fue, también, el creador de la versión original del famoso tango "El choclo" y de "Matufias", este último debería ser considerado el antecesor del popular y famoso "Cambalache", de Discépolo, escrito 30 años después. Escribió muchos de los tangos prostibularios que conocemos, y que eran muy comunes en esa época (antes de la aparición del tango argumentado de Pascual Contursi, el tango canción en 1917).

En toda su obra estaba presente la picardía. Sus diálogos estaban pensados en boca del hombre común, y siempre referidos a situaciones reales del inquilinato, del barrio y muchas veces a cuestiones amorosas que retrataban la forma de hablar y comportarse del estrato social más bajo de la sociedad porteña. Su chispa, su fácil verba, le sirvió para entreverarse con payadores y para brindar actuaciones poco académicas y algunas veces decididamente procaces.

En esa línea, grabó en 1907 una milonga que ya había cantado infinidad de veces en las casas de tolerancia de la calle Junín, según él mismo cuenta en su libro *La historia de Baldomero*, publicado en 1906: ¡*No apropiado para señoritas*!

"Él no ha perdonado putas, ya sean malas, ya sean buenas,
rubias, blancas y morenas, a todas las ha manyado;
el culo le ha desvirgado una noche a su comadre,
cogió a la hermana y al padre y en el colmo del placer,
no teniendo a quien joder, un día se cogió a su madre".

Después vendrían piezas memorables como "La morocha", "El esquinazo", "Yunta brava", "Petit salón", "Cuidado con los cincuenta", "El presumido", "El porteñito" y los ya mencionados "El choclo" y "Matufias", que lo harían inmensamente popular. Sin embargo, Villoldo murió en la miseria el 14 de octubre de 1919, atropellado por un tranvía[2].

ALGUNOS TANGOS PROSTIBULARIOS[3]

Lo que sigue es una lista que incluye 51 de aquellos tangos que se han rescatado del olvido. Es curioso observar, además, que estos tangos llevan poco lunfardo en sus líricas. Paradojalmente, parece como si el lunfardo hubiese sido agregado a las letras del tango más tarde, y con mucha más profusión, por los poetas de la clase media ilustrada.

Aquellos que están en itálicas/negrillas tienen lírica, algunos también llevan una explicación del lenguaje lunfardo, cocoliche y otros modismos. El resto tienen solo esos títulos picarescos, o incluso soeces, pero no letra propiamente tal. Muchos no tienen autor conocido, pues, como ya se ha mencionado, era una etapa en que los derechos de autor no existían.

Títulos en orden alfabético:

- Afeitáte el 7 que el 8 es fiesta (Antonio Lagomarsino)
- ¡Al palo! (Eduardo Bolter Bulterini)
- Bartolo o La flauta de Bartolo (Milonga)
- Colgate del aeroplano
- Concha Sucia (2 versiones, la segunda "adecentada" se la llamó "Cara sucia")

Portada de la partitura de "Cara sucia", tango compuesto por Casimiro Alcorta, con arreglos de Francisco Canaro en 1916.

Portada de la partitura del tango "Empujá que se va a abrir", de Vicente La Salvia.

- *Dame La Lata*
- Date vuelta (Emilio Sassenus)
- De quién es eso (Ernesto Ponzio)
- Dejalo (a) Morir Adentro (José Di Clemente)
- ¿Dóve Topa Que Non Dentra? (¿Dónde topa que no dentra? de Alfredo Gobbi, padre)
- Dos sin sacar
- El choclo (Ángel Villoldo)
- El fierrazo (Carlos Hernani Macchi)

Portada de la partitura de "La cara de la luna", publicada en 1901.

Portada de la partitura del tango "¿De quién es eso?", de Ernesto Ponzio.

- El matambre (J. B. Massa)
- El movimiento continuo (Oscar Barabino)
- El tercero (A. L. Fistolera Mallié)
- El 69
- Empujá que se va a abrir (Vicente La Salvia)
- *En el nombre del pene*
- Hacele el rulo a la vieja (Ernesto Zoboli)
- La c... ara de la l...una "la concha de la lora (Manuel Campoamor)
- *La costurerita que dio el buen paso*
- La Mal Cogida, parafraseando La mal querida
- *La mina del Ford*
- Lavalle y Ombú (Héctor G. Ventramile)
- *Me gusta ser puta*
- Metéle bomba al Primus (José Arturo Severino)
- *Milonguita (Esthercita)*
- Pan dulce (Oscar J. Rossi)
- Papas calientes (Eduardo Arolas)
- Patotero Sentimental
- Polvo De Garrón
- Qué polvo con tanto viento (Pedro M. Quijano)
- *Quilombo mistongo*
- Sacale punta
- Sacudime la persiana (Vicente Loduca)
- Se te paró el motor (Rómulo Pane)
- Siete pulgadas

Portada de la partitura del tango "¿Ya te viniste?", de Ernesto Zambonini.

- *Sin victoria quiero la noria*
- *Tangorrea (2 versiones muy parecidas)*
- Tocáme la Carolina (Bernardino Terés)
- Tocalo más fuerte (Pancho Nicolín)
- Tocálo que me gusta (Alberto Mazzoni)
- Tocámelo que me gusta (Prudencio Muñoz)
- Tomame el pulso (Pedro Festa)
- Tres al hilo
- Va Celina en la punta (Vaselina en punta)
- Viejo, encendé el calentador (J. L. Bandami)
- *Ya te viniste (Con el funge dominguero)*
- *Yo soy Jacobo (Ij Bin Jacobo). En Yiddish*[4]
- *Yo soy la francesa*
- *Yo soy la polaca*

Algunas notas explicativas

Afeitate el 7 que el 8 es fiesta (de Antonio Lagomarsino). Durante esos años los tangos se publicaban como partituras para piano (en esa época, en Argentina y Uruguay, muchas casas de clase media tenían un piano); en la carátula podía verse un almanaque en el que caía la hoja del día siete y se dejaba ver la del ocho. Pero en lunfardo "siete" era el nombre del ano; y "hacerle el siete" a alguien era penetrarlo(a) analmente.

Portada de la partitura del tango "Afeitáte el 7 que el 8 es fiesta", de Antonio Lagomarsino.

¡Al palo! (de Eduardo Bolter Bulterini). "Estar al palo" significa experimentar una erección.

Concha sucia ("Concha sucia, te viniste con la concha sin lavar"), de Casimiro Alcorta (el Negro Casimiro), violinista de raza negra, un músico olvidado, que murió en la miseria. En la época de la dictadura se cambió por "Cara sucia".

La c...ara de la l...una (de Manuel Campoamor). En la portada aparecía un dibujo de la Luna. Pero se sobreentendía que se refería a "*la concha de la lora*" (una usadísima interjección vulgar de enojo o contrariedad, que se basa en una etimología completamente olvidada en Argentina. A las prostitutas europeas se les decía *loras*). Este fue un tango muy conocido en aquella época. Según cuenta la leyenda, la frase real nació del ingenio de una esposa enfadada. Enojada con su marido, le negó sus partes íntimas y le dijo: "Si querés tener sexo, *andá a la Con... de la lora*". "Lora", era la forma de llamar en lunfardo a las prostitutas gringas que en general eran europeas. O sea, en casa no iba a tener satisfacción alguna y tendría que conformarse con una chica por hora. A partir de allí, el uso de la frase tomó vida propia y sería asimilada por los porteños, para denotar frustración o enojo. Otra versión dice que su autor Manuel Campoamor la llamó originalmente "La Cara de la Luna", y fue estrenado en la casita de María la Vasca en 1901, cuando aún no tenía título. Cuando terminó se acercó un milonguero y le preguntó, "maestro, cómo se titula el tango", justo en ese momento se enganchó una uña con una tecla rota y la rompió, exclamando: "*la c... de la lora*". Luego al publicarlo tomó el título que le conocemos.

Bartolo (o La flauta de Bartolo, milonga). Es curioso el destino del tango "Bartolo", que con el tiempo se convirtió en *ronda infantil* y que preocupaba a los padres de familia que conocían el origen de la reiterada copla sobre la masturbación.

"Bartolo tenía una flauta
con un agujerito solo,
y su mamá le decía:
"Dejá la flauta, Bartolo!"

Bartolo quería casarse
para gozar de mil placeres.
Y entre quinientas mujeres
ninguna buena encontró.

Pues siendo muy exigente
no halló mujer a su gusto,
y por evitar disgustos
Solterito se quedó".

Dame la lata. Hace referencia a las fichas de latón con el número de turno que daban a los clientes en espera, en los antiguos kekos o quilombos (burdeles situados al lado de los cuarteles).

Dos sin sacarla. Se refiere a dos orgasmos masculinos consecutivos.

¿Dónde topa que no dentra? (de Alfredo Gobbi, padre): "¿Con qué tropieza que no entra?".

El fierrazo (de Carlos Hernani Macchi). Se refiere al acto sexual. Dice parte de la letra:

"Por salir con una piba
que era muy dicharachera,
me han quedado las orejas
como flor de regadera"

El verso original de la copla popular decía:

"Por metérsela a una mina
muy estrecha de cadera
la poronga me quedó
como flor de regadera"

El choclo. El tango más famoso que existe (junto con "La cumparsita"), y que pertenece a Ángel Villoldo[5]. Choclo es el nombre de la mazorca de maíz, pero que en lunfardo significa pene, por su forma fálica. Algunos autores dicen que originalmente se llamaba más explícitamente "El choto", que alude, por similitud sonora, al chocho como le dicen en España, y por sus barbas de hilos finos a lo mismo... (Error, el chocho, a pesar de su sonoridad masculina alude al órgano sexual femenino en España, que en Uruguay y Argentina vulgarmente se denomina "concha" o "cotorra", además de muchas otras denominaciones).

The score´s title of El Choclo, one of the most popular tangos.

El 69. El 69 es la posición en que el hombre y la mujer practican el sexo oral al mismo tiempo, es fácil ver la relación entre tal posición y el grafismo del número 69.

Hacele el rulo a la vieja (de Ernesto Zóboli, 1905). "Hacer el culo a una persona", quiere decir penetrarla analmente.

Metele bomba al primus (José Arturo Severino). Primus era la marca registrada de un calentador a gas de kerosén, que requería ser bombeado.

Portada de la partitura del tango "Hacéle el rulo a la vieja", de Ernesto Zoboli.

¡Qué polvo con tanto viento! (de Pedro M. Quijano, c. 1890). "Echarse un polvo" en lunfardo significa tener una relación sexual.

Portada de la partitura del tango "Que polvo con tanto viento", de Pedro M. Quijano.

Sacudime la persiana (de Vicente Loduca). Una manera de pedir a la empleada doméstica que limpiara las ventanas, pero "sacudir" contiene también, en este caso, una insinuación erótica.

Portada la partitura del tango "Sacudíme la persiana", de Vicente Loduca.

Siete pulgadas. Refiere al orgullo de poseer un pene de 17,8 cm.

Tocame "La Carolina" (de Bernardino Terés). El dibujo representa una pareja sentada en el sillón. Al lado, un piano. En el atril una partitura titulada La Carolina. El hombre le está diciendo algo a la dama. La duda es si le está diciendo: "Tocámela, Carolina".

Portada de la partitura del tango "´Tocámela Carolina", de Bernardino Terés.

Tocámelo que me gusta (de Prudencio Muñoz):

> *"Con tus malas purgaciones*
> *me llenastes un barril.*
> *Y me tuviste en la cama*
> *febrero, marzo y abril"*

Va Celina en la punta. En la portada de la partitura se veía una yegua (de nombre Celina), ganando una carrera en el hipódromo. Pero "Va Celina" se puede leer como vaselina, un antiguo y popular lubricante sexual.

TÉRMINOS DEL LUNFARDO MENCIONADOS EN ESTA SECCIÓN:

Afeitate el 7 que el 8 es fiesta: 'Siete' era el nombre del ano; y 'hacerle el siete' a la querida era penetrarla analmente.

¡Al palo!: 'Estar al palo' significa 'experimentar una erección'.

La flauta de Bartolo: El pene de Bartolo, con un agujerito solo.

Concha sucia, te viniste con la concha sin lavar: El órgano sexual femenino, la vulva y/o la vagina.

La poronga me quedó: Como me quedó el pene.

Lata: Referencia a las fichas de latón con el número de turno que daban a los clientes en espera, en los antiguos kekos o quilombos, burdeles situados al lado de los cuarteles.

Lora: Era la forma de llamar a las prostitutas gringas que en general eran europeas.

Date vuelta: Boca abajo, para penetrar analmente.

Dejalo (a) Morir Adentro: Que acabe, pero que no lo saque todavía, le sigue dando placer a la mujer sin sacarlo.

¿Dóve Topa Que Non Dentra?/¿Dónde topa que no dentra?: Le cuesta penetrar por la vagina o el ano.

Dos sin sacar: La capacidad del hombre de terminar dos veces sin interrupciones.

El choclo: La mazorca de maíz, pero que en lunfardo significa 'pene'.

El fierrazo: Refiriéndose al acto sexual.

El funge dominguero: El sombrero dominguero.

Matambre: Fiambre, muerto.

El movimiento continuo: Mete y saca, repetidamente.

Portada de la partitura del tango "Tocámelo que me gusta", de Prudencio Muñoz.

Portada de la partitura del tango "´Papas calientes", de Eduardo Arolas.

Hacele el rulo a la vieja: "Hacer el culo a una persona" quiere decir 'penetrarla analmente'.

La c...ara de la l...una: La cara de la luna, se refería a "la concha de la lora", una usadísima interjección vulgar de enojo o contrariedad.

La Mal Cogida: Una amante, o una prostituta, aquí imitando la letra de "La Morocha", y parafraseando el título de la novela original de Jacinto Benavente *La Malquerida*, 1913.

Metéle bomba al Primus: Primus era la marca registrada de un calentador a gas de kerosén, que requería ser bombeado.

Pan dulce: Culo bien proporcionado de mujer (en desuso).

Papa / Papita: Mujer joven y hermosa / Óptimo, bueno.

Papas calientes: Mujeres hermosas y excitadas.

Patotero Sentimental: Pandilla de jóvenes a veces provocadores y agresivos.

Polvo: Echarse un polvo en lunfardo significa tener una relación sexual. Sinónimo: Fierro.

Polvo De Garrón: Consecuencia funesta. Garronear, pedir, demandar.

Quilombo mistongo: Prostíbulo pobre.

Notas

1 Mayr, Guillermo. "El tango guarango de Ángel Villoldo". *El Jinete insomne*. Extraído y adaptado de: http://eljineteinsomne2.blogspot.com/2008/02/el-tango-guarango-de-angel-villoldo.html

2 ¿Hay algo fatídico en el tango y sus creadores? Entre otros, 16 años después, en 1935, moriría Carlos Gardel en un accidente de avión, y en 1964 Julio Sosa fallece en un accidente automovilístico.

3 Droznes, Lázaro. "Tangos prostibularios" (Editorial Unitexto Digital Publishing). Extraído en parte y adaptado.

4 *Yiddish* es el dialecto/idioma de los judíos ashkenazis, emigrados de Europa Oriental, derivado principalmente del alemán en la edad media.

5 En los últimos años, Hollywood se enamoró del hermoso tango de Gardel y Le Pera, "Por una cabeza", incluyéndolo en casi todas las películas que mencionen el tango, por lo que ahora también compite en popularidad con los dos clásicos, "El choclo" y "La cumparsita".

A continuación, en el próximo capítulo -y pasando a un tema más apropiado- visitaremos un crucial período en la historia del tango, que más tarde se daría en llamar la Guardia Vieja (ca 1897 a 1917). Desde el punto de vista social, el tango de la Guardia Vieja es, durante mucho tiempo, patrimonio exclusivo de los grupos marginales de la ciudad.

"Se debe a la Guardia Vieja, asimismo, el gran apogeo internacional -en París en particular- del tango producido poco después de 1910, y que fue lo que determinó su aceptación". (Horacio Ferrer)

LA GUARDIA VIEJA:
UN ORIGEN HUMILDE, “FLOR DE FANGO”

“De un grano nace la planta
Que más tarde nos da el choclo,
Por eso de la garganta
Dijo que estaba bichoco.
Y yo como no soy otro
Más que un tanguero de fama,
Murmuro con alborozo
Está muy de la banana”.

EL CHOCLO
(Versión I, versión original)
(1903) (¿ó 1898?)
Letra y música: Ángel Villoldo
Grabado por Ángel Villoldo acompañándose en guitarra (1909)

Preguntas y satisfacciones

¿Cuál fue el país, Argentina o Uruguay, más importante en la historia del tango?

Respuesta breve

Los dos países han contribuido en una medida significativa, en particular en las primeras etapas del tango. Más tarde, Argentina, siendo un país bastante más grande en población, tuvo un número mucho mayor de músicos, poetas y cantantes, que compusieron muchos más tangos famosos. En todo caso, este libro no pretende alimentar o perpetuar una discusión estéril en ese sentido. Esto también incluye el mito del nacimiento de Gardel, si en Uruguay o en Argentina, lo cual, finalmente, parece haberse resuelto con la versión más aceptada, hoy en día, de que nació en Francia.

Así pues, no es Uruguay v/s Argentina, sino más bien Uruguay y Argentina, cada uno en su capacidad, pero conjuntamente, los que crearon esa maravilla que es el tango. Entonces, a través del texto, cuando se menciona con frecuencia solo que “Argentina hizo esto o aquello”, debe leerse más bien como “Argentina y Uruguay”[1].

1897, período de la Guardia Vieja. El tango tiene un origen humilde

Los estudiosos establecen 1897, cuando se publicó el tango "El Entrerriano", originalmente sin letra, de Rosendo Mendizábal (afro-argentino, 1868-1913), como el comienzo del período llamado Guarda Vieja. Mendizábal se encontraba amenizando las veladas de la casita de María Rangolla, La Vasca (otros dicen que fue en lo de Laura la Morocha). Eran días duros; la mayor parte de las ganancias de los músicos provenía de las generosas propinas, aunque para ello hubiera que dedicar alguna composición al oportuno donante.[2]

Compadrito bailando tango canyengue en la calle (1907). Foto publicada en la revista *Caras y Caretas* en 1907. Reproducida en el libro *El Compadrito: Su destino*, varios autores, editorial Emecé, Buenos Aires, 1945. El compadrito fue pieza clave en la creación del tango. Continuador en la vida urbana, del lugar del gaucho en la vida rural, fue protagonista en las academias y milongas de la coreografía tanguera, a la que le transmitió sus propios modos de moverse y caminar.

El tango reo y alegre en su origen. Prototango y Guardia Vieja

El tango reo, popular, del bajo pueblo, de los barrios de pobreza y miseria, del mundo carcelario, de la calle, del arrabal, el tango alegre, tiene su raíz en el suburbio; surge en los barrios que rodean a las ciudades rioplatenses, a la periferia de la gran urbe, *las orillas*. Para el tango esos arrabales, y su dinámica de vida propia, son la musa inspiradora. Y sus hombres y mujeres son los protagonistas de las historias *reas* que dieron origen a memorables piezas musicales. El tango es "reo" porque el lunfardo "es reo", es decir se trata de un estilo musical construido sobre el habla popular. El lunfardo es el habla del suburbio, la voz del arrabal. El arrabal y el centro son polos opuestos que, a veces, se encuentran, desencuentran, aman y odian, como en una historia de amor. El tango, como lo conocemos hoy, solo más tarde se hizo melancólico, nostálgico y triste, con la llegada del inmigrante europeo, ya entrando la Guardia Nueva.

Músicos callejeros, iletrados

En la época de gestación y desarrollo de los elementos sociales y musicales que definieron el tango, como se relata en otra sección, los intérpretes eran en su mayoría músicos callejeros, iletrados, incapaces de leer una partitura. El tango era interpretado "a la parrilla" ("de oído", sin partituras ni arreglos musicales). Con frecuencia improvisaban y lo hacían muy bien. Eran excelentes intérpretes, entusiastas, apasionados y en muchos casos también compositores, de música no de letras, eso vendría en la siguiente etapa del tango. Formaban un trío, al comienzo de arpa, violín, flauta, luego guitarra, violín y flauta y finalmente piano, violín y bandoneón. El modo interpretativo era la improvisación, sin solistas. Tocaban donde eran requeridos, en general por una clientela de trabajadores pobres: en las calles, en las esquinas y en los patios de los conventillos. Se iban desplazando de barrio en barrio, por los arrabales, por las orillas. Tocaban en reuniones familiares y del vecindario. Más tarde lo hicieron en lugares cerrados, quilombos, enramadas y prostíbulos. El tango de la Guardia Vieja es durante mucho tiempo, patrimonio exclusivo de los grupos marginales de la ciudad. Como ya lo expresamos más arriba, si se quería ver y escuchar tango, y aprenderlo a bailar, no había otra alternativa que "ensuciarse las manos" e ir a los nefastos arrabales.

"Sos barrio del gotán y la pebeta,
el corazón del arrabal porteño,
cuna del malandrín y del poeta,
rincón cordial,
la capital
del arrabal.

Yo me hice allí de corazón malevo
porque enterré mi juventud inquieta
junto al umbral en el que la pebeta
ya no me espera
pa' chamuyar".
BOEDO (Tango, 1927)
Música: Julio De Caro
Letra: Dante A. Linyera

Autoría en la música y letra de los tangos[3]

Al inicio de la Guardia Vieja, algunos autores empiezan a firmar sus composiciones. Entre ellos los ya mencionados Rosendo Mendizábal, autor del clásico "El Entrerriano" (1897) y Ángel Villoldo, llamado "el papá del tango criollo", quien es nada menos que el creador, entre muchas otras piezas, del tango más famoso y más conocido internacionalmente, "El choclo" (1903). También lo hizo Campoamor, Roncallo y Bevilacqua, autor este último del único tango tocado a cuatro manos: "Minguito", tango sin letra.

Desafortunadamente -como parodiando un tango- el destino de varios de estos precursores no fue, ciertamente feliz. Rosendo Mendizábal, que fuera pianista en la concurrida "Casa de Laura", murió paralítico y ciego en 1913. Y el autor de "El choclo", Ángel Villoldo, el padre del tango, falleció pobre y abandonado en 1919; no conoció las riquezas que su obra habría de producir a lo largo del tiempo. La incorporación de la autoría en la música de los tangos, ahora difundidos en los ámbitos "ultra-orillas", vino mucho después.

Los cambios en la composición instrumental de los conjuntos

En los inicios del siglo XX surgen sustanciales modificaciones en la composición instrumental de los conjuntos: La *guitarra* termina de sustituir al *arpa,* y el *acordeón* -más preciso y frío- es reemplazado por el *bandoneón*, que aporta la definitiva sonoridad de lamento que tiene el tango.

El bandoneón se instaló en el pentagrama porteño, en gloria y majestad. Excelentes ejecutantes de este instrumento se consagraron con el paso de los años, verdaderos maestros compartirían su rica expresividad musical. Por lo mismo se recuerda que: "Si bien se fabricaba en Alemania, entró en España, Francia, Grecia y Japón con patente argentina".

Composición y compositores de la Guardia Vieja

Aparecen primitivos tangos criollos que tienen un tema, dos partes y más adelante hasta tres como norma, pero luego se volverá a las dos partes al incorporarse la letra. En muchas composiciones de la Guardia Vieja se retoman algunas composiciones más antiguas, incorporándoles pequeñas modificaciones. Los autores originales con frecuencia quedaron en el anonimato, y muchas de estas composiciones adquirieron nueva autoría.

Así tenemos temas anónimos:

- "El talar" (1884)
- "Dame la lata" (1888)
- "Don Juan" (1888)

- "Cara sucia"
- "Señor Comisario"
- "El llorón"
- "Ataniche"
- "La payanca" y muchos otros.

AQUÍ CON AUTORES CONOCIDOS:

- *El choclo* (Villoldo).
- *El entrerriano* (1897), de Rosendo Mendizábal. Es el primer tango publicado y se le considera como el inicio de la Guardia Vieja.
- Ojos negros (Greco/Porteño).
- *La Cumparsita* (Matos Rodríguez).
- La cachila (Arolas).
- La maleva (Buglione/Pardo).
- *Mi noche triste* (Castriota/Contursi).
- Sentimiento gaucho (Canaro/Caruso).
- Nunca tuvo novio (Bardi/Cadícamo).
- Entre sueños (Aieta/Polito/García Giménez).
- Quejas de bandoneón (de Dios Filiberto).
- Alma de bohemio (Caruso/Firpo).
- A media luz (Donato/Lenzi).

COMPOSITORES DE LA GUARDIA VIEJA

Podrían citarse más de una veintena de compositores de las primeras décadas del siglo. Entre los más conocidos están:

- Rosendo Mendizábal (afro-argentino, 1868-1913 / El Entrerriano)
- Manuel Campoamor (La cara de la luna o La C... de la lora)
- Ángel Villoldo (El esquinazo, El choclo, El Porteñito)
- Vicente Greco (El flete, Rodríguez Peña, Ojos negros)
- Roberto Firpo (Homero, De mi flor, Sentimiento criollo)
- Juan Maglio (Sábado inglés, Armenonville, El tío soltero)
- Gerardo Matos Rodríguez (Raspail, La cumparsita, Nacional for ever)
- Enrique Saborido (La morocha, Felicia)
- Bevilacqua (Independencia, Emancipación)
- José Luis Roncallo (La cachiporra)
- Domingo Santa Cruz (Unión Cívica)
- Juan Bergamino (Joaquina).
- Juan Carlos Bazán (La chiflada)

Desde 1911 se desarrolla una nueva generación de compositores, cuyas obras presentan elementos e influencias de aires camperos de extracción criolla. Entre ellos, Agustín Bardi, José Martínez y Francisco Canaro, utilizando ideas románticas que luego plasmarían en el llamado *tango romanza*, autores como Francisco De Caro, Lucio Demare y otros.

Por ese entonces lo que, en un principio, fue "un simple silbido callejero", al decir de Horacio Ferrer, una incipiente y estrecha senda musical, es ya una ancha avenida sonora en la que confluyen, en constante interacción, compositores, letristas, directores, intérpretes musicales, cantantes y más adelante arregladores.

El modesto organito

Interesante tener en cuenta que antes que la tecnología del gramófono y la radio fueran los principales y revolucionarios medios de difusión del tango, el modesto *organito* fue el primer difusor de música de tango, ya fuere en los patios, en la calle, en los barrios populares o en los prostíbulos, y en ocasiones, como se ha mencionado, incluso como reemplazo de los conjuntos estables cuando estos no podían actuar.

El tango se hace profesional, viaja a Europa y se salta el centro de Buenos Aires

En medio de condiciones limitadas, primitivas de los intérpretes, surgieron como un grupo inesperado, un milagro del tango, figuras excepcionales, entre estos algunos músicos ya mencionados de la Guardia Vieja: Francisco Canaro (violín), Roberto Firpo (piano), Vicente Greco (bandoneón), Samuel Castriota (piano), Eduardo Arolas (bandoneón) y Ángel Villoldo (poeta, músico y cantor), entre otros. Estas son las figuras que debiéramos decir que hicieron crecer el tango como género musical bailable, dándole la madurez al tango rioplatense.

Asimismo, fueron varios de estos maestros los que, en un salto totalmente inesperado, recogen el tango desde del arrabal y la orilla, pasando por las academias y bares sin esperar que sea reconocido y aceptado por las clases media y alta de Buenos Aires, saltan y llegan a Europa en la década de 1910 (antes de la Gran Guerra Europea), para sorpresa de muchos rioplatenses. El tango se hace internacional antes de hacerse completamente argentino. Es decir, antes de ser reconocido y aceptado por la clase alta en su propio país de origen. Esta es la historia de la Guardia Vieja, con una tenue, imperceptible transición a la Guardia Nueva ya en la segunda década del siglo XX. Por supuesto hablamos del tango-música-danza, no del tango-canción que entra algo más tarde.

"No me hables de amor,
su voz exclamó
latiendo su pecho
de tanto dolor.
No me hables de amor,
me dijo otra vez
y dándome un beso
así murmuré...
Quiéreme en silencio
como nadie quiso,
bésame en la boca
con dulce ilusión,
y así me compensas
las penas pasadas
y el fuerte latir
de mi corazón".

BÉSAME EN LA BOCA (Tango, 1926)
Música: José María Rizzuti
Letra: Eduardo Calvo
Canta Carlos Gardel

Las Orquestas Típicas. Los modestos comienzos

En un proceso -digamos de selección natural-, de descartar y agregar instrumentos musicales, se gestó lo que luego se conocería como Orquesta Típica, originalmente llamada "Orquesta Típica Criolla", nombre dado por el bandoneonista, director y compositor Vicente Greco (1888-1924). En los primeros años, son solo una pequeña orquesta con dos o más violines o bandoneones. Más tarde dichas orquestas estarían compuestas por el piano, bandoneones, violines, contrabajo, guitarra, flauta, y en muchos casos viola y violonchelo. Al igual que los músicos callejeros, los músicos de las orquestas típicas debían "rodar"; es decir, ir de boliche en boliche. A partir de la inclusión del tango en ámbitos sociales más destacados (originariamente se escuchaba en prostíbulos y suburbios), los músicos podían ser más sedentarios y no verse obligados a llevar sus instrumentos de aquí para allá. Además, podían incluir *el piano*, que obviamente no es portátil.

A comienzos del 1900 el primer *cuarteto* de entonces queda conformado por: Vicente Greco, bandoneón; Francisco Canaro, violín; Prudencio Aragón, piano y Vicente Pecci, flauta. En un comienzo, en vez del trío básico, quedó conformado por estos cuatro instrumentos. Más tarde, en 1924, el violinista, director y compositor Julio de Caro forma su *sexteto* y marca el inicio de la llamada "Guardia Nueva del tango". Comenzó la proliferación de las orquestas y un quiebre fundamental dentro de este género musical.

El tango ya no era interpretado, como se ha dicho, "a la parrilla" ("de oídas", sin partituras ni arreglos musicales), sino que con un lenguaje musical depurado que crece incesantemente en los años treinta, y lleva el tango al esplendor en los años cuarenta (La Era de Oro del tango). En nuestros días, la mayoría de las orquestas jóvenes conservan la forma y estilo de la orquesta típica. Grandes nombres predominaron en la época de transición de la Guardia Vieja. Los creadores de la orquesta típica, como el violinista Francisco Canaro, aportaron con un estilo de ritmo veloz, marcado, influenciado por la milonga, para un baile rápido. A su vez el pianista Roberto Firpo componía músicas más melodiosas, fáciles para bailar, con un buen ritmo marcado, más lento.

El tango deja de ser humilde y se vuelve de moda

Desde los lugares simples y humildes, incluyendo los patios y las escenas callejeras, en las orillas y arrabales, en algunos años el tango, poco a poco, y en forma ineludible, conquista el resto de la ciudad. Lo que citamos en Buenos Aires, ocurre, igualmente, de modo proporcional, en Montevideo.

La Guardia Vieja viaja lejos..., ocupa el centro de Buenos Aires

La vida marginal de Buenos Aires da lugar a centros de reuniones como La Marina, La Turca, La Taquera, La Popular, El Griego, Las Flores, El Argentino y El Royal. Del barrio La Boca y las casas de mala fama y otros salones de los suburbios, se pasa a las casas de mala fama que rodean el centro de la ciudad, donde reinan: La Morocha, Laura, María La Vasca, Mamita, Madame Blanché y la china Joaquina. Son lugares privados que seleccionan la clientela con entradas caras, que se tornan prohibitivas para los más pobres. Algunos de esos salones de baile son animados por nombres de la Guardia Vieja: Rosendo Mendizábal, José Luiz Roncallo y Ernesto Ponzio. A su vez el barrio Palermo también concentra su atención en el tango en Hansen, El Tambito y El Velódromo, donde actúan Luis Teisseire, Enrique Saborido, José Luis Padula, Paulos, Ponzio, Berto y Bazán.

A medida que el tango gana espacio, las pequeñas orquestas de la Guardia Vieja comienzan a salir del ambiente de las orillas para ocupar los cafés de los suburbios, preparándose para el gran salto al centro. En esta forma, los líderes del tango inician su marcha hacia el centro. En estos cafés se cumplía un ritual, una mística exclusiva para hombres solitarios, que luego sería escuchada en las famosas "catedrales" del tango, en las décadas del '30 y '40, llamadas cafés o café-conciertos: El Nacional, Marzott y Germinal, todos desaparecidos en los primeros años de la década del 50.

Ángel Villoldo

Traigamos al "padre del tango" de vuelta a estas alturas de la narrativa. Esta vez por su versatilidad. En 1910, también en un café-concierto, en el barrio de La Boca, actuaba Villoldo ("El Choclo" y "El Esquinazo"), sin duda el autor más creativo de su tiempo. Entre los compositores de la Guardia Vieja no hay un estilo, pero en Villoldo sí se puede decir que encontramos un estilo, se distingue cuando un tango es de él. Es suyo el mérito de ampliar el espectro del tango, llevándolo a un nivel más familiar. Después de componer obras con versos que aluden al burdel (como la letra de "La Morocha", de Saborido), Villoldo lleva esas composiciones a las pianolas[4] de Rinaldi-Roncallo[5], incluyéndolas en su repertorio. Son en esos instrumentos semi ambulantes, que intentan sustituir o, más bien, complementar la eficacia de la radio en la tarea de divulgar y promover la música popular, que los compases del tango se expanden por la ciudad. De esa manera, ocurre lo impredecible: el tango se desliga de los prostíbulos.

Villoldo es el primero que hace letras de tango profesional, para que fuera cantada. En Villoldo confluyen tres corrientes: la prostibularia, por ejemplo, con "El porteñito"; la zarzuelera, con "Cuidao con los 50", que hace referencia a una ordenanza de 1906 que multaba con $ 50 al que dijera un piropo a una mujer en la calle, y la campesina, con la letra de "El choclo". Fue un gran guitarrista, pianista y violinista, además ejecutaba la armónica, era cantor, payador, letrista, compositor, poeta costumbrista, actor y bailarín. Vivió entre 1861 y 1919. Lo atropelló un tranvía, no lo mató, pero le agravó el cáncer de próstata que padecía y al poco tiempo murió. Compuso una gran cantidad de obras. La más conocida es el ya mencionado "El Choclo". La primera letra es de Villoldo, la segunda titulada "Cariño Oscuro" también es de Villoldo, hay otra de autor anónimo, otra de Marambio Catán, que la canta Ángel Vargas con D'Agostino. Mucho más tarde aparece la de Discépolo que la compuso a pedido de Libertad Lamarque para una película. Esta es la más linda.

El lunfardo, un idioma lumpen

Como ya lo mencionamos, durante el período de la Guardia Nueva, de esa mezcla de idiomas del inmigrante resulta el lunfardo, un idioma lumpen, que será la lengua hablada del porteño. La mujer pasa a ser *la percanta*, *la mina*, *la grela*, *la naifa*. La casa pasa a ser *el bulín*, *el cotorro*, *el nido*, *la zapie*. La cama *la catrera*. El trabajo *el yugo*, *el laburo*, *el jotrabo*, etc.

La sucesión de palabras y sinónimos agregados a cada término, legal o autorizado, formó un idioma de unas doce mil palabras. Ellas brindan al tango un idioma único, que necesita de traducción en cualquier lugar que no sea Buenos Aires. La cadencia de esa nueva manera de hablar se vuelve una de las "pinturas" más marcadas del tango.

La mujer en un nuevo rol: causa de todo[6]

El surgimiento de la letra para el tango "Mi noche triste", lo transformó esencialmente en una canción de amor. La mujer es tema invariable y asume el papel de la protagonista de todas las penas de los poetas tangueros. En el tango, ella se torna en la panacea universal, mitigando la angustia, la soledad y la tristeza que el hombre debe pasar en la tierra.

Uruguay y Argentina comparten el éxito del tango

Es indudable para este autor, Miguel A. Semino, como lo muestra elegantemente el excelente artículo reproducido a continuación, que el nacimiento y éxito del tango es compartido por Uruguay y Argentina, como parte de un ente cultural, geográfico e histórico único. Esto es particularmente cierto en las etapas iniciales de la narrativa tanguera, es decir, las eras del Prototango y la Guardia Vieja (ca 1860 – 1897). Pero en las etapas sucesivas, como ya se ha enfatizado, por las diferencias en el número de población, Uruguay juega un papel mucho más reducido -en números, no en calidad- en todos los aspectos del tango, ya sean relacionados con músicos, autores, poetas e intérpretes. Eso sí, con algunas excepciones muy valiosas.

Tango del Río de la Plata[7]

El tango es la música y la danza por excelencia del Río de la Plata, y no de un país, exclusivamente. ¿Qué es el Río de la Plata? En primer lugar, por supuesto, *un enorme* río -el más ancho del mundo- formado a partir de la desembocadura de otras dos grandes corrientes de agua: el Paraná y el Uruguay. Es, además, una zona geográfica que comprende todo el territorio uruguayo y las provincias argentinas litoraleñas (por ejemplo, Buenos Aires, Santa Fe, Entre Ríos). Por último, es un "área cultural" como podría serlo Escandinavia o el Maghreb, compuesta por dos pueblos que comparten orígenes comunes, inmigratorios, en su mayoría, que hablan la misma lengua -aunque con matices de tonos y de acentos- y que cultivan valores semejantes, independiente de su diversa trayectoria histórica y política. Pues bien, el tango nació en esa "área cultural" en el último tercio del siglo XIX, sin que pueda determinarse con certeza lugar, día y hora, porque ese nacimiento es la consecuencia de un largo proceso histórico y sociológico. Ni la Argentina ni el Uruguay -si hablamos responsable y seriamente- pueden reivindicar ningún derecho de primogenitura en la materia. Por el contrario, los dos países rioplatenses pueden invocar similares razones para considerarse, al mismo tiempo, la patria común del dos por cuatro. ¿Por qué? Porque fueron los mismos factores, durante la misma época, que operaron en las dos orillas del río "grande como mar" (el "Paraná-Guazú") y, en especial, en las dos ciudades-puerto, Montevideo y Buenos Aires, para dar a luz el tango.

El éxodo del paisaje gaucho hacia las ciudades, la nostalgia de los inmigrantes -en gran parte italianos- que, felizmente, nos invadieron; el deseo de diversión de los marineros que recalaban en nuestros puertos y nos aportaban ritmos de ultramar (la "habanera", por ejemplo); la alegría de los antiguos esclavos que descubrían su libertad; los salones de baile y los prostíbulos, donde se juntaba todo ese material humano para olvidar un poco los sinsabores de la vida y a los cuales concurrían también los obreros de los mataderos (después frigoríficos) y los "niños mal" de las "familias bien"... Allí en la zona portuaria y en los arrabales porteños y montevideanos nació el tango. Y fue un uruguayo -Enrique Saborido- quien compuso el primero, cuyo éxito desbordó los estrechos límites del suburbio, disimulando sus orígenes prostibularios o "non sanctos": "La Morocha". Tango que fue dedicado a la hermosa Lola Candales, cantante y bailarina, uruguaya. Fue, además, un compatriota, Alfredo Gobbi, originario de Paysandú, quien, con Ángel Villoldo (a quienes algunos consideran uruguayo), hizo desembarcar el tango en París en 1907. Y de ahí a la conquista del mundo...

No puedo dejar de citar a quien dirigió durante 50 años la más popular orquesta "típica": Francisco Canaro, alias "Pirincho", uruguayo de San José. Y fue también otro compatriota, Gerardo Matos Rodríguez, quien compuso (Montevideo, 19 de abril de 1917) el tango más célebre de todos los tiempos, el que se escucha en cualquier lugar del mundo, desde el metro de París hasta la Plaza Roja de Moscú, y que, a justo título, consideramos como nuestro segundo himno nacional: La cumparsita. Y dejo para el final de esta breve reseña al más grande de los intérpretes del tango-canción, cuya voz resuena hoy entre nosotros, que la escuchamos con emoción y pasión, porque nos llega hasta lo más hondo de nuestra alma: Carlos Gardel, uruguayo de Tacuarembó y rioplatense de corazón, que "cada día canta mejor".

¿Por qué, entonces, si las cosas son así -y se pueden demostrar con abundante bibliografía y documentación que no corresponden en esta rápida síntesis- se desconoce o ignora el origen también uruguayo del tango y nuestra enorme contribución a su difusión mundial? Podemos intentar un par de explicaciones, con la salvedad de que, ya en 2001, no hay tantas excusas para ese desconocimiento, injusto y equivocado.

La primera. Buenos Aires es una gran ciudad de más de 10 millones de habitantes, mientras que Montevideo no llega a un millón y medio: *relación de casi 10 a uno* que se arrastra desde la Colonia. La capital argentina ha sido y sigue siendo un enorme mercado y un polo de atracción artística, como lo es París para los belgas, los suizos, los quebequenses y demás francófonos. Además de los numerosos lugares en que se bailaba y escuchaba el tango, Buenos Aires era la *sede de una poderosa industria cinematográfica* que difundía sus películas -con tango incluido- por toda América Latina y España. De ahí a pensar que "Buenos Aires = tango" no había más que un paso...

La segunda. Montevideo no tenía (producción de) cine propio -apenas comienza a tenerlo en la actualidad- y tampoco casas grabadoras de discos. Había que viajar a Buenos Aires, donde se radicaban las filiales de las más importantes disquerías de Estados Unidos o Europa, para poder grabar. Recién en 1941 se fundó nuestra primera casa grabadora: "Sondor". Éramos los parientes pobres del tango, porque las circunstancias materiales -menos población, menos riquezas, menos desarrollo tecnológico- no nos favorecían. Pero no lo éramos -ni lo somos- en relación a la inspiración y al talento de nuestros músicos, ni a la calidad de sus compositores, ni tampoco a la gloria que los mismos adquirieron en todo el mundo.

Para terminar, podemos afirmar, en alta y clara voz, que el tango no es -no lo fue nunca- patrimonio exclusivo de una ciudad ni de un país. Es la música y la danza urbana más representativa de una región y una cultura, las del Río de la Plata, que es argentino y uruguayo por partes iguales. Esta es la verdad, toda la verdad, nada más que la verdad.

Notas

1 Entre los muchos uruguayos en el tango: Enrique Saborido, Alfredo Gobbi, (Ángel Villoldo a quienes algunos consideran uruguayo), Francisco Canaro, alias "Pirincho", Gerardo Matos Rodríguez, posiblemente Gardel según algunos, y más tarde Julio Sosa, entre otros.

2 Estos periodos -Prototango, Guardia Vieja, Guardia Nueva- son en cierta forma artificiales y con fechas aproximadas, pero a la vez convenientes para poder, en la práctica, seguir la narrativa del tango y su evolución como género musical y bailable, como veremos a través del libro.

3 En principio, la autoría de melodías y letras no fueron reconocidas formalmente de acuerdo a lo que hoy conocemos como "derecho de autor". Esto había ocurrido asimismo con la literatura en otras latitudes. Pero todo cambió hacia 1755, cuando el escritor inglés Dr. Samuel Johnson habría sido el primero en exigir y obtener reconocimiento a tales derechos. Previamente, autores tan famosos como el mismo Shakespeare "se robaban y adaptaban" obras de otros autores. No se lo consideraba plagio, en versiones "mejoradas" eran más bien "creatividad".

4 La pianola (o piano mecánico) es un instrumento musical que incorpora el mecanismo del piano, y al que se agregan elementos mecánicos y neumáticos para permitir la reproducción automática de la música perforada en un rollo de papel. En realidad, se trataría de una pianola/piano, ya que permite tanto su ejecución manual como su ejecución automática mediante un rollo de papel perforado. No es posible atribuir la invención de este instrumento a una sola persona, ya que sus numerosos mecanismos fueron inventados a lo largo de un período prolongado, principalmente durante la segunda mitad del siglo XIX.

5 Curiosas conexiones en las vidas privadas de algunos de estos grandes del tango. El joven Roncallo, luego famoso por derecho propio, pianista, director y compositor, fue ahijado y discípulo musical de don Santo Discépolo, padre de Armando y del famoso Enrique Santos Discépolo.

6 De Andrade, Luiza. La mujer en un nuevo rol: causa de todo. Extraído y adaptado de: http://Tangoporsisolo.comyluizadeandrade@terra.com.br

7 Semino, Miguel A. "Tango del Río de la Plata". Tiwy.com. Extraído y adaptado de: https://www.tiwy.com/arte/tango/esp.phtml

En el capítulo siguiente examinamos la evolución
de los instrumentos
musicales a través de la gestación y crecimiento del tango
-desde flauta y guitarra a hasta llegar al bandoneón- y que le
darían esa musicalidad
tan diferente y especial a cada etapa del tango.

EVOLUCION DE LOS INSTRUMENTOS MUSICALES EN EL TANGO

Desde los iletrados músicos callejeros a la Orquesta Típica (ca 1860-1920)

"Sabrán que soy el Entrerriano,
que soy
milonguero y provinciano
que soy también
un poquito compadrito
y aguanto el tren
de los guapos con tajitos.
Y en el vaivén
de algún tango de fandango,
que pa'l baile y pa'l amor
sabrán que soy
siempre el mejor".

EL ENTRERRIANO (1897)
Música: Rosendo Mendizábal
Letra: Homero Expósito
Considerado por muchos como
EL TANGO QUE INICIA EL PERÍODO DE LA GUARDIA VIEJA

EL PROTOTANGO. EL TANGO NACIÓ EXCLUSIVAMENTE COMO UNA DANZA DE FUSIÓN

Acompañado de música instrumental, este tango, que crece y madura entre 1860 y 1910, fue exclusivamente para ser bailado. Es la era del Prototango, el tango naciente, luego vendría la era de la Guardia Vieja. De la mezcla de muchos bailes, el candombe como padre de la milonga, y madre a su vez del Gotán, de la payada, milonga campera, contradanza, habanera, tango andaluz, polca y vals, provenientes de los orígenes más diversos (africanos, gauchos, hispanos coloniales, indígenas, italianos, alemanes, andaluces, cubanos), proviene el tango. El futuro tango se separa de los otros géneros musicales, toma personalidad propia, a través de un proceso musical popular evolutivo. En este proceso figuraron muchos compositores, la mayoría anónimos, pero sobre todo fue *el gusto popular*, que lo destacó del resto de los bailes de donde procedía, hasta gestarse una identidad propia, *el tango.*

Con el tiempo el tango que era exclusivamente danzante incorporó *el canto*, casi siempre solista, eventualmente a dúo, sin coro, pero manteniendo de manera bastante marcada la separación entre las dos formas, los tangos instrumentales (danza) y los tangos cantados. El tango-canción, con una narrativa, una historia, como lo veremos en un capítulo posterior, no maduró hasta 60 años después, cuando "nace" oficialmente como una expresión diferente del tango danza, con personalidad propia en 1917.

Época del Prototango (ca 1860-1897). Desde los músicos callejeros analfabetos a la Orquesta Típica

Como ya se ha mencionado, en la infancia del tango los músicos eran no profesionales, improvisados, analfabetos en su mayoría, sin ninguna formación musical y carentes de una concepción musical, académica o teórica. Con todas esas limitaciones y, en particular, con la falta de profesionalismo en los primeros ejecutores musicales del tango, se podría haber profetizado, en esos momentos, que "esta nueva música" no sobreviviría por mucho tiempo más, y que como tantas otras solo sería un recuerdo musical académico, no más que una curiosidad histórica. Increíble, sin embargo, lo que estos músicos aficionados lograron contra todos los pronósticos. En la época del Prototango provocaron entusiasmo y pasión por la música y el baile, que no solo sobreviviría, sino que crecería a pasos agigantados con el correr del tiempo.

Además, hay que tener en cuenta que la memoria de estos músicos callejeros era prodigiosa. Las partituras impresas eran muy escasas o simplemente no existían. Los pentagramas tardarían en llegar. Dado lo señalado, se perdieron en el tiempo, y en el olvido, muchos tangos que se caracterizaban por su singular simpleza.

Como se mencionó antes, se ejecutaban melodías "de oído", "al grillo" o "a la parrilla". Sin partitura. Esos verdaderos, y con frecuencia ignorados próceres del tango, eran musicantes sin pretensiones, que habían descubierto en el tango, con una completa indiferencia profesional, un medio fácil de vida. Aún después de 1905 sus orquestas apenas superaban a las primitivas. Al final de cada pieza se pasaba el platillo o el sombrero para recoger el óbolo. Ni siquiera se le podría considerar con alguna ambición "los honorarios profesionales", solo eran eso, "un óbolo". Los eventos se organizaban a menudo en lugares abiertos, patios o enramadas, podían bailar solamente los que contribuían. Más adelante, en algunos lugares hubo precio fijo.

Evolución en los instrumentos musicales en el tango

Los instrumentos musicales, al comienzo, eran los mismos de las muchas danzas que se fusionaron en el tango. Pero luego, con los años, evolucionaron, siguiendo las preferencias musicales de los compositores y, sobre todo, el gusto popular. Una de las primeras características de la música tanguera fue la exclusión de los instrumentos de viento-metal y percusión, quitándole estridencias con el fin de construir una sonoridad más íntima y cálida, capaz de transmitir la sensualidad que definió al tango desde un principio.

La melodía provenía, en sus inicios, de modestos tríos compuestos por un conjunto de arpa, violín y flauta, a veces con el agregado del acordeón, que procedía de Italia, o de un mandolín. Pero no siempre fue así, en general, en la realidad en que se vivía, el conjunto se formaba como se podía, es decir, con la cantidad de músicos que se tuvieran a mano, incluyendo arpistas, mandolinistas, acordeonistas e intérpretes de otros instrumentos, luego desterrados para siempre del tango. Era común que estos músicos pasaran de un conjunto a otro, ya que se unían para actuar en el lugar donde eran contratados y, al término del período estipulado, se separaban. Por lo tanto, no había conjuntos estables.

En los comienzos, la formación era de lo más elemental con instrumentos caseros. Bastaba con un dúo de peine con papel de seda (la peineta soplada a través de un papel[1]), y la armónica de boca para la melodía, y si la había disponible también figuraban una guitarra para el ritmo.

Al correr del tiempo la estructura del tango iba a sufrir modificaciones en su fisonomía. La guitarra -amiga inseparable del gaucho- desplazó al arpa. En otras palabras, apenas dos instrumentos (uno de ellos casero) formaban el conjunto, al que incluso llegaba a llamársele, popularmente, ¡orquesta! como lo testimonia una vieja milonga.

"La orquesta se componía
De bandoneón y guitarra
Porque aquella era una farra
De las que muy poco había"

Uno de los primeros conjuntos fue, sin duda, el del Negro Casimiro (Alcorta) en violín, y el mulato Sinforoso en clarinete, al que seguramente se añadía un instrumento rítmico, probablemente la guitarra, y que actuaba en los prostíbulos de los alrededores de Corrientes y Paraná, allá por el decenio de 1870. En 1883, hay constancia de que ya hacía sus presentaciones el trío integrado por Francisco Ramos y Eusebio Aspiazú en violines (el último sería luego un célebre guitarrista) y el "Pardo" Canaveri en guitarra. Ángel Villoldo, el ya mencionado padre del tango se acompañaba de guitarra y armónica simultáneamente, allá por el año 1890, en las casas de bailes y cafés del barrio La Boca. De esta manera, los conjuntos fueron cambiando a guitarra, violín y flauta.

Guardia Vieja (ca 1897-1917). Los instrumentos musicales van cambiando

Está constituida por los conjuntos y autores de la época primigenia. Incorporan el bandoneón, lo que enlentece la ejecución del tango debido a dificultades técnicas de su empleo, pues todavía la mayoría de los músicos usuarios no eran de escuela. Y si bien se va mejorando paulatinamente la línea musical, hay una estructuración armónica elemental, poca variedad de estilos y ausencia expresiva de madurez musical. También hubo grabaciones de algunos solistas de piano, bandoneón y guitarra (Campoamor, Firpo, Delfino en piano y Maglio -alrededor de 1912- en bandoneón).

Entre los músicos más importantes que llegaron al registro fonográfico con sus conjuntos, se hallan Vicente Greco (1911), Juan Maglio "Pacho" (1911/12), Genaro Espósito "El Tano" (1912) y Eduardo Arolas (1913).

En 1917 Canaro y Firpo agregan el contrabajo para reforzar el ritmo. Por su parte, apelan al cello Firpo y Arolas en sus respectivos conjuntos, creándose desde entonces el esbozo del sexteto típico. Su lapso de actuación más intensivo se extendería de 1920 a 1935. Entre otros, destacaron Luis Petrucelli, Pedro Maffia, Osvaldo Fresedo, Juan Carlos Cobián y Julio De Caro. Los sextetos de Osvaldo Fresedo y Julio De Caro serán el hilo conductor de sus respectivas escuelas, y vehículos de la subsiguiente renovación tanguera. En 1889, se unían por primera vez Juan Maglio "Pacho" (bandoneón) y Luciano Ríos (guitarra), que seguirían juntos durante décadas, incluso en la orquesta del primero (1912), completando el trío con Julián Urdapilleta (violín). El grupo instrumental que estaría así formado por dos bandoneones, dos violines, piano y contrabajo (en la entrada del 1900 se incorporó el piano).

El piano muchas veces ocupó el lugar de la guitarra, con el desarrollo de una técnica de ejecución especialmente tanguera, fundada en la percusión rítmica y agregando un tono aún más cálido a la música. El voluminoso instrumento, entró en el proceso evolutivo musical del tango al ser incorporado en los conjuntos de Roberto Firpo (1884-1969) y Francisco Canaro, (Uruguay 1888-1964), hallando una abierta acogida. Para reforzar el fondo acompasado de la melodía se acudió al contrabajo y, con posterioridad, la flauta fue reemplazada por el embrujador "bandoneón".

En los albores del siglo XX aparecieron tríos con integrantes como Vicente Greco (bandoneón), Domingo Greco y Arturo Camarano (guitarras), Alcides Palavecino (violín), Juan Carlos Bazán (clarinete), Roberto Firpo (piano), Eduardo Arolas (bandoneón), Eduardo Monelos (violín) y Emilio Fernández (guitarra). También había por entonces formaciones de cuartetos y quintetos. En estas primeras épocas también existieron otros tipos de conjuntos, no comerciales si se quiere. Nos referimos a que el tango, además, fue interpretado para el público en lugares abiertos, por otro tipo de agrupaciones, como las clásicas bandas española, de policía y municipal. Con el tiempo, los pequeños conjuntos fueron transformándose en lo que se llamó Orquesta Típica Criolla y luego Orquesta Típica. Un ejemplo de esto es el cuarteto de José Martínez y Francisco Canaro, del cabaret Montmartre, que en 1915 pasó al Royal como Orquesta Canaro.

Los tiempos estaban cambiando, y ya parecía un recuerdo la anécdota que contaba el violinista Canaro acerca de su trío con Augusto Berto en bandoneón y Domingo Salerno en guitarra, en el Café Venturita: "El palquito de la "orquesta" estaba colocado muy alto y el techo era demasiado bajo. Lo cierto es que, de pie, con el violín, debía adoptar posturas incómodas, pues el arco tropezaba con el techo". Se creó así una modalidad expresiva que se iba a mantener inalterable hasta el movimiento del piano y el bandoneón, los que a la postre pasarían a convertirse, conjuntamente con el violín, en la columna vertebral de las orquestas típicas. Se conforma, podemos asegurar, la cumbre de lo que sería más tarde la ejecución de la música de tango en los grandes repertorios. Inventada originalmente por Julio de Caro (1899–1980), la orquesta típica de tango, en la década de 1910, y consolidada luego, en forma de sexteto con la integración de piano, dos o tres bandoneones, dos violines y contrabajo, sigue el mismo esquema, ampliando el grupo de bandoneones, y agregando violas y violoncelos al grupo de las cuerdas.

> *Y el otro fenómeno seminal, los inmigrantes europeos, sobre todos los italianos, contribuyeron, tal vez sin darse cuenta, para ir cambiando en forma definitiva la esencia del tango, originalmente alegre, añadiendo aires de nostalgia a las canciones y, de ese modo, el tango se fue desarrollando y adquiriendo ese sabor único que le conocemos.*

De esta forma, en un resumen simple, se podría esquematizar como sigue:

- Una combinación inicial de arpa, violín, flauta. (Prototango, ca 1860 hasta 1897).
- Enseguida, guitarra, violín y flauta.
- Y después, al inicio del 1900, piano, violín y bandoneón. Estos dos últimos cambios en la instrumentación son parte de la Guardia Vieja (ca 1897 hasta 1917).

Nota

1 Es interesante el paralelo entre la ingenuidad y creatividad musical en la misma época, en otra sociedad, y a miles de kilómetros de distancia. Nos referimos, por supuesto, a "los músicos" y sus instrumentos populares en los EEUU, creciendo en esos inmensos territorios de frontera en que los hobos, sin rumbo fijos, vagabundos sin hogares, se transportaban en trenes de carga de un lugar a otro. Sorprendentemente, las soluciones a la necesidad de instrumentos musicales que ni los unos ni los otros podían costearse fueron similares, los mismos instrumentos caseros.

El capítulo siguiente vamos a entrar en el nacimiento, vida y obra de un instrumento que fue bien extraño al comienzo y que terminó por conquistar al tango: el bandoneón.

EL BANDONEÓN CONQUISTA AL TANGO

Un extraño instrumento

"Bandoneón arrabalero,
viejo fueye desinflado,
te encontré como a un pebete
que la madre abandonó,
en la puerta de un convento
sin revoque en las paredes,
a la luz de un farolito
que de noche te alumbró".

BANDONEÓN ARRABALERO (1928)
Música: Juan Bautista Deambroggio (Bachicha)
Letra: Pascual Contursi
Grabado por Carlos Gardel con guitarras, compuesto y grabado en París (1928)
Grabado por la orquesta de Aníbal Troilo con la voz de Roberto Goyeneche

LA IMPROBABLE CONTRIBUCIÓN ALEMANA. UN APORTE REVOLUCIONARIO

Una conspiración socio-cultural

De entre los países que contribuyeron con la llegada de inmigrantes a la Argentina, debemos mencionar, y reiterar muy justificadamente como de inmediato el lector(a) se dará cuenta, que la contribución de Alemania a la Argentina no fue ni su prestigiada literatura ni su música, tampoco su historia de militarismo, tan apreciada por los militares sudamericanos en competencias constantes entre unos y otros. Ni siquiera el idioma alemán, tan rico pero incomprensible para las masas porteñas, sino más bien un extraño objeto, una suerte de caja musical de tamaño mediano, llena de botones, desconocida por todos, y que recordaba de alguna manera al acordeón, pero era diferente. Era algo de tamaño más bien mediano, portátil, pero algo pesado. ¡Difícil de entender para qué servía!

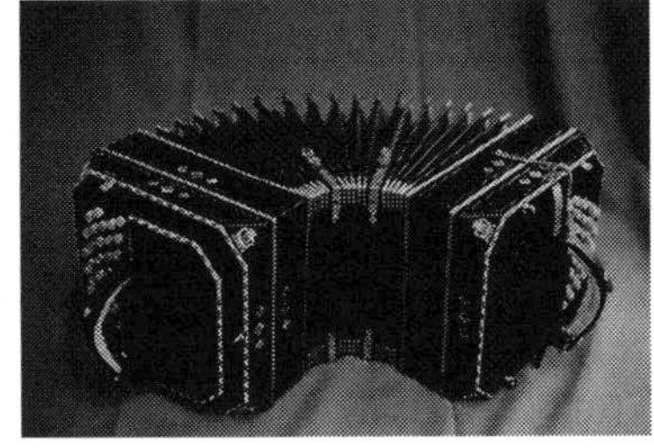

Sin saberlo las autoridades responsables -ni el presidente de la República, ni los líderes del Congreso, menos aún la policía de aduanas-, casi como de contrabando, se estaba introduciendo al país algo revolucionario (¡araca!)[1], que cambiaría la realidad existente de una buena parte de la vida bonaerense y otros lugares. Corría el año 1886, y por supuesto que nos estamos refiriendo al bandoneón, inventado por un señor alemán de apellido Band, que una vez introducido como el instrumento esencial del tango, no tendría vuelta atrás, embrujando al mundo entero.

Vicente Greco en 1908, uno de los primeros bandoneonistas.

El bandoneón invade nuestros sentimientos íntimos

La música del bandoneón es tal vez mucho más apreciada en los tangos orquestados, instrumentales; es decir, sin la intervención de la voz humana. El bandoneón nos trae los sentimientos profundos que reflejan nuestras propias vivencias en las diferentes situaciones del acontecer humano. Participa, activamente, de las situaciones que vive una pareja, acompañando al hombre en su incertidumbre y desasosiego, como a un viejo compañero. Los diálogos alcanzan profundidad y emoción, son verdaderas confesiones. El bandoneón se transforma en el confidente esencial, entre copas y tangos, cuando los romances terminan en la nada y permanecen solo en los dolorosos recuerdos y en la impotencia de la nostalgia.

La relación entre el ejecutante y el instrumento es íntima, confidencial. A él se le confían los secretos personales mejor guardados, los sentimientos más comprometidos. La humanización del bandoneón queda reflejada, al atribuírsele los mismos sentimientos que nos tocan vivir a diario. El bandoneón despierta los temas que siempre obsesionaron al tango: la dolorosa nostalgia por lo perdido, los sufrimientos del amor y la degradación de la vida, las penas y los romances evocados bajo la acción del alcohol. El bandoneón llora, gime, ronronea, se manifiesta de todas las formas posibles. Otras veces, los momentos vividos con el bandoneón se traducen por episodios muy gratos, felices y emotivos, que conducen a una cadena de recuerdos inolvidables, siempre agradecidos. Lo dicen Francisco Marino y Juan Arcuri en "Viejo tango".

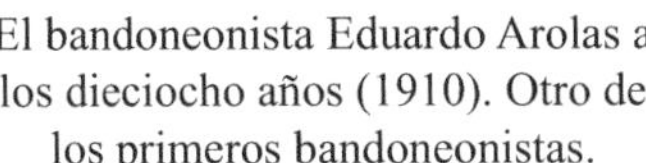
El bandoneonista Eduardo Arolas a los dieciocho años (1910). Otro de los primeros bandoneonistas.

El bandoneón remeda a la flauta y al organito

Oscar Zucchi, historiador e investigador argentino, especializado en el tango y dentro de ese campo en el bandoneón, y autor de una gigantesca historia bandoneonística del tango, editada por la editorial argentina Corregidor, explica que, hasta su advenimiento, en la segunda década del siglo XX, los bandoneonistas tenían tendencia a remedar con el instrumento al organito ambulatorio y a la flauta, gradualmente desplazada de los primitivos cuartetos.

La cadencia existencial del bandoneón[2]

Para Gustavo Varela, filósofo y músico, "el bandoneón produce necesariamente una escucha tanguera. Lleva para un lado que tiene que ver con el tango. Pero es un enorme misterio que el bandoneón sea el instrumento del tango. *Es complejo, caro, muy raro y difícil de tocar* (tiene cuatro teclados). Pesa *siete kilos*: ¡Hay que tocarlo colgado! Inventado en Alemania, en el siglo XIX, efectivamente con él se llevaba música a las procesiones religiosas. Tiene un sonido de una profundidad y unos graves extraordinarios, permite un bajo continuo que *predispone a la religiosidad.* Me fascinaba escuchar a Ernesto Baffa tocando Bach con el bandoneón. Al parecer, *llegó durante la Guerra del Paraguay*, traído por José Santa Cruz, un negro que tocaba en los momentos en que descansaban de la batalla. Podría haber sido otro instrumento, podría haber sido el acordeón o piano que es más fácil y, sin embargo, para el tango quedó el bandoneón". "El tango -insiste Varela- tiene algo excepcional: *es un ritmo sin instrumentos rítmicos*. El único instrumento percusivo es el piano, que es más bien melódico que percusivo. La mano izquierda toca la base rítmica. El primer tango, "El Entrerriano", fue compuesto arriba de un piano. Su presencia motorizó al tango".

El bandoneón: el "rey del tango"

Para muchos, en el tango, entre los instrumentos de la orquesta, el bandoneón es el centro, el instrumento musical más importante. Es por antonomasia el "rey del tango". El estilo interpretativo, sus variaciones y ronroneos, le han conferido al tango muchas de sus características melódicas y danzantes. De una danza ágil y rápida con corte y quebrada, su incorporación en la ejecución del tango significó una profunda transformación de la danza, más lenta e intimista.

El bandoneón: ¿un tipo de acordeón?

Se lo considera un tipo de acordeón, pero de forma rectangular con un sonido muy particular. Este instrumento -al igual que los otros de lengüetas sueltas- utiliza botones en lugar de teclas. La versión rioplatense consta de 38 botones para el registro agudo y 33 para el grave. Es asombrosa la cantidad de modelos y variantes, aunque por lo general es de 142 tonos. Los teclados del bandoneón se tocan con cuatro dedos de cada mano y no se utiliza el pulgar para las botoneras. Del costado derecho, y por fuera, el modelo estándar posee una palanca que cumple la función de embrague, al pulsarla con el pulgar derecho deja pasar el aire y corta el sonido para poder mover el fuelle sin tener que apretar uno o más botones. Para componer un acorde hay que pulsar varios botones a la vez.

El bandoneón inmigrante. Invento y difusión

El bandoneón es en sí mismo un inmigrante, inventado en Alemania. El desarrollo y evolución del bandoneón es bastante incierto, pero se puede destacar como grandes colaboradores en su diseño a Carl Friedrich Uhlig (1830) y Carl Zimmermann (1849). Algunos han atribuido a Heinrich Band, nacido en 1821 en Westfalia, la invención de la "jaula sonora". Otros afirman que no lo creó, que solo le dio el nombre al instrumento que iba a encontrar su destino a mucha distancia, cruzando los mares. Profesor de música, luthier y comerciante, Band fue cellista de una orquesta municipal y alrededor de 1840 tomó contacto con la *concertina* (creación también de Carl Friedrich Uhlig), que puede considerarse el antecesor inmediato del bandoneón. Al poco tiempo, en un comercio de venta de instrumentos de su propiedad, y de acuerdo con una de las hipótesis más repetidas, habría dado forma a una concertina mejorada, con otro arreglo en los teclados y una sonoridad diferente. El nombre proviene del alemán *band-union* o *bandonión*, y este es un acrónimo de Heinrich Band y sus socios, (ergo "bandoneón"), uno de los primeros en dedicarse a comercializarlos. Técnicamente hablando, es un instrumento musical de viento, libre (o de lengüetas libres) a fuelle, pariente de la concertina ya mencionada, (en alemán *konzertina*), más bien de forma rectangular, sección cuadrada y timbre particular. Pertenece al grupo de los aerófonos, cuyo sonido se produce por vibración del aire, como el armonio, el acordeón. Además de la notable diferencia tímbrica entre el bandoneón y el acordeón, y otros instrumentos de lengüetas sueltas, el bandoneón utiliza botones en lugar de teclas, por lo que se habla de botoneras en lugar de teclados. Los botones están hechos de galatita.

Sus orígenes son una paradoja, y esto es interesantísimo. Se utilizaba -y se inventó específicamente- para sustituir al órgano en las iglesias luteranas de oficios, cantados por la feligresía en las iglesias más humildes, incapaces de costearse un órgano de dimensiones adecuadas, y como órgano de iglesia portátil para la tarea de evangelización.

A mediados del siglo XIX Alemania atravesaba un momento de plena expansión económica como consecuencia de la Revolución Industrial. Entre 1830 y 1860 cuadruplicó su red de ferrocarriles y la producción de sus industrias superaba ampliamente las necesidades de la población. Por esos años y en aquel contexto habría tenido el bandoneón su partida de nacimiento, cuando en una comarca de Sajonia (hacia los límites con Polonia y Checoslovaquia) a alguien se le ocurrió la idea de crear un instrumento aerófono portátil para reemplazar al órgano -muchísimo más oneroso para iglesias modestas- en los oficios religiosos al aire libre. Así fue como empezó a usarse en Alemania para la ejecución de música sacra, que los sacerdotes y monjes montañeses requerían en sus misas. Más tarde, se haría popular también en la interpretación de danzas de salón y fragmentos de ópera. De ahí su sonido sacro y melancólico único.

Sin adivinar, ni su inventor ni los devotos religiosos, que un día no muy lejano, en tierras extrañas y con un uso secular, y a veces muy profano, que tal instrumento contribuiría a la historia de una música desconocida para ellos. Hacia 1870 o 1884, según diferentes fuentes, arriba a Buenos Aires, existiendo también diversas versiones sobre quien fuera su introductor. En general, se acepta que fue importado desde Alemania por los inmigrantes. Su castellanización en el Río de la Plata estableció la palabra "bandoneón" para denominarlo. Se convirtió en el corazón de la música de tango. O podríamos decir, con más justicia, "lo convirtieron" aquellos eximios y creativos músicos del tango que, con la ayuda del instrumento, llevaron la música del tango a niveles no conocidos. Se ha llegado a decir que "bandoneón y tango son la misma cosa".

"Porque cuando pibe me acunaba en tango
la canción materna
pa' llamar el sueño
y escuché el rezongo de los bandoneones
bajo el emparrado de mi patio viejo"

POR QUÉ CANTO ASÍ (1943)
Letra: Celedonio Esteban Flores
Con música de "La Cumparsita" de Gerardo Matos Rodríguez

Los creadores del bandoneón

No se encuentran rastros de la palabra "*bandonion*" sino hasta 1856, cuando otro comerciante, de apellido Schmidtz, publicó un anuncio en un anuario alemán ofreciendo "Accordion's Koncertinos, llamados por algunos Bandonions" para diferenciarlos del acordeón. Esto último demuestra que Band tenía cierta "paternidad" sobre el invento, ya sea como creador o como difusor, pues el nombre del mismo, como ya se mencionó, no es otra cosa que la conjunción de *Band* y *Onion* (derivación de acordeón, justamente por su parecido con este). Se asevera que Band compuso algunos valses y polcas y varias transcripciones de obras para piano adaptadas al bandoneón. Tras su muerte, el negocio siguió en manos de su esposa y de su hijo mayor, que publicaron una de las primeras obras de estudio aparecidas para el instrumento. Hasta aquí la historia por todos conocida. Sin embargo, el investigador Manuel Román difundió en 1986 un estudio en el que asegura que Band no fue el verdadero creador del bandoneón, sino que como se menciona más arriba, un señor de Sajonia llamado Carl Zimermann, quien habría sido el primero en presentar (en 1849) durante la Exposición Industrial de París, "un instrumento creado sobre la base de la concertina" de Carl Uhlig, de mayor tamaño y con más voces", al que denominó Carfeld Konzertina, que luego pasaría a ser conocido en la zona de Krefeld como "Bandonion", vendiéndose bastante por aquellos años.

Además, para reforzar su teoría, Román hizo hincapié en un aviso publicado en 1850 por Band, en el que anunciaba: "A los amigos del acordeón: por un nuevo invento otra vez hemos perfeccionado notablemente nuestros acordeones, y estos de nueva construcción, de formato redondo u octogonal de 88 a 104 tonos, están disponibles en nuestro comercio". Queda claro que en el aviso no aparece la palabra bandoneón ni Band se jacta de ningún invento, figurando como comerciante y no como fabricante.

Zimermann emigró a los Estados Unidos de Norteamérica, pero antes vendió su negocio de bandoneones a Ernest Louis Arnold (1828-1910), quien abrió en 1864 una fábrica cuya dirección continuaría luego bajo las órdenes de su hijo Alfred, fundador en 1911 de la empresa Alfred Arnold, productora de los famosos Doble A, que se convirtieron en una suerte de Stradivarius de los bandoneones y que todavía hoy son una joya para los instrumentistas. La producción fue creciendo de a poco, según la incipiente demanda, y alcanzaría muchos años después su verdadera expansión, cuando los tangueros porteños comenzaron a requerirlos con frecuencia, sobre todo a partir de la primera década del siglo veinte.

Eduardo Arolas músico y compositor argentino. Reproducción de un libro (Argentina. Archivo General de la Nación. Departamento Documentos Fotográficos/Consulta_INV: 311674_A).

El bandoneón arriba al Río de la Plata. Muchas preguntas, pocas respuestas

Otra de las principales interrogantes se abre cuando intentamos precisar la llegada del bandoneón a las costas del Río de la Plata. Las versiones, a veces, no son más que mitos arraigados y el derrotero del instrumento se pierde en la nebulosa sin más que unas pocas referencias transmitidas por la tradición oral. Llegar a confirmar quién fue el primer argentino que posó sus dedos sobre la botonadura del fueye, o identificar al pionero de la interpretación de tango en el instrumento, también resulta una intrincada tarea.

Por lo menos seis versiones diferentes se han expuesto al respecto. La realidad podría ser una combinación de todas ellas. Una versión atribuye su introducción en Buenos Aires a un alemán anónimo que no dejó rastros. Otra versión dice que fue, probablemente, Thomas Moore, un inglés (o irlandés) que llegó al puerto de La Boca antes de 1870. Radicado en Buenos Aires alrededor de 1880, habría sido maestro del afro-argentino José Santa Cruz y de su hijo Domingo Santa Cruz (autor del tango político "Unión cívica"). Están los que se juegan por "el brasilero Bartolo". Otros dicen que es probable que haya sido José Santa Cruz quien lo importó. Se sabe que llevó su instrumento al Paraguay, cuando fue reclutado para esa matanza que se llamó Guerra de la Triple Alianza y lo hizo escuchar durante los descansos de la división Buenos Aires, de la que formaba parte.

Foto reconstruida del primer bandoneón Concertina automática, MDMB 611. Sara Guasteví (https://commons.wikimedia.org/wiki/File:Concertina_automàtica,_MDMB_611.jpg), „Concertina automàtica, MDMB 611", https://creativecommons.org/licenses/by-sa/3.0/legalcode)

Horacio Ferrer ofrece la posibilidad de que haya sido un discípulo de un hijo de Heinrich Alexander Band (el industrial que no lo creó, sino que más bien lo comercializó, como se ha dicho, y que le dio su nombre), radicado en Buenos Aires, quien lo trajo. Por su parte, Óscar Zucchi en *El tango, el bandoneón y sus intérpretes,* señala a un inmigrante suizo, natural de Sarganz, apellidado Schumacher y radicado en 1863 en la Colonia Suiza del Uruguay, como el primero en traer un bandoneón a Buenos Aires. Como se ve, la huella se perdió quedando solo conjeturas.

El bandoneón desplaza a la flauta[3]
El tango deja de ser alegre y travieso

Si efectivamente, y esto es también interesante, como lo es la evolución del tango mismo, fue en los tiempos de la Guerra de la Triple Alianza (1864-1870) que el fueye recaló en Buenos Aires, tuvieron que pasar cerca de tres décadas para que se concretara su encuentro con el tango y fuese integrado por los conjuntos de la época. A pesar de que los primeros tríos estaban integrados por arpa (luego guitarra), flauta y violín, el fueye iba a transformarse desde entonces en el "rey" del nuevo género. Luis Adolfo Sierra en su *Historia de la Orquesta Típica*, precisa que "fue en la posterior etapa incipientemente orgánica de su evolución cuando el fueye apareció en el tango, cuando la flauta comenzaba a cederle su lugar en los primitivos tríos y cuartetos. Pero ese simple trueque, aparentemente formal y sin mayor trascendencia, traería aparejado un cambio total en la fisonomía musical del tango. Con la paulatina desaparición de las traviesas y picarescas fiorituras de la flauta, fue perdiendo el tango su originario carácter retozón y bullanguero, y estos fueron los finales del tango reo, de la Guardia Vieja (1910). Y fueron los inicios de la Guardia Nueva (1917) en que el tango adoptó una modalidad temperamental severa, cadenciosa, adusta y apagada" (...) "El desplazamiento de la flauta en la integración habitual de los conjuntos de tango, tampoco fue repentina. Bandoneón y flauta habrían de compartir todavía un prolongado período en la ejecución del género, aunque esta última en manifiesta retirada".

Foto histórica de los consagrados del tango: De izquierda a derecha Luis Nariani (fabricante del bandoneón), José Razzano (del dúo Gardel-Razzano), Aníbal Troilo (uno de los mejores bandoneonistas) Enrique Santos Discépolo (poeta del tango) y el director de orquesta Francisco Canaro (ca 1941) (Argentina. Archivo General de la Nación. Departamento Documentos Fotográficos/Consulta_INV: 320240_A).

Así fue que el bandoneón se quedó en el tango para siempre. Tal vez, como escribió Horacio Ferrer, "ese pajarraco wagneriano perdió su pasaje de vuelta a Europa porque presintió que en Buenos Aires iba a nacer Pichuco (Aníbal Troilo)".

El afro-argentino Sebastián "El Pardo" Ramos Mejía, es considerado uno de los introductores del bandoneón en el tango, posiblemente el primer maestro de bandoneón en Buenos Aires. Maestro de bandoneón de Vicente Greco.

"Pero es el viejo amor
Que tiembla, bandoneón...
Buscando en un licor que aturda,
La curda que al final
Termine la función,
Corriéndole un telón, al corazón..."
LA ÚLTIMA CURDA (1956)
Música: Aníbal Troilo
Letra: Cátulo Castillo
Canta Roberto Goyeneche / Orquesta Aníbal Troilo

EL BANDONEÓN ENTRA AL TANGO Y LO CONQUISTA

Así, el bandoneón fue adoptado por los tangueros a fines de la década de 1890 para reemplazar a la flauta y completar el sonido inconfundible del tango. La flauta es desplazada poco a poco por el bandoneón, que pasa a integrar el trío básico con el piano y el violín. Este cambio hace más lenta la interpretación por las dificultades de pulsación, y posibilita una mayor acentuación de los tonos bajos, proporcionando una mayor riqueza armónica. Cátulo Castillo le atribuye al bandoneón "la definitiva sonoridad de lamento que tiene el tango, su inclinación al quejido, al rezongo". El bandoneón le impuso al tango su forma definitiva, integrando la melodía en una base rítmica y armónica. Se instaló en gloria y majestad en el pentagrama porteño. Con el paso de los años se consagraron ejecutantes excelentes de este instrumento, verdaderos maestros compartirían su rica expresividad musical. Por lo mismo se recuerda que si bien se fabricaba en Alemania, entró en España, Francia, Grecia y Japón con patente argentina.

Bandoneon Made by ELA for Hohner Photo. Pavel Krok (2005). Pavel Krok (https://commons.wikimedia.org/wiki/File:Bandoneon.jpg), "Bandoneon", https://creativecommons.org/licenses/by-sa/2.5/legalcode)

Sobre el primer bandoneón cuenta Augusto Berto: "Lo importó del viejo mundo Don Tomás (el inglés, Tomás (Thomas) Moore), un personaje extraordinariamente simpático. Y el primer bandoneonista que yo conocí fue José Scott, un matarife que lo ejecutaba bastante bien. El primer café que tuvo bandoneón estable en su tablado fue La Morocha ubicado en el límite de los barrios de Villa Crespo y Almagro".

Músico argentino Osvaldo Piro, bandeonista (Orq. típica), durante su actuación en un festival (1972) (Argentina. Archivo General de la Nación. Departamento Documentos Fotográficos/Consulta_INV: 310589_A).

Orquesta típica "La Porteñita" después de la ejecución de tango de la Guardia Vieja, que le valió muchos aplausos, en la fiesta de esta tarde en el Colón. 1933 (Argentina. Archivo General de la Nación. Departamento Documentos Fotográficos/Consulta_INV: 323763_A).

"Aquí está mi orgullo de antes
Bandoneón de mi pasado
Viejo fueye que dejado
Para siempre en un rincón.
Mi viejo fueye querido,
Yo voy corriendo tu suerte,
Las horas que hemos vivido
Hoy las cubre el olvido
Y las ronda la muerte".
CUANDO TALLAN LOS RECUERDOS (1943)
Música: Rafael Rossi
Letra: Enrique Cadícamo

Notas

1 ¡Alerta!, ¡Peligro!
2 Martyniuk, Claudio. Entrevista al profesor de filosofía e investigador Gustavo Varela. *Clarin.com.* extraído y adaptado de: http://edant.clarin.com/suplementos/zona/2010/04/11/z-02178188.htm
3 Salaberry, Javier. "De la liturgia al tango". Tango Reporter nº 136, año XII, 2007. Extraído y adaptado.

El bandoneón es un instrumento único, embrujador como el tango mismo. Pero..., alguien tiene que tocarlo, y es un instrumento complicado, difícil. En el capítulo siguiente recurrimos a esos eximios ejecutantes que enriquecieron el tango a un nivel inimaginable
¡Los bandoneonistas!

LOS GRANDES BANDONEONISTAS DEL TANGO ARGENTINO

(Lunfardo: "fueye o fuelle")

"En el gangoso rezongar del fuelle,
brotan sentidas, llenas de emoción,
las cadenciosas notas de mi tango,
el viejo tango de mi corazón.
Se llena mi alma de dulces recuerdos
y de añoranzas de mi juventud,
y cada nota asoma a mi memoria
una deuda de inmensa gratitud".
VIEJO TANGO (1926)
Música: Juan Arcuri
Letra: Francisco Alfredo Marino

Bandoneonistas afro-rioplatenses. Los primeros

Los primeros bandoneonistas, así como otros músicos del naciente tango, fueron afro-rioplatenses también. Durante las últimas décadas del 1800 y las dos primeras del 1900, había muchos músicos negros en Buenos Aires. Como ya se ha mencionado, nombres raciales, como el Negro tal y el Pardo aquel, ayudan a identificarlos para la historia del tango. En este libro registramos un total de ocho bandoneonistas afro-argentinos, todos de la época de la Guardia Vieja, la mitad de ellos pasaron a la narrativa del tango sin fechas conocidas, se sabe solo las circunstancias y fechas aproximadas de sus carreras artísticas.

Con fechas conocidas (en orden cronológico)

- Domingo Santa Cruz (1884-1931), hijo de José Santa Cruz y hermano de Juan, bandoneonista y una de las primeras leyendas del tango.
- Enrique Maciel (1897-1962). Guitarrista, bandoneonista, pianista y director afro-argentino. Su vals "La Pulpera de Santa Lucía" (1929) es considerado "el himno, la obra emblemática de los valses criollos".
- Enrique Natividad de la Cruz (1898-1985). Bandoneonista que compuso el famoso "El ciruja", en el cual, como ya lo vimos, casi toda la lírica es en lunfardo. En su juventud fue boxeador.
- Joaquín Mauricio Mora (1905-1979). Compositor, pianista y bandoneonista.

Sin fechas conocidas (en orden alfabético):

- Luis Adrián Almeida, "El Negro Cototo". Bandoneonista que le enseñó a tocar el bandoneón a Juan-Maglio (Pacho), el que llegaría a adquirir gran fama.
- Floreano Benavento, "El Negro Eduardo". Guitarrista y bandoneonista.
- José "El Negro" Quevedo. Bandoneonista, trabajo con Arolas y Delfino.
- Sebastián "El Pardo" Ramos Mejía, considerado uno de los introductores del bandoneón en el tango, posiblemente el primer maestro de bandoneón en Buenos Aires. Maestro de Vicente Greco, que llegará a ser "el Gran Maestro" del bandoneón y tango en esa época.

"Malena canta el tango como ninguna
y en cada verso pone su corazón.
A yuyo de suburbio su voz perfuma.
Malena tiene pena de bandoneón.
O acaso aquel romance, que solo nombra
cuando se pone triste con el alcohol.
Malena canta el tango con voz de sombra.
Malena tiene pena de bandoneón".
MALENA (1942)
Música: Lucio Demare
Letra: Homero Manzi

Sexteto y la futura Orquesta Típica

Al agregarse piano y contrabajo, y encima al *duplicarse* ambos, tanto el violín como el bandoneón, se constituye *el sexteto*, en el que inicialmente las parejas citadas, los binomios tangueros, tocaban al unísono sus respectivas partes, para pasar en seguida a los pasajes a dos voces diferenciadas, con variaciones, fraseos y arrastres de los "fueyes", contándose ya con el concurso de excelentes ejecutantes, como Maffia, Láurenz, Petrucelli, Minotto y muchos otros. Se ha afirmado que los recursos expresivos del bandoneón se enriquecieron con el genio creador de Pedro Maffia, introduciendo el fraseo, que es la elasticidad del intérprete alargando o acortando notas, matizando el volumen sonoro, de los "pianissimos" a los "fortissimos", y eclipsando definitivamente el sonido aflautado de los instrumentistas de la Guardia Vieja.

"Lástima, bandoneón, mi corazón
Tú ronca maldición maleva
Tu lágrima de ron me lleva
Hacia el hondo bajo fondo
Donde el barro se subleva".
LA ÚLTIMA CURDA (1956)
Música: Aníbal Troilo
Letra: Cátulo Castillo

Los grandes bandoneonistas del tango argentino

Para muchos de los músicos del tango, su especialidad fue el bandoneón, donde mostraron una genialidad musical inigualable, cada uno dándole una característica particular a sus interpretaciones, las que han sido si no difícil, casi imposible de igualar desde entonces. Entre los más destacados:

En orden cronológico

- Juan Maglio "Pacho" (1880-1934)
- Arturo Bernstein (1882-1935)
- Domingo Santa Cruz (1884-1931)
- Genaro Espósito (1886-1944)
- Luis Bernstein (1888-1966)
- Vicente Greco (1888-1924)
- Augusto Berto (1889-1953)
- Bachicha (Deambroggio, Juan Bautista, 1890-1963)
- Carlos Güerino Filipotto (1890-n/d). Bandoneonista y compositor.
- Eduardo Arolas (1892-1924). "El tigre del bandoneón".
- Víctor Lomuto (1895-1959)
- Anselmo Aieta (1896-1964)
- Osvaldo Fresedo (1897-1984)
- Minotto Di Cicco (1898-1979). Director de orquesta, bandoneonista y compositor uruguayo.
- Pedro Maffia (18991967)
- Paquita Bernardo (1900-1925). La primera mujer bandoneonista.
- Pedro Laurenz (1902-1972)
- Carlos Marcucci (1903-1957)
- Francisco, Fiorentini (1905-1955)
- Ciriaco Ortiz (1905-1970)
- Miguel Caló (1907-1972)

- Lucas Demare (1910-1981)
- Aníbal Troilo “Pichuco” (1914-1975)
- Héctor Varela (1914-1987)
- Enrique Alessio (1918-2000)
- Astor Piazzolla (1921-1992)
- Leopoldo Federico (1927-2014)
- Enrique Daniel Lomuto (1934-1994)

La composición de la orquesta típica y sus bandoneones

Esta complejidad melódica-rítmica-armónica, será fortalecida más adelante con la incorporación del piano, en sustitución de la guitarra, y el desarrollo de una técnica de ejecución especialmente tanguera, fundada en la percusión rítmica. De este modo la base instrumental del tango queda definida como trío de bandoneón, piano y violín.

Sobre estos instrumentos se conforma la orquesta típica de tango en los años veinte y se consolidada en forma de sexteto integrando el piano, dos bandoneones, dos violines y contrabajo. La orquesta de tango sigue el mismo esquema, ampliando el grupo de bandoneones, y agregando violas y violoncelos al grupo de las cuerdas. Sobre la base de sus instrumentos básicos y ampliando el grupo de bandoneones, y también agregando violas y violoncelos al grupo de las cuerdas.

Se conforma así la Orquesta Típica de tango:

- Piano.
- Dos o tres bandoneones.
- Dos o tres violines.
- Contrabajo (Francisco Canaro fue el pionero en la incorporación del contrabajo a la orquesta de tango).

En 1924, Francisco Canaro concibió la ocurrencia de incorporar a un cantor a la orquesta, aunque solo para entonar los estribillos, breve tema central de cada tango. Sin imaginar sus efectos posteriores, Canaro daba así inicio a una nueva modalidad en el tango, la era de los “estribillistas” o “chansonniers”.

En el capítulo que sigue recordamos a un antecesor, si se quiere, de la radio y los modernos equipos digitales que no crean, sino que más bien difunden el tango. Una responsabilidad muy importante y que comenzó con esta caja tan humilde, simple y primitiva, ambulante, generalmente apoyada al suelo en cuatro palos de madera, e inconmensurable con el crucial papel que jugó: El organito callejero.

TANGO Y DIFUSIÓN: EL ORGANITO CALLEJERO

"Has vuelto organillo.
En la acera hay risas.
Has vuelto llorón y
cansado como antes.
El ciego te espera
las más de las noches sentado
a la puerta. Calla y escucha. Borrosas
memorias de cosas lejanas
evoca en silencio, de cosas
de cuando sus ojos tenían mañanas,
de cuando era joven...la novia...¡quién sabe!

Alegrías, penas,
vividas en horas distantes. ¡Qué suave
se le pone el rostro cada vez que suenas
algún aire antiguo! ¡Recuerda y suspira!
Has vuelto, organillo. La gente
modesta te mira
pasar, melancólicamente.

Pianito que cruzas la calle cansado
moliendo el eterno
familiar motivo que el año pasado
gemía a la luna de invierno:
con tu voz gangosa dirás en la esquina
la canción ingenua, la de siempre, acaso
esa preferida de nuestra vecina
la costurerita que dio aquel mal paso.

Y luego de un valse te irás como una
tristeza que cruza la calle desierta,
y habrá quien se quede mirando la luna
desde alguna puerta.

¡Adiós, alma nuestra! parece
que dicen las gentes en cuanto te alejas.
Pianito del dulce motivo que mece
memorias queridas y viejas.

Anoche, después que te fuiste,
cuando todo el barrio volvía al sosiego
-qué triste-
lloraban los ojos del ciego".

HAS VUELTO

Evaristo Carriego, poema 1913

El organito callejero como medio de difusión del tango

Man with street organ and monkey on chain (Overpeck (photographer, Hamilton, Ohio, USA). 1892).

El organito fue el gran difusor del tango en sus orígenes en los arrabales y el centro de Buenos Aires. A su vez, los autores lo incluyeron en varios de sus títulos y letras. Entre los más conocidos podemos mencionar: "El Porteñito", "Organito de la tarde", "Ventanita de arrabal" y "El último organito". Los primeros tangos de los organitos fueron "El otario", "Nueve de Julio" y "La Morocha". Hoy es difícil encontrar algún cilindro[1] que los cuente entre sus temas.

"Al paso tardo de un pobre viejo
puebla de notas el arrabal
con un concierto de vidrios rotos
el organito crepuscular"

ORGANITO DE LA TARDE

Música: Cátulo Castillo

Letra: José González Castillo

Tango 1924

Definición[2]

El organillo es un instrumento musical portátil inventado a principios del siglo XIX en Inglaterra. Muy popular en las ciudades españolas de fines del 1800 y principios del 1900, alcanzaron notable divulgación en el Río de la Plata durante la misma época, diluyéndose su atracción después de 1930. Los hubo de dimensión reducida para llevar colgados del cuello y de mayor tamaño, con tren de ruedas y tirados por un caballo. Llevaba, además, un estrecho cajón con cédulas (tarjetas de la suerte) que una cotorrita o un monito extraía a una orden del organillero. En ocasiones, los más completos lucían tambor y platillo y una angosta vitrina en la cual danzaban al son de la música unas figuras de cera, de madera o de trapo. Los más famosos y llamativos pertenecieron a la flota de la empresa Rinaldi-Roncallo que contribuyó a la difusión callejera de los tangos hasta 1910. Fue tema de numerosos poetas y letristas. Pero no pudo sobrevivir muy bien en competencia con las nuevas tecnologías (gramófono, radio). El primer volumen de poemas de Celedonio Esteban Flores se tituló, precisamente, *Mientras pasa el organito*.

"Las ruedas embarradas del último organito
vendrán desde la tarde buscando el arrabal
con un caballo flaco y un rengo y un monito
y un coro de muchachas vestidas de percal"
EL ÚLTIMO ORGANITO (Tango, 1949)
Música: Acho Manzi
Letra: Homero Manzi
Orquesta Típica Aníbal Troilo - Edmundo Rivero

Siendo su origen mucho más temprano que los avances de la tecnología, es el único instrumento no electrónico que puede reproducir música. También, aunque sea obvio y redundante, aclaremos. El organito es un medio de difusión/reproducción (como lo son, por ejemplo, la radio o un CD), y no un medio de interpretar música (como lo son el piano o el bandoneón). El organito es un instrumento musical de percusión y cilindros (como el piano de cilindro) que tiene, además, fuelles y tubos, y que suena con el aire de esos fuelles. Es un instrumento musical que funciona mediante un cilindro con púas, que, al girar, impulsado por una manivela exterior, hace sonar un conjunto de lengüetas de distintos tamaños que producen distintos sonidos. La fabricación integral y la creación de diseños y modelos propios en la Argentina, y singular en Latinoamérica, es sin duda distintiva del taller de los músicos y artesanos La Salvia. El taller cesó su actividad comercial en 1984.

En 1925 se filmó la película nacional "El organito de la tarde", sobre el tango del mismo nombre. En YouTube hay muchos videos de música interpretada por organillos. Se lo definió como un "piano con manubrio" y a pesar de que solo podían ofrecer un repertorio musical escaso, fueron muy populares en ciudades europeas, especialmente las españolas y también en Latinoamérica, como organito (término acuñado en el Río de La Plata) u organillo, según el país. Algunos especialistas en España reservan el término *organillo* más bien para música clásica. Esta denominación se aplicó tanto a los pequeños y portátiles organitos callejeros como a los grandes órganos mecánicos que se emplazaban en calesitas, parques de diversión o lugares de baile.

El modesto organito fue uno de los primeros difusores de la música del tango, ya fuere en la calle, en los barrios populares o en los prostíbulos, y, en ocasiones, incluso como reemplazo de los conjuntos estables cuando no podían actuar. Escritores argentinos de la talla de Jorge Luis Borges y Ernesto Sábato también lo incluyeron en su obra, aunque el gran poeta del arrabal porteño, Evaristo Carriego, que los precedió cronológicamente, permaneció apegado a la palabra organillo. En Argentina incluso se le dedicó un lugar especial, el Museo del Organito Argentino-La Salvia.

Organillero.

El Organillero. En Buenos Aires a fines del siglo XIX (Argentina. Archivo General de la Nación. Departamento Documentos Fotográficos/ Consulta_INV: 280554_A).

Héctor Manuel Salvo fue el último organillero de la ciudad de Buenos Aires. (Monisalvo). (2013). Monisalvo (https://commons.wikimedia.org/wiki/File:Manu_Balero.jpg), „Manu Balero", https://creativecommons.org/licenses/by-sa/3.0/legalcode)

Notas

1 Aquí usado como sinónimo de organillo.
2 Ferrer, Horacio. Extraído y adaptado de: http://www.eltangoysusinvitados.com/2013/09/organito-organito-callejero.html

En el capítulo siguiente examinamos ese milagro de la tecnología y su rol en el momento preciso en que el tango crece y sale al mundo: la difusión a través del gramófono y la radio, que llevan el tango a todas partes, incluso a los hogares humildes de la clase trabajadora.

TANGO Y DIFUSIÓN: EL GRAMÓFONO Y LA RADIO LLEVAN EL TANGO A LOS HOGARES

La tecnología y la música se encuentran (y se unen en matrimonio)

"Contando sus proezas en un boliche
Un guapo que de grupo se hizo cartel,
A giles engrupía pa' chupar de ojo
Con famosas hazañas que no eran de él.
Conocedor de frases y de modales
De la jerga fulera del arrabal"

AS DE CARTÓN (1930)
Música: Luis Viapiana / Juan Manuel González
Letra: Roberto Aubriot Barboz
Canta Carlos Gardel con guitarras de Aguilar, Barbieri y Riverol

Preguntas y satisfacciones

¿No fue esa también la época en que se inventaron el fonógrafo, la radio y el cine? ¿Cuánto influyeron en el tango?

Respuesta breve

Sí, a la primera pregunta, y muchísimo a la segunda. Efectivamente, estos avances tecnológicos revolucionarios para la época (el fonógrafo, el gramófono, la radio y el cine mudo primero y luego con sonido) jugaron un papel muy importante en el desarrollo y, sobre todo, en la difusión del tango, de sus creadores y de sus intérpretes. Hablaremos sobre todo esto con más detalle en lo que sigue en este capítulo.

Tecnología y tango. El hombre se acerca a la máquina

En el campo del progreso humano, apareció como de la nada esa tecnología fría, imperturbable, algo que en principio no tenía ninguna vinculación aparente con el tango, ni con su belleza ni su emoción, tanto en el baile como en su poesía. Y, sin embargo, tendría mucho que ver con lo que ocurriría con el tango en las generaciones venideras.

Siempre pensamos que la tecnología es algo inerte, alejado de la belleza de la vida. Pero sin la tecnología el acceso al arte es limitado. El tango en nuestro caso había llegado a tomar una posición -aunque todavía muy precoz y precaria- en la historia de la sociedad, precisamente, en el momento en que la tecnología aparecía. Fue como el encuentro fortuito y feliz de dos experiencias humanas no relacionadas, que cayeron una en los brazos de la otra. El éxito del tango en el Río de la Plata primero, y en el resto del mundo luego, sería muy difícil de imaginar si este encuentro fortuito no hubiera ocurrido. Nos referimos, por supuesto, a algo ajeno, en apariencia, a la tecnología del sonido y su difusión. De esta manera, varios acontecimientos empiezan a modificar la trayectoria del tango y entra en escena la Guardia Nueva (ca 1917). El efecto sería por dos caminos paralelos que, sin embargo, se entremezclan, la radio y el disco de grabación. Ambos contribuirían a la difusión del naciente tango como ningún género musical lo había experimentado aún en la historia.

La revolución en la tecnología musical

Fonógrafo, gramófono, radio, micrófono, discos de grabación, cassete, CD, audio y el mundo digital en general, son factores fundamentales en la difusión.

El alcance de la música al gran público, en la historia del hombre, no fue posible hasta muy recientemente. Pensemos por un momento en la época antigua o en la edad media, donde un individuo solo tenía acceso a escuchar música si estaba de cuerpo presente, en ocasiones especiales, y mientras en esos precisos momentos, algún instrumento musical, interpretaba alguna melodía. Esto podía ocurrir, por ejemplo, en un acontecimiento en la corte, o en festivales religiosos, o si era de la clase alta con su presencia en algún palacio o en la mansión de algún poderoso de la época, que podía darse el lujo de tener sus propios músicos. La otra posibilidad era que ese individuo, excepcionalmente, fuera él mismo un compositor y tuviera su propio instrumento.

Pero en todos estos ejemplos posibles, la música se escuchaba solo en circunstancias muy definidas y estando el escucha de cuerpo presente, o sea una *limitación de espacio y tiempo oportunos.*

Todo lo que vino, siglos después, fue algo extraordinario. El mundo limitado en cuanto a la difusión de la música en la sociedad humana fue abriéndose de a poco, hasta que desde finales del siglo XIX la tecnología comenzó un avance que fue cambiando todo en forma espectacular. Hoy disfrutamos estos avances sin prestarles mucha atención a su desarrollo anterior, pero en realidad han sido una verdadera revolución en la historia de la humanidad.

Cultura y el milagro de la tecnología

En la historia del mundo la difusión musical, tanto clásica como popular, estuvo siempre limitada a una presentación in situ, es decir en un lugar físico presente, en el ahora y aquí. Esto debido a la ausencia de una tecnología que se desarrollaría solo a fines del siglo XIX y que nos liberó, en una proyección multi-milenaria, de esta atadura al tiempo y espacio presentes. De ahí en adelante la música como expresión humana ha estado a nuestro alcance libremente, en el momento y lugar físico que nosotros elijamos.

Veamos algunos hitos en esta sucesión de innovaciones y sus efectos en las sociedades inmediatas:

Un instrumento caro: El piano, así como otros instrumentos musicales, fue por algunos siglos una forma de interpretación y de difusión musical, ya fuese en un concierto o en los propios hogares, aunque muy limitado en su alcance, y al que solo los privilegiados de una clase social pudiente tenían acceso. O sea, solo para las clases adineradas; y como ya se expresó, solo en determinados momentos y lugares: espacio y tiempo.

Grabar y reproducir el sonido: La revolución tecnológica de verdad comenzó con el fonógrafo, inventado por Thomas Alva Edison en 1877, sumándose luego el gramófono, patentado por Emile Berliner en 1888. Claro que solo estuvo disponible para aquellos que podían costearse este aparato, aunque ya mucho menos oneroso que un piano, un violín u otro instrumento musical.

Difusión radial: El invento de la radio se debe a un conjunto de genialidades (Nicola Tesla, Alexander Popo, Julio Cervera), incluyendo al italiano Guillermo Marconi (1874-1937), quien fue el que la comercializó (Marconi fue también inventor de la telegrafía inalámbrica, lo que le significó obtener el Premio Nobel de Física en 1909). La radio, mucho menos costosa a su vez que el fonógrafo y gramófono, disponible al gran público, constituyó un avance gigantesco en la difusión musical, que no se ha detenido hasta el día de hoy. Cabe destacar que en agosto de 1920 se realizó, por primera vez, a modo de programa de entretención, una transmisión radial. Sucedió en Buenos Aires, Argentina, desde la azotea del Teatro Coliseo.

Cultura musical en las clases pudientes. El costoso piano

Antes de la invención del gramófono, el piano era el único medio posible de traer y difundir la música clásica en los hogares burgueses a través de transcripciones de grandes sinfonías y óperas. Ya en el siglo XVIII, el material impreso musical àl'usage des dames, apto para principiantes y aficionados de la música, estaba cada vez más disponible. Las señoras amantes de la música eran grandes consumidoras de dichos productos, y las reuniones sociales organizadas por ellas eran importantes centros de difusión musical.

En el siglo XIX y comienzos del XX, Argentina siguió esta tendencia socio-musical con mucho éxito, pero limitándose a las clases pudientes, que podían, por un lado, poseer un piano y, por el otro, costear la educación de sus hijas en la música clásica. Conspicuas damas de la sociedad argentina acostumbraban aprender y tocar con devoción la música clásica, pero inevitablemente prestaban también atención a los nuevos géneros que se iban gestando en ambientes populares, en la clase baja, en especial por sus connotaciones picarescas. Todavía quedan numerosos documentos que muestran la síntesis cultural que se estaba produciendo en la Argentina musical de principios del siglo XX. Estaban compuestas en 2/4, como lo prescribía el tango, pero su estructura formal no estaba aun totalmente definida. Sus dimensiones eran variables y su manejo melódico y armónico se inspiró indistintamente en viejas marchas militares desconocidas, ya fueran vienesas, polcas o valses, así como en piezas tradicionales de Schumann, Grieg, Mendelssohn o Chopin. Y lo que era escuchado, bailado y cantado en las calles, gradualmente se fue integrando con estudios formales de Conservatorio.

En el siglo XIX, la aparición de un mercado de consumo de la cultura, como consecuencia de la revolución industrial, provocó un crecimiento geométrico en la fabricación de pianos y la impresión de partituras. En Argentina, gracias a los esfuerzos incansables de Max Glücksmann y otros innovadores, el tango quedó al alcance de todos los sectores de la sociedad.

Historia y tecnología

Amplificación de la voz: El micrófono, creado por una sucesión de mentes brillantes inventaron una secuencia de versiones mejoradas de este instrumento primitivo, que luego perfeccionaron muchos inventores en las décadas siguientes, hasta hacerlo un mecanismo simple y eficiente en la amplificación y transmisión de la voz humana, incluyendo su valioso uso en las grabaciones musicales. Tomó muchos años poder llegar a diseñar un micrófono que fuera satisfactorio. El físico alemán Johann Philipp Reis, es considerado por muchos como el inventor del micrófono, en 1861. Luego el inventor americano Elisha Gray produjo varias innovaciones importantes, y en 1876 Alexander Graham Bell lo modificó aún más logrando la primera transmisión clara, inteligible de la voz humana. Lo sucedieron David Edward Hughes en 1878 y luego Thomas Alva Edison en 1886, que inventó un micrófono simple y de bajo costo, pero al mismo tiempo durable y eficiente, que además formó la base para las transmisiones telefónicas en millones de teléfonos en todo el mundo. Finalmente, vinieron muchos otros hasta llegar a la maravilla de los micrófonos modernos de hoy. Pensemos por un momento en la increíble miniaturización del micrófono digital en los teléfonos celulares, ¡y con el cual podemos grabar, por ejemplo, un mensaje de alta fidelidad!

La industria discográfica: Por su parte, esta industria, amplió en una medida gigantesca, las limitadas audiencias propias de las salas de concierto y teatros de ópera revolucionando el arte de la apreciación musical. Los críticos musicales agudizaron su percepción de las opiniones del público en un grado que el gran Schumann, por ejemplo, no hubiera sospechado.

La aparición del cassete y el CD: A principios de los años '70, apareció el cassete y luego en los '90 el CD, que lo desplazó. Lo mismo había ocurrido antes con el disco de vinilo, dominante en las décadas del '50 al '80, y que a su vez había sido desplazado por el cassete. Aunque en los últimos 10 años el vinilo ha reaparecido con mucho entusiasmo gracias a los musicófilos[1].

"En tu mezcla milagrosa
de sabihondos y suicidas
yo aprendí filosofía... dados... timba
y la poesía cruel
de no pensar más en mi..."
CAFETÍN DE BUENOS AIRES (1948)
Música: Mariano Mores
Letra: Enrique Santos Discépolo
Roberto Goyeneche con la Orquesta Típica Porteña

El fonógrafo: El norteamericano Tomás A. Edison (USA, 1877) fue el que construyó y patentó por primera vez un medio para poder grabar el sonido y luego reproducirlo a voluntad. Lo llamó *fonógrafo*, y era un cilindro de cera en posición horizontal. Este era un sistema muy primitivo, precario y limitado, para los niveles con que progresaron las técnicas de grabación más tarde. El medio de grabación usado, el papel de estaño fue el primero (tin-foil). Luego le siguió el tubo de cartón parafinado y un poco más tarde, en 1890, el cilindro de cera macizo, que sería el feliz encargado de comenzar con la difusión comercial fonográfica.

Gramófono: En 1888, once años después del invento del fonógrafo por Edison, un ciudadano judío-alemán llamado Emilio Berliner, radicado en la ciudad de Washington, registraba y patentaba una máquina parlante que también grababa y reproducía el sonido. Pero con la diferencia significativa que no usaba el cilindro como soporte de la grabación, sino un disco plano. Además, la impresión se efectuaba en el surco por amplitud lateral y no como en el cilindro que se hacía en forma vertical. A esa máquina parlante Berliner la bautizó con el nombre de *gramófono*. Las ventajas de este invento fueron evidentes comparadas con las del fonógrafo y su cilindro. Mientras que, con una sola toma, el gramófono podía prensar miles de copias a partir de esa única matriz, el fonógrafo en cambio necesitaba, por ejemplo, para producir 500 cilindros, ejecutar 25 veces el mismo trabajo y grabarlos directamente de manera simultánea en 20 fonógrafos.

"Llora, llora corazón,
Llora si tienes por qué,
Que no es delito en el hombre,
Llorar por una mujer"
ANGUSTIA (1925)
Letra y Música: Horacio Pettorossi
Grabado por Carlos Gardel con guitarras.

Gramófonos, discos y radio: Hay que recordar que entre la aparición del fonógrafo y luego los discos grabados, y el advenimiento de la radio al gran público, transcurrieron unas tres décadas. El público solo podía escuchar a los artistas de su agrado a través de los discos (la radio recién llegaría a los hogares en Argentina a partir de 1920), y únicamente podía verlos en sus presentaciones en vivo o conocerlos a través de una fotografía en alguna publicación.

Gardel y Corsini en la radio.

La radio, la otra gran maravilla tecnológica: Las primeras transmisiones para entretenimiento regulares, comenzaron en 1920 en Argentina y Estados Unidos. Al igual que en el caso del fonógrafo y del gramófono, la radio evolucionó desde una tecnología primitiva a pasos agigantados, lo que le permitió llegar a ser el principal -y el único- medio de comunicación masivo por los siguientes 30 años. Su predominio fue total hasta la aparición de la televisión en los años '50, y más tarde el mundo digital y los computadores.

Sofía Bozán en la radio (Argentina. Archivo General de la Nación. Departamento Documentos Fotográficos/ Consulta_INV: 2335_A).

El gramófono y la radio. Sus efectos en la sociedad

Cabe mencionar a dos escritores de renombre que hacen referencia a este milagro tecnológico y el efecto en la cultura mundial. El mundo ancho y ajeno, se maravilló de poder ahora disponer de cualquier música en cualquier lugar y en cualquier momento, como está expresado muy bien en el párrafo siguiente.

Thomas Mann (1875-1955), Premio Nobel de Literatura en 1929, en su obra magna *La montaña mágica* (1924), manifiesta su admiración por esa invención extraña, el *gramófono:* "Los cantores que él (*Hans,* el protagonista) escucha (en el sanatorio, en Suiza), pero no los puede ver, sus presencias corporales (en realidad) residen en América, en Milán, en Viena, en San Petersburgo, más bien pueden residir donde les guste, porque lo que él (*Hans*) tiene es la mejor parte de ellos, sus voces…, y sin los inconvenientes de tener que estar cerca de ellos físicamente (o tener que viajar para escucharlos)…".

Caras y Caretas: semanario festivo, literario, artístico y de actualidades. Año II, núm. 65, 30 de diciembre de 1899. Fonógrafos genuinos de Edison.

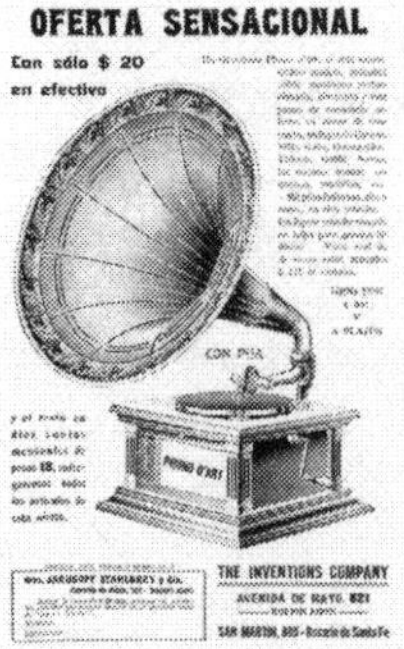

Caras y Caretas: semanario festivo, literario, artístico y de actualidades. Año XIV, núm. 689, 16 de diciembre de 1911. Grafófono Phono D'Art 1911

Por otro lado, Herman Hesse (1877-1962), Premio Nobel Literatura en 1946, casi al mismo tiempo lo expresa en su provocativo libro *El lobo estepario* (1925): "También habló de su sobrino, y me enseñó en la habitación de al lado su último trabajo hecho en una tarde de fiesta, un aparato de radio…, arrebatado por la idea de la transmisión inalámbrica, adorando de rodillas al dios de la tecnología, que después de millares de años había logrado descubrir. Por ejemplo, se puede oír en Frankfurt o en Zúrich la música de París o de Berlín…, y además oír todo lo que alguna vez haya existido…". Y en cuanto al *gramófono*: "Que ahora en mi cuarto (en Berlín, junto a mis apreciados libros clásicos) en mi refugio, habían de resonar piezas de moda de bailes americanos y que además a sus sones había yo de bailar, era realmente mucho…".

La tecnología, la industria y el arte musical

Con el avance tecnológico aparece la industria discográfica y con ella el desarrollo de toda la música, y en especial del tango. La comercialización de la tecnología produce los sellos grabadores -recién aparecidos- que, con mucha visión comercial, contrarios a la ideología de las clases dominantes, se interesaron por la música venida del arrabal. Entre estos Pathé, Marconi, Gath y Chaves, en su mayoría efímeras, fueron algunas de las marcas de discos que se disputan el nuevo comercio del tango grabado. Serían absorbidas, un poco más tarde, por las tres grandes compañías internacionales: Columbia, (RCA) Víctor y Odeón, que vendrían a acaparar a casi todos los conjuntos y cantantes.

In England, artist Francis Barraud (1856-1924) painted his brother's dog Nipper listening to the horn of an early phonograph during the winter of 1898. Victor Talking Machine Company began using the symbol in 1900, and Nipper joined the RCA family in 1929. (Francis Barraud). (1895). El perrito de la RCA mirando y "escuchando" el fonógrafo (una anécdota real).

1900. El (nuevo) profesionalismo en el tango

El tango vence todo género de resistencias sociales y culturales. Alrededor de 1920 y en parte importante de la transición a la Guardia Nueva, aparece un hito nuevo y renovador en la narrativa del tango. Con el nuevo medio de difusión se inicia el profesionalismo. Se gana algo y se pierde algo, como muchas otras cosas en la vida. Poco a poco el tango se aleja de su sentido y estructuras espontáneas. Los conjuntos callejeros entusiastas, de dos o tres instrumentos, evolucionan. Se hacen serios y organizados, ahora son educados, terminan creciendo con una musicalidad muy rica, y organizándose en lo que llegaría a ser la orquesta típica, un conjunto orquestal coherente y refinado, cuyo plan de realización implica un sentido ordenador, precursor de los conceptos modernos. Este conjunto aparece integrado por músicos innovadores en sus instrumentos. Estamos en plena Guardia Nueva.

La industria discográfica

Amplió, en una medida gigantesca, las limitadas audiencias propias de las salas de concierto y teatros de ópera, y revolucionó el arte de la apreciación musical. Todos los amantes de la música pudieron profundizar en su conocimiento del repertorio sinfónico y operístico. Los críticos musicales agudizaron su percepción de las opiniones del público en un grado que el gran Schumann, por ejemplo, no hubiera sospechado. Sus comentarios fueron impresos en los sobres de los registros que llegaron a millones de personas. Todos los directores y cantantes más famosos tuvieron innumerables seguidores. Más de cien años más tarde, es difícil para nuestra generación apreciar, en toda su cuantía, lo que esta revolución cultural significó. Obras maestras de la ópera, sinfónicas y música de cámara llegaron a ser accesibles a todos los oídos y presupuestos, y un amplio público cada vez mayor desarrolló criterios más maduros de apreciación musical.

Odeon Factory, Buenos Aires, 1930s.

También el cine "mudo" habla y canta

En las primeras dos décadas del siglo XX, el negocio del sonido incluyó, también, los teatros de cine mudo empleando orquestas de tango en vivo como acompañamiento a las películas mudas. Los conjuntos tocaban, incluso, durante los intermedios, y muchos porteños asistían a las salas de cine tanto para ver las películas como para gozar de la hermosa música del tango. Esta era la época cuando las partituras se vendían en grandes cantidades[2].

Radio "versus" vinilos

La aparición de la radio, unas tres décadas después del gramófono y los discos de grabación, a partir de 1920, redujo las ventas de discos y causó un pánico dentro de la industria discográfica, pero pronto se hizo evidente que los nuevos medios estaban promoviendo la música en lugar de restringirla, y los récords de ventas se recuperaron. En 1935, más de una docena de estaciones radiales, en Buenos Aires y sus alrededores, transmitían, en vivo, tangos ejecutados por sus propias orquestas.

A Pathé Frères cylinder phonograph, one of the earliest Pathé-manufactured models. The model design closely resembles the Columbia model B ("Eagle") phonograph, which it was based on. Taken from a facsimilereprint. 1898. Fonógrafo Pathé Un fonógrafo de cilindro Pathé de 1898, un diseño muy parecido al de Columbia "Eagle". En 1905, con los avances de la tecnología, adoptaron la variante de discos de grabación.

Algunas curiosidades: del disco Pathè[3] al "long play"

Los primeros discos europeos que se conocieron eran de la marca Pathé, alrededor del 1900. Eran de pasta, de 78 revoluciones por minuto (RPM) y tenían dos características muy curiosas y distintivas comparadas con las de otros sellos grabadores. La púa tenía una bolita en su extremo y el disco comenzaba a escucharse ¡desde el centro a la periferia! Es decir, en sentido inverso al habitual. Claro, los de Pathé deben haber dicho que ellos estaban en lo correcto, los demás estaban equivocados, ya sabemos cómo se mueve el mundo… En todo caso, eran discos de muy buena calidad, que comenzaron a grabarse en 1906, grabaciones acústicas en las que podían oírse a "Los Gobbi" y a Enrico Caruso. A veces, solo estaban grabadas en una cara, no eran dobles.

Se conocieron también los viejos discos Atlanta, con una hermosa etiqueta. Los grababa Juan Maglio "Pacho", pero el ruido que hacía la púa transformaba la audición en una tortura. Otra marca europea fue Odeón, donde grababan Francisco Canaro y Carlos Gardel; eran aceptables, siempre en la época acústica. De todas maneras, las púas de metal se gastaban rápidamente. Se las giraba para extender su duración, pero eso significaba transformarlas en un instrumento que desgastaba el disco, alterando el surco y brindando un sonido lamentable. En 1926 aparecieron las grabaciones eléctricas, lo que trajo una mejora notable en la calidad. Los discos de 78 RPM tenían dos medidas, de 30.5 centímetros, con grabaciones de cuatro minutos de duración. Se grababa música clásica, pero también grabaciones de Francisco Canaro con su orquesta sinfónica. En los comunes de 25 centímetros, las grabaciones alcanzaban hasta tres minutos 20 segundos. Por eso se decía que los tangos contaban una historia en tres minutos. También podían ser simples o dobles. En el primer caso, había una sola etiqueta. Estos discos eran muy frágiles y con mucha frecuencia se malograban, colecciones o conciertos, al fisurarse o quebrarse. Por otro lado, al escucharlos, el brazo fonocaptor o *pick-up* se deterioraba. En 1948 apareció el *long play*, un disco de vinilo de 30.5 centímetros de diámetro con una capacidad por lado de 20 a 25 minutos. No fue el único tamaño. Los había de 25 centímetros y 17.5 centímetros. La velocidad más popular fue la de 33 1/3 RPM, pero también fue popular la de 45 RPM. La velocidad de 16 RPM no fue exitosa con la música, pero sí con lectura de libros y cuentos infantiles.

Más curiosidades: la victrolera[4]

En la década del 30, era habitual escuchar en los cafés, música de tango en vivo interpretada por cuartetos o sextetos típicos. Pero en otros establecimientos, el palco era ocupado por la victrolera. El palco de madera al cual se ascendía por una escalera también de madera era el sitio donde reinaba la victrolera durante la noche. Vestida con una blusa blanca y una pollera negra cortona, por encima de las rodillas, se sentaba al lado de una Victrola, un aparato de madera que alojaba el plato giradisco y los parlantes acústicos.

La victrolera elegía un disco de pasta, de 78 RPM, lo colocaba sobre el fieltro del plato giradisco frenado, y daba vueltas a una manija lateral, activando el mecanismo a cuerda. Al finalizar, le colocaba al *pickup* una púa de acero, soltaba el freno y colocaba el *pickup* sobre el disco comenzando la difusión. Se sentaba en la silla, cruzaba las piernas y los asistentes dirigían su mirada a esa silla, durante tres minutos. En el ínterin, la victrolera sonriente y callada, observaba a los asistentes, disimulaba un bostezo y leía una revista. Cuando la victrolera subía al palco, se corrían las cortinas de las ventanas, impidiendo ser vista desde el exterior. La concurrencia solicitaba a gritos determinadas grabaciones; otros enviaban tarjetas con el nombre de una orquesta preferida (y a veces el agregado de una invitación para una cita). La llegada de los aparatos eléctricos con 20 discos, accionados por una moneda de 10 centavos, contribuyó a la desaparición de este personaje singular de ese Buenos Aires que se fue.

Tiempo y espacio. Música a cualquier hora y lugar

Se trata de un mundo nuevo, inimaginable hasta hace poco tiempo. El "cloud streaming" (el flujo de información desde el etéreo mundo cibernético de las computadoras) representa una revolución aún más grande que la que trajeron los CD o el MP3. Además, esa revolución digital, de los CD o MP3, hizo que la música fuera más barata de comprar y fácil de transportar. Así, hace menos de diez años, si uno quería escuchar una canción específica, compraba un CD o MP3. Esto significaba que tenía que elegir qué canción quería comprar, lo que a su vez implicaba no comprar otras canciones que tal vez también le hubiera gustado tener en su repertorio. De esta forma, en ese entonces, una persona digamos con U$10 para gastar, podría haber comprado cinco o seis canciones, o si era un coleccionista, un álbum.

En estos momentos, en cambio, la revolución tecnológica actual ha magnificado y transformado este fenómeno social desde sus propias raíces. Ahora, con esos mismos U$10, esa persona puede suscribirse a un servicio de "streaming"[5] por un mes y escuchar esas mismas cinco o seis canciones que habría comprado antes con ese dinero, y 20 millones más. En nuestro caso, eso quiere decir que gracias a esta tecnología del "streaming" podemos escuchar con las subscripciones a esos servicios todos los tangos que queramos a cualquier hora del día y en cualquier lugar, y a la vez compartirlos con las personas alrededor nuestro. También se pueden escuchar gratuitamente, y además verlos, en YouTube u otros servicios similares. Nuestros bisabuelos que asistieron al nacimiento del tango nunca podrían haberse imaginado esta increíble revolución tecnológica.

Notas

1 Araujo, Carlos. "El Buenos Aires que se fue" (28 de junio de 2012). Extraído y adaptado.
2 Del autor: mi propia madre, Felisa Gurovich de Wisnia (QEPD), pianista de tangos y música clásica, como muchos otros amantes del género, mantenía su propia colección de cientos de estas partituras de tango.
3 Pathé de Paris, se convirtió, durante los primeros años del siglo XX, en la productora más grande de cine en el mundo, que aún continua hasta nuestros días, incluso como un importante productor de discos fonográficos.
4 Extraído y adaptado de "El Buenos Aires que se fue". Por Carlos Araujo (05 de mayo de 2011).
5 Streaming: Flujo. Difusión por Internet en este caso.

En el capítulo que sigue vamos a explorar la temática central del tango: su baile que, junto a la música y al tango-canción completan el tango en su maravillosa totalidad. No es necesario complicar los pasos de tango, lo importante es gozarlo con la pasión que el tango evoca junto a su pareja.

EL TANGO DANZA EN PLENA MAJESTAD

El hermano mayor del tango-canción

"Vos dejá nomás que algún chabón
chamuye al cuete y sacudile tu firulete
que desde el cerebro al alma
la milonga lo bordó.
Es el compás criollo y se acabó".
EL FIRULETE (Milonga, 1964)
Música: Mariano Mores y Fernando Caprio
Letra: Rodolfo M. Taboada.

TÉRMINOS LUNFARDOS EN EL ORDEN MENCIONADO:

Firulete: Paso de tango y milonga elaborado, complicado.
Chabón: Chapucero, inexperto.
Chamuyar: Igual que chamullar, conversar, platicar.
Chamuye al cuete: Hablar en el aire.
Cuete: Cohete, fuegos artificiales.

PREGUNTAS Y SATISFACCIONES

Se ve que hay mucho que explorar y aprender en relación al tango, su música, sus letras. ¿Qué se dice, entonces, de lo más importante, el tango bailado?

Respuesta breve

No se puede hablar de tango sin bailarlo. Nótese, sin embargo, que muchos de los tangos-canción, más conocidos, no se emplean en el tango danza, probablemente como una forma de concentrarse en la pasión del baile y no distraerse con las líricas poderosas y profundas. Mucha gente, aunque ajena a la cultura del tango, caen embrujados cuando lo ven bailar. Y no es para menos.

"Qué saben los pitucos,
lamidos y sushetas,
qué saben lo que es tango,
qué saben de compas?
Aquí está la elegancia,
qué pinta, qué silueta,
qué porte, qué arrogancia,
qué clase pa'bailar".

ASÍ SE BAILA EL TANGO (1942)
Música: Elías Randall
Letra: Elizardo Martínez Vilas

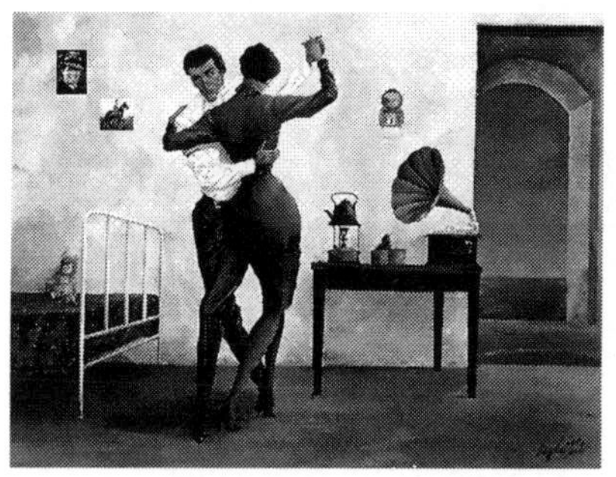

"Tango en el Bulín", de Sigfredo Pastor.

TÉRMINOS LUNFARDOS EN EL ORDEN MENCIONADO:

Pituco: Niño bien.
Lamidos: Peinados a la gomina.
Susheta: Elegante, un petimetre o dandy; también un informante de la Policía.
Pinta: Aspecto personal.

Hoy, y desde la década de los ochenta, el tango está furiosamente de moda otra vez. En ciudades de todo el mundo se encuentran multitudes atraídas por el misterio, la dulce melancolía, el placer sensual y la satisfacción social que el tango proporciona. Quieren informarse más. En un mundo lleno de ansiedad, su toque es un tónico.

LAS FRASES FAMOSAS

- "Is one supposed to dance it standing up?" Countess Melanie de Pourtales.
- "Es la historia de un amor en tres minutos".
- "El tango es la expresión vertical de un deseo horizontal".
- "El tango no es una danza, más bien una obsesión".
- "El tango no está en los pies. Está en el corazón.".
- "El tango es un pensamiento triste que se baila". Enrique Santos Discépolo. (1901-1951).

DOS EXPERIENCIAS DE TANGO BAILE, EL QUE UNO MIRA Y EL QUE UNO BAILA

En otras palabras, se distingue, actualmente, entre el "tango de escenario" y el "tango de salón", o de pista. Y diría con énfasis, que no tiene ninguna relación uno con otro, ni en calidad ni en experiencia personal.

TANGO DE ESCENARIO: En otras palabras, el tango como show (tango show, tango fantasía, los argentinos lo llaman también "tango para exportar") ejecutado por artistas profesionales que son bailarines eximios del tango, en exhibiciones públicas, caracterizados por muchos adornos, acrobacias y movimientos de "solista", ya sea en un show en vivo, en videos o en películas. Sin ánimo de apocar a nadie, este es el tango comercial, no el genuino. Es el tango para el turista, con alguna excepción[1].

TANGO SOCIAL: El "tango de salón, o de pista", es el que baila tanto el tanguero experimentado o cualquiera de nosotros, entusiastas del tango, aprendiendo a cualquier edad, y que lo bailamos para beneficio y satisfacción personal, es el placer de la pareja misma que lo está bailando.

"Tú me enseñaste a querer
También me enseñaste a amar,
Del tiempo estoy aprendiendo
El consuelo de olvidar"
ANGUSTIA (1925)
Letra y Música: Horacio Pettorossi
Grabado por Carlos Gardel con guitarras

Patricia Voglio con Oscar Prada Domecq.

Como ilustración de una experiencia personal del autor, va lo que sigue.

En una visita hace algunos años a Buenos Aires, mi esposa Vera y yo fuimos desde el hotel a un "show" de tango, publicitado en algún folleto de turistas. Perdonando la expresión tan fuerte, casi vomito ahí mismo. Muy profesional, pero sin pasión, los bailarines (y con todo respeto a su condición de bailarines a sueldo) con una sonrisa plástica, comercial, contratados precisamente para eso con el fin de entretener a los visitantes a la ciudad capital del tango (con perdón de Montevideo). Son los miles de turistas, con frecuencia carentes del idioma español, que no pueden apreciar la lírica y la pasión del tango, que visitan la hermosa ciudad de Buenos Aires, entre otras buenas razones para "ver bailar tango". Me atrevo a decir, con una expectativa también muy limitada de lo que el tango les puede ofrecer, que quedan muy contentos, satisfechos de ese *tango show*, convencidos de que, bueno, eso es el tango, y suficiente, movámonos a otra cosa, "*el tango ya lo vimos*". Valga la comparación con los turistas que visitan París, y luego de mirar (y espero, también admirar) aunque sin ver ninguna otra de las maravillosas obras de arte del museo, sino exclusivamente "La Mona Lisa", con esto "ya visitaron el Louvre", prosigamos al próximo lugar en la guía turística.

Entonces, Vera y yo, nos dimos cuenta, de que esto era para el público, para el turista, y no el tango verdadero. Así al día siguiente, en la forma más lógica, o sentido común, comenzamos a preguntar a la gente local, en los restaurantes donde cenábamos, por ejemplo, "¿dónde bailan Uds. (la gente porteña) el tango?" (no que miran, ni observan, sino más bien bailan). Creyeron en un primer momento que como otros turistas buscábamos un show, pero luego nos entendieron lo que en realidad queríamos, y terminamos esa noche en una tanguería porteña, *una milonga*, con una cantidad de gente "vieja", "arriba de los 50" (yo en ese entonces en mis sesentas) y sorpresa, también una cantidad de gente joven entre los 20 a 25, bailando (no mirando). Bailando y gozando el tango como buenos tangueros, o sea *gozando cada pareja para ellos mismos*, no como show para algún público.

Para los interesados, ya habíamos tenido una experiencia similar en Sevilla, España, cuando quisimos ver baile flamenco -ahí sí que no queda otra más que ver y observar, no es para que uno lo baile, para el visitante común y corriente-, al principio terminamos en un lugar horrible de turistas, pero más tarde, indagando, encontramos un lugar inigualable donde "va la gente local", un local muy modesto, con vino y pan solamente, pero con el mejor flamenco que he visto en mi vida.

El tango, baile universal como arma de seducción

Espectáculo de tango show en Buenos Aires. (Jenny Mealing). (2005). Jenny Mealing (https://commons.wikimedia.org/wiki/File:Tango-Show-Buenos-Aires-01.jpg), „Tango-Show-Buenos-Aires-01", https://creativecommons.org/licenses/by/2.0/legalcode)

En todo el mundo, "bailar un tango" es sinónimo de seducción, yo diría de seducción mutua. El tango es un arte complejo construido desde la danza. En las dos primeras décadas del siglo XX, el tango triunfó además de Argentina y Uruguay, en clubes nocturnos de París (Francia), en otros países latinoamericanos (en especial Colombia y Centroamérica) y luego en Nueva York, a donde lo introdujeron bailarines de la clase alta argentina, que por esnobismo solían frecuentar los sitios donde se practicaba en Buenos Aires. El tango comenzó a bailarse, entonces, en locales nocturnos de su ciudad de nacimiento y pasó a salones populares. Hasta mediados del siglo XX, se bailaba indistintamente en cabarés de lujo y en las llamadas "milongas", pistas habilitadas en clubes barriales y suburbanos. Asimismo, en Medellín, Colombia, la ciudad en donde murió en un trágico accidente aéreo el máximo representante del género en 1935, Carlos Gardel, el tango se convirtió en eje cultural del barrio Guayaquil. Los buenos bailarines eran ampliamente conocidos y celebrados en las milongas que frecuentaban, y sus nombres solían trascender incluso en otras milongas más alejadas, y en todo el llamado "ambiente de tango".

"El tango es la danza de la carne, del deseo, de los cuerpos entrelazados. Es un diálogo nuevo, la seducción hecha movimiento, el ir y venir, encuentro de dos mundos. Es un baile exhibicionista, estéticamente bello, y ronda sin temores el universo de lo lúdico. La pareja de baile roza sus zapatos entre sensuales caricias mientras el atónito espectador ocasional, eterno voyeur, se fascina y deslumbra con el ardor del tácito romance entre los bailarines de turno..."[2].

Un aspecto del baile realizado en la Avenida Costanera, Buenos Aires, organizado por la intendencia municipal. 1931. Pareja bailando (Argentina. Archivo General de la Nación. Departamento Documentos Fotográficos/ Consulta_INV: 150454_A).

La memoria histórica del tango. Una generación sin tango[3]

El vacío que ha dejado una generación sin tango ha deteriorado la red que transmitía -en forma continua-, de una generación a otra, la memoria histórica del baile del tango. Sobre música y canto existe abundante material, documentos, gráfica, discos, grabaciones de programas de radios y archivos de televisión y cine. Pero desgraciadamente, desde el punto de vista del baile, no existen. Solo unos pocos minutos en toda la historia de nuestro cine, que no dicen gran cosa. Eran las personas que unas a otras transmitían las experiencias colectivas. Antes de los sesenta el tango comenzaba a enseñarse dentro de la misma familia. De padres a hijos, de hermanos mayores a menores, entre primos o tíos. Las primeras prácticas eran, por lo general, en las fiestas familiares que se realizaban a menudo. Cualquier ocasión era buena para armar un bailongo. Luego, fueron las fiestas familiares los lugares de entrenamiento. Nunca faltaba un casamiento, un compromiso, un bautismo, un cumpleaños o una yerra. Luego los muchachos se enseñaban pasos unos a otros. Y para aprenderlos uno hacía de mujer y otro de hombre y luego viceversa. Y así el hombre no solo sabía hacer el paso, sino que también sabía cómo marcarle a la compañera para que realice la parte que le correspondía.

Existen muchas personas que tienen memoria del tango de esos tiempos anteriores a la gran crisis, pero no se han dedicado a enseñar. Y la mayoría ha quedado apabullada por la existencia de tantas academias y profesores. Desgraciadamente, estos profesores no han vivido realmente el tango cuando lo bailaba, de manera masiva, el pueblo. La mayoría de ellos vienen de otras danzas, tan alejadas del tango como es el rock and roll, o el ballet e incluso el folclore. La enseñanza del tango se ha convertido, en gran parte, en un negocio. Tenemos que volver a sus raíces y mantener nuestro tango danza tradicional, que es parte del folclore de nuestro pueblo, de nuestro país.

"Llora, llora corazón,
Llora si tienes por qué,
Que no es delito en el hombre,
Llorar por una mujer"
ANGUSTIA (1925)
Letra y Música: Horacio Pettorossi
Grabado por Carlos Gardel con guitarras.

RENACIMIENTO DEL TANGO BAILABLE EN LA ÉPOCA ACTUAL

A partir de los años sesenta, por un período de casi tres décadas, (1960-1990), y por una serie de razones socio-culturales, prevaleció solo el tango show, el tango de espectáculo. El tango danza, el de las tanguerías, dejó casi de bailarse en Buenos Aires. Sobrevivieron solo algunas de esas múltiples milongas, los lugares de baile para el público local.

Sin embargo, a fines de los años ochenta, como ya se mencionó, el tango bailable recibió un nuevo impulso gracias al tremendo éxito del espectáculo "Tango Argentino" de Claudio Segovia y Héctor Orezzoli, primero en París y luego en Broadway, lo que generó de nuevo, como en los años 1920, una tangomanía en todo el globo. Florecieron academias de baile (milongas) por doquier y gente de todo el mundo comenzó a peregrinar en busca de lugares para bailarlo, en especial a Buenos Aires, promovida turísticamente como La Capital del Tango. El entusiasmo continúa hasta nuestros días.

Tango Argentino y sus artistas no han sido los únicos. Hay muchos otros bailarines eximios que, en el pasado, y en las últimas dos décadas han estimulado y despertado el entusiasmo de generaciones enteras por el tango baile. Una de las parejas de tango más elogiadas, que practicaba el tango de salón, fue la que integraron Juan Carlos Copes y María Nieves, que actuaron en muchos escenarios internacionales. Otros célebres bailarines de tango en épocas pasadas, que trascendieron las pistas de las milongas locales, fueron Benito Bianquet (*El Cachafaz*) y Jorge Orcaizaguirre, (*Virulazo*). En 1990 los bailarines Miguel Ángel Zotto y Milena Plebs fundan la "Compañía Tango X2", generando novedosos espectáculos y estimulando a una gran corriente de gente joven para que se sumaran a bailar el tango, cosa inédita en ese momento. Muchos de estos verdaderos talentos del baile crean un estilo que recupera el tango tradicional de la milonga y lo renueva. Hacia finales de los años noventa, ya entrado el nuevo siglo, bailarines como Gustavo Naveira, Fabián Salas y Chicho Frumbolli se afianzan y reivindican el baile de la improvisación, olvidado durante los años ochenta y parte de los noventa. Surge así toda una ola de investigadores y un renacimiento del tango.

¡U$ 10 MIL! ¡CHÉ, HASTA YO BAILO TANGO![4]

Campeonato Mundial de Baile

El Campeonato Mundial de Baile de Tango, organizado por el Gobierno de la Ciudad de Buenos Aires es una competencia internacional entre bailarines de tango que se realiza anualmente desde 2003, durante el mes de agosto. Hay un premio cercano a los U$ 10 mil. Se realiza en Buenos Aires durante el mes de agosto y forma parte del evento cultural "Buenos Aires Tango Festival y Mundial de Baile", que tiene una duración de dos semanas.

Campeonato Mundial de Baile de Tango 2011. Modalidad tango de sala, Buenos Aires. El lunes 29 fue el gran día de la Final de Tango Salón. (Foto: Estrella Herrera). Gobierno de la Ciudad de Buenos Aires (2011). Gobierno de la Ciudad de Buenos Aires from Ciudad Autónoma de Buenos Aires. Argentina (https://commons.wikimedia.org/wiki/File:MundialTango2011-sala.jpg), „MundialTango2011-sala", https://creativecommons.org/licenses/by/2.0/legalcode).

Los bailarines representan ciudades o países, y pueden inscribirse de modo gratuito y sin ninguna exigencia de profesionalismo. El reglamento no establece ninguna restricción referida al género de los bailarines y bailarinas, ni tampoco en la composición de las parejas. La competencia consta de tres etapas: clasificatoria, semifinales y la final.

El Campeonato Mundial tiene una etapa preclasificatoria con sedes en varias partes del mundo. Las semifinales se realizan por subsede oficial del Campeonato, y los seleccionados representan a cada una de esas sedes. En la etapa semifinal, las parejas que representan a la ciudad de Buenos Aires son las que han obtenido entre el segundo y quinto puesto del Campeonato de Baile de la Ciudad y el primer puesto en la categoría Milongueros del Mundo, del mismo torneo. Las parejas ganadoras del Campeonato de Buenos Aires y del Campeonato Europeo de Tango van directamente a la final.

El jurado, en ambas categorías, está integrado por cinco miembros en las etapas clasificatorias, seis miembros en semifinales y siete miembros en la final. Cada miembro clasifica individualmente con un puntaje del uno al diez, y luego se establece un promedio que es la calificación definitiva. En cada categoría se establece una pareja ganadora, así como el segundo y tercer puesto.

Las competencias se desarrollan en dos categorías: *tango de pista* y *tango escenario*. Las finales de una y otra modalidad se realizan el último sábado y domingo del festival, respectivamente. A la final llegan 40 parejas en la modalidad tango de pista y 20 parejas en la modalidad tango escenario.

Campeonato Mundial de Baile Tango 2011 Buenos Aires, tango escenario. (Foto: Estrella Herrera). (Gobierno de la Ciudad de Buenos Aires (2011). Gobierno de la Ciudad de Buenos Aires from Ciudad Autónoma de Buenos Aires, Argentina (https://commons.wikimedia.org/wiki/File:MundialTango-2011-escenario.jpg), „MundialTango-2011-escenario", https://creativecommons.org/licenses/by/2.0/legalcode).

El tango de pista (antes denominado tango de salón), se desarrolla en grupos de 10 parejas que bailan, de forma simultánea, sin elegir la música. Las parejas deben ubicarse en ronda y girar en sentido contrario al reloj. La competencia consta de cuatro rondas en las que se danzan tres canciones por ronda. A la etapa final del campeonato llegan 40 parejas.

Esta modalidad busca respetar las características esenciales de la danza de tango y establece reglas coreográficas más estrictas que la modalidad tango escenario: 1) El abrazo no puede romperse mientras dura la música, entendiéndose por abrazo que uno de los bailarines debe estar siempre "contenido" por el abrazo del otro integrante, en un sentido elástico. 2) Están prohibido los saltos. 3) La vestimenta no es tomada como parámetro de calificación.

Por reglamento, el jurado está obligado a calificar teniendo "en cuenta la musicalidad, la conexión entre la pareja y la elegancia en el andar". En esta modalidad es fundamental la improvisación y la utilización de las figuras coreográficas populares (cortes, quebradas, corridas, barridas, sacadas al piso, enrosques, etc.).

Tango escenario (tango show, tango de espectáculo). La modalidad *tango escenario* se caracteriza por su estilo coreográfico libre y acrobático que incluye movimientos no permitidos en el *tango de pista,* como los saltos y la ruptura del abrazo. Se baila individualmente al compás de la música elegida por cada pareja.

El tango escenario se desarrolla con parejas que bailan solas y eligen la música. Cada una baila cuatro minutos. Se caracteriza por el despliegue coreográfico y dramático de cada pareja. A la final llegan 20 parejas.

Esta modalidad, a diferencia del tango de pista, busca la libertad coreográfica y la expresión de las múltiples variaciones con las que el baile de tango se presenta en el mundo, pero sin perder identidad: 1) Se permite romper el abrazo, pero el reglamento también advierte que debe tener "razón de ser y (realizarse) en beneficio de la presentación". 2) Se permiten los saltos y utilizar recursos de otras danzas, pero sin superar un tercio del tiempo de la presentación. 3) La coreografía debe incluir "las figuras clásicas del tango: los ochos, los giros, las caminatas largas, los voleos, los ganchos y el "abrazo milonguero". 4) La vestimenta puede ser punto de evaluación.

El lugar de la mujer en el baile del tango. ¿El tango, un baile machista?[5]

Como decía, ambos tienen que someterse a unas cuantas reglas para bailar tango. Para muchas mujeres es bastante difícil aceptar la consigna de dejarse llevar, porque ellas también *suelen ver esto desde el prejuicio* de sentirse sometidas o subordinadas. Y más difícil aún, llegar a discriminar *cuándo deben dejarse llevar* y cuándo no. El comienzo, del proceso de aprendizaje, es la clave para que la mujer aprenda a bailar el tango y pueda disfrutar con ello. En esto reside la importancia de tener un buen equilibrio, saber mover sus pies, *saber seguir al hombre*, es decir, *activamente protagonizar la danza*. Una mujer que se deje llevar de cualquier modo, como una hoja por el viento, que no ofrezca una leve tensión a la marca, es decir que no ponga en juego su modo de bailar, lo más probable es que no pueda disfrutar del baile y que se torne en una dificultad en el baile para el hombre. *El dejarse llevar es activo*, es poner la propia sensibilidad al servicio de que salga bien el tango que queremos bailar, de disfrutarlo y de acompañar al hombre en aquello que quiere hacer. Bailando tango hay un hombre y una mujer donde lo que hace uno está en relación con lo que hace el otro. Cuando el hombre *marca* a una mujer, esta ya *le marcó* a él su posición en la danza, su peso, su liviandad, sus movimientos rápidos o dificultosos. Las características o disposición de la mujer condicionan *a la marca del hombre*, porque no se trata de acciones independientes, sino que una está en relación con la del otro. Y en la forma que cada mujer tenga de dejarse llevar *pondrá su impronta al caballero o a quien la conduzca.*

El hecho de que sea una danza donde hombre y mujer bailan abrazados es un campo propicio, un terreno fértil para que *se depositen allí fantasías que tenemos todos los seres humanos*, y que se vehiculizan en cualquier aspecto de nuestra vida. No será raro encontrar mujeres que se entregan mal, se confunden o se enamoran perdidamente. No será raro cultivar historias pasionales más allá del baile. *No será raro encontrar historias de maltratos y desengaños*. No será raro encontrar *hermosas historias de amor*. No será raro encontrar hombres que se enamoran perdidamente y *son rechazados*. No será raro encontrar hombres *que explotan las debilidades humanas para sus propios intereses*. No será raro, en suma, encontrar machistas hombres y mujeres. En general, *las mejores bailarinas milongueras saben dejarse llevar*, aceptan la propuesta del hombre que baila bien y recrean con él, y pueden, gracias a su sensibilidad, a su entrega y a su firmeza mostrar su propio estilo. Esto favorece la expresión del hombre que no se ve limitado por su pareja y esto se multiplica, *pues la mujer logra desplegar su creatividad* al encontrar que el hombre puede hacerlo.

Notas

1 Una muy honrosa excepción es la excelente puesta en escena del tango bailado, y show musical, que fue el espectáculo Tango Argentino, en 1983, en París y luego en Broadway, entre otros escenarios mundiales, manteniéndose en cartelera por más de una década. Se le atribuye una influencia decisiva en el renacimiento mundial del tango, como danza y como género musical.
2 Tomado de "La churrasquería Beef & Wine": https://es-es.facebook.com/LaChurrasqueriaBeefandWine/posts/402461866486217
3 Prada Domecq, Óscar. Extraído y adaptado de: http://www.clubdetango.com.ar/articulos/bailt_compast.htm
4 Extraído y adaptado de: https://es.wikipedia.org/wiki/Campeonato_Mundial_de_Baile_de_Tango
5 Ferrari, Lidia. "El lugar de la mujer en el baile del tango". Extraído y adaptado de: http://www.tangosurbarcelona.com/la_mujer_y_el_tango.htm)

LOS ESTILOS DEL TANGO Y "LOS PASOS"

¿De qué tango me habla? Un tango, muchos estilos

Por 150 años, han existido y continúan existiendo muchos estilos diferentes de bailar tango. Pero con el propósito de simplificar se dice que, en la actualidad, hay cuatro tipos de tango: 1) Tango argentino, que se ha popularizado por su forma libre y su enfoque en la mujer. 2) Tango de salón (o de competencia). 3) Tango inglés de salón. 4) Tango americano de salón.

Tango argentino: muchas técnicas y variaciones

Importante: El tango argentino es el único baile en el que ambas partes miran en la misma dirección. Pueden estar cara a cara, pero la cabeza del líder está mirando a su izquierda, mientras que la cabeza de la mujer está mirando hacia su derecha. En forma característica, los bailarines se posicionan en un abrazo relativamente estrecho, normalmente con contacto cabeza a cabeza (frente con frente).

A menudo los cuerpos están también inclinados, como una "A", con el pecho más cerca, junto, y los pies hacia afuera. Esta es la posición "de rigeur" para el Tango argentino, cabeza a cabeza, ambos mirando en la misma dirección y los cuerpos apoyándose uno al otro, formando una letra "A". Uno de los elementos más importantes del "Tango argentino" es la "Caminata", o más bien "Salida" y los bailarines manteniendo sus pies en un contacto bien estrecho con el piso de la pista.

Es interesante observar que, para los bailarines de Tango argentino experimentados, es permitido utilizar la *caminata en "cruz"*. Es decir, cuando el líder pisa con su pie izquierdo, su compañera también puede pisar con su pie izquierdo (si se requiere tal improvisación). Sin embargo, en cambio, en el Tango de salón esto se considera incorrecto, (a menos que el líder y su pareja estén mirando en la misma dirección).

Tango de salón (o de competencia)

Es importante destacar que todos los "Tangos de salón" son bailes radicalmente diferentes del tango argentino y se bailan en concursos internacionales de Bailes de Salón. Quizás su principal característica es la "cabeza de ajuste", y los movimientos son más *staccato* en la naturaleza (aproximar las cabezas es totalmente ajeno al tango argentino). El Comité Olímpico Internacional incluso reconoce estas competencias de baile como un "Baile Deportivo". La Federación Internacional de Baile Deportivo (IDSF) es el organismo internacional que regula el baile en el campo amateur mientras que el Consejo Mundial de Baile y Baile Deportivo (WD&DSC) es el organismo internacional que regula el baile en el campo profesional.

Tango de salón estilo inglés

Codificado ya en 1922, cuando se propuso que el Tango inglés debería ser bailado solo con melodías modernas, idealmente 30 compases por minuto. Posteriormente el tango inglés ha evolucionado para su uso en competiciones de baile.

Tango de salón estilo americano (US)

Tango debido, principalmente, a la influencia de la danza practicada por la pareja conformada por "Maurice Mouvet y Florencia Waltron", así como por la integrada por "Vernon y Irene Castle". El tango americano evolucionó como un baile social con énfasis en liderazgo y habilidades de la que le sigue.

Tango, el baile y su evolución

Se dice que bailar tango es como "*caminar haciendo firuletes*". Esta definición ilustra el espíritu del baile sin demasiada teoría, bailar tango es *caminar dibujando*, acariciando el piso. Las posibilidades coreográficas que posee el baile del tango son infinitas, y en contraposición el tango *es la danza de la improvisación por excelencia*, constituyendo un espectáculo de una enorme belleza.

Es de suma importancia *diferenciar la coreografía de la improvisación*. En el primer caso, es primordial *la destreza de los bailarines, generalmente profesionales*, que lo que intentan lograr es *un buen espectáculo*.

En *el baile improvisado*, en cambio, las figuras no obedecen al armónico resultado de ensayos previos, sino que *tienen a la improvisación y a la sorpresa como protagonista*, busca lucimientos personales. El "firulete", que se refiere a los pasos que la pareja realiza para adornar el baile y seducir, es el detalle que transforma el tango en un vistoso espectáculo.

El tango tiene a la pareja como unidad básica e indivisible. La mujer seduce (y se luce) y el hombre conduce. Es el hombre el que, a través de su abrazo, contiene a la mujer, la dama se desenvuelve en todo el baile bajo el amparo del mismo. La actitud de entrega de la mujer deja entrever que el que manda es el hombre, él decide los movimientos, las velocidades, los momentos. Sin embargo, la tarea de la mujer no pierde importancia: ella debe acompañar en todo momento la propuesta del hombre e interpretarlo en un juego de seducción donde la fragilidad y delicadeza de su desempeño tienen un papel preponderante. Esta relación es la base del tango.

Las variantes que el tango permite y posee, en relación a la cantidad de figuras que es capaz de generar, *hacen necesario que la comunicación entre el hombre y la mujer sea constante* y fluida. Ya sea en la improvisación como en la cuidadosa coreografía ensayada, cada pareja crea su propio código de comunicación. *El movimiento del torso del hombre* se convierte en el principal punto de referencia de la mujer. A través de este, el hombre podrá transmitir las distintas direcciones y figuras que pretende que sean hechas.

Evolución de la danza[1]

1860-1890. En sus orígenes la tríada tanguera -el tango, el vals y la milonga- se bailaban de la misma manera, poseían una misma coreografía, pese a sus diferencias rítmicas. Esto se debe a que lo que se estaba gestando en un principio, era *una manera de bailar*, y no una danza. En el tango aparecen *los cortes y quebradas*, la suspensión de desplazamiento *en aparente posición estática* era solo mecánica, utilizada como símbolo de libertad. Este juego era muy llamativo para ese momento, ya que los cuerpos se mantenían muy pegados. Por ese motivo solo se cultivaba en los suburbios y en los estratos sociales humildes, que utilizaban al recién nacido tango *como un símbolo de libertad y rebeldía*, y en contraposición, era muy mal visto por la elite.

1890-1920. En este momento, *el eje de importancia pasa a estar en las figuras que se realizan con los pies.* Surgen las figuras dibujadas, como *la medialuna o el ocho.* Los movimientos se tornan más precisos y prolijos. Los cuerpos se separan mucho más y *se baila cabeza con cabeza,* debido a la necesidad de ver lo que hacen los pies. Al baile de este período se lo denomina *tango canyengue u orillero*, porque se lo baila en las orillas de la ciudad.

1920-1940. En este período se comienza a darle importancia el torso de los bailarines y su elegancia; se empiezan a cuidar las líneas armónicas. *El Cachafaz* inaugura el estilo de *mantenerse totalmente erguido*. A este estilo de baile se lo denomina, hasta la actualidad, *Tango de Salón*, acorde con el espacio donde se desarrollaba. Bailar con refinamiento (influencia europea) modificó la actitud de la danza. Comienzan a ser moneda corriente los concursos y exhibiciones de baile.

1940-1950. El baile comienza a ser abordado por las distintas clases sociales. Se establece *una relación entre status social y nivel de baile*. Cuanto más alta es la clase, más refinado es el baile. Es esta la época en la que más se bailó, se filmó y se compuso, acerca del tango, la llamada Época de Oro del Tango argentino.

1950. Es el último periodo de evolución del tango danza. Se agregan figuras más complejas y comprometidas como *los ganchos y boleos*, donde se levantan los pies del piso.

1960. El tango es una danza y un complejo cultural atípico. El origen de los bailes populares, generalmente, se produce por descenso cultural, se gestan en escenarios y pasan al pueblo. *Con el tango ocurrió lo contrario*: *del pueblo ascendió al escenario.* En estos años vuelve a ubicarse entre el pueblo y se baila en los reductos alejados del centro. Mucha gente joven se acerca al tango, lo que lo saca del anquilosamiento, ya que se transforman en cultores del ritual del tango.

1980. El tango se instala en las principales ciudades del mundo. La danza es la que marca el rumbo del éxito, conquista y cautiva al público. Es el renacimiento del tango en el mundo.

Otros estilos del tango danza

Es posible, querido lector(a), que nunca necesite saber, ni siquiera aprender, lo que sigue, pero se menciona aquí como parte de la cultura tanguera.

Tango canyengue[2]: Ejecutado originalmente hasta la década de 1920, se bailaba al *compás de 2/4*, con pasos cortos dictados por la moda de vestidos largos y estrechos de las mujeres en esa época. La pareja está en un abrazo muy estrecho, con los cuerpos tocándose y las cabezas en contacto directo.

Dicen los estudiosos que el tango canyengue es la esencia pura del nacimiento del tango, al menos en lo que a bailarlo se refiere. Con orígenes que algunos lo remontan al 1900 (Guardia Vieja) y antes en otros casos, el significado de canyengue, a partir del afro original, es *caminar cadencioso,* porque contiene el abrazo de origen y *su andar es suave y picaresco* a la vez que sensual y divertido, típico de la Guardia Vieja. Juega con la rapidez de los pies y los contratiempos de la música, porque su principal característica es ese sentido musical; *para bailarlo es preciso estar siempre al compás*, pisando en el exacto tiempo musical. Los movimientos cortados corresponden a los compases del *4 x 8* que planteaban orquestas como las de Francisco Canaro, De Caro, la Típica Víctor y algunas otras, que con el transcurrir de los años se transformaron en el actual formato del *2 x 4.* Es en este baile que se aplica la disociación del cuerpo para la marca, la caminata a tierra y una combinación constante de tiempo y contratiempo para danzar. Todos estos elementos básicos son los imprescindibles para el maravilloso placer de bailar un tango canyengue.

Tango liso: Este baile se originó en salones de baile pequeños y atestados con muy poco espacio, e implica solo pasos simples. Los movimientos decorativos tales como boleos, ganchos y sentadas, están ausentes de este estilo.

Tango salón (También llamado estilo "Villa Urquiza", original del barrio norte, los más afluentes de Buenos Aires): Desarrollado en las salas de baile de las clases más pudientes, con grandes pistas de danza que permitieron que tuvieran lugar los decorativos boleos, ganchos y sentadas. Generalmente se baila con un abrazo abierto, es decir, sin tocarse los cuerpos.

Tango orillero: Los bailarines hacen pleno uso de los diversos adornos y decoraciones del tango, incluyendo movimientos rápidos de los pies, golpes de tacos y otras figuras. Este estilo se originó en las afueras y suburbios, donde grandes espacios de baile les daban a los bailarines plena libertad de movimientos.

El tango milonga, un capítulo especial: El tango milonga a menudo llamado solo milonga, produce confusión entre los términos. Otros nombres usados son tango de corte milonga o milonga urbana (en contraposición a la milonga rural o campera, de donde se origina). Sin duda, el compositor Sebastián Piana fue el pionero del tango milonga con su "Milonga sentimental", compuesta en 1931 con letra de Homero Manzi. Enriqueció las armonías simples de la milonga rural y abrió unos amplios abanicos de posibilidades rítmicas, melódicas y poéticas. Muchos otros compositores siguieron su camino. Algunas de las producciones más representativas son "La trampera" (A. Troilo), "La puñalada" (P. Castellanos), "Nocturna" (J. Plaza) y "Taquito militar" (M. Mores).

Muchos ejemplos del tango-milonga se desarrollan en *tempos* rápidos, marcando los acentos, dándoles un sólido carácter rítmico. Es probable que este hecho contribuyera a la confusión popular que describe el tango-milonga como un "tango en un *tempo* rápido". Esta definición, sin embargo, no puede explicar la existencia del tango-milonga lento, como Sebastián Piana, "Milonga Triste" (1936), o Astor Piazzolla, "Milonga del Ángel", entre muchos otros. La confusión surgió cuando algunos historiadores del tango inventaron el término *orquesta milonguera*, que tenía un gran sentido del ritmo. Eventualmente, la música se desarrolló para ajustarse al baile, y no es extraño que la milonga rural y la habanera, (1880-1900) de moda en esa época, lo influenciaran. Acomodando muchos intentos, en una especie de ensayo y error en el nuevo baile, se reunieron la milonga rural de los gauchos, la habanera (contradanza-country dance) de los inmigrantes europeos, y las danzas africano-argentino, candombe en el crisol que fue Buenos Aires y a esa mezcla se la llamo *tango*. Pero la milonga rural tenía características particulares: metro binario (2/4). El acompañamiento de guitarra fue estructurado sobre la "propagación" tónico y acordes dominantes. Estas características de la milonga rural también estuvieron presentes en los tangos de principios del siglo XX. El tango "El choclo" (1903), de Ángel Villoldo, es un claro ejemplo de la influencia de la milonga rural en los primeros tangos: 2/4 metros, el patrón rítmico de la 16ª de octavo con puntos más dos corcheas y armonías simples, alternando tónico y acordes dominantes.

El paso básico tanguero[3]

El compás del tango es cuatro por ocho (cuatro tiempos, en corcheas en cada compás), por ello el tango, tradicionalmente, se lo ha bailado con cuatro pasos, juntando en el cuarto, o no, si se realiza la corrida[4]. Esto permite ir pisando los tiempos. Un paso por tiempo. Muy fácil de bailar al compás. Porque para bailar el tango no hace falta más que caminar con este núcleo básico de cuatro pasos, al compás. Porque bailar es moverse, desplazarse al compás de una determinada música y si esa música es el tango, se está bailando tango. Luego se le pueden agregar figuras. Pero lo fundamental es "caminar el tango" y eso significa dentro del compás.

El baile tanguero está construido sobre *tres componentes básicos*: el abrazo, un estilo lento de caminar y la improvisación (Borges decía que "el tango es un modo de caminar"). Pero, por sobre todas las cosas, el tango debe ser bailado como un lenguaje corporal a través del cual se transmiten emociones personales a la pareja. No hay ninguna otra danza que conecte más íntimamente a dos personas, tanto emocional como físicamente. Se dice que el tango se baila "escuchando el cuerpo del otro". Para eso es muy importante tanto *el abrazo apretado* de la pareja, mirando hacia el mismo lado (la mujer hacia la derecha y el hombre hacia la izquierda), como *caminar apoyado sobre la planta delantera de los pies*.

En el tango la pareja debe realizar figuras, *pausas* y movimientos improvisados llamados "cortes, quebradas y firuletes", diferentes para cada uno de ellos, sin soltarse. Es el abrazo lo que hace complicado combinar en una sola coreografía las improvisaciones de ambos. Es el milagro estético, visual, de insertar las dos figuras en el enlace. Este es el secreto de su éxito; esta es la principal innovación que ofrece al mundo. La escritora argentina Alicia Dujovne Ortiz la ha descrito: "Un monstruo de dos cabezas, una bestia de cuatro patas, lánguida o vivaz, que vive lo que dura una canción y (dramáticamente) muere asesinada por el último compás".

Se daba gran importancia a los "pasos" del tango, una extensa lista de movimientos de baile que calificaban al buen bailarín. En la actualidad, los llamados "pasos del tango" están perdiendo importancia a favor de la improvisación (llamado precisamente "baile de improvisación") y solo cuatro "pasos" se consideran tales: pivot, cruce atrás, cruce adelante y apertura (Cualquiera de estas hacia derecha o izquierda).

39 clásicos "pasos" tangueros

Advertencia para el lector: Para bailar el tango no es necesario, ni mucho menos, saber todos los pasos de tango aquí mencionados. Solo bastan dos o tres pasos iniciales, practicarlos bien por un tiempo y, de a poco, según el gusto y preferencia, ir agregando otros pasos para enriquecer el baile y la experiencia de la pareja. Aquí se mencionan, como ya se dijo, solo por razón de cultura tanguera (y en orden alfabético):

1. Cadena invertida
2. Cambios de dirección
3. Caminata sincopada
4. Contratiempos básicos con ochos
5. Cunita y sacada
6. Gancho y caminata sincopada
7. Ganchos con respuesta
8. Giro con barrida y boleo
9. Giro con quebrada o gancho
10. Giro con sacada y parada
11. Giro con sacada, aguja y ocho cortado
12. Giro con traspié y boleo
13. Giro de izquierda con barrida y boleo
14. Giro de izquierda y derecha
15. Giro en ochos
16. Giro simple
17. Giro y salida a la izquierda
18. "La cajita"
19. "La cunita"
20. "La mordida"
21. Media cadena con boleo
22. Molinete quebrado
23. Ochos adornados
24. Ochos cortados

25. Paso básico sincopado
26. Pasos básicos con sacada y boleo
27. Puente y calesita
28. Sacada con giro
29. Sacada con traspié
30. Sacada cruzada, giro y ocho cortado
31. Sacada del cruce con variantes
32. Sacada y puente en un giro
33. Sacadas con boleos
34. Salida con adornos
35. Salida con barrida
36. Salida con traspié
37. Toque y enrosque
38. Traspié cruzado con giros
39. Vaivén

Siete pasos fundamentales[5]

Se ha llegado a decir que el tango argentino está compuesto de ciento sesenta pasos diferentes.

¡Suficiente para aterrorizar al bailarín más experto!

Para el tango de salón normal, el conocimiento de siete pasos fundamentales es suficiente. Aunque se pueden crear variaciones de estos: 1) El Corte. 2) El Caminar. 3) La Media Luna. 4) Las Tijeras. 5) La Corrida. 6) El Anillo. 7) El Ocho.

EL CORTE

El primer paso, para aprender, y uno de los más difíciles, es el Corte. Supongamos que *el varón* está caminando hacia atrás y la dama hacia delante. Cuando está listo para hacer el Corte, realiza una pausa durante dos tiempos sobre el pie izquierdo. Luego el pie derecho pasa por detrás del izquierdo por un tiempo. El izquierdo se desliza al costado a unas pocas pulgadas durante un tiempo (manteniendo el izquierdo atrás). Así se han ocupado cinco tiempos, y los pies deben haberse deslizado al ritmo de la música en esta forma, siempre que, por supuesto, la música sea muy simple.

La parte de *la dama* en este paso es, por supuesto, *la opuesta*. Ella realiza una pausa durante dos tiempos sobre su pie derecho, va hacia delante, sus pies siguen a los del caballero tan cerca como sea posible sin tropezar con él. No debe desanimarse con este paso. Es muy difícil de realizar sin tropiezos, y no lo logrará sin una dosis importante de paciencia y trabajo. De hecho, muchos buenos bailarines no han conseguido dominarlo, y quizás nunca lo hagan. Si puede hacer esto ha dominado el tango argentino.

EL CAMINAR

El hombre, que debe estar caminando hacia adelante, da vuelta a la dama, así ella enfrenta la misma dirección que él. Luego caminan hacia adelante, el hombre con su izquierda y la dama con su derecha, uno, dos y tres. En, el "y", el hombre camina hacia adelante sobre su talón izquierdo, y en tercer tiempo el pie derecho se desliza hacia adelante hacia la parte de atrás del talón izquierdo, tomando el peso, así se ve que realmente hay cuatro pasos en tres tiempos como esto (uno, dos y tres; pie izquierdo, derecho, izquierdo-derecho). Este paso puede repetirse tantas veces como se desee.

LA MEDIA LUNA

Este paso es un Corte doble. El hombre camina hacia adelante con su pie izquierdo, manteniéndolo dos tiempos. El izquierdo se desliza delante un tiempo, y el derecho toma el peso durante un tiempo; así se han ocupado cuatro tiempos. El hombre luego camina hacia atrás con su izquierdo, manteniéndolo dos tiempos: el derecho se desliza atrás un tiempo, y, el izquierdo, toma el peso durante un tiempo. El paso completo ocupa ocho tiempos, pero para obtener el efecto los bailarines deben recordar que debe realizarse suave y fácilmente. La posición es la misma que en el Corte. El paso de la dama es, por supuesto, lo contrario. Camina hacia atrás con el izquierdo, manteniéndolo dos tiempos, y luego desliza el derecho atrás un tiempo; el izquierdo, toma el peso durante un tiempo, repitiendo el paso adelante con el derecho.

LAS TIJERAS

Los bailarines caminan una vez, y en lugar de continuar hacia adelante con el pie externo realizan un medio giro hacia adentro, esto es, el hombre cruza el izquierdo frente al derecho, ahora realizan el paso de Caminar, el hombre con el derecho hacia adentro, cruzando el derecho frente al izquierdo. Esto puede realizarse tantas veces como se desee y puede terminarse con un Corte o continuando con el Caminar.

LA CORRIDA

Este paso comienza con un Corte. El hombre gira a la dama mientras ella camina hacia atrás tres pasos rectos, el hombre avanza tres pasos rectos en el lado derecho de la dama. Manteniendo esta posición, el hombre camina hacia atrás tres pasos rectos, la dama avanza, el hombre avanza, etc., tantas veces como deseen, volviéndose hacia la izquierda tanto como sea posible. Terminan el paso con el hombre conduciendo a la dama al paso de Cortes.

EL ANILLO

Este es un paso muy bello en el tango. La mejor forma de comenzarlo es desde el Caminar. El hombre se para quieto y cruza el pie derecho sobre el izquierdo, dejando el peso del cuerpo distribuido en ambos pies. La dama realiza un Paso Simple justo en torno del caballero. Esto hará, por supuesto, que el hombre gire, y al hacerlo descruza sus pies; cuando esto culmina, la dama coloca su pie derecho hacia adelante y el hombre su pie izquierdo hacia atrás, y van hacia el Corte. Cuando practica este paso puede ver que es posible que la dama realice un anillo completo alrededor del caballero, pero depende en gran medida de su equilibrio, y si ve que sus pies se enredan todo lo que debe hacer es levantar el pie izquierdo y colocarlo atrás para el Corte. Debe tenerse cuidado en entrar y salir de este paso muy lento, fácil y deliberadamente.

EL OCHO

En el Ocho los bailarines permanecen tanto como sea posible enfrentando al otro, y las rodillas están un poco más dobladas, lo que da un leve movimiento hacia arriba y abajo. Esto es importante, porque solo se realiza cuando los bailarines están haciendo pasos de caminar simples y, así, cuando la dama siente a su compañero realizar este leve "caminar de torta" sabe, o debe saber, que va a realizar pasos simples, y no Cortes o pasos complicados. En esto, como en todos los pasos de tango, las rodillas deben mantenerse tan juntas como sea posible; no trate de hacer grandes pasos; el encanto del tango argentino yace en su aparente simplicidad.

NOTAS

1 Extraído y adaptado de: http://www.unitango.com/evoluciondeladanza.asp
2 La palabra es de origen afro, se pronuncia cañengue y significa "de caminar cadencioso". Pasó a ser allá por el 1900, un baile sensual y picaresco, con movimientos cortados y marcados. Sus compases eran 4x8, pero con el paso del tiempo las partituras se fueron puliendo hasta llegar al tango actual de 2x4. Se presenta con estilo de piernas flexionadas, propio de la postura del baile de los negros, torsos en contacto y el abrazo, como características del tango canyengue. Lo ejecutaban las orquestas típicas de aquellos años tales como Francisco Canaro, Juan Maglio Pacho o Víctor Antonio Carabelli acompañado por Mercedes Simone entre otros.
3 Extraído y adaptado de: https://es.wikipedia.org/wiki/Tango_(baile)
4 El tango tiene compás de 4/4 a pesar de que se le llama "El dos por cuatro", y forma binaria (tema y estribillo).
5 Castle, Vernon. "La enseñanza del tango en Nueva York en 1914". Todotango.com. Extraído y adaptado de: http://www.todotango.com/historias/cronica/99/la-ensenanza-del-tango-en-Nueva-York-en-1914/

EN LA PISTA DE BAILE

Aprendiendo a bailar el tango

ETIQUETA. COMPORTAMIENTO EN LA PISTA DE BAILE

Para los bailarines experimentados, las siguientes *normas de etiqueta* en la pista de baile de tango son bien conocidas, y a menudo no mencionadas. Para los bailarines que comienzan, es bueno saber qué es lo que hay que evitar para ahorrarse momentos embarazosos o torpes. En cualquier caso, seguir estas directrices puede ayudar a maximizar su experiencia bailando el tango, mientras comparte la pista de baile con otras parejas.

Una nota interesante -tan obvia que nunca se menciona- es que los bailarines de tango a menudo pasan toda la velada bailando solamente tango argentino, y no otros géneros musicales. Esto es posible gracias a la gran variedad de música de tango. Por todas estas razones, el tango es un baile que evoluciona constantemente, y siempre relevante con la cultura contemporánea.

CÓDIGOS SOCIALES DEL TANGO (EN LA PISTA DE BAILE)

El baile del tango, dentro de su esencia ha mantenido a lo largo de su historia, distintos códigos que lo caracterizan como una danza única en su género. Los bailarines que se están iniciando, deben conocer estos códigos como parte fundamental de su formación. Este conocimiento les permitirá desenvolverse en forma exitosa en las pistas y disfrutar esta danza a plenitud.

La invitación a bailar

El bailarín que se encuentra a un punto distante de la bailarina, en una milonga (un lugar para bailar), debe pararse de su asiento, caminar hacia ella e invitarla en forma cordial y amable a bailar. Si la dama está acompañada por su pareja, el bailarín debe solicitar a la pareja el permiso o beneplácito para bailar con ella. De lo contrario se producirá una situación de mal gusto con la pareja de la bailarina. Una vez terminado el baile, el bailarín debe acompañar a la dama a su asiento y agradecer una vez más su invitación. *El cabeceo* que antiguamente existía es el gesto que el bailarín hacía a distancia con su cabeza para invitar a bailar a una dama, hoy no es visto como una actitud de buena educación.

El abrazo del tango

Una vez en la pista el bailarín no debe apresurarse para comenzar a bailar. El bailarín no debe tensionar a la bailarina. La situación ideal es ubicarse en la pista antes de que la música se inicie. Se deben dejar pasar uno o dos compases antes de iniciar el primer movimiento, iniciando previamente el abrazo, el cual debe ser suave, lento, seguro y cerrado, cuidando no desequilibrar a la pareja.

El movimiento en el baile

El baile del tango no tiene figuras sino movimientos. Estos interpretan la música que escuchamos: poesía, arte, sentimientos, amor y muchas cosas que nacen de nuestro interior y las expresamos en tres minutos. El movimiento nace de la parte alta del torso, desde allí el bailarín transmite *las marcas*, que son un lenguaje corporal que la bailarina entiende, y van juntos improvisando este beso eterno que se llama tango.

El baile se desplaza en la pista

El bailarín debe *desplazarse en la pista* de acuerdo a los compases de la música y realizar figuras cortas no mayores a dos compases de duración. El sentido del baile siempre será *contrario a las agujas del reloj*, a esto se le llama *orillar*. Las pistas más rápidas son aquellos hacia el exterior, mientras que los más lentos se posicionan hacia el centro. Los bailarines que no sepan orillar deben ubicarse en el centro de la pista. Aquellos bailarines que orillen y necesiten adelantar a una pareja, deberán hacerlo por el costado del centro de la pista. Mientras esté bailando absténganse de cortar a través de estas vías, así como de cortar a través del centro o bailar hacia atrás en la línea de baile, especialmente en un baile muy concurrido.

Los movimientos que deben evitarse

Los bailarines deben realizar movimientos de baile que sean contenidos dentro del abrazo. Por lo cual deben evitar boleos altos, ganchos externos, saltos y otros movimientos bruscos de exhibición que salgan fuera del espacio del abrazo, ya que pueden causar golpes peligrosos a otras parejas y transformar una pista de baile en un coliseo romano. Los bailarines deben aprender que el salón es para bailar en armonía sin dañar a otras personas, disfrutando el compás de la música. Muy recomendable es practicar los acomodos del baile, para no chocar con otras parejas cuando la pista de baile se encuentre muy congestionada o sea demasiada pequeña.

La correcta actitud en los salones muy congestionados

En el caso que la pista se encuentre muy saturada con parejas de baile, el bailarín debe disminuir el largo de sus pasos y aplicar movimientos propios del estilo milonguero. No debe retroceder en la pista ni detenerse haciendo figuras largas que puedan entorpecer el normal fluido de desplazamiento de las parejas que lo anteceden. La atención a los movimientos propios y de otras parejas cercanas, es parte del trabajo de una buena conducción del bailarín para que él y su pareja disfruten del baile.

En un baile concurrido

Tratar de hacer demostraciones de show en el carril rápido exterior no se mira muy bien, ya que bloquea a los bailarines que vienen detrás, desplazándose hacia adelante y con frecuencia, también, consiste en maniobras que no son seguras para los bailarines que lo rodean. Recuerde, no son los Juegos Olímpicos o *"show time"*, este es un baile social, es mejor relajarse y divertirse. Si usted siente la necesidad de hacer un poco de show, muévase hacia el centro de la pista donde puede detenerse y hacer múltiples ochos o molinetes, sin necesidad de bloquear el movimiento de los demás bailarines.

Y, además, en un baile con mucha aglomeración

A nadie le gusta ser golpeado con el hombro o con los pies, o que lo pasen a llevar o ser pisado. Así que, en un baile con mucha aglomeración, es aconsejable evitar movimientos agresivos, boleos altos, ganchos implacables y extensiones de la pierna. Si se siente que está a punto de pisar a alguien, y ojalá que no a su pareja, intente detener en ese momento el paso para suavizar el golpe del pie aterrizando en otro bailarín. Además, el líder debe mantener su brazo izquierdo bajo, a la altura de los hombros, con el codo izquierdo abajo y bastante cerca al cuerpo. No es muy entretenido en un baile muy concurrido tener que detenerse cuando cerca de uno, otra pareja se desplaza con la mano de su líder alzada a un metro en el aire y a tres centímetros de su nariz.

Su primera preocupación es la integridad y seguridad de su pareja

Y también de los bailarines que lo rodean. Ambos, líder y seguidor, siempre deben estar atentos a la presencia de otros bailarines al frente, a los lados y atrás, para evitar colisiones. Si se produce una colisión, intente minimizarla extendiendo sus brazos, a la vez que deja de moverse. Y lo hace con buenas maneras y en forma amistosa, incluso si no es su culpa. En gran medida, bailar tango en un salón muy concurrido es una forma de ejercicio creativo y divertido en cómo evitar colisiones.

Si está intentando mostrar a su pareja un nuevo paso...

Muévase a una esquina apartada o a un área en que nadie esté bailando para demostrar y comentar esa innovación.

Desplazarse hacia atrás en la pista de baile

Para el líder, si debe, obligadamente, viajar hacia atrás en la línea de baile, asegúrese primero de mirar su camino. Además, su pareja, mientras improvisan algunos pasos diferentes, necesita estar muy atenta a los otros bailarines que podrían aparecer en el camino, e informar al líder de una posible colisión, ya sea verbalmente, con un apretón de mano, apretándose más a él, o todas las maniobras que sean necesarias, en especial durante grandes aglomeraciones de baile.

Una pareja se detiene delante suyo

Si una pareja de baile se detiene delante de usted, no se desoriente o impaciente, simplemente baile alrededor de ella, marcando el tiempo o utilice un paso de tango de balanceo lateral para seguir bailando hasta que la otra pareja se mueva.

¡Sonría, páselo bien!

Es perfectamente aceptable sonreír y divertirse en la pista de baile de tango. ¡Páselo bien!

La acompañante baila sin intentar darle instrucciones

La acompañante no intente ser "el conductor del asiento trasero". No solo le hace al líder su rol más difícil, sino que también le hace más difícil al líder evitar colisiones.

En la pista sea un bailarín amable, paciente y sensible

Los bailarines más experimentados deben establecer un buen ejemplo para los principiantes: ser paciente, amable y sensible. Es aceptable dar consejos a otros, siempre que sea primero solicitado, o siempre que se pida permiso para hacer una "observación" o un "comentario". Recuerde que uno mismo también fue alguna vez un principiante. Un "comentario" duro o insensible, aunque bien intencionado, puede arruinarle la velada a alguien.

Si usted no está bailando

Muestre respeto a aquellos que están bailando, no camine a través de la pista de baile y permanezca alejado de esa área. Tampoco permanezca en ella conversando. En la pista de baile, el espacio disponible, aunque pueda parecer algo desocupado en algún momento, está siempre en demanda por los bailarines. La primera prioridad va siempre para los que bailan en ese momento, cédales el espacio.

Bien vestido y... (Hay que mencionarlo, aunque a algunos les moleste)

Y lo último, pero muy importante: El tango argentino es un baile íntimo y elegante. Para una experiencia agradable, una buena higiene es esencial; bañarse antes de las lecciones o de un baile, y usar desodorante. Utilizar con frecuencia purificadores de aliento. Nada o mínima conversación mientras se baila; concentrarse en el baile y en el tráfico de la pista. No usar lociones después de afeitarse o perfume: algunas personas son sensibles a ellos. Y si usted es de los que traspiran, utilice una toalla de papel o pañuelo a menudo.

Como regla general, a la gente no le gustan parejas de danza que parecen toallas húmedas ambulantes (en el sentido literal). Así que, para los hombres, si usted transpira en forma excesiva, utilice una toalla, tome un descanso y enfríese, traiga una camisa adicional y cámbiese en el entretiempo. Este es un baile social, si quiere una sesión de ejercicios aeróbicos vaya más bien a una pista de correr o al gimnasio. Si usa anteojos, considere el uso de lentes de contacto o quítese sus anteojos mientras baila a menos que no pueda ver donde está bailando. Recibir un encontronazo con alguien con gafas, al girar su cabeza, no es muy agradable. Una última cosa, por favor, no a los pantalones vaqueros, pollerones de gimnasia, zapatos de tenis u otro atuendo similar al tomar clases o ir a un baile. *El tango es un baile elegante, vístase bien.*

Tres elementos esenciales

Elegancia, romanticismo y, sobre todo, sensualidad

A través de los años, el tango fue cambiando, evolucionó, convirtiéndose en una danza elegante y con estilo que evoca una imagen de tiempos idos de la alta sociedad, con mujeres en vestidos de noche, elegantes y brillantes, y hombres en tuxedos. Incluso hoy, 100 años más tarde, en locales de tango-bar o en clubes de baile, el hombre a menudo usa una chaqueta liviana con un sombrero (fedora) de fieltro que cubre un ojo y con una bufanda de seda blanca alrededor de su cuello, evocando así una imagen simbólica de los compadrones del viejo Buenos Aires. Hoy, en todo el mundo, la pasión y la alegría de tango continúan capturando la imaginación de la gente. Y, sin duda, la elegancia, romanticismo y sensualidad que transmite de manera brillante.

Aprendiendo a bailar (el tango en familia)[1]

Íbamos a bailar después de superar el largo aprendizaje. No queríamos pasar vergüenza y, para lograrlo, eran necesarias horas de ensayo. Para ello, se organizaban encuentros de fin de semana con amigos y sus hermanas o primas, y a través de los bailables de la tarde del sábado o domingo trasmitidos por la radio, aprendíamos con tropezones y disculpas, los secretos básicos de los ritmos de moda: melódicos, tropicales y del *swing*. El objetivo era manejarse con soltura en los bailes de estudiantes. Ir a bailar a un club era una situación distinta, porque más del 50% de la música que se difundía era tango. Aprender a bailar el tango era una tarea que comenzaba entre varones. El que sabía, enseñaba los pasos imprescindibles, desempeñando alternativamente el papel femenino o masculino. Una vez adquirido el entrenamiento suficiente, comenzaban los ensayos con chicas. En general, la experiencia que tenían era escasa o nula y el aprendizaje era dificultoso, pero entretenido.

Se elegían los bailes de Carnaval para el debut en el club barrial, donde era más fácil pasar desapercibido. Y lo hacíamos con quienes habíamos aprendido. El Carnaval finalizaba y, durante el resto del año, se optaba entre los bailes con grabaciones o con orquestas. Algunos clubes muy populares funcionaban los fines de semana y programaban grabaciones de dos conjuntos: uno de música típica y el otro podía ser un conjunto de *jazz* o una orquesta característica. Eran anunciados durante la semana quienes integraban los rubros del sábado y domingo.

Importaba cómo se bailaba el tango y que la compañera ocasional, no desentonara. En general se empleaba un estilo sencillo, que permitía disfrutar de la danza y no chocar en una pista que se llenaba, donde a duras penas se podía caminar. Las figuras acrobáticas que nos muestran en la época actual eran impensadas y jamás realizadas, incluso, en las demostraciones teatrales. Simplemente, se bailaba. Poco a poco incorporábamos nuevas figuras a lo ya aprendido, que nos brindaba mayor seguridad y solvencia bailable. *Bailábamos el tango en silencio*, siguiendo minuciosamente su interpretación, con una coreografía sencilla, disfrutando de cada paso con la compañera, conocida o no, así comenzamos a disfrutar del tango y los ritmos del momento, en ese Buenos Aires que se fue.

Nota

1 Araujo, Carlos. "Aprendiendo a bailar". El Buenos Aires que se fue (14 de marzo de 2011). Extraído y adaptado de: http://blogs.monografias.com/el-buenos-aires-que-se-fue/2011/03/14/aprendiendo-a-bailar/

En el próximo capítulo exploramos ese penoso submundo de la sociedad y que el tango evoca en forma sublime, en todo su dolor y esperanza: El Tango Carcelario

TANGOS CARCELARIOS

El tango le canta al trance carcelario

NOTA AL LECTOR: Donde se requiere, ponemos, al final de cada lírica, una traducción del *lunfardo y otros términos* utilizados en las letras de los tangos que se citan, para beneficio de los lectores no familiarizados con ese lenguaje. Algunos de estos tangos con sus letras están incluidos en el capítulo LETRAS DE "246 TANGOS FAMOSOS".

INTRODUCCIÓN Y LUNFARDO

Dentro de la temática del tango, la cárcel ha sido un tema transitado con relativa frecuencia, dando origen a letras inolvidables. Varios temas y variaciones alrededor del presidiario, el condenado, las terribles injusticias de la sociedad misma[1]. La inconsciente maldad asesina, sin valores claros del bien y el mal, el arrepentimiento a veces, la búsqueda de redención otras, la mentalidad anormal de muchos delincuentes y criminales, todo esto y más es relatado brutal y tristemente por el tango. A su vez, los gritos exigiendo justicia en la vida, donde no la hay, los deseos de venganza, justificados o no, a menudo son desgarradores a no ser que se tenga un corazón de hielo. Es en la cárcel donde el lunfardo, precisamente, nace y se difunde al mundo exterior del malevaje.

> Se conocen como *tangos "caneros"*, los que tienen que ver precisamente con *la cana, la yuta*, con los comisarios, con los *mayorengos* que el lunfardo define como el que tiene la autoridad, puede ser el juez, comisario o fiscal, tienen que ver con las comisarías y las cárceles. Y tienen que ver, por supuesto, *con los que están adentro* sin distinción de figura penal, tienen que ver, además, con la búsqueda de la libertad, que solo un *encanado* sabe apreciar en su verdadero valor. El tango "canero" tiene su lugar en la antología del género, porque *lo parieron la orilla, el malevaje, los prostíbulos y los calabozos*. Historias de cuchilleros, putas, *chorros, grelas* y *yoficas* engrosan la antología tanguera, por lo que ahí donde hay un compadre en un calabozo, *un pesado* y también *un perejil* en un *yompa tumbero*, ahí se agita la letra y la música de un tango. Tangos caneros, tangos que hablan de chorros y de comisarios, *de paicas y cafishios, de ganzúas y marrocas*, de calabozos y de la libertad. Tangos que hablan de la orilla, el malevaje, *la cachiporra, el fierro*.

TÉRMINOS LUNFARDOS EN EL ORDEN MENCIONADO:

La cana: La cárcel.
Caneros: Profesional del delito que continuamente cae preso; lenguaje y ambiente de cárceles.

Yuta: Policía.
Mayorengo: Comisario.
Un encanado: Encarcelado.
La orilla: El área marginal, pobre, del Buenos Aires del 1900, el arrabal.
Malevaje: Maleantes, la presencia de delincuentes y compadritos.
Chorros: Ladrones.
Grelas: Mujer de medio ambiente; mugre, suciedad; es uno de los muchos nombres peyorativos dados a las mujeres.
Yoficas: Vesre (revés) cafisho, cafiolo.
(Un) pesado: Envalentonado; prepotente, peleador.
(Un) perejil: Ingenuo; cándido; el tonto que es elegido para pagar culpas que no tiene.
Yompa: Pabellón carcelario.
Tumba: La cárcel; también la comida de la cárcel.
Yompa tumbero: Un pabellón de la cárcel.
Paicas: Una chica, adolescente, mujer joven; querida del compadrito.
Cafishios: Cafiolo, un granuja que vive a expensas de una mujer de la vida, su amante.
Ganzúas: Gancho de alambre fuerte para abrir las cerraduras sin llaves.
Marrocas: Cadenas (de reloj).
Cachiporra: Pegar con la cachiporra, un objeto pesado; hacerse valer más de lo que se es.
Fierro: Revólver.
Juna/junar: Mirar, mirar de reojo, ver, percibir, ojear.
Tirifilo: Engreído, petimetre, joven que cuida de su compostura y de seguir las modas.
Tirifilo engayolado: Tirifilo encarcelado.
Gayola: Estar preso.

Los trágicos tangos carcelarios

Dejando de lado las piezas que no entraron en la historia por su antigüedad o porque su letra es demasiado espesa para andar encanutándola en los discos, son *caneros* por ejemplo, "Una carta" de Sciammarella y Cadícamo; "El penado 14" de Magaldi, Noda y Carlos Pasa; "A la luz de candil" de Vicente Geroni Flores y Julio Navarrine; "Justicia criolla", de Rafael Iriarte y Francisco Brancatto; "La gayola", de Rafael Tuegols y José Tagini; "Ladrillo", de Juan de Dios Filiberto y Juan Caruso; "El grata" de Edgardo Acuña y Horacio Pagano. Y varios tangos más narrados a continuación.

Tomás, que estuvo adentro, *juna* que hoy mismo, y apuesta fuerte que también mañana, los temas de cualquier *tirifilo engayolado* son temas de tangos. Si hay una vivencia, si hay un rencor, *una bronca*, un deseo surgido *en gayola*, solamente lo puede cantar un tango con el sentimiento y la sensibilidad que alcanza un trance carcelario. Tangos "caneros", que te hablan de *la cana*, *la yuta*, los comisarios, las comisarías y las cárceles.

Reaparece el tango carcelario en la narrativa: 34 puñaladas

Fue un destacado grupo de tango formado en Buenos Aires en 1998, que integra la nueva generación tanguera en Argentina surgida a partir de los años noventa. Centra su atención *en tangos lunfardos, reos y carcelarios* de las décadas del '20 y del '30, para recorrer, con tono introspectivo, esa zona oscura y olvidada del género. De esta manera, exhuma un repertorio "políticamente incorrecto" en el que abundan historias sobre droga, mujeres de avería, robos, amores contrariados y violencia. Se caracterizó, en principio, por interpretar tangos tradicionales *de origen carcelario* y marginal, un pasaje marginal escasamente transitado de la historia del tango.

Tangos mencionados en este capítulo

1. A la luz del candil
2. Justicia criolla
3. El grata
4. En un feca
5. Te vas milonga
6. Ella se reía
7. Cuando me entrés a fallar
8. Quien más quien menos
9. Corrientes y Esmeralda
10. El penado 14
11. Al pie de la Santa Cruz
12. Araca corazón
13. La gayola
14. Una carta
15. Dicen que dicen
16. Sentencia
17. Ladrillo
18. El ciruja

Letras de tangos carcelarios y algunas explicaciones

A LA LUZ DEL CANDIL

(Tango, 1927)
Música: Carlos Vicente Geroni Flores
Letra: Julio Navarrine

Circulaba por aquella época este tango, donde se menciona la infamia y la deshonra, encarnadas en el melodramático triángulo amoroso. La Justicia con mayúscula y la miseria humana con minúscula se disputan el escenario del quehacer humano en estos personajes humildes, con un entendimiento muy particular de las cosas. El narrador ha sido traicionado por los dos y para salvar su honor tiene que matarlos, es su deber y así lo hace. Espontáneamente se presenta a la policía y cuenta su historia como un "hombre bueno y honrado" que no sabe si ha cometido un hecho criminal (si soy un delincuente, que me perdone ¡Dios!). Una tremenda diferencia cultural y de clases sociales con la reacción del marido engañado en la serie televisiva inglesa de más o menos la misma época que "The Forsyte Saga" (1922), en que el marido inglés, de la alta sociedad, frustrado e impotente frente a los hechos, no hace nada, no reacciona, no quiere crear un escándalo.

¿Me da su permiso, señor comisario?
Disculpe si vengo tan mal entrazao,
yo soy forastero y he caído al Rosario,
trayendo en los tientos un güen entripao.
Acaso usted piense que soy un matrero,
yo soy gaucho honrado a carta cabal,
no soy un borracho ni soy un cuatrero;
¡Señor comisario... yo soy criminal!...

¡Arrésteme, sargento,
y póngame cadenas!...
¡Si soy un delincuente,
que me perdone Dios!

Yo he sido un criollo güeno,
me llamo Alberto Arenas.
¡Señor... me traicionaban,
y los maté a los dos!

Mi china fue malvada,
mi amigo era un sotreta;
cuando me fui a otro pago
me basureó la infiel.

Las pruebas de la infamia
las traigo en la maleta:
¡las trenzas de mi china
y el corazón de él!

¡Párese, sargento, que no me retobo!...
Yo quiero que sepan la verdad de a mil...
La noche era oscura como boca'e lobo;
Testigo, solito, la luz de un candil.
Total, casi nada: un beso en la sombra...
Dos cuerpos cayeron, y una maldición;
y allí, comisario, si usted no se asombra,
yo encontré dos vainas para mi facón.

¡Arrésteme, sargento,
y póngame cadenas!...
¡Si soy un delincuente,
que me perdone Dios!

Términos lunfardos en el orden mencionado:

Vengo tan mal entrazao/entrasao: Tan mal vestido.
He caído al Rosario: El forastero aparece a la puesta del sol, refiriéndose al rosario, el momento de la Oración del Rosario.
Tientos: Correa de cuero sin curtir, para distintos usos.
Güen entripao: Trayendo (en mi caballo) un problemazo, una tremenda pesadez, tristeza.
Entripar: Disgustar, enfadar, incomodar// guardar silencio.
Tientos y entripao: En este contexto el hombre tiene por debajo de la silla de montar de su caballo, con tiras de cuero (tientos), algo muy sombrío relacionado con sus sospechas confirmadas de haber sido engañado por su mujer: un bolso de mano con el pelo su esposa y el corazón del hombre que estaba acostado en la cama con ella. Esta es la razón de su visita al puesto de policía y lleva consigo las pruebas de su crimen.
Un matrero: Un fugitivo.
China: Mujer del pueblo.
Un sotreta: Canalla, mentecato.
Me basureó la infiel: Me humilló, destruyó mi honor.
Dos vainas para mi facón: Dos cuerpos donde enterrar su cuchillo.

JUSTICIA CRIOLLA
(Tango, 1925)
Música: Rafael Iriarte
Letra: Francisco Brancatti

¿Han venido a prenderme? Ya estoy listo.
La cárcel a los hombres no hace mal.
¡Aquí me tienen! ¡Yo no me resisto!
¡Estoy vengado! ¡Soy el criminal!
¡Al fin pude ahogar mis hondas penas!
¡Qué importa de las otras que vendrán!
Yo no he de lamentar mis horas buenas,
las malas, como vienen ya se irán.

Antes, permitan que estampe,
un beso a mi pobre hijita;
que ha quedado huerfanita,
en el seno del hogar.
¡Venga un abrazo, mi nena!,
quédese con la vecina;
su padre va hasta la esquina,
prontito ha de regresar.

¡Vamos, pronto, oficial! ¡Y no se asombre,
del llanto que en mis ojos usted ve!
¡He dicho que la cárcel es para el hombre,
y allá voy, aunque en ella moriré!...
¡Es que pienso en este ángel que yo dejo
y mis lágrimas vierto sin querer!...
Por lo demás, yo digo, mi pellejo
bien sé poco y nada ha de valer.
¡Mañana, cuando ella moza,
sepa el final de la madre
que no piense que fue el padre,
un borracho, un criminal!
Díganle que yo la he muerto,
porque fue una libertina:
¡haga el favor, mi vecina!
¡Vamos, señor oficial!

EL GRATA
(Milonga)
Música: Edgardo Acuña
Letra: Horacio Pagano

El "grata", que manda a los otros presos en el pabellón tumbero, en el chamuyo carcelario que caracteriza al título, cuenta la llegada de un "pesado" a uno de esos sectores de detención, alertando a todos que a partir de ese momento será él quien liderará las ranchadas (grupos de detenidos) del lugar. Para hacerlo, "el grata" no escatima el uso del lunfardo "canero", descubriéndolo a quienes sigan la interpretación de la milonga.

(I)
A esta ranchada de scruche
llegó esta vez como pancho;
gil, me ensartaron el gancho
por la batida de un buche.

Y no estoy pa'bolacear
ni me importa el picuceo;
con los tiras no hay tuteo
sépanlo vengo a capear.

Preventiva mandó el juez
y adentro con este coso;
así que no es vivo el mozo
pero de otario el revés.

Piano, marrocas y rejas
mismo paisaje de tumba;
gayola que pinta lunga
y otra vez caigo sin teca.

(Estribillo)
No nací para arrugar;
de apriete y si cuadra faca
en el yompa soy el grata
y soy el que manda acá.
Y así escondo la verdad
de cualquier preso el que quiera;
el guapear es mi manera
de llorar la libertad.

(I bis)
Y si no a la prueba vamos,

avise si alguno quiere
discutir de que me puede,
que ya me paro de manos.

Así de claro el refrán
yo no soy tira ni monje;
aunque más de uno rezongue
apréndanse este gotán.

Aquí hay gente de cartel
y yo un preso carteludo;
vayan haciéndome el tuco
que yo mando en este hotel.

Lo que pase es cosa e´mudos
aquí es ley sin artilugio;
los ortibas a refugio
o mi filo hace el desguace.

(Estribillo)
No nací para arrugar;
de apriete y si cuadra faca
en el yompa soy el grata
y soy el que manda acá.
Y así escondo la verdad
de cualquier preso el que quiera;
el guapear es mi manera
de llorar la libertad.

TÉRMINOS LUNFARDOS EN EL ORDEN MENCIONADO:

Grata: El preso que manda en el pabellón de la cárcel.
Ranchada: Grupo de presos de un pabellón que todo lo comparten.
Scruche, scruchantes: Robo en las casas cuando están ausentes los moradores.
Pancho: Preso nuevo; primario; inexperto sobre la vida en la cárcel. "Tiernito".
Gil: Tonto.
(El) gancho: Atracción, prestigio; dedos; firma.
Batida: Delación.
Buche: Soplón; alcahuete.
Bolacear: Mentir.
Picuceo: El comentario, los rumores entre presos sobre lo que pasa en la prisión.
Tiras: Policías, guardia de cárcel.
Capear: Resolver o pasar de la mejor manera posible una situación complicada.
Preventiva: Prisión preventiva.

Otario: Tonto.
Capear (de capo): Mandar.
Gayola: Estar preso.
Piano (tocar el pianito): Registro de la huella dactilar al preso, entintando sus dedos y presionando una ficha de papel, rutina muy frecuente en prisión ya que se exige cada vez que un detenido es trasladado.
Marrocas: Cadena de reloj; esposas para los condenados.
Tumba: La cárcel; también la comida de la cárcel.
Gayola: Cárcel.
Que pinta lunga: Que arrastra una apariencia importante.
Teca: El botín; la parte de lo robado que le toca a cada uno.
Arrugar: Recular, amedrentarse.
No nací para arrugar: No soy de los que se echan pa' atrás.
Apriete: Atemorizar a otro.
Faca: Cuchillo o púa rudimentaria fabricado en la prisión para pelea.
Yompa: Pabellón carcelario.
Guapear: Afrontar, envalentonarse.
Pararse: De manos, estar dispuesto a pelear; ultimátum al otro para pelear.
Yo no soy tira ni monje: No soy un policía ni un santo.
Gotán: Al verres (al revés) tango.
Cartel: La fama como delincuente.
Carteludo: Pesado; de mucho cartel como delincuente.
(El) tuco: Bebida alcohólica preparada en las prisiones; también tradicional salsa argentina a base de jitomate, cebolla y ajo.
Ortibas: Soplones; buchones; alcahuetes.
Refugio: Sector de la cárcel donde los presos piden ser alojados cuando peligra su vida dentro del pabellón originario.
Desguace: En este contexto puede significar darles cortes con un cuchillo al cuerpo del contrincante e incluso descuartizarlo; deshacer o desmontar un vehículo u otro aparato para la chatarra.

EN UN FECA
(Tango, 1924)
Música y letra: Autor anónimo

Es muy curioso, e interesante, desde la distancia del tiempo, y tal vez considerando su contenido, que este tango sea de autor anónimo, sobre todo en una etapa de la Guardia Nueva en que la autoría de los tangos ya estaba bien establecida.

En un feca de atorrantes,
rodeada de escabiadores,
una paica sus amores
rememora sollozante.
En tanto, los musicantes
pul...
pulsando los instrumentos
lle...
llenan de tristes acentos
el feca tan concurrido
donde chorros aguerridos
triste sue...
triste sueñan con el vento.

Con tu pinta de diquera
me hici...
me hiciste mucho aspamento,
me trabajaste de cuento,
como a un otario cualquiera.
Y de la misma manera
me hici...
me hiciste tirar la daga
y pa' colmo de mi plaga
yo punguié por tu cariño,
me engrupiste como a un niño
pero esa...
pero esa deuda se paga.

Como tu fin ya está escrito,
fácil es de imaginar,
muy pronto irás a parar
a manos de un compadrito.
Y cuando ya esté marchito
ese...
ese cuerpo compadrón
algún...
algún oscuro botón

será el llamao a cargarte,
nadie quiere el estandarte
si es lun...
si es lunga la procesión.

TÉRMINOS LUNFARDOS EN EL ORDEN MENCIONADO:

Feca: Verres (al revés) café, también café-bar.
Atorrante: Vago; ocioso; individuo sin ocupación ni domicilio; holgazán.
Escabiador: Bebedor empedernido.
Paica: Una chica, adolescente, mujer joven; querida del compadrito.
Chorros: Ladrones.
Vento: Dinero.
Diquera: Presuntuosa, fanfarrona y de cuanto sirve para fanfarronear.
Aspamento: Spamento, aspaviento, exageración, demostración afectada, alharaca, ostentación.
Otario: Gil, tonto.
Punguié: Fui ladrón, hurté.
(Me) Engrupiste: Me engañaste, me robaste.
Compadrito: Los hombres que en años tardíos, al comienzo de la Guardia Nueva, pretendían hacer el papel del compadrón original, pero sin su gallardía. Hombre del bajo pueblo, engreído, vano, jactancioso.
Lunga: Larga.

TE VAS

(Milonga, 1923)
Música: Abel Fleury
Letra: Fernando Ochoa

Milonga porteña que oculta cantando
las penas que anidan en su corazón;
que en todos los barrios derrama armonías,
y ponen en las almas un cacho de sol.
Vos sos queja humilde en boca del ciego
o sollozo amargo en una prisión,
y pintan sus cantos, churrinches del fuego
en todas bocas que ofrecen amor.

Te vas... porque estás cansada
de sentirte forastera;
estás con la muchachada
de ayer... y sos su bandera.
Lloran Corrales, San Telmo,
Palermo y Avellaneda.

(bis)
Milonga porteña que pasa en la noche
llevando en sus notas un rayo de luz,
pa'alumbrer el sueño de alguna pebeta
que halló en obrero, su Príncipe Azul.
Milonga canyengue, que hiciste pata ancha
copando a coraje, dulzura o dolor.
Con tu ritmo taura bajaste una estrella
pa'hacerla en la esquina de guapos: farol.

TÉRMINOS LUNFARDOS EN EL ORDEN MENCIONADO:

Un cacho de sol: Un poquito de sol, en medio de cielos tristes.

Churrinches: Deliciosas facturas azucaradas "churrinches" fritos, ideales para acompañar una tarde lluviosa.

Corrales, San Telmo, Palermo y Avellaneda: Barrios tradicionales de Buenos Aires.

Taura: Audaz, bravucón, guapo, animoso, muy valiente; persona pródiga, astuto; jugador liberal que aunque gane o pierda, siempre permite el desquite y expone su dinero.

Farol: No concurrir a una cita amorosa; espera prolongada en un lugar.

ELLA SE REÍA
(Poema lunfardo)
Música: Juan Cedrón
Letra: Enrique Cadícamo

Un amor de conveniencia, fácilmente reemplazable cuando él cae a la cárcel. ¡Creer en las mujeres! (¡O en los hombres!)

Ella era un hermosa nami del arroyo.
Él era un troesma pa' usar la ganzúa.
Por eso es que cuando de afanar volvía,
ella en la catrera contenta reía,
contenta de echarse dormía tan púa.

De noche él robaba hasta la alborada.
De día dormían los dos abrazados.
Hasta que la yuta, que lo requería,
lo alzó de su saca... Y ella se reía,
mientras a Devoto iba el desdichado.

Tras la negra reja de la celda, el orre
a su compañera llorando batía:
"¡Por vos me hice chorro! ¡Quereme, paloma!..."
Pero, indiferente al dolor del choma,
alzando los hombros, ella se reía...

Pasaron los meses... Vino la sentencia...
Pa' Tierra del Fuego al punga embarcaban
a las seis en punto de una tarde fría...
A la siete, ella se apiló a otro rufa;
a las ocho, andaba con él de garufa y,
al sonar las nueve, curda se reía ...

TÉRMINOS LUNFARDOS EN EL ORDEN MENCIONADO:

Nami: Verres (revés) de mina, mujer.
Ganzúa: Gancho de alambre fuerte para abrir las cerraduras sin llaves.
Afanar: Hurtar, robar.
Catrera: Cama vieja, desvencijada.
Púa: Tipo ligero, vivaracho; persona avispada, sagaz, calculadora.
(Dormía tan) púa: Dormía liviano.
Yuta: Policía.
A Devoto: Un barrio de Buenos Aires, "El jardín de la Ciudad", cuenta con más árboles que cualquier otro barrio porteño.

Orre: Verres (revés) de reo.
Chorro: Ladrón.
Choma: Verres (revés) de macho.
Pa'Tierra del Fuego: Al penal de Ushuaia, abierto en 1889, incluyó desde criminales comunes reincidentes hasta los confinados por causas políticas. Fue cerrado en 1947.
Punga: Ladrón de bolsillo.
Se apiló a otro rufa: Se acercó a otra rufiana.
Garufa: Diversión, juerga, farra.
Curda: Borracha.

CUANDO ME ENTRÉS A FALLAR

(Tango)
Música: José María Aguilar
Letra: Celedonio Flores

He rodao como bolita de pebete arrabalero
y estoy fulero y cachuso por los golpes, ¿qué querés?
Cuantas veces con un cuatro a un envido dije ¡Quiero!...
y otra vez me fui a baraja y tenía treinta y tres.
Te conocí cuando entraba a fallarme la carpeta,
me ganaste con bondades poco a poco el corazón.
El hombre como el caballo, cuando ha llegado a la meta
afloja el tren de carrera y se hace manso y sobón.

Vos sos buena, no te alcanza ni el más mínimo reproche
y sos para mí una amiga desinteresada y leal,
una estrella en lo triste de mi noche,
una máscara de risa en mi pobre carnaval...
Vos me torciste la vida, te pusiste en mi camino
para alumbrarme con risas, con amor y con placer.
Y entré a quererte, por esa ley del destino
sin darme cuenta que estaba ya viejo para querer...

¿Viejo?...Porque tengo miedo que me sobrés en malicia.
¿Viejo?...Porque desconfío que me querés amurar.
Porque me estoy dando cuenta que fue mi vida ficticia
y porque tengo otro modo de ver y filosofar.
Sin embargo, todavía, si se me cuadra y me apuran
puedo mostrarle a cualquiera que sé hacerme respetar.
Te quiero como a mi madre, pero me sobra bravura
pa'hacerte saltar pa'arriba "Cuando me entrés a fallar".

TÉRMINOS LUNFARDOS EN EL ORDEN MENCIONADO:

Pebete: Muchachito.
Arrabalero: Del arrabal, los barrios pobres.
Fulero: Falso, feo, desagradable.
Cachuso/ cachuzo: Maltrecho, deteriorado, descompuesto. La palabra se emplea tanto para las cosas como para las personas. Se dice que una persona está cachuza, cuando se encuentra enferma o no se siente bien.
Con un cuatro a un envido dije ¡quiero!: El juego de naipes en el truco.
Treinta y tres: El juego de naipes en el truco; también puede referirse a la comisaria con ese nombre.
Carpeta: En la mesa de juego; habilidad, destreza.
Me querés amurar: Me quieres abandonar.
Pa'hacerte saltar pa'arriba: Advertencia: ¡Pa' matarte y mandarte al cielo!

QUIEN MÁS QUIEN MENOS

(Tango, 1934)
Música y letra: Enrique Santos Discépolo

Te vi saltar sobre el mantel,
gritando una canción...
Obscena y cruel, en tu embriaguez,
ya sin control mostrar -muerta de risa-
al cabaret tu desnudez.
Bizca de alcohol, pisoteando al zapatear
entre los vidrios tu ilusión.

¡Reconocerte fue enloquecer!
Caricatura de la novia que adoré...
Cuando me viste me eché a temblar,
y aún oigo el grito
que mordiste al desmayar.

Quizá has pensao que yo me alcé,
pa' maldecir tu horror
y... ¡fue un error! no ves que sé
que por un pan cambiaste, como yo,
tus ambiciones de honradez.
Me levanté pa' que vieras cómo estoy,
yo, que pensaba ser un rey.
Novia querida, novia de ayer...
¡qué ganas tengo de llorar nuestra niñez!
Quién más... quién menos...
Pa' mal comer,
somos la mueca de lo que soñamos ser.

CORRIENTES Y ESMERALDA
(Tango, 1933)
Música: Francisco Pracánico
Letra: Celedonio Flores

Amainaron guapos junto a tus ochavas
cuando un cajetilla los calzó de cross
y te dieron lustre las patotas bravas
allá por el año... novecientos dos...

Esquina porteña, tu rante canguela
se hace una melange de caña, gin fitz,
pase inglés y monte, bacará y quiniela,
curdelas de grappa y locas de pris.

El Odeón se manda la Real Academia
rebotando en tangos el viejo Pigall,
y se juega el resto la doliente anemia
que espera el tranvía para su arrabal.

De Esmeralda al norte, del lao de Retiro,
franchutas papusas caen en la oración
a ligarse un viaje, si se pone a tiro,
gambeteando el lente que tira el botón.

Te glosa en poemas Carlos de la Púa
y el pobre Contursi fue tu amigo fiel...
En tu esquina rea, cualquier cacatúa
sueña con la pinta de Carlos Gardel.

Esquina porteña, este milonguero
te ofrece su afecto más hondo y cordial.
Cuando con la vida esté cero a cero
te prometo el verso más rante y canero
para hacer el tango que te haga inmortal.

Confitería La Ideal, 384 Suipacha Street, Buenos Aires. (Mariano P.). (2005). Gobierno de la Ciudad de Buenos Aires from Ciudad Autónoma de Buenos Aires, Argentina (https://commons.wikimedia.org/wiki/File:MundialTango-2011-escenario.jpg), „MundialTango-2011-escenario", https://creativecommons.org/licenses/by/2.0/legalcode).

Las esquinas

El tango fue compuesto unos años antes que la calle Corrientes fuera ensanchada derribando edificios de la acera par y convertida en la Avenida Corrientes. *En la esquina sudoeste* estaba la Confitería El Buen Gusto, *un reducto de "gente bien"*. *En la esquina noroeste*, el Café Guaraní, al que concurrieron numerosas figuras vinculadas al tango. *En la esquina sudeste*, el Hotel Royal, que tenía entrada por las dos calles, y que estaba junto al Teatro Odeón y la confitería Royal Keller, un sótano donde tomaron cerveza los bohemios e integrantes del Grupo Literario Martín Fierro.

Teatro Odeón

El Teatro Odeón fue un teatro situado en la calle Esmeralda entre las de Sarmiento y Corrientes, a pocos metros de esta última. Fue construido en 1891 por iniciativa del empresario cervecero alemán Emilio Bieckert, en el lote donde antes había existido el Teatro Edén, y se transformó en uno de los teatros más importantes de la ciudad durante el siglo XX. La mención de la Real Academia evoca la representación en ese teatro por la compañía española de María Guerrero (1868-1928) de la obra *La dama boba* de Lope de Vega en 1897.

Pigall

El Royal Pigalle era un cabaret ubicado en Corrientes entre Suipacha y Esmeralda, inicialmente en la planta baja, ocupando el foyer de un teatro llamado Royal. Tiempo después se suprimió el teatro y el Royal Pigalle pasó de la planta baja a la planta alta. En el predio se instaló en 1924 el Tabarís, primero cabaret y luego teatro de revista.

Carlos de la Púa (1898 - 1950)

Nombre original Carlos Raúl Muñoz y Pérez también conocido como el Malevo Muñoz. Fue un poeta y periodista argentino, autor del libro de poesía titulado *La crencha engrasada*, y uno de los máximos exponentes del lunfardo.

Samuel Linnig (1888 - 1925)

Fue un dramaturgo, fotógrafo, periodista y *letrista de tango*. Si bien en su labor como dramaturgo no tuvo mayor fortuna, quedó en el recuerdo el sainete "Delikatessen Hauss" (Bar alemán), que escribió en colaboración con Alberto T. Weisbach, porque en él se estrenó su tango más famoso: *Milonguita*.

Pascual Contursi (Chivilcoy, 1888 - 1932)

Fue un conocido dramaturgo, músico y letrista de tango argentino. Autor de unas cuarenta letras de tango entre las que se destaca "Mi noche triste" sobre la música del tango "Lita" de Samuel Castriota. Esta, que al ser incluida en el sainete "Los dientes del perro" inauguró una nueva etapa del género caracterizada por el llamado tango canción. Estaba en París cuando aparecieron los síntomas de enajenación mental producto de la sífilis que padecía y algunos amigos lo embarcaron, piadosamente engañado, rumbo a Buenos Aires, donde murió internado en el Hospital de las Mercedes, un establecimiento de salud mental.

Carlos Gardel (1890 - 1935)

Vivió durante su infancia en Buenos Aires y se nacionalizó argentino en 1923. Es considerado en los países del Río de la Plata el máximo cantor de tango.

Jorge Newbery

El término "cajetilla" que aparece en el segundo verso es en lunfardo el equivalente al "dandy" en inglés: sujeto elegante pero en forma exagerada, que gusta del buen vivir, término derivado, supuestamente, de chaquetilla, y data de fines del siglo XIX. En este tango alude a Jorge Newbery (1875-1914), destacado aviador que entre otros deportes practicaba boxeo, al igual que Flores, y fue uno de los fundadores del Club Gimnasia y Esgrima de Buenos Aires.

Raúl Scalabrini Ortiz (1898 –1959)

El "hombre tragedia" alude a la obra *El hombre que está solo y espera*, publicada en 1931 y escrita por este pensador, historiador, filósofo, periodista, escritor, ensayista, y poeta que formó parte de FORJA ("Fuerza de Orientación Radical de la Joven Argentina"). En esa obra Scalabrini Ortiz menciona "el hombre arquetipo de Buenos Aires, el Hombre de Corrientes y Esmeralda" y aclara que lo ubica en ese lugar, que considera el "polo magnético de la sexualidad porteña".

Términos lunfardos en el orden mencionado:

Guapos: Hombre pendenciero y perdona vidas, valentón.
Ochavas: Pequeño frente que deben tener en ciertas ciudades los edificios de las esquinas.
Cajetilla: Petimetre, jovencito bien vestida, elegante.
Los calzó de cross: Pegó una trompada.
Patotas: Grupo de jóvenes, generalmente pendencieros; pandilla.
Rante: Apócope de atorrante, que a su vez es una voz lunfarda que significa de mal aspecto, desarreglado. Se usa en general para personas pero también para cosas.
Canguela: Voz de origen y significados dudosos que parece que equivale a gente de vida nocturna. En el caso, esperaba el tranvía que pasaba por la calle Sarmiento rumbo al barrio obrero de La Boca.
Melange: Mezcla.
Quiniela: Levanta juego.
Curdelas: Borracho, borrachera.
Pris: Cocaína.
Papusa: Mujer joven, atractiva.
Franchutas papusas: Alude a prostitutas provenientes de Francia.
Ligarse un viaje: Relacionarse una prostituta, conseguir un cliente.

Gambeteando: Eludiendo.
Lente: Mirada.
Gambeteando el lente: Tratando de no ser visto.
Tira: Policía (alude a las tiras del uniforme que indican el grado).
Botón: Policía.
Milonguita: Diminutivo de milonga que, a su vez, indicaba mujer joven y, en especial, aquella que iba al cabaret a bailar.
Papirusa: Mujer hermosa; petisa; persona de estatura baja; enano.
Mentó: Fama, prestigio, reputación.
Cacatúa: Persona insignificante, despreciable, mediocre.
Pinta: Aspecto físico.
Con la vida esté cero a cero: Termina en empate en el fútbol, nadie gana, no le deba nada a la vida ni la vida a uno.
Rante: Indigente, pobre, popular.
Te prometo el verso más *rante y canero:* El verso más popular y carcelario, o sea auténtico.
Canero: Propio de la cárcel ("estar en cana"), en el caso, lenguaje carcelario.

EL PENADO 14
(Tango, 1930)
Música: Agustín Magaldi / Pedro Noda
Líricas: Carlos Pesce
El recuerdo de la madre por el condenado, en su último momento, reflejado tardía y dolorosamente en este tango.

En una celda oscura
del presidio lejano
el penado catorce

Donde se refiere al presidio de Ushuaia.
Luego continúa:

su vida terminó;
dicen los compañeros
que el pobre presidiario
murió haciendo señas
y nadie lo entendió.

En una noche fría
que el preso deliraba
su mueca tan extraña
dio mucho que pensar
y sin embargo, nadie,

de tantos carceleros,
se acercó a la celda
del que no pudo hablar.

Dejó una carta escrita,
con frases tan dolientes,
que un viejo presidiario
al leerla conmovió...
al mismo fratricida
con alma tenebrosa
que en toda su existencia
amor nunca sintió.

En la carta decía:
"Ruego al juez de turno,
que traigan a mi madre,
le pido por favor,
pues antes de morirme
quisiera darle un beso
en la arrugada frente
de mi primer amor".

Y en la celda sombría
del lejano presidio
su vida miserable
el penado entregó...
El último recuerdo,
el nombre de la madre,
y su acento tan triste
el viento lo llevó...

AL PIE DE LA SANTA CRUZ
(Tango, 1933)
Música: Enrique Delfino
Letra: Mario Battistella
Grabado por Carlos Gardel con guitarras

El tango también *se refiere al Penal de Ushuaia*. En este tango el tema original es un problema de protesta laboral, como había ocurrido en la represión de la "Patagonia Rebelde", también conocida como la "Patagonia Trágica", el nombre que recibió la lucha protagonizada por los trabajadores anarcosindicalistas en rebelión de la provincia de Santa Cruz, en la Patagonia Argentina, entre 1920 y 1921.

Declaran la huelga, hay hambre en las casas,
Es mucho el trabajo y poco el jornal,
Y en ese entrevero de lucha sangrienta
Se venga de un hombre la ley patronal...
Los viejos no saben
Que lo condenaron,
Pues miente, piadosa,
Su pobre mujer.
Quizá un milagro
Le lleve el indulto
Y vuelva a su casa
La dicha de ayer.

Mientras tanto
Al pie de la Santa Cruz,
Una anciana desolada
Llorando implora a Jesús:
"Por tus llagas que son santas
por mi pena y mi dolor,
ten piedad de nuestro hijo,
protéjelo, Señor".
Y el anciano
Que no sabe ya rezar,
Con acento tembloroso
También protesta a la par:
"¿Qué mal te hicimos nosotros
pa´ darnos tanto dolor?"
Y a su vez dice la anciana:
"Protéjelo, Señor"

Los pies engrillados, cruzó la planchada...
La esposa lo mira, quisiera gritar.
Y el pibe inocente, que lleva en los brazos,

Le dice llorando: ¡Yo quiero a papá!
Largaron amarras
Y el último cabo
Vibró al desprenderse
En todo su ser.
Se pierde de vista
La nave maldita
Y cae desmayada
La pobre mujer...

En la versión censurada, el problema laboral es reemplazado por una pelea entre borrachos durante un juego de naipes:

Estaban de fiesta,
corría la caña,
y en medio del baile
la gresca se armó;
y en ese entrevero
de mozos compadres
un naipe marcado
su audacia pagó....

Censurar la creatividad en el tango dio origen a textos tan o más ridículos que el de este tango.

ARACA CORAZÓN
(Tango, 1927)
Música: Enrique Delfino
Lírica: Alberto Vaccarezza

La situación del preso engañado por su mujer, se aprecia en varios tangos. En estas líneas la esperanza del preso de rehacer su vida, alimentada por la larga espera, se frustra al comprobar que allí afuera hay una realidad muy distinta.

¡Araca, corazón... callate un poco
y escuchá, por favor, este chamuyo!
Si sabés que su amor es todo tuyo
y no hay motivos para hacerse el loco,
araca, corazón, callate un poco.

Así cantaba
un pobre punga

que a la gayola
por culpa de ella
fue a descansar,
mientras la paica
con sus donaires
por esas calles
de Buenos Aires
se echó a rodar.

Mas como todo se acaba en esta vida
una tarde salió de la prisión,
y al hallarla le dijo el pobre punga
"¡Volvé otra vez conmigo, por favor"

"Volver no puedo"
dijo la paica...
"El amor mío
ya se acabó".
Pasó una sombra,
cruzó un balazo,
cayó la paica
y una ambulancia
tranquilamente
se la llevó.

Y nuevamente en las horas de la noche,
cuando duerme tranquilo el pabellón,
desde la última celda de la cárcel
se oye cantar del punga esta canción.

¡Araca, corazón... callate un poco
y escuchá por favor este chamuyo!
y no hay motivos para hacerse el loco,
Si sabés que su amor nunca fue tuyo
araca, corazón, callate un poco.

TÉRMINOS LUNFARDOS EN EL ORDEN MENCIONADO:

Araca!: ¡Alerta, cuidado! Voz de alarma.
Chamuyo: Conversación, habla; "hacer el verso": mentir, seducir oralmente. Conversar con alguien a fin de convencerlo de algo. En general utilizado en relación a conquistas amorosas ("A la mina le hice el verso y me la levanté").
Araca, corazón: ¡Alerta corazón! ¡Ten cuidado!

Punga: Delincuente.
Gayola: Cárcel.
La paica: Muchacha hermosa.

LA GAYOLA

(Tango, 1927)
Música: Rafael Tuegols
Letra: Armando Tagini

En estas líneas el hombre mató al que se fue con su mujer, pero cuando es liberado, va a visitarla para recordar buenos tiempos y despedirse.

¡No te asustes ni me huyas!... No he venido pa' vengarme
si mañana, justamente, yo me voy pa' no volver...
He venido a despedirme y el gustazo quiero darme
de mirarte frente a frente y en tus ojos contemplarme,
silenciosa, largamente, como me miraba ayer...

He venido pa'que juntos recordemos el pasado
como dos buenos amigos que hace rato no se ven;
a acordarme de aquel tiempo en que yo era un hombre honrado
y el cariño de mi madre era un poncho que había echado
sobre mi alma noble y buena contra el frío del desdén.

Una noche fue la muerte quien vistió mi alma de duelo
a mi tierna madrecita la llamó a su lado Dios...
Y en mis sueños parecía que la pobre, desde el cielo,
me decía que eras buena, que confiara siempre en vos.

Pero me jugaste sucio y, sediento de venganza...
mi cuchillo en un mal rato envainé en un corazón...
y, más tarde, ya sereno, muerta mi única esperanza,
unas lágrimas amargas las sequé en un bodegón.

Me encerraron muchos años en la sórdida gayola
y una tarde me libraron... pa' mi bien...o pa' mi mal...
Fui sin rumbo por las calles y rodé como una bola;
Por la gracia de un mendrugo, ¡cuántas veces hice cola!
las auroras me encontraron largo a largo en un umbral.

Hoy ya no me queda nada; ni un refugio...¡Estoy tan pobre!
Solamente vine a verte pa' dejarte mi perdón...
Te lo juro; estoy contento que la dicha a vos te sobre...

Voy a trabajar muy lejos...a juntar algunos cobres
pa' que no me falten flores cuando esté dentro 'el cajón.

TÉRMINOS LUNFARDOS EN EL ORDEN MENCIONADO:

Gayola: Cárcel, penal.

UNA CARTA
(Tango, 1931)
Música y letra: Miguel Bucino

En este tango trágico el preso le escribe a la madre a fin de confirmar si es cierto que hay otro hombre en la vida de su mujer.

(Recitado)
Lloró el malevo esa noche sobre el piso de cemento
y un gesto imponente y fiero en su cara se pintó.
Tomó la pluma con rabia, mientras ahogaba un lamento
a su madre inolvidable esta carta le escribió:

(Cantado)
Vieja:
Una duda cruel me aqueja
y es más fuerte que esta reja
que me sirve de prisión.
No es que me amargue
la tristeza de mi encierro
y tirado corno perro
arrumbao en un rincón....quiero,
que me diga con franqueza
si es verdad que de mi pieza
se hizo dueño otro varón.

Diga, madre, si es cierto que la infame
abusando que estoy preso me ha engañao...
Y si es cierto que al pebete lo han dejao
en la casa de los pibes sin hogar...
Si así fuera... ¡Malhaya con la ingrata!...
Algún día he de salir y entonces, vieja,
se lo juro por la cruz que hice en la reja
que esa deuda con mi daga he de cobrar.

Vieja:
Vos que nunca me mentiste,
vos que todo me lo diste,
no me tengas compasión
que, aunque me duela,
la verdad quiero saberla...
No es el miedo de perderla
ni es el miedo a la traición.
Pero,
cuando pienso en el pebete
siento que se me hace un siete
donde tengo el corazón.

TÉRMINOS LUNFARDOS EN EL ORDEN MENCIONADO:

Malevo: Individuo pendenciero, provocador, de malos antecedentes, ladrón en general, bajos fondos.
¡Malhaya!: ¡Maldito! ¡Maldito sea! ¡Desgracia tenga!
Pebete: Muchacho.

DICEN QUE DICEN
(Tango, 1930)
Música: Enrique Delfino
Letra: Alberto Ballestero

En este dramático tango el engañado busca a su mujer y cuando la encuentra, la mata. Esta historia se la cuenta a una vecina brindando los detalles de quién lo traicionó y de su muerte, hasta caer preso.

Vení, acercáte, no tengas miedo,
que tengo el puño, ya ves, anclao.
Yo solo quiero contarte un cuento
de unos amores que he balconeao.
Dicen que dicen, que era una mina
todo ternura, como eras vos,
que jue el orgullo de un mozo taura
de fondo bueno... como era yo.

Y bate el cuento
que en un cotorro
que era una gloria vivían los dos.

Y dice el barrio que él la quería
con la fe misma
que puse en vos.
Pero una noche
que pa' un laburo
el taura manso
se había ausentao,
prendida de otros
amores perros
la mina aquella
se le había alzao.

Dicen que dicen, que desde entonces
ardiendo de odio su corazón,
el taura manso buscó a la paica
por cielo y tierra como hice yo.
Y cuando quiso, justo el destino,
que la encontrara, como ahura a vos,
trenzó sus manos en el cogote
de aquella perra... como hago yo...

Deje vecino... No llame a nadie.
No tenga miedo, estoy desarmao.
Yo solo quise contarle un cuento,
pero el encono me ha traicionao...
Dicen que dicen, vecino, que era
todo ternura la que murió...
Que jué el orgullo de un mozo taura
de fondo bueno... como era yo...

TÉRMINOS LUNFARDOS EN EL ORDEN MENCIONADO:

Anclao: No se puede mover; aferrarse a una idea o posición: se ancló en sus recuerdos y dejó de tener contacto con los demás; de uso obsoleto, que debe estar reforzado, afirmado y amarrado por un tiempo determinado.
Balconear: Observar, mirar.
(He) balconeao: (He) observado.
Mina: Muchacha en dialecto lombardo; mujer; concubina, mujer fácil o joven seductora.
Taura: Audaz, bravucón, guapo, animoso, muy valiente; persona pródiga, astuto; jugador liberal que aunque gane o pierda, siempre permite el desquite y expone su dinero.
(Que te) bata: Que te diga.

Batir: Hablar, delatar, designar.
Cotorro: Cuarto pobre, dormidero.
Laburo: Un trabajo, en este contexto un trabajo delictual.
Paica: Una chica, adolescente, mujer joven; querida del compadrito.
Ahura/aura: Ahora (lengua gaucha).

SENTENCIA
(Tango, 1926)
Música: Pedro Maffia
Letra: Celedonio Flores

Este tango cuenta una historia distinta, en la que el asesino le relata al Juez que al ver a su madre injuriada sin razón, él no titubea en matar al ofensor, preguntándole qué hubiera hecho él ante semejante situación.

La audiencia, de pronto se quedó en silencio:
de pie, como un roble,
con acento claro
hablaba el malevo.

Yo nací, señor juez, en el suburbio,
suburbio triste de la enorme pena,
en el fango social donde una noche
asentara su rancho la miseria.

De muchacho, no más, hurgué en el cieno
donde van a podrirse las grandezas...
¡Hay que ver, señor juez, cómo se vive
para saber después por qué se pena!
Un farol en una calle tristemente desolada
pone con la luz del foco su motivo de color...
El cariño de mi madre, mi viejecita adorada,
que por santa merecía, señor juez, ser venerada,
en la calle de mi vida fue como luz de farol.

Y piense si aquella noche, cuando oí que aquel malvado
escupió sobre sus canas el concepto bajo y cruel,
hombre a hombre, sin ventaja, por el cariño cegado,
por mi cariño de hijo, por mi cariño sagrado,
sin pensar, loco de rabia, como a un hombre lo maté.

Olvide usted un momento sus deberes
y deje hablar la voz de la conciencia...

Deme después, como hombre y como hijo,
los años de presidio que usted quiera...

Y si va a sentenciarme por las leyes,
aquí estoy pa'aguantarme la sentencia...
pero cuando oiga maldecir a su vieja,
¡es fácil, señor juez, que se arrepienta!

La audiencia, señores,
se ahogaba en silencio...
¡Llorando el malevo,
lloraba su pena
el alma del pueblo!

LADRILLO
(Tango, 1926)
Música: Juan de Dios Filiberto
Letra: Juan Andrés Caruso

En este tango el narrador mata en duelo criollo a un compadrón para defender a su novia, ofendida el día de su compromiso matrimonial. Enviado a la Penitenciaría Nacional de la calle Las Heras dice:

Allá en la Penitenciaria
Allá en la Penitenciaria
Ladrillo llora su pena,
cumpliendo injusta condena
aunque mató en buena ley.

Los jueces lo condenaron
sin comprender que Ladrillo
fue siempre bueno y sencillo,
trabajador como un buey.

Ladrillo está en la cárcel...
el barrio lo extraña.
Sus dulces serenatas
ya no se oyen más.

Los chicos ya no tienen
su amigo querido,
que siempre moneditas
les daba al pasar.

Los jueves y domingos
se ve una viejita
llevando un paquetito
al que preso está.

De vuelta la viejita
los chicos preguntan:
—Ladrillo, ¿cuándo sale?
—Dios solo sabrá...

El día que con un baile
su compromiso sellaba
un compadrón molestaba
a la que era su amor.

Jugando entonces su vida,
en duelo criollo, Ladrillo,
le sepultó su cuchillo
partiéndole el corazón.

TÉRMINOS LUNFARDOS EN EL ORDEN MENCIONADO:

Ladrillo: Ladrón, ratero; persona bruta.
Ladrillo con pelo: Persona de escasa inteligencia, lenta de pensamiento.
Matar en duelo criollo: Era considerado matar en buena ley.

EL CIRUJA
(Tango, 1926)
Música: Ernesto de la Cruz
Letra: Francisco Alfredo Marino
Grabado por Carlos Gardel con guitarras

Considerado el tango escrito con *el más puro lunfardo*. Este es otro tango con duelo criollo cuando menciona:

Como con bronca, y junando
de rabo de ojo a un costado,
sus pasos ha encaminado
derecho pa'l arrabal.
Lo lleva el presentimiento
de que, en aquel potrerito,

no existe ya el bulincito
que fue su único ideal.

Recordaba aquellas horas de garufa
cuando minga de laburo se pasaba,
meta punguia, al codillo escolaseaba
y en los burros se ligaba un metejón;
cuando no era tan junao por los tiras,
la lanceaba sin tener el manyamiento,
una mina le solfeaba todo el vento
y jugó con su pasión.

Era un mosaico diquero
que yugaba de quemera,
hija de una curandera,
mechera de profesión;
pero vivía engrupida
de un cafiolo vidalita
y le pasaba la guita
que le shacaba al matón.

Frente a frente, dando muestras de coraje,
los dos guapos se trenzaron en el bajo,
y el ciruja, que era listo para el tajo,
al cafiolo le cobró caro su amor.

Hoy, ya libre'e la gayola y sin la mina,
campaneando un cacho'e sol en la vedera,
piensa un rato en el amor de su quemera
y solloza en su dolor.

Como se ya comentó, este tango es un buen ejemplo ilustrativo del uso profuso del lunfardo en las letras de tango. Es prácticamente imposible entender la lírica si no se está familiarizado con el argot.

TÉRMINOS LUNFARDOS EN EL ORDEN MENCIONADO:

El Ciruja: El protagonista es descripto como "hábil para el tajo", para el manejo del cuchillo, y de ahí deriva su apodo que da el nombre al tango.
Bronca: Enojado.
Junar: Ver, percibir, ojear, mirar de reojo.
Junando de rabo de ojo a un costado: Mirar a los costados moviendo los ojos, no la cara.
Las horas de garufa: (Farra, Juerga), eran las horas de diversión.

Arrabal: Los barrios de la periferia, es decir, los que rodeaban a la ciudad.
Potrerito: Un lugar pobre, baldío.
Bulincito: Una habitación donde se vive o duerme, también destinada para citas amorosas.
Garufa: Diversión, juerga, farra.
Las horas de garufa: Las horas de diversión.
Minga: Nada, negación de algo, jamás.
Minga y de laburo se pasaba: "De laburo se pasaba" era pasar todo el tiempo sin trabajar no había ningún "trabajo" para hacer.
Laburo: En la jerga del delito, tiene connotación de ocupación ilícita, "trabajarse a un gil, una víctima".
Meta punguia/punga: Si bien un punga (robo de dinero) es quien hurta, en este caso parece provenir de "meta y ponga", que significa "hacer algo reiteradamente, sin detenerse".
Meta punguia: Cometía delito reiteradamente. De punga: delincuente.
Punguia: De "punga", hurto de dinero de los bolsillos de la víctima.
Escolasear: Jugar (a los naipes, carreras, etc.).
Al codillo (variante de un juego de naipes): Escolaseaba (jugaba con trampa) apostaba incluso cuando todo parecía indicar que no ganaría.
Burros: En la jerga hípica, los caballos de carrera.
Ligar: Conseguir.
En los burros se ligaba un metejón: En las carreras de caballos no podía dejar de apostar.
Tiras: Policías de civil.
Junado por los tiras: Observado, ojeado, prontuariado por los policías.
Cuando no era tan junado por los tiras: Cuando no tenía prontuario en la Policía.
Manyamiento: Reconocer, enterarse, darse cuenta, tomar nota.
La lanceaba sin temer el manyamiento: Lanceaba (hurtaba en la vía pública) sin temer el manyamiento (darse cuenta). Hurtaba sin que se dieran cuenta.
Solfear la guita: Robar el dinero.
Vento: El dinero, la viyuya, el morlaco.
Mosaico: Jovencita, muchacha, mujer.
Diquero: Fanfarrón y de cuánto sirve para fanfarronear.
Yugar: Trabajar, deriva del español "yugo".
Un mosaico diquero: Una muchacha fanfarrona.
Quemera: Era empleado para denominar a la planchadora, oficio que en aquella época se desempeñaba con plancha apoyada en carbón, por lo que más de una vez las prendas quedaban quemadas.
Que yugaba de quemera: Que tenía el difícil trabajo de recolectora en la Quema.
Mechera: Ladrona de tiendas, que roba mercadería y la pone entre su ropa.
Engrupida: Engañada, que le sacan provecho.
Cafiolo vidalita: Ambas palabras definen a los explotadores de mujeres.
Guita: Dinero, vento.
Que le shacaba al matón: Que le hurtaba (sacaba) a su hombre bravo.
Gayola: La cárcel, la prisión.

Mina: Muchacha en dialecto lombardo; mujer; mujer fácil o joven seductora.
Cacho: Un pedazo, trozo de algo.
Campanear: Atisbar, vigilar, mirar, espía, observador disimulado, vigía.
Campaneando un cacho' e sol en la vereda: Refuerza la imagen de que el personaje acaba de salir de la cárcel.

Nota

1 Araujo, Carlos. "El Buenos Aires que se fue". Blog en Monografias.com. Extraído y adaptado de: http://blogs.monografias.com/el-buenos-aires-que-se-fue/

En el capítulo siguiente veremos con estupor e incredulidad tal vez, cómo la iglesia y la sociedad burguesa, en Argentina y en el mundo entero, censuraron y restringieron a ese obsceno pero hermoso y embrujador baile llamado tango. Era necesario proteger a la gente respetable y de buenas costumbres -en especial a las hijas de esas buenas familias- de esta música pecaminosa proveniente de los tugurios.

LA CENSURA DE LA CLASE ALTA Y DE LA IGLESIA

"Como ayer le canto al barrio
Que me vio crecer y que quiero tanto.
Tango es esta muchachada,
Que me sigue entusiasmada,
Porque las letras que canto,
El pueblo las inspiró.
Con permiso, soy el tango,
Voy a pasar al salón".
CON PERMISO SOY EL TANGO (1947)
Letra y música: Cristóbal Herreros y Ricardo Raúl Caravano

Definamos la problemática. ¿Dónde pone Ud. querido lector(a), su voto?

Es difícil para nosotros hoy, en que las costumbres sociales y los códigos morales son tan diferentes y liberalizados, imaginarse que hace apenas un siglo existía una sociedad en Argentina, y en todo el mundo, con códigos de conducta social tan rígidos y restrictivos, que afectaban no solo a la clase alta, sino -irónica y a veces trágicamente- también a la clase media. Flaubert lo representa muy bien en *Madame Bovary*, donde la protagonista está condenada a vivir con alguien por el resto de su existencia, un esposo a quien no solo no ama, sino que también desprecia. Cuando, finalmente, decide realizar sus sueños, y asumir los riesgos, el amante que había encontrado la abandona, produciendo consecuencias fatales. Una trama así en la actualidad no tiene lugar en las relaciones hombre-mujer, aparte del valor literario y la genialidad creativa del autor.

Desde un comienzo el tango fue rechazado por la sociedad establecida, por tres razones básicas y entendibles para esa época. Primero, por su origen bajo y los lugares de mala muerte donde se practicaba. Luego, por su identificación social con la clase baja, los proletarios europeos, los gauchos urbanos y la población negra, todos ellos despreciados y estigmatizados por la clase alta. Y finalmente por su asociación ilícita con el sexo, lascivia, y lo que era peor, el contacto físico entre los dos sexos durante el baile. El tango era, y lo sigue siendo como excepción, la única danza donde los cuerpos, pecaminosamente, se tocaban. En realidad, si uno lo piensa bien, estos tres argumentos eran ciertos, no había intento por parte de los detractores del tango de difamarlo, creándole pecados que no existían, con los que traía consigo eran suficientes. Desde entonces, sin embargo, nuestros juicios de valor han cambiado de modo radical. Hoy, los "tres pecados" no tienen ni el peso ni la maledicencia que se les daba en ese entonces.

La reacción de la iglesia

El libro *Tango*[1] explica muy bien la reacción de la iglesia frente al tango, que fue de una condena enérgica. "Las reglas del pudor cristiano establecen que las danzas de origen extranjero, como el tango, son por naturaleza insensible y ofensiva para la moral". A principios de 1914, dos miembros de la nobleza de Roma mostraron el tango al Papa Pío X. Al parecer, el sumo pontífice no estuvo impresionado por la danza, describiéndola como una serie de "contorsiones bárbaras", y expresó que mantenía la prohibición debido a los peligros que presentaba a la sociedad cristiana. Sin embargo, su popularidad ya había prevalecido sobre los esfuerzos del Papa y este no pudo impedir el ascenso del tango en la sociedad. *"Pio x, pio P... al tango no lo puede ver"*... Así cantaban los reos de principios de siglo, cuando las autoridades del Vaticano censuraron aquella "danza lasciva" que hacía furor en Europa.

Se cuenta que diez años después, en 1924, una famosa pareja de bailarines se presentó esta vez ante Pío XI y su corte cardenalicia con la danza proscrita. Al Papa no le molestó y levantó la condena. Una historia muy bonita y entretenida de contar. Sin embargo, no existe ninguna prueba documentada al respecto en ningún registro de la Iglesia. Ni tampoco testimonios de la época. Como se verá más abajo, esto ha pasado a ser parte de la leyenda del tango. No sería la primera ni la última vez que el tango se estrellaría contra la censura.

Europa. La censura de la Iglesia y de las clases altas

La gloria trajo simultáneamente el rechazo. La sempiterna dinámica social se puso en marcha, lo antiguo frente a lo nuevo, la censura frente a la apertura, la tradición frente a la renovación. Los detractores del tango surgieron por doquier y fueron incluso ilustres y famosos. Como ya se mencionó, el Papa Pío XI lo proscribió. Por su parte, el Káiser Guillermo II prohibió a sus oficiales que bailaran el tango cuando estaban en uniforme, para no mancillar su honor. El órgano oficial del Vaticano, *L'Osservatore Romano*, apoyó abiertamente la decisión en los siguientes términos: "El Káiser ha hecho lo que ha podido para impedir que los gentilhombres se identifiquen con la baja sensualidad de los negros y de los mestizos (...) ¡Y algunos van por ahí diciendo que el tango es como cualquier otro baile cuando no se lo baila licenciosamente! La danza tango es, cuanto menos, una de aquellas de las cuales no se puede de ninguna manera conservar ni siquiera con alguna probabilidad la decencia. Porque, si en todos los otros bailes está en peligro próximo la moral de los bailarines, en el tango la decencia se encuentra en pleno naufragio, y por este motivo el emperador Guillermo lo ha prohibido a los oficiales cuando estos vistan uniforme".

La revista española *La Ilustración Europea y Americana* hablaba del "... indecoroso y por todos los conceptos reprobable 'tango', grotesco, un conjunto de contorsiones ridículas y actitudes repugnantes, que parece mentira que puedan ser ejecutadas, o siquiera presenciadas, por quien estime en algo su decencia personal". La cita pertenece a esa revista española, pero resulta fácil encontrar otras paralelas en publicaciones inglesas, alemanas o, incluso, francesas.

No obstante, para cuando llegó la reacción, la suerte estaba ya echada: el tango había triunfado. Hubo vestidos de tango, color tango, "tango-thés". El tango fue el baile rey de ese mundo idílico de preguerra, casi medio siglo de paz en Europa, la llamada más tarde Belle Époque (1870-1914) y que habría de terminar muy pronto con la tragedia del primer enfrentamiento armado mundial (Primera Guerra Mundial), la ascensión de Estados Unidos como potencia, y el cambio de las costumbres.

Desde sus orígenes a fines el siglo XIX, el tango reflejó una brecha cultural entre la sociedad conservadora, con influencias europeas, y el nacimiento de una cultura popular de origen marginal, de la barriada pobre y miserable, de los arrabales. A pesar de ese fuerte rechazo y contradicción de clases sociales, con el tiempo, se convertiría exitosamente en un símbolo nacional rioplatense de proyección mundial.

Como se expresa en otra parte del texto, los años del radicalismo en el gobierno argentino (1910-1930) coincidieron con los de la consagración del tango como música popular "ciudadana". A partir del Centenario, como danza, el tango ingresó en los cabarets "refinados" y poco a poco sus partituras podían aparecer en alguna casa de clase media con piano. Pero fue recién a partir del "tango-canción" (1917), que se fue difundiendo masivamente por medio de los discos y de los sainetes costumbristas y, luego, por la radio.

El tango siguió viviendo, nació con fuerza el tango canción que, en alguna medida, le tomó el relevo al tango baile, con un éxito enorme pero geográficamente más restringido, dada la barrera lingüística. Sus letras preliminares relataban los problemas de inmigrantes y ribereños que le cantaban a sus dificultades de adaptación, a sus nostalgias y la incertidumbre sobre el futuro. Pero a pesar de la barrera del idioma, el mundo, París y España, en particular, descubrieron y admiraron a Carlos Gardel. Al final del conflicto bélico la supremacía de Estados Unidos desembarcó en Europa trayendo consigo el *jazz* y el *swing*, que a su vez murió solo, para darle paso al rock.

La elevación social del tango en Buenos Aires

Un barón ítalo-argentino lo presenta en sociedad

A Antonio De Marchi (Italia 1875-Buenos Aires 1934) se le atribuye ser una de las figuras claves entre los que abrió el tango a los salones de la aristocracia porteña[2]. En 1912 organizó en el Palais de Glace[3] una velada destinada a exhibir, ante la deslumbrada burguesía porteña, la danza criolla -el tango- que estaba haciendo estragos en París (y contra la que los obispos franceses comenzaban a lanzar duras invectivas). La orquesta estuvo integrada por Genaro Espósito (bandoneón y dirección), Guillermo Saborido, hermano de Enrique, (guitarra) y otros. Juan Bautista Deambroggio (Bachicha) estuvo a cargo de la orquesta. La mayor parte de esta concurrencia de la alta sociedad salió a bailar. A partir de ese día, fueron solicitados para las importantes fiestas en los grandes palacios de la alta sociedad argentina, los ya conocidos Vicente Greco y Francisco Canaro. Además, entre los presentes estaba Juan Carlos Herrera, destacado bailarín, que fue el profesor preferido de la "Haute".

Si bien el tango estuvo siempre presente dentro de esta clase social, lo fue "*de puertas adentro*". Pero a partir de entonces hubo una amplia aceptación y el tango inició su periplo. Cafés y peringundines, *garçonieres*, París, el Palais de Glace, el Palace Theatre y también en los tantos salones donde se aposentó la clase media. Los grupos más conservadores no siempre aceptaron esta revolución social y reclamaron. Eso sí, estas vivencias van en contra de lo que se afirma en otras fuentes, y demuestran que el tango ya era moneda corriente en la juventud de la clase alta, los así llamados "niños bien" y que llevaron el tango a la clase alta europea entrando el siglo XX. Y citan, entre otros argumentos, un artículo publicado en el diario *La Nación* (Buenos Aires, 10/12/1911) que ironiza a la Sociedad Sportiva creada por el Barón y se queja cuando dice: "¡Sostener y popularizar más todavía al tango! ¿Por qué? ¿Para qué?".

"Mentan los que saben
Que un malevo
Muy de agallas
Y de fama
Bien sentada
Por el barrio
De Palermo
Cayó un día
Taconeando
Prepotente
A un bailongo
Donde había
Puntos bravos
Pa'l facón".

LA PUÑALADA (Milonga, 1937)
Música: Pintín Castellanos
Letra: Celedonio Esteban Flores
Orquesta Juan D'Arienzo

TÉRMINOS LUNFARDOS EN EL ORDEN MENCIONADO:

Malevo: Individuo pendenciero, de malos antecedentes, ladrón en general, individuo ruin, provocador, guapo, mal hecho.

Facón: Cuchillo grande con punta y cruz en la empuñadura; cuchillo grande en general.

¿El tango se hace entonces respetable?

Ya para la segunda década del siglo XX, parecía ser que el tango llegaría a tener más aceptación. En una sociedad que progresaba, ayudado además por el paso de la ley del sufragio universal en Argentina, empezaba a ser integrado en la sociedad. Mientras que el baile había perdido algo de su abrasividad, su estructura se mantuvo intacta, y pronto el tango se convirtió en un fenómeno mundial. Un escritor dijo que incluso los norteamericanos estaban practicándolo, aunque señalando que "algunas mujeres habían decidido cambiar sus zapatos de baile por unos más firmes para protegerse del roce demasiado estrecho contra sus parejas masculinas". En esta nueva cultura, los músicos y compositores del tango gozaban de un estatus profesional. Estamos hablando de los años de la Guardia Nueva (1917-1935).

1924. El tango llega al Vaticano, ¿o no?

Casimiro Aín (el lecherito, el vasquito) y el Papa Pío XI ¿mito o realidad?[4]

Revisitemos ahora el famoso episodio del tango en el Vaticano. Lo importante era despojar al tango de todo halo pecaminoso y se llegó a presentarlo nada menos que ante el Papa Pío XI, que daría la palabra final. Así fue como, en 1924, el embajador Daniel García Mansilla, acreditado ante el Vaticano, llevó a Casimiro Aín, el famoso *vasco*, para que hiciese una demostración. Con toda su fama y destreza, Aín era el indicado para demostrar que el baile, reprobado por la Iglesia, no tenía nada de pecaminoso. Valga un par de líneas de este fascinante personaje del tango.

Casimiro Aín (1882-1940), recibe sus apodos (el lecherito y el vasquito) por ser hijo de un vasco lechero, del entonces barrio de La Piedad, donde aprendió a bailar desde muy pequeño al compás de los organitos callejeros. Fue bailarín del circo de Frank Brown, el célebre payaso extranjero que vino a ganar fama a la Argentina, país que tomó por adopción. A los 19 años, en 1901, Casimiro Aín en un afán de aventura, viaja a Europa en un buque de carga trabajando de cualquier cosa menos como bailarín. A su regreso, en 1904, actúa en el Teatro Ópera junto a su esposa Marta. Durante los festejos del Centenario (1910) actúa con gran éxito, convirtiéndose definitivamente en un profesional de la danza. Luego, en 1913, vuelve a viajar a Francia. Se presenta en el mítico cabaret El Garrón que era el reducto de la comunidad argentina radicada en París y que encabezaba el músico Manuel Pizarro. Luego viaja a Nueva York donde permanece tres años, volviendo a Buenos Aires en 1916. La década de 1920 lo encuentra en París, donde gana junto su compañera Jazmín, el Campeonato Mundial de Danzas Modernas, compitiendo con 150 parejas, que se realizó en el teatro Marigny en el mes de junio. Aín fue así uno de los pioneros más importantes en llevar al tango a París y el mundo. Más tarde, con la alemana Edith Peggy, recorrió toda Europa, retornando en 1930 definitivamente a la Argentina para actuar solo unos pocos años más.

Existe esa historia, o leyenda, ya que nunca fue debidamente documentada, que el primero de febrero de 1924, por iniciativa del entonces embajador argentino ante el Vaticano, don García Mansilla -muy preocupado en disipar el sayo de la inmoralidad del tango y su prohibición eclesiástica-, de que Aín bailó ante el Papa Pío XI, y otros altos dignatarios, el tango "Ave María", de Francisco y Juan Canaro. Su pareja fue la bibliotecaria de la embajada, una señorita de apellido Scotto, acompañados por la música de un "armonio". El tango elegido, muy livianito, recibió la aprobación del Papa.

Esto lo cuenta y lo afirma Aín en un reportaje que se le realizó a su regreso de Italia. Pero el musicólogo Enrique Cámara, catedrático de la Universidad de Valladolid, con muchos años de residencia en Italia, recorrió la hemeroteca del Vaticano, en especial su diario *L'Osservatore Romano*, y no encontró nada al respecto.

¿Otra versión, más realista?

Veamos. Reproducimos completo aquí el siguiente artículo de Abel Parentini Posse, quien lo narra muy bien y con mucha picardía y humor.

Lejanas batallas del tango (I). Santa Sede, febrero de 1924[5]

El Vasco Aín, en la Santa Sede. En este texto, el primero de tres que el autor escribió sobre la presencia internacional del tango, se cuenta la historia de Casimiro Aín, que bailó ante Pío XI el "Ave María", de Canaro. El autor es escritor y fue embajador de la República Argentina ante el reino de España. (*La Nación*, domingo 5 de octubre de 2003, por Abel Parentini Posse[6]).

Los archivos de la Cancillería argentina y de la Secretaría de Estado vaticano conservan los detalles de aquellos curiosos hechos o pericias.

Reconstruyámoslos. A las 9 de la mañana del 1º de febrero de 1924, Casimiro Aín (el Vasco o el Lecherito), pálido y seguramente un poco aterido (invierno), sale del hotelito de la vía Torino que le reservó la embajada y sube a un taxi. Lleva una modesta valija con los elementos esenciales: botines abotonados, pantalón de fantasía con trencilla, chaqueta negra con vivos, pañuelo al cuello, o lengue de seda japonesa y un puñal de madera que le parecerá conveniente no agregar al atuendo. Lleva puesto el invariable chambergo borsalino, el gacho gris arrabalero, de cinta ancha y ribete negro en el ala. *Símbolo del malevaje rioplatense*.

El representante argentino ante la Santa Sede, embajador García Mansilla, había obtenido una audiencia especial con el papa Pío XI para una exhibición de tango bailado, entonces reprobado por la Iglesia y por muchos sectores, no solo católicos. (Será el mismo embajador al que le tocó más tarde servir en España durante la Guerra Civil en 1936 y cumplir la generosa orden de salvar muchas vidas españolas).

Aín era un profesional mentado (había sido contratado como ya se mencionó, por el Jockey Club de Buenos Aires para los festejos del Centenario de la Independencia en 1910). En el currículum vitae presentado a la secretaría vaticana, obviamente se omitió su actuación artística en las casas de Madame Blanche y en la de la Negra María de Nueva Pompeya.

El Lecherito fue recibido por un capitán de la Guardia Suiza y conducido por dos monseñores hacia la biblioteca. Seguramente sintió en ese momento todo el horror en que lo habían metido.

No es difícil imaginar que, al vestirse de malevo, a esa hora de la mañana y para presentarse ante el Santo Padre, de acuerdo con su esquema de referencias, le debe haber parecido tan duro como comparecer ante el comisario de la 1ª con los bolsillos atiborrados de anotaciones de quiniela. Debió sentir que todo aquello era como la antesala del infierno, por lo menos del purgatorio.

Del vestuario pasó a la sala donde el Santo Padre estaba rodeado de dignatarios de uniforme y *jaquette*. No se había invitado señoras, por las dudas. Se puede imaginar que García Mansilla le hizo un guiño porteño de complicidad para animarlo en aquel atroz trance. Después del avasallador éxito del tango en París, entre 1911 y 1913, el negocio de los discos, grabados en Düsseldorf y Francia y por la famosa RCA Víctor, era un hecho económico importante, pero el puritanismo bregaba por su excomunión. Dicen que Pío XI desde su trono, con su voz baja pero dulcemente autoritaria, solo murmuró: *Avanti, figliolo. Procedi.* El vasco hizo una seña conventual al maestro del Coro Vaticano que había sido convocado para ejecutar en el armonio aquella música que tal vez fingió desconocer. Se oyó el dos por cuatro del tango Ave María, de Pirincho Canaro. Fue la composición de título más piadoso que se pudo encontrar en una lista de piezas donde los mismos son más bien no santos. El mismo Canaro tenía algunos, más bien laicos, como "Ráscame la rabadilla" y "¡Qué fideo!". "El choclo", "El fierrazo", "Dos sin sacar", eran títulos laicos y sinceros del tango alegre y bárbaro de los burdeles, antes de la nostalgia y del existencialismo.

Sabiduría diplomática. Era difícil desencadenar el verdadero tango en esas circunstancias que frenaban desde la travesura intencionada hasta el canyengue, que es una forma de caminarse, abrazado a una mujer, por los parajes de la infancia ida, por las propias culpas y triunfos, por aquel verdadero amor perdido. El tango es un ritual íntimo, caminando... Con sabiduría diplomática se había decidido que El Vasco no bailaría con la alemana Peggy, que era su compañera profesional en sus actuaciones en el cabaret El Garrón de Montmartre. Hubiera sido una garrafal imprudencia diplomática que García Mansilla no cometió. Su compañera, estirada y despreciativa ante aquel malevo exótico, era la señorita Scotto, que se desempeñaba como traductora en las oficinas de la embajada. Por supuesto que nada de falda con tajo ni de zapatos de tacón alto. La falda de la señorita Scotto, azul oscuro, llegaba bien debajo de la media pierna, como la de las monjas holandesas de ahora. Con toda seguridad, dadas las circunstancias, lo que salió fue un tango deshuesado. Se omitió el ocho, la sentadita y otros acercamientos juguetones, que además la señorita Scotto no habría tolerado. Aín escondió, como pudo, los secretos demonios del tango, que no son pocos.

El tango es nocturnal, amoral, compadre, tolerante con el crimen. Divide a las mujeres entre la Madre y las putas. A los hombres, entre trabajadores y rufianes. Simplemente piensa que la vida es una herida absurda, que Dios es grande, pero se equivocó.

Todo contoneo quedó extirpado de raíz. El tango aquel quedó como un remoto arquetipo, una idea platónica contra la cual ni el Papa ni sus más preocupados monseñores habrían encontrado argumentos condenatorios. *Era un tigre sin dientes, una bataclana con atuendo de monja.*

Desde entonces las acusaciones clericales contra el tango carecerían de respaldo teológico: el Santo Padre le regaló al Vasco Aín una medallita de plata con la imagen de Nuestra Señora de Loreto. Debe haber disimulado una sonrisa indulgente ante la sobreactuada corrección del Lecherito y el embajador, que creyeron, muy porteñamente, haberlo engañado. El Papa demostraba más tolerancia con el tango que el juicio puritano que éste mereciera en los mayores y más importantes intelectuales argentinos de la década del '30: Lugones y Martínez Estrada. Para el primero era una simple obscenidad, coreografía de burdel. Y escribe Martínez Estrada en La radiografía de la Pampa, a diez años de aquella pericia vaticana: No busquemos en el tango música ni danza: aquí son solo dos simulacros. No tiene las alternativas, la excitación por el movimiento de los otros bailes, no incita por el contacto casual de los cuerpos. Son cuerpos unidos que están, como en el acoplamiento de los insectos, fijos, adheridos. Es lo que precede a la posesión concertada, pagada (grave error este de Martínez Estrada, ajeno a la noche y los burdeles de aquel Buenos Aires deliciosamente infame. El tango no es instrumento de seducción, es *post-coitum*). Por suerte, Pío XI no quiso ver nada de estas cosas que incriminó nuestro recordado moralista. Presumo, tengo para mí, que la universalización del tango debe tener una gran deuda con la señorita Scotto.

También diez años antes. Frente al Papa Pío X[7]

Parece ser, sin embargo, como se mencionó más arriba, que no fue esta la primera vez que un Papa había presenciado el tango en directo. En 1914, durante el carnaval romano, se trató de censurar al tango que había sido prohibido por el arzobispo de París. Pero al haber entre la nobleza muchos jóvenes aficionados al tango, resolvieron hablar con el secretario de Estado, Cardenal Merry del Val. Este presenció una exhibición de un joven príncipe bailando con una silla y opinó que no había nada reprobable, aunque decidió comentarlo con el entonces Papa Pío X. Picado por la curiosidad, recibió en audiencia privada al príncipe A.M. y a su hermana, que hicieron una prueba -imaginamos que suavizada- delante de él. Pío X, veneciano, se descolgó con esta patriotería: "Yo comprendo muy bien que os guste el baile, estamos en tiempo de carnaval y sois jóvenes. Bailad, si ello os divierte. Pero ¿por qué adoptar esas ridículas contorsiones, bárbaras de los negros o los indios? ¿Por qué no elegir más bien la linda danza de Venecia, tan propia de los pueblos latinos, por su gracia elegante, la 'furlana'?".

La censura militar y la época dorada

Más tarde, en la década de 1940, en Argentina, coincidiendo con el régimen del general Juan Domingo Perón, es una etapa de apogeo y fiesta para el tango. Es el tiempo de los grandes bailes populares, de las orquestas típicas y sus cantores, de la radio y de una brillante generación de músicos y poetas, la de Pugliese, Troilo, Homero Manzi. Estamos ya en la llamada Época de Oro del Tango Argentino.

Pero es, también, la época de la censura. La época de los llamados, más tarde, "tangos prohibidos", que tuvieron que ser "sanitizados" para satisfacer la censura militar. Pero no todos claudicaron. Una comisión de autores y compositores argentinos, entre los que estaban Enrique Santos Discépolo y Homero Manzi, se entrevistó con el presidente Perón y le planteó, con firmeza, su oposición a todo tipo de censura. Discépolo, el poeta del tango, y Perón se habían conocido en Chile, cuando el segundo era agregado militar. Discépolo le recordó que "Chorra" -uno de los temas objetados- era el preferido de Perón. Y le expresó también que "no se puede poner un corset al idioma". Perón accedió a levantar la censura.

El mismo año 1943, Discépolo estrenó "Uno", con música de Mariano Mores. Más allá de las censuras, las arbitrariedades y los vaivenes episódicos de la política, el tango logra, en esa década, afirmarse en el gusto de millones de personas. Nunca, como entonces, hubo una fusión tan grande entre creadores, intérpretes y el público que participaba en su crecimiento. En 1945, Aníbal Troilo presenta "María", con versos de Cátulo Castillo. Es un tango emblemático del '40, muy inspirado, de amplio lirismo. En la misma línea, en 1948, el compositor pone música a los versos del "Sur", de Homero Manzi. Lo estrena con su orquesta y con el cantor Edmundo Rivero.

El Vaticano y el tango. 90 años después[8]

2014. Un salto en el tiempo. ¡Ché, como han cambiado las cosas!

Un siglo después del mito o realidad del episodio de Casimiro Aín bailando tango frente al Papa Pio XI, ahora, para el cumpleaños 78 del papa Francisco, de origen argentino, esta vez no semi clandestino, sino que, a vista de todo el mundo, de las cámaras de televisión y de los concurrentes filmando en sus teléfonos celulares: ¡Tango en el Vaticano! En la Plaza San Pedro.

Las noticias del cable (12/17/2014) informaron así: Millares de apasionados del tango se congregaron ayer en la plaza de San Pedro, al son del bandoneón, para celebrar el cumpleaños 78 del papa Francisco. Llegados de toda Italia y algunos incluso de más lejos, los bailarines se levantaron al alba para asistir en primera fila a la audiencia general que comenzó a las 10 a.m. Cuando Francisco llegó a la plaza, agitaron un pañuelo blanco, mientras que otros fieles entre los 13 mil presentes le ofrecieron un pastel y *un mate,* la infusión típica argentina. Luego, después de escuchar la catequesis del Pontífice sobre la familia bajo un bello sol invernal y varios cantos en español de feliz cumpleaños, las notas de "Libertango" de Astor Piazzolla, abrieron el baile desde la adyacente Plaza Pío XII.

"A los tangueros los invito a que hagan soplar aquí un poco de viento pampero", les dijo el Papa al despedirse. En la enorme explanada se mezcló así lo sacro y lo profano, curas y bailarines. "La idea surgió en agosto, con un grupo de amigos, todos apasionados del tango, mientras recalcábamos las cualidades del Papa Francisco", contó la organizadora, la italiana Cristina Camorani. "Escogí las composiciones favoritas del Papa", expresó el técnico de sonido Marco Morgani, amigo de Camorani, quien trajo desde Forlí (norte) una selección de tangos que incluye baladas de Amelia Baltar, milongas de Juan D'Arienzo y varios del legendario bandoneonista Aníbal Troilo. Cientos de parejas de bailarines, cerca de 3.000 según la prensa italiana, bailaron por cerca de una hora y media al inicio de la célebre avenida de la Conciliación, que conduce a San Pedro, para regalar simbólicamente al Papa esta sensual danza nacida en los arrabales de la capital argentina.

Notas

1 *¡Tango! The Dance, the Song, the Story*, de Simon Collier, Artemis Cooper, María Susana Azzi y Richard Martin.
2 Su perfil era, principalmente, el de un deportista y pionero. Sus logros fueron impresionantes: fundó la Sociedad Sportiva, creó el Cercle de l'Eppé para difundir la esgrima, fomentó el automovilismo; cultivó la amistad de Jorge Newbery (el artífice y fundador de la Aeronáutica Militar Argentina); organizó los Boy Scouts de Buenos Aires; formó los batallones escolares que desfilaron en las fiestas del Centenario (1910); impulsó el hipismo. El rey de Italia le otorgo el título de Barón.
3 Un centro de exposiciones y eventos sociales de la clase alta en el Buenos Aires de 1910, más tarde convertido en salón de baile y finalmente en 1931 en Museo de Bellas Artes.
4 Otras fuentes afirman que la presentación fue más bien delante del Papa Benedicto XV (1914-1922).
5 Posse, Abel. "Lejanas batallas del tango (I). Santa Sede, febrero de 1924". *La Nación*, Revista (05 de octubre de 2003): http://www.clubcultura.com/clubliteratura/clubescritores/posse/archivo/Document.php?op=show&id=1029.
6 Abel Ernesto Parentini Posse, más conocido como Abel Posse (Córdoba, 7 de enero de 1934), es un novelista, ensayista, diplomático y académico argentino.
7 Tango y "furlana", en P.B.T., Buenos Aires, año XI, nº 484, 7 de marzo de 1914. Cit. por José Gobello, Crónica General del tango, Buenos Aires, 1980, págs. 114-117. Extraído y adaptado de: https://javierbarreiro.wordpress.com/2012/03/14/el-vasco-ain-campeon-mundial-de-bailes-modernos/
8 Pope Francis celebrates 78th birthday with tango dancer – video. Extraído y adaptado de: (http://www.theguardian.com/world/video/2014/dec/17/pope-francis-78th-birthday-tango-video).

En el capítulo que sigue nos introduciremos, por momentos breves, en el mundo increíble de los eximios bailarines del tango, que se convirtieron en los íconos del tango danza, y que tanto contribuyeron a la difusión del tango en el mundo.

Pero advertencia, reiteramos: Ud. y yo, podemos perfectamente gozar bailando tango junto a nuestra pareja, sin necesidad de ser expertos ni eximios, simplemente con la pasión que despierta esa música embrujadora y que llega con humildad a nuestros corazones.

LOS FAMOSOS BAILARINES DEL TANGO

"Para bailar
Esta milonga, hay que tener, primeramente
Una buena compañera que sienta en el alma
El ritmo de fuego así...
Hay que juntar las cabezas mirando hacia el suelo
Pendientes de su compás,
Dejar libres los zapatos que vayan y vengan
En repiqueteo sin fin.
Y que mueva la mujer las caderas
Al ritmo caliente que da el tambor,
Olvidarse de la vida y del amor
Para bailar..."

TAQUITO MILITAR (Milonga, 1952)
Música: Mariano Mores
Letra: Dante Gilardoni.

¿POR QUÉ LOS BAILARINES?

Una de las extrañas facetas, en la tradición del tango, es que raramente se mencionan sus famosos bailarines. Se los deja de lado en la narrativa. En muchos libros, en cambio, y en forma muy justificada, por lo demás, se les da un lugar prominente a los músicos -compositores y ejecutantes-, y a los eximios poetas del tango, pero no a los bailarines.

Sin embargo, existen un número importante de verdaderos *hechiceros del baile*, tanto en el pasado del tango como en la actualidad. Ellos, con su maravilloso talento, han sabido extraer del tango una veta riquísima en su estética y pasión. Sin ellos el tango sería mucho más limitado, tal vez más pobre en su expresión artística. Porque, aunque esos bailarines han sido capaces de ejecutar el tango en formas que son inalcanzables para el resto de nosotros, nos muestran los límites a los que el tango-baile puede llegar. De esta forma, nos entregan una experiencia muchísimo más rica en esta pasión que es el tango. Es como cualquier arte, son un Da Vinci, un Beethoven, un Neruda, los genios que nos muestran hasta dónde el arte puede llegar y que nos permite, al mismo tiempo, a nosotros, individuos comunes y corrientes, poder gozarlo. Sin esos artistas eximios, la vida y el mundo serían mucho más pobres, más prosaicos.

Los bailarines anónimos

No tenemos nombres, son una masa multicolor de hombres y mujeres que, sin saberlo, con su pasión por el baile y la necesidad de gozar un poco de la vida, dentro de la sufrida existencia del inmigrante, estaban creando historia. Y a su vez, la historia del tango estaba siendo creada sin mencionarlos a ellos, los fundadores involuntarios. No es para menos. Fue un proceso de unos 40 años la fundación de las bases del tango, como ya lo hemos examinado en los capítulos anteriores. Esas masas de gauchos-proletarios y afro-rioplatenses, mezcladas con los inmigrantes europeos, estaban dando lugar a un fenómeno social y cultural que no se ha vuelto a repetir en la historia.

Esos 40 años (ca 1850-1890), -casi bíblicos, significaron una cultura-. Y esa cultura no fue solamente la literatura y el arte, y las ciencias exactas y las universidades. Fue más allá aún, una universidad de la vida en la que tanto los profesores y estudiantes se graduaban, precisamente, donde la sociedad los ignoró, en las orillas, en los arrabales. O sea, en las fronteras que se fueron formando entre las pampas y la ciudad, y que, como Borges lo expresó muy bien, al mismo tiempo no pertenecían a ninguna. Todo el que escasamente respiraba y trataba de sobrevivir lograba apenas un techo donde cobijarse y nada más. Una masa de gente que dio lugar al proletariado, a la pobreza miserable de las ciudades. Y que, sin saberlo, en ese intento de gozar la vida, antes que las miserias los destruyeran por completo, buscaban distracciones y satisfacciones sensuales para poder seguir adelante. En ese proceso de 40 años, atravesando un desierto de privaciones e injusticias, inventaron el tango, bailado primero y cantado -con letra- más tarde.

Los bailarines se hacen conocidos. Los famosos

Mucho más tarde, cuando el tango ya se había convertido en la danza madura y sofisticada que hoy conocemos, o al menos lo más cercano a lo que nosotros conocemos hoy en día, y volviendo a las primeras décadas del siglo XX, encontramos por primera vez mencionados, por su nombre, a algunos de los eximios bailarines de tangos, individualizados, muy bien reconocidos y admirados. Unos cuantos de ellos, desde los trasfondos del tiempo, llegaron a adquirir renombre internacional, personajes tales como El Flaco Saúl, Pepa la Chata, La Mondonguito, La Parda Refucilo y Pepita. Y tal vez los dos más grandes de todos ellos: Casimiro Aín (*El Vasquito*) a quien ya conocimos y José Ovidio Bianquet (*El Cachafaz*). En su mayoría solo conocemos los apodos, porque sus verdaderos nombres se han evadido en los resquicios del pasado. Entre sus sucesores hubo hombres como Elías Alippi, el flaco Alfredo J.C. Herrera y otros, que también ya se van desvaneciendo totalmente de la memoria colectiva.

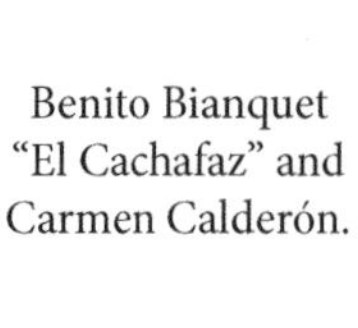

Benito Bianquet
"El Cachafaz" and
Carmen Calderón.

Advertencia al lector(a): tango show, tango en un escenario

El tango existe para gozarlo uno mismo, ya sea escuchando solamente su música o también bailándolo. Y así gozar de nuestros propios cuerpos en movimiento en compañía de nuestra pareja, desplazándonos por la pista al compás del embrujo de su música, de su ritmo. Ese placer y pasión que el tango es capaz de producir en cada uno de nosotros no se reemplaza, ni de cerca, con los *tango shows*, tangos en escenarios, que, aunque sean muy buenos, en su mayoría son plásticos y superficiales, diseñados nada más que para entretener a los turistas, y donde nos restringimos a ser meros espectadores, no para experienciar el verdadero tango. Es como sentarse a observar a otra persona comer una comida exquisita, u otras comparaciones similares, usemos la imaginación. Es como estar en un museo y ver pinturas excelentes, representando montañas, ríos y playas, en vez de estar uno mismo gozando con nuestra propia presencia en esas montañas, ríos y playas.

Bailar el tango uno mismo, aunque sea con un estilo simple, es una experiencia llena de entusiasmo y de pasión. También ver entre el público danzante, un buen bailarín ejecutar los hermosos pasos del tango, es una experiencia casi tan hermosa y exhilarante como bailarlo uno mismo.

Los famosos

Ahora, y así, sin más preámbulos visitemos a algunos de estos eximios bailarines que dejaron recuerdos hermosos en la historia del tango.

"*El Cachafaz*"[1] (Ovidio José Bianquet, apodado Benito, 1885-1942). La historia del Cachafaz es parte de la mitología del tango, una leyenda. En 1915, "El Cacha" y el famoso Casimiro Ain (*el lecherito*), que en 1924 realizó un tango para el Papa Pío XI, se enfrentaron en un duelo de tango baile en el "Parisien", un famoso Bar de tango en Buenos Aires. El Cachafaz ganó esa competencia. Hacia 1918, en la cúspide de su carrera, Cachafaz ya era una leyenda del tango en Argentina, muy parecida a la de Carlos Gardel en el canto. El Cachafaz y Gardel fueron íntimos amigos[2]. Cachafaz nunca podría alcanzar la fama de Carlitos, porque la voz de Gardel era oída por millones de personas en la radio, mientras que un bailarín nunca tuvo tal difusión. En cambio, gracias a las maravillas de la tecnología, tenemos hoy algunos videos de su baile fácilmente accesible en YouTube. Todavía se siguen los pasos de baile que inventó, como el *firulete* y su posición vertical del cuerpo superior, estilos de Cachafaz que revolucionaron el tango.

Portada del libro *El Cachafaz*, de Massimo Di Marco. (Editorial DMK. Segunda edición. 2016).

Algunos años antes, había sido otro bailarín llamado "El Pardo Santillán", que estaba en camino a convertirse en el "Rey del Tango bailado". Pero El Cachafaz lo derrotó también a él en una magnifica competencia de piso. Así era el tango entonces: los bailarines tenían que introducirse al baile mostrando su pericia y habilidad en las competencias de salón. En 1930, "El Cacha" también compitió contra otro bailarín, "El Gallego Méndez", en el Lido de Buenos Aires. Cachafaz ganó, pero estuvo muy cerca de perder ante Méndez, el "Rey del Canyengue", o sea, del tango canyengue[3]. La experiencia hizo a Cachafaz darse cuenta de que los bailarines tienen un tiempo óptimo, y que un día esta habilidad se acabará y vendrá un retiro eventual, que nadie es inmortal.

El Cachafaz bailando con Carmencita Calderón.

El 7 de febrero de 1942, había terminado una exhibición de tango y murió antes del próximo baile. "El Cacha" tenía una reputación de millonario. Sin embargo, cuando murió (soltero todavía a los 57 años), sus amigos tuvieron que hacer una colecta para su funeral. El tango para el Cachafaz era su pasión, su arte, su poesía, eso era lo que contaba. No era el dinero. El amigo y colega del Cachafaz, "Petróleo" (Carlos A. Estévez), describió la vida de este tanguero temprano que murió joven, simplemente porque no podría dejar de bailar. Fue un inventor creativo y un bailarín autodidacta, que tenía una poderosa llama interna para bailar el tango con toda su energía vital. Nació para bailar, y vivió y murió por el tango. Entre los homenajes, que más tarde se le rindieron está, el tango "Cachafaz" (1944), con música de Emilio Sassenus y letra de José Sassone.

"Como nadie fue llamado...
El "Cachafaz", elegante bailarín,
Por el don que tuvo bailando.
Jamás lo superó ningún mozo del pasado
Y en los concursos, quedó por su compás,
Como el rey del tango... ¡Que nadie igualó!"

Tango viejo de mi tiempo
Rezongón y cadencioso,
Nadie puede ya bailarte
Con su porte de señor.
Todos saben que perdiste
Para siempre un gran amigo,
Que te quiso con la vida
Que le daba tu canción.

El bandoneón ya no suspira más
Con su gemir de acento varonil,
Hoy solo llora por saber, tal vez
Que nadie puede suplirte nunca.
Hoy el compás se siente defraudar
Y triste dice: solo el "Cachafaz",
Era... quien demostraba
¡Saber bailarte con gran virtud!"
CACHAFAZ (1944)
Música: Emilio Sassenus
Letra: José Sassone

Y también las bailarinas del tango[4]

A través de la historia del tango, muchas fueron las bailarinas que contribuyeron con su presencia a la consolidación de este género que hoy goza de fama mundial, no solo por su calidad musical sino también por la excelencia coreográfica en su expresión danzante. Esto más allá de la conducta personal de cada una de las mujeres que fueron partícipes en las distintas épocas del tango, llegando a ser figuras principales. Hubo muchas más que las que citamos en esta lista, pero sus nombres se han perdido en el tiempo.

Tango. Pintura de Sigfredo Pastor. Exposición Galería Van Riel. Buenos Aires. (Sigfredo Pastor). (1967) (Argentina. Archivo General de la Nación. Departamento Documentos Fotográficos/Consulta_INV: 299159_A).

Carmencita Calderón (1905-2005) bordó arabescos con sus piernas de danzarina intuitiva. Comprendió el tango y lo bailó junto a los mejores compañeros, durante muchos años, como un desafío a quienes intentaban descifrar los cortes y quebradas, los ochos y sentadas, y demás asombrosas figuras que dibujaba con el compañero del momento. Benito Ovidio Bianquet, conocido como El Cachafaz, tuvo con Carmencita momentos de gloria en nuestro país y otros de América, en los teatros de revistas porteñas, en el cine, en bailes elegantes y no tanto.

"La Francesita" (Emma Bóveda), durante 20 años, de 1910 a 1930, fue compañera del Cachafaz. Elsa O'Connor, en 1933, bailó con el Cachafaz en reemplazo de Carmen Calderón; La "Ñata Aurora", bailarina de las primeras épocas. "La Paisana", también de la primera época; "La china Joaquina" (Joaquina Moran), a quien Juan Bergamino le dedicó el tango "Joaquina", que compuso para ella, fue bailarina en la casa de Concepción Amaya, y supo regentear su propia casa; Sarita "Bicloruro" (que comenta el Dr. Benaros, intentó dos veces suicidarse con la droga); Solita Peón, bailaba con Pablo Lento, (Los Lentos); María "La Tero", según "viejo tanguero", era considerada una bailarina de prestigio, actuaba en la academia de Independencia y Pozos, alta y flaca como una tacuara, según Julian Centella; La Parda Esther, bailaba con el Pardo Santillán; Consuelo Velázquez, bailó con el Cachafaz; Sofía, "La nueva"; Paulina, Roberto Selles dice que: "El negro Casimiro estaba casado -o amancebado- por una bailarina de origen itálico llamada Paulina y que murió en sus brazos, viejo y enfermo; Remeditos "La chilena", entre otras.

Baile popular en la Avenida de Mayo. (Autor desconocido). (1935) (Argentina. Archivo General de la Nación. Departamento Documentos Fotográficos/Consulta_INV: 141457_A).

Bailando en la calle hasta el amanecer (Argentina. Archivo General de la Nación. Departamento Documentos Fotográficos/Consulta_INV: 321672_A).

Bailando en la calle hasta el amanecer (Argentina. Archivo General de la Nación. Departamento Documentos Fotográficos/Consulta_INV: 344789_A).

El tango, una danza elegante

Con los años, el tango cambió, convirtiéndose en una danza elegante y con estilo que evoca una imagen de la alta sociedad, con hombres y mujeres en vestidos brillantes, elegantes en trajes y colas. Incluso hoy en día, en tango bares o discotecas locales, el hombre a menudo usará una chaqueta deportiva con un sombrero de fieltro tirado hacia abajo, sobre un ojo y un pañuelo de seda blanco alrededor del cuello, evocando una imagen simbólica de los compadrones del viejo Buenos Aires. Hoy, más de 100 años después, en todo el mundo, la pasión y la alegría del tango continúan capturando la imaginación de las multitudes.

Pero no olvidemos. El tango nació en los arrabales pobres, en las orillas, con gente humilde, no sofisticada, que decían claramente, a viva voz, que no sabían nada de música, ni de partituras, ni de estilos o pasos de tango, pero que fueron en realidad los verdaderos gestores de ese baile maravilloso que hoy nos embruja y entretiene. El tango en toda su dimensión.

Notas

1 Cachafaz es lunfardo (argot): Bribón, descarado, insolente, pícaro, rueda loca.

2 El Cachafaz y Gardel fueron íntimos amigos (TodoTango: "Reseña de mujeres bailarinas", por Luis Alposta y aportes de Oscar Himschoot).

3 El tango canyengue era el que se bailaba en los suburbios y por las prostitutas en los cabarets, por su modo extremadamente sexual y provocativo, un vestuario representativo y alusivo a la vida orillera, la palabra es de origen africano. Los negros porteños la pronunciaban caniengue y desde 1900 los blancos lo escribieron y pronunciaron canyengue. El "caminar canyengue", por otro lado, es una manera de caminar del compadrito, de cadenciosos movimientos de cadera. También se lo llama "caminar arrabalero". Como lo representa muy bien Tita Merello en la película "Arrabalera" (1945).

4 "Bailarines del tango". Tango Siempre Tango. Extraído y adaptado de: http://encuentrotanguero.blogspot.com/2011/02/

En el capítulo que sigue vamos a explorar ese salto de una
enorme distancia, magnífico y gigantesco, que el tango
experimentó sacado del arrabal y la orilla -como dijo el poeta,
sacado del fango- y llevado en
lujo a París y a todo el mundo, como un regalo
del Nuevo al Viejo mundo.
Esta es la historia en breve de esos pioneros,
desde Villoldo (1907) a Gardel (1928)

EL TANGO CONQUISTA EUROPA (CA 1900-1914)

Una historia algo complicada

"Carancanfunfa se hizo al mar con tu bandera
Y en un pernó mezcló a París con Puente Alsina..."

EL CHOCLO

(Versión IV, 1946)
Música: Ángel Gregorio Villoldo (1905)
Letra: Enrique Santos Discépolo (1946)
(Con la música original de Villoldo, fallecido años antes, el genio poético de Discépolo creó esta, la versión más conocida de El choclo).

Términos lunfardos en el orden mencionado:

Carancanfunfa: En la jerga de los compadritos, el baile de tango con interrupciones (cortes), y también los que lo bailan así y lo hacen de una manera muy hábil.
En un pernó: El licor francés 'pernod', una marca de anís francés (pastis). Metáfora: en el tiempo que toma beberse un trago rápido.
Puente Alsina: Es un puente que cruza el Riachuelo, uniendo la avenida Sáenz del barrio Nueva Pompeya de la Ciudad de Buenos Aires, con la localidad de Valentín Alsina, Partido de Lanús, Provincia de Buenos Aires, Argentina. Como metáfora de un arrabal: el tango 'saltó' desconocido, desde un barrio orillero en Buenos Aires nada menos que a la capital del mundo: ¡París!

París. una sociedad cosmopolita y de progreso

El tango hace un viaje de ida y vuelta, pasando por París y retornando a casa en Buenos Aires. Según muchos entendidos, el tango fue reivindicado por la alta sociedad porteña, luego de su éxito en Europa (ca 1900-1914).

"*Tuvo que hacer un viaje de ida y vuelta -con una parada decisiva y brillante en París-para finalmente ser aceptado en los medios sociales en Buenos Aires*"

París era -y sigue siendo- el centro cultural y científico del mundo hacia el final del siglo XIX. La aristocracia rusa y de otros de los países de Europa del Este hablaba francés y pasaban largos períodos de tiempo en París. Desde dos siglos antes, la nobleza inglesa les daba a sus hijos el llamado Grand Tour como proceso educativo ilustrado, que incluía el mundo clásico de Francia, Italia y Grecia, viajes que duraban entre uno y tres años. Los españoles pudientes también enviaban a sus hijos a la Ciudad Luz, París, a adquirir la educación que les daría un porvenir respetable a su regreso. Y los latinoamericanos de los países recién independizados a comienzos del siglo XIX, adoptaron la misma tradición formativa para sus descendientes inmediatos. París era la capital del mundo en todo: la cultura, la moda, el *glamour* y el arte. Francia era un imán cultural para Latinoamérica y el mundo.

Ir a París significaba estudiar en buenas universidades o, simplemente, pasar unas vacaciones lujosas en la Ciudad Luz y socializar. De igual manera ocurrió con la clase alta y la intelectualidad pudiente latinoamericana. En Argentina este fenómeno sociológico incluyó a muchos escritores y poetas argentinos como Miguel Cané, Lucio V. Mansilla y Victoria Ocampo. Muchos de ellos fueron educados por niñeras francesas. Además, en su desarrollo intelectual fueron influenciados por los escritores franceses de la época, como Émile Zola, Alejandro Dumas, Víctor Hugo, Anatole France.

Recientemente se publicó el libro *La París de los argentinos*, de Jorge Fondebrider (2010), en el que desarrolla el tema del significado de París en la mente argentina, en el cual incluye a más de un centenar de testimonios de dos siglos de significados históricos y culturales. Incluida la sobria descripción de Enrique Cadícamo del bizarro debut de Carlos Gardel en París, y el telegrama del Zorzal dando cuenta de su éxito. París era, también, *la ciudad de la generosidad* en las notas de Julio Cortázar.

París no era solo la capital del *glamour* y de la moda, sino que además era una urbe que daba cobijo a una sociedad pluralista, cosmopolita, parte de la cual era alegre y desprejuiciada. Una sociedad abierta en sus ideas, receptiva a nuevos movimientos culturales y políticos y, asimismo, abierta a cambios sociales mucho más que otras sociedades europeas conservadoras, más tradicionalistas, como el caso de la Alemania del Káiser o la Inglaterra victoriana, y ni hablar de la Rusia zarista.

Por otro lado, el famoso caso Dreyfus mostró esa parte muy conservadora y antisemita de la sociedad francesa que ha existido siempre, y que se ha opuesto al progreso social y al avance de las nuevas ideas. Pero a la larga, esa misma sociedad francesa también mostró capacidad de hacer justicia y poner las cosas en su lugar, evidenció esa parte suya que es progresista, tolerante y luchadora por las causas de la humanidad. Y eso era lo que el mundo buscaba como su guía, la luz que mostrara el camino, en el París de ese entonces.

Ahora, yendo más a la cosa mundana, en el tema que nos atañe, tanto en la clase alta como en la cultura popular los bailes galantes de la capital francesa venían de mucho antes, de los comienzos del siglo XIX. Louis Mercier, cronista de la vida parisina escribía en 1800 en París, durante la recuperación de los horrores de la Revolución, y establecida la lujosa Corte Napoleónica: "Después del dinero, hoy en día el baile es lo que más éxito tiene entre los parisinos, sea cual sea su extracción social: aman el baile, lo veneran, lo idolatran. Es una obsesión a la que nadie escapa".

Si ello era así a principios del XIX también lo era a principios del siglo XX, al que llegaron con una fortalecida fama locales públicos como el Bal Bullier de Montparnasse o el Moulin de la Galette. Por añadidura, el atrevimiento, a principios de siglo, no era ajeno a las costumbres parisinas, por el contrario, algún baile anual, como el Bal des Quat'z Arts de los estudiantes, "era célebre por lo ligero de las vestimentas, y por el jolgorio sexual que reinaba siempre en él".

En este contexto social no fue difícil que el osado baile creado en la capital del Plata encontrara un terreno abonado para florecer y convertirse en curiosidad al principio, en moda y furor después. Y una vez en París, el escaparate de Europa, la capital de la moda, la cuna del chic, su extensión al resto del continente primero, a todo el mundo después, fue algo sencillo y rápido.

Curiosamente, es entonces cuando Buenos Aires se mira en París, cuando el tango entra en sus salones más nobles avalado -validado diríamos hoy-, por el bautismo europeo, el mejor de los pedigríes para una burguesía emergente que luchaba por hacer de su ciudad el París de América. Así, más tarde, una vez conquistado París, desde la Ville Lumière (la "Ciudad Luz", o sea París), el tango fue traído de vuelta a la Argentina por esos jóvenes ricos y elegantes de la buena vida parisiense, y ahora cubierto con una pátina de prestigio.

45 años de paz europea. La Belle Époque recibe al tango

El tango llega a Europa al final de una época histórica y cultural muy significativa. Este período, con sus características sociales únicas es el caldo de cultivo del tango en el viejo Mundo. Nos referimos, por supuesto, a lo que fue en llamarse *La Época Bella*, más conocida en su acepción francesa como *La Belle Époque*. Es un interludio de 40 años de paz en la historia de Europa comprendido entre el término de la Guerra Franco-Prusiana en 1871 y el estallido de la Gran Guerra Europea (Primera Guerra Mundial) en 1914. Este nombre -dado mucho más tarde- responde, en parte, a una visión nostálgica que tendía a *embellecer* el pasado europeo anterior a 1914, como un paraíso perdido tras el salvaje trauma de la Primera Guerra Mundial. Detengámonos por unos momentos para entender mejor el fenómeno del tango en Europa y, a la vez, el de las migraciones masivas al Nuevo Mundo, en particular a la Argentina.

Fue un periodo de 40 años que se caracterizó por grandes cambios económicos, con expansión del imperialismo, fomento del capitalismo, y una enorme fe en la ciencia y el progreso como benefactores de la humanidad. Estos son el Positivismo (defiende la fe en la ciencia) y el Cientifismo (que proclama que la ciencia lo explica todo), que ganan adeptos entre los intelectuales. La tendencia general en la gente de esta época era optimista y ambiciosa respecto al porvenir. Hay un hermoseamiento de las grandes capitales europeas, con cambios en la arquitectura de los *boulevards*, con grandes espacios urbanos abiertos, los cafés y los cabarés, en los talleres y galerías de arte, en las salas de conciertos y en los salones frecuentados por la clase media. La burguesía y la oligarquía consolidan su poder político.

Pero el bienestar económico no llega a todas las clases sociales. Se produce un fenómeno masivo de inmigración interna (de los campos hacia las ciudades) y, más aún, una emigración externa (del Viejo Mundo al Nuevo) atraídos en búsqueda de mejores condiciones económicas y de subsistencia. La educación se hace universal para satisfacer la necesidad del Estado de que el naciente proletariado urbano también participara de esas transformaciones: el auge tecnológico hizo necesario el fomento de la educación en todos sus niveles. Toda esta difusión del conocimiento empezaba a generalizarse al aumentar la alfabetización para atender las necesidades de una economía moderna, mientras crecía el número de publicaciones de consumo popular.

En el caso de la Argentina -así como de otros países latinoamericanos- se establecieron leyes de educación obligatoria, lo que produjo un alto índice de alfabetismo y que la enorme masa de inmigrantes se integrara rápidamente a la cultura y tradición argentina. Las Exposiciones Universales realizadas en París en los años 1889 y 1900 son los símbolos de la Belle Époque, por su insistencia en la promoción del progreso científico y por atraer la atención a nivel mundial. En el arte, aparecieron también, a principios del siglo XX, nuevas corrientes de expresión pictórica, basadas en la ruptura con los cánones previos y en la admiración hacia la tecnología como el futurismo. Además, aparecieron las tres corrientes pictóricas que marcarían el siglo XX: el expresionismo, el fovismo y el modernismo.

Tecnología: El carácter internacional de la discografía[1]

Es una creencia muy difundida que, a principios del siglo XX, el tango era una música que solo tenía vigencia en Buenos Aires. Y más precisa y equívocamente, se asegura que estaba confinado al interior de los prostíbulos o, en el mejor de los casos, circunscripto al arrabal. Existe profusa documentación que testifica una vigencia más amplia, abarcando toda la ciudad e incluso el interior del país.

Y quizá más sorprendente aún es que, a partir de 1905, se hallaba diseminado por el extranjero. Aquí nos referiremos en particular a la producción discográfica, como vehículo de difusión del tango. Hablando de valores económicos, a comienzo de dicho siglo, el precio tanto de los discos como de los aparatos reproductores era caro. Lo cual resulta elocuente acerca de las características de quienes adquirían estos productos, público con un poder adquisitivo no propio de mal vivientes, ni de habitantes periféricos o del arrabal.

Pero no nos concentraremos en el aspecto sociológico, sino en el geográfico y comercial de la difusión tanguera. Debe tenerse presente *que hasta aproximadamente 1910, la mayor parte del material musical grabado en el mundo tenía el carácter de internacional*, esto es, era compartido entre los adquirentes de América y Europa. De este modo, se lograban tener catálogos más abundantes que sí se ofreciesen exclusivamente repertorios locales. Además, en estos años el sonido grabado tenía aún, un fuerte componente de magia técnica, por lo cual en cierta medida poco importaba lo que se escuchase, con tal de acceder al milagroso dispositivo. Dentro de este contexto, en 1905 se realizaron grabaciones en París y Londres de repertorio criollo, para lo cual fueron enviados cantores nacionales y monologuistas. En cuanto al aspecto instrumental, el plan de grabaciones incluyó, entre otros géneros, tangos interpretados por una llamada Banda Real Militar.

Un ejemplo ilustrativo es el de las partituras de "La Morocha" de Ángel Villoldo y Enrique Saborido, que, por haber sido compuesta a fines de 1905, recién habrían llegado a Europa a través de la Fragata Sarmiento durante 1906 (¡quién hubiera adivinado que 40 años después fueran esos mismos militares los que prohibieran el tango en la sociedad argentina!). Esto ocurre un año después. Denotada así la implícita circulación de partituras tangueras por el Viejo Continente durante 1905, recordemos que estos discos salidos bajo el sello Gramophone integraron el catálogo internacional europeo de esta marca. A su vez, esta compañía estaba asociada con la Víctor norteamericana, por lo cual las mencionadas matrices también fueron prensadas en Estados Unidos y, en cierta proporción, distribuidas allí y en los países centro y sudamericanos. Por supuesto, a través de ambos sellos llegaron tales discos a su destino principal que eran Argentina y Uruguay, dado su repertorio esencialmente argentino-uruguayo. Estos simples datos, contradicen a quienes adjudican al tango una limitada presencia, ligada a locales de mala fama del arrabal porteño.

[1907] Discos y partituras de tango en Europa

Todo parece haber comenzado con unos hechos fortuitos e indirectos, dadas las circunstancias en que ocurrieron, y que parecen haber introducido el tango en Europa, en forma, diríamos, casi inocente, antes de que el elemento humano mismo, músico y bailarín, lo hicieran. Es decir, y como ya lo mencionamos, debido al envío de las partituras musicales y las grabaciones de tango hechas en Argentina.

La producción discográfica era un negocio internacional, así los discos con sus tangos llegaron a Europa en forma muy temprana. En cuanto a las partituras, ocurrió por culpa de un ocurrente que tuvo la osadía de embarcar unas mil partituras del tango "La Morocha" en la Fragata Sarmiento, cuando estaba a punto de zarpar en su viaje anual de fin de curso para los nuevos oficiales de la marina argentina. Era el año 1906. La historia oficial repite que en cada puerto se distribuían parte de las partituras. ¿De qué otro modo ese tango pudo conocerse en Europa? No se sabe a ciencia cierta si este fue el primer paso, pero es hasta el presente una conjetura válida. Algunos afirman que también llevaron partituras de "El choclo". De ese modo grupos musicales y bandas municipales en muchas partes del mundo, que de seguro habían oído hablar de una música exótica, extraña, pero nunca la habían escuchado ellos mismos, ahora pudieron familiarizarse con esos tangos y, a su vez, difundirlos entre el público local. ¡Un buen comienzo para la entrada del tango a Europa!

[1911] París edita sus propios discos y partituras de tango

En enero de 1911 *Le Figaro* afirmaba: "lo que bailaremos este invierno será una danza argentina, el tango argentino". Para aquel entonces ya existían en París numerosas ediciones de discos y partituras de tangos. Apenas un año después (1912), el folletín del humorista Sem, *Les possédées* (Las poseídas), uno de los más bellos documentos sobre el tema, daba cuenta del punto culminante de la tangomanía: "En una marcha fulminante se ha expandido por todo París, ha invadido los salones, los teatros, los bares, los cabarets, los grandes hoteles y los boliches. Hay tés-tango, exposiciones-tango, tango-conferencias. La mitad de París se frota a la otra".

La clase alta argentina y sus "niños bien"

Bernabé Simarra.

Argentina se convierte en un país rico, el tango es validado (¿necesita validación?) por nada menos que París, la capital mundial de la moda y la cultura.

Entre 1880 y 1930, la economía argentina se desarrolló rápidamente. El país se convirtió en una de las diez naciones más ricas del mundo, manteniendo esa posición hasta después de la Segunda Guerra Mundial (cuando su economía comenzó una larga decadencia económica, con altibajos que duran hasta hoy en día). La arquitectura de la zona urbana de Buenos Aires -no orillas ni arrabales, los barrios de los trabajadores- fue rediseñada casi totalmente durante este período, como lo hizo unos años antes París. La vieja y hermosa ciudad colonial española, con sus edificios de un piso y calles estrechas, fue remplazada por una metrópoli de amplias avenidas y hermosos parques. Los altos edificios se basaron en la arquitectura francesa e italiana de la época.

Caricatura, Francia 1913 Bailando tango, mientras el mecánico repara el automóvil. Revista Femina, París (Agosto 1 de 1913).

Durante este período de prosperidad, los muy ricos tenían la costumbre de ir a Europa por lo menos una vez al año. Muchos mantuvieron grandes casas en París o en Londres, donde la nobleza local, y los muy ricos y poderosos asistían de manera regular a sus faustas fiestas. El francés acuñó la frase "es tan rico como un argentino", lo que significaba alguien extremadamente pudiente. Además, las familias argentinas enviaban a sus hijos ("sus niños bien") por períodos prolongados a estudiar en las escuelas parisinas.

París, también, inició un largo proceso de difusión internacional que llevó el tango como música y como baile a ciudades tan variadas como Berlín o Tokio. Una pieza notable de tango relata las aventuras del Barón Tsunayoshi (Tsunami) Megata, playboy japonés, quien regresó a Tokio, después de la adquisición de habilidades de tango en París, donde fundó una academia de baile para la aristocracia japonesa.

El tango un fenómeno urbano

El tango fue urbano desde sus comienzos mismos, cuando -todavía restringido a Buenos Aires- se separa del resto de los géneros musicales de la época y adquiere identidad propia. *El tango fue urbano*, no solamente siendo parte de la ciudad en su totalidad, sino más bien hijo de las orillas, de los arrabales, alejado del campo y lo folclórico. Salvo escasas excepciones como lo fue al comienzo con "Yo Soy", "La Morocha", "El Entrerriano" y varios otros de la época del Prototango y la Guardia Vieja, y más tarde "Adiós Pampa Mía".

El Tango en París, en "De Palermo a Montparnasse" (Editorial Kraft. (Alejandro Sirio). (1948). [Dibujo]).

Luego, con el pasar del tiempo, el tango terminó por penetrar en todas las capas sociales tanto de la ciudad de Buenos Aires, como de toda la Argentina, y luego se internó en el resto de América y sin reparo alguno, como lo estamos viendo, invadió los escenarios del Viejo Mundo. Esta expansión geográfica fue siempre un fenómeno urbano.

"Con permiso, soy el tango
Yo soy el tango que llega
De las calles del recuerdo
Donde nací, ni me acuerdo,
En una calle cualquiera
Una luna arrabalera
Y un bandoneón son testigos
Yo soy el tango argentino
Como guste y donde quiera"
ME LLAMO TANGO (Tango recitado, 1946)
Letra: Héctor Gagliardi.

El tango nace en los arrabales..., pero también se baila en los palacios rioplatenses: "los niños bien"

Es bueno recordar que cuando el tango comenzó a bailarse en su región de origen, es decir en el Río de la Plata, no fue solo en los arrabales de la ciudad, en sucios peringundines o burdeles infames. Paralelamente, digámoslo así, *los muchachos de apellidos ilustres*, rebeldes de carácter si se quiere, practicaban los pasos de la nueva danza en sus lujosas mansiones, pero puertas adentro, procurando que nada trascendiera, comportándose como componentes de una nueva secta. Son ejemplos, entre otras, dos películas, "Así es la vida", dirigida por Francisco Mugica (1939) e "Historia del 900", dirigida por Hugo Del Carril (1949). El coleccionista y colaborador Héctor Lucci, manifestó que el mayor porcentaje de sus discos, rollos de pianola, cilindros, partituras y aparatos reproductores de todo tipo, los consiguió de los descendientes de aquellos muchachos ricos, en aquellas propiedades señoriales ahora decaídas, igual que sus bolsillos.

Las clases pudientes latinoamericanas en París

Con la mejora del transporte marítimo y las comunicaciones, el proceso de intercambio adquirió nuevas dimensiones en un nivel social y cultural. De Europa llegaban los últimos modos y modas, y los dictados europeos se impusieron en la capital desde donde pasaron al resto del país. Asimismo, los grandes hacendados argentinos, la clase patricia, al igual que en los otros países latinoamericanos, establecieron un vínculo personal y de vida social permanente entre las zonas rurales -que era la fuente que les proporcionaba sus riquezas, poder social y político- y, las grandes ciudades del mundo. Viajaban con frecuencia a Europa y en especial a París, la Meca cultural y "de mundo" de aquellos tiempos. Las familias adineradas distribuían estas "obligaciones" de difusión cultural entre aquellos herederos que disfrutaban del producto del duro trabajo en la estancia, y los que preferían más bien la vida agradable y fácil de los transatlánticos, con la vida regalada en el Viejo Mundo, donde tenían acceso material a los placeres de la rica aristocracia "civilizada".

Como ocurrió con muchas sociedades de países con "culturas emergentes" (luego llamados "países subdesarrollados", y más tarde "países en desarrollo", para que no parecieran términos discriminatorios), en aquellos tiempos las clases acomodadas argentinas, con un gusto sofisticado por la experiencia en el extranjero, imitaban en Buenos Aires la arquitectura social, en particular los cafés y salones estilo europeo. Asimismo, incluso aquellos inmigrantes europeos que lograban elevarse económica y socialmente intentaban emular las costumbres de la clase alta francesa. Es decir, habían llegado pobres, y ahora ya afluentes algunos de ellos, podían reclamar escalafones sociales más altos, como las de aquellos que en sus países natales respectivos (o de sus padres o abuelos) nunca los habían aceptado. Pero era sobre todo la clase alta criolla la que se radicaba en París para educarse y pasarlo bien, pasando por este fenómeno europeizante, que les daba así una identidad patricia, aunque fuera una identidad prestada.

Los "niños bien" de Buenos Aires[2]

Contribuyen a introducir el tango pecador en Europa

El tango fue llevado a Europa tanto
por sus músicos
como por los eximios bailarines
que le enseñaron al Viejo Mundo
el embrujo del tango danza.
Y más tarde.... llega Gardel
a completar la conquista del Viejo Continente.

Varios grupos o tangueros individuales, músicos e intérpretes y bailarines del comienzo del tango, o sea de la Guardia Vieja, comenzaron a llegar a Europa desde los comienzos del 1900. Muchos de sus nombres se han perdido en la bruma del tiempo.

Para 1910 todo París bailaba el tango. El azar, el compromiso comercial y el afán de aventura confluyeron para que, en menos de diez años, un nuevo y extraño ritmo musical -llegado del más lejano país de América del Sur-, conmoviera en cuerpo y espíritu a los ciudadanos parisinos. Como suele ocurrir con las novedades exóticas, ciertos niveles de la sociedad fueron sus primeros adherentes, segmentos de la franja aristocrática y del mundo artístico demostraron curiosidad por esta música quejumbrosa y sensual que permitía bailar abrazados.

De su baja cuna a su encumbramiento como baile rey en los salones del mundo occidental, el tango recorrió un curioso camino de ida y vuelta entre el Nuevo y el Viejo Continente, con una parada decisiva y brillante en París.

¿Cómo llegó allí? Muchos factores influyeron. En primer, lugar la tecnología, es decir la existencia de la radio, el gramófono y los discos que como mencionamos en un capitulo anterior, fueron claves en la difusión del tango. Lo popularizaron en todas las clases sociales. Y las partituras, como ya se dijo, se repartieron por doquier en el viejo continente.

Por su lado, otro factor, determinante e inesperado, de importación del tango al Viejo Mundo, fueron los "niños bien" de Buenos Aires -las patotas en muchos casos- que habían aprendido a bailar el tango en los arrabales porteños. No habían tenido reparos allá en Buenos Aires en bajar a los barrios orilleros para divertirse, bailar y, de paso, levantarse alguna mina o alguna "milonguita" que engatusaba o se dejaba engatusar. Y para acercarse a la mujer no conocida, nada mejor que el tango. Por supuesto, allá en la capital, en su propio medio social y familiar, el tango no era aceptable en sus casas ni bailable con las señoritas de su ambiente, razón por la que permaneció durante muchos años como algo marginal y de clase baja.

Pero cuando viajaron a Europa junto a sus familias o eran enviados a estudiar a París y otras ciudades importantes en el Viejo Mundo, llevaban con mucho entusiasmo algo más en las valijas que vestuario y, tal vez, algunos libros, llevaban también el tango. Los viajes de estos patricios a Europa, en especial a París, fueron uno de los factores desencadenantes en la difusión de este fenómeno musical. Es decir, ocurrió, casi como un efecto lateral, no previsto, que muchos de estos jóvenes argentinos visitando o residiendo en Europa contribuyeron a introducir su Tango Argentino "indecente" a la nobleza parisina. El Tango fue así traído a París antes de 1910 por los hijos de la clase alta argentina y, eventualmente, hizo también su camino a la escena teatral. Allí se convirtió en un arte estético y musical, completamente opuesto a cómo había sido valorado hasta entonces, solo como una distracción de mala reputación.

Así fue que el tango, desde 1907 en adelante, fue sembrado en París en una parte importante por la clase alta argentina, empezando por el legendario Ricardo Güiraldes y otros eximios bailarines como él entre esos "niños bien". Otro testimonio revelador es el del pianista catalán José Sentis en París. En una reunión donde estaban presentes gente de la nobleza, músicos franceses y miembros de la familia Rothschild, alguien preguntó a los argentinos presentes -de familias ricas por supuesto- sobre su música popular. Ellos mencionaron al tango, que era una denostada música del arrabal, y el mismo Sentis tocó al piano varios tangos por primera vez allí. Los jóvenes argentinos lo bailaron -y muy bien-, acompañados de las elegantes damas presentes, con figuras de cortes y quebradas, representando la nueva danza, que causaría furor.

El tango viaja a Europa. Se salta el centro de Buenos Aires
Los pioneros. "La Belle Époque" y la Guardia Vieja

"Che Madam que parlás en francés
y tirás ventolín a dos manos,
que escabiás copetín bien frapé
y tenés gigoló bién bacán...
Sos un biscuit
de pestañas muy arqueadas...
Muñeca brava
bien cotizada.
Sos del Trianón...
del Trianón de Villa Crespo..."
MUÑECA BRAVA (1929)
Música: Luis Visca
Letra: Enrique Cadícamo
Canta Carlos Gardel / Orquesta Alfredo De Angelis

Términos lunfardos en el orden mencionado:

Tirás ventolín: Guita, dinero.
Escabiás: Beber, tomar una bebida alcohólica.
Bacán: Un hombre rico o quien pretende ser rico; proxeneta, el que "posee" a una mujer, una concubina o una prostituta.
Biscuit: Mujer hermosa y delicada.
Trianón: Originalmente un lugar muy elegante, un castillo en el Palace de Versailles, Francia. Aquí sirve de burla, el trianon de Villa Crespo, che vampiresa pebeta de ocasión, un lugar de mala muerte en Buenos Aires.

La década del novecientos (1900-1910). Benigno Macías, hijo de un gran estanciero, era uno de esos "niños bien" de la aristocracia argentina, había llegado a Madrid -procedente de París- en las fechas precedentes a la boda de Alfonso XIII con Victoria de Battenberg (1906). Uno más de los *bon vivants* de la alta sociedad europea en la Belle Époque. Pero en este caso, con la particularidad de ser también un eximio bailarín de tango. Fue uno de los que introdujo, y a la vez enseñó, el tango danza en la alta sociedad en París y en España, una ocurrencia no menor en la difusión del tango en Europa. Macías era un entusiasta del tango al punto de incentivar varias empresas y cabarets para que realicen conciertos de tangos. Así, estableció las primeras relaciones del tango criollo con Europa, que convierte a Benigno en uno de sus primeros embajadores y con mucho éxito. En cuanto a París, la biógrafa de Anita Delgado -otro miembro de la alta sociedad de la época- nos informa que artistas a los que él representaba bailaron en el Folies Bergère, y que era denominado como "el rey del tango argentino", título que debieron atribuirse unos cuantos.

La Coupole, Montparnasse, París.

Hugo, maître del restaurant Maxim's de París entre 1899 y 1918, expresa que "en Maxim's se bailaban los bonitos valses vieneses hasta el día que desde Argentina nos llegaron los tangos…". ¿Cuál fue ese día? Consecuencia de un proceso gradual y nunca sistemático, no existe un momento exacto en que el Tango llega a París. Debió haber llegado apenas nacido en Buenos Aires, de la mano de la juventud de las familias ricas argentinas, a fines del siglo XIX.

El Tano Genaro en La Coupole, Montparnasse, París (1930-1932).

Nuevas modas. El tango argentino triunfa y crea nuevas modas en la Ciudad Luz. Se imponía el "color tango", un tono anaranjado vivo, que teñía vestidos, por ejemplo, *la robe côtelée tango* o el *manteau en velours souple tango*, que promocionaban las revistas de moda, chales, camisas, polleras, medias, sombreros, blusas, zapatos y la tapicería de los sillones y canapés. Nacía una nueva bebida, una cerveza mezclada con granadina, apodada "tango" y que se sigue tomando hasta hoy, con el mismo nombre, en los cafés parisienses. La misma granadina que, volcada sobre una banana, permitió a los cocineros crear el postre "banana-tango". Había estallado la *tangomanía.* Para 1913 la primera preocupación de las mujeres elegantes que se reinstalaron en París es la de ir a aprender con un profesor de renombre las nuevas danzas que están de moda. Cada una viene a París para tomar su lección de tango. Se daban magníficas fiestas que presentaban orquestas argentinas y surgieron muchas lecciones de tango. Incluso la moda femenina cambio. Vestidos voluminosos fueron remplazados por otros más ligeros, más flexible para que las damas pudieran adaptarse a los movimientos del tango.

Genaro Espósito en La Coupole, Montparnasse, París, 1943.

Consagrado en París, rápidamente el tango desembarca en el resto de Europa, incluyendo Europa del Este, en especial en Polonia, que, no teniendo mucho acceso a los intérpretes y partituras, crea sus propios tangos, en polaco. Y también el tango arriba a los Estados Unidos. No es posible explicar las razones del suceso de una expresión artística. En la imposibilidad de sondear sus misterios reside su interés, más aún en el caso del tango, que involucra no solo una danza, sino toda una cultura.

El tango madura y triunfa

Mientras tanto, allá en Buenos Aires el tango llegaba a una etapa de crecimiento y maduración muy rica en su evolución musical. En medio de condiciones limitadas y primitivas de los intérpretes, surgió como un grupo inesperado, un milagro del tango, figuras excepcionales, como estos músicos de la Guardia Vieja: Ángel Villoldo (cantor), Vicente Greco (bandoneón), Samuel Castriota (piano), Eduardo Arolas (bandoneón), Roberto Firpo (piano) y Francisco Canaro (violín), entre otros. Estas son las figuras que le dan la madurez al tango rioplatense.

Hay que enfatizar, entonces, que es en medio de ese crecimiento espectacular, que el Tango llegó a París de la mano de artistas de la talla de Ángel Villoldo y Enrique Saborido (polifacético músico, compositor y eximio bailarín), pioneros del tango que lograron abrir las puertas de otros continentes para que después de algunos años ingresaran triunfantes importantes figuras del universo tanguero, como lo hiciera Carlos Gardel. Fueron maestros de esta calidad los que, en un salto inesperado, recogen el tango desde el arrabal y la orilla -pasando por las academias y bares-

y grandiosamente saltan a Europa en la década de 1910 (antes de la Gran Guerra Europea). El tango se hace internacional antes de hacerse completamente argentino. Previo al reconocimiento y aceptación por parte de la clase alta en su propio país de origen. Esta es la historia de la Guardia Vieja, con una tenue e imperceptible transición a la Guardia Nueva ya en la década del '20.

El tango bonaerense se inserta en Europa en dos etapas

En un lapso de unos 30 años, y en dos períodos consecutivos -antes de la Gran Guerra Europea (1914-1919) y luego entre las dos guerras mundiales (1919-1939)-, un número apreciable de artistas del tango, entre músicos, compositores, bailarines y cantantes, llevaron el tango al Viejo Mundo con mucho éxito. En especial a Francia y España, pero también al resto de Europa. El tango quedó para siempre en la cultura europea. A su vez, aquellos países de Europa del Este que, sobre todo por razones geográficas, tuvieron poco o nada de acceso a los artistas que llegaron desde el Río de la Plata, crearon su propio tango, sus propias partituras, como por ejemplo el caso de Polonia, que creó el tango polaco, músicas hermosas e igualmente exitosas.

Y en un pernó mezcló a París con Puente Alsina..., este tango lo dice todo

"Con este tango que es burlón y compadrito
Se ató dos alas la ambición de mi suburbio,
Con este tango nació el tango, y como un grito
Salió del sórdido barrial buscando el cielo".
EL CHOCLO (Versión IV, 1946)

Términos lunfardos en el orden mencionado:

Compadrito: Los hombres que, en años tardíos, al comienzo de la Guardia Vieja, pretendían hacer el papel del compadrón original, pero sin su gallardía.

Se ató dos alas la ambición de mi suburbio: "Echó a volar" su ambición.

Salió del sórdido barrial buscando el cielo, conjuro extraño de un amor hecho cadencia: Da a entender las carencias y frustraciones de la clase baja que fue quien primero abrazó al tango.

Los grandes del tango de la Guardia Vieja llegan a París

A comienzos del siglo y en las décadas que siguieron, muchos músicos rioplatenses, buscando nuevas fuentes de trabajo, fueron a París y mientras hacían presentaciones allí, varios como los Gobbi, Villoldo y más tarde Canaro, también crearon sus propias composiciones. Algunos, incluso, fueron invitados a grabar su música para Víctor Records y la Pathé francesa. También enseñaron el tango-danza en las escuelas y estudios de baile recién abiertos. Poco a poco esta danza exótica y sensual llamó la atención y el interés de todas las capas de la sociedad francesa. En 1911, el tango había llegado a superar el vals francés como el baile preferido. Fue reconocido en todas las grandes capitales del mundo.

Los músicos criollos embrujan a la sociedad europea

Vale la pena hacer notar que, entre las clases media y alta, el tango triunfó en la sociedad europea, menos remilgada, como no había podido hacerlo en su tierra natal, fuertemente restringida por la Iglesia y la alta sociedad conservadora. En una fecha temprana como fue 1907, el músico uruguayo Alfredo Gobbi, su mujer, la cantante chilena Flora Rodríguez y el considerado "padre del tango", Ángel Villoldo, son llamados a París para efectuar algunas grabaciones. Tiempo después, la embajada artística "La Murga Argentina" (lunfardo por "comparsa que actúa en los carnavales") compuesta de paisano, bandoneón y eximios bailarines, desata en el Viejo Continente una verdadera psicosis por el tango porteño: *tangomanía* se lo llamaría luego. Y no solo en los barriales parisinos, sino que además en los altos círculos sociales de la Ciudad Luz.

Los primeros profesionales arriban a Europa

Entre los elementos humanos se puede decir que hubo dos grupos de creadores. Tal vez, y en cierto modo, sin conexión uno con el otro, algunos incluso apareciendo en la escena en forma casi accidental, pero ambos grupos participaron con mucha valía en la aparición, difusión y éxito del tango en el Viejo Continente. Uno, tal vez el primero y ya mencionado antes, los "niños bien" de Buenos Aires, aquellos que habían aprendido el tango en sus visitas clandestinas a los arrabales se entusiasmaron y lo adoptaron como propio, bailando en sus casas y algunos de ellos llegando a ser bailarines eximios. Los viajes de estos patricios a Europa, especialmente a París, fueron el desencadenante.

El otro elemento humano fueron los profesionales del tango, digamos "los arrabaleros", los muchos músicos, intérpretes y bailarines que llegaron al Viejo Continente en busca de oportunidades de trabajo y que terminaron con Europa a sus pies, embrujada por el tango. Estos últimos tuvieron un rol importante para introducir a sus músicos en Europa, alrededor de la década de 1910, durante la Guardia Vieja, tomando los salones de baile y cabarets de París, Berlín y Londres por asalto. Por su parte, el compromiso práctico se pone de manifiesto en 1907, cuando la firma Gath & Chaves resuelve comercializar discos con su sello. Aquí el negocio crece rápidamente al decidirse enviar -ya mencionados más arriba- tres artistas a Francia para grabar discos. Los elegidos fueron Ángel Villoldo y los esposos Gobbi. La inminencia de la guerra los ahuyentó de Europa, pero no de los escenarios, que fueron transitando hasta su regreso, al Uruguay primero y a la Argentina después.

El afán de aventuras tentó luego a dos componentes de la primera embajada tanguera. Uno, el autor de la música de "La Morocha", también pianista y excelente bailarín: Enrique Saborido; el otro, un notable músico y compositor Carlos Vicente Geroni Flores. Arriban al viejo mundo en 1911, apenas unos años antes que estalle la Primera Guerra Mundial. Saborido se luce enseñando a bailar, en especial a numerosas damas que requieren sus servicios.

Músicos y bailarines conquistando París

PRIMERA ETAPA. GUARDIA VIEJA (ca 1900-1914)

La Belle Époque

Entre los primeros artistas en conquistar el soñado París (el número entre paréntesis indica el año de arribo a París), podemos mencionar a los siguientes:

Los músicos

- (1907) Ángel Villoldo y el matrimonio Gobbi.
- (1913) La Típica Loduca, el primer trío tanguero con bailarín (Casimiro Aín) en París.
- (1913) Carlos Vicente Geroni Flores, violinista, pianista, director y compositor.
- (1913) Celestino Ferrer, piano.
- (1913) Eduardo Monelos, violín.
- (1913) Vicente Loduca, bandoneonista, compositor y director.
- (1914) Carlos Güerino Filipotto, bandoneonista y Pepe Chuto (Schiutto), violinista.

Los bailarines "niños bien" (de la clase alta)

- (1903) Alberto López Buchardo.
- (1905) Ricardo Guiraldes.
- (1907) Benigno Macías, playboy y empresario.
- (1910) Vicente Madero.

Los bailarines profesionales (los arrabaleros)

- (1907) Bernabé Simarra.
- (1912) Francisco Ducasse.
- (1913) Enrique Saborido, músico y bailarín.
- (1913) Casimiro Aín y su pareja Martina.

Seis años transcurren desde la avanzada musical a París de los Gobbi y Ángel Villoldo, que solo hicieron una breve estadía en Francia. En ese intervalo no hay aparentemente actividad tanguera en París, o si la hubo no hay al parecer testimonios ni anécdotas o artistas de renombre hasta 1913.

El gran año será 1913. El tango había sido introducido en París por Villoldo y los Gobbi y luego, seis años más tarde, por la legendaria avanzada del polifacético Enrique Saborido, letrista compositor de "La Morocha" y además un gran bailarín. Y también la llegada del violinista, pianista, director y compositor Carlos Vicente Geroni Flores con La Típica Loduca (más bien un trío musical), compuesto por músicos de alta calidad como el pianista Celestino Ferrer, el bandoneonista italiano Vicente Loduca y el violinista Eduardo Monelos, y traen también un bailarín de campeonato, el célebre y mítico el Vasco Casimiro Aín, entre los mejores bailarines de tango del mundo.

Con todos ellos el tango comenzó a difundirse rápidamente. Los músicos consiguen trabajo en el Cabaret Princesse que estaba ubicado en la planta superior de la Rue Fontaine, número 6 bis, abajo funcionaba el Teatro Deux Masques, luego convertido en el Cabaret Palermo. El cabaret Princesse, de la Rue Fontane nº 6, más adelante, con la llegada de Manuel Pizarro, se convirtió en el famoso El Garrón, lugar de encuentro de toda la comunidad bonaerense en París. Las cosas se van sucediendo, Loduca se va a Brasil y Ferrer llama a Buenos Aires para conseguir otro fueyero (lunfardo por bandoneonista), Güerino Filipotto. Por su parte se enferma Eduardo Monelos, quien regresa a la Argentina y fallece atacado de tuberculosis. En su reemplazo va otro violinista de quien no han quedado mayores referencias, José Sciutto (Pepe Schiutto).

Para ese mágico año de 1913 llega a París el actor y bailarín Francisco Ducasse. Esos eximios bailarines contribuyeron en forma fundamental a difundir el tango en Europa con demostraciones de baile y también enseñando a bailar el tango a la clase alta y a la sociedad en general. Varios de ellos destacaron y dejaron historias, leyendas y mitos en la narrativa del tango en París. Con el tiempo, la proeza coreográfica se proyectó más allá de París, y el tango pasó a ser el mejor embajador internacional del Rio de la Plata.

El tango se convirtió en una locura instantánea. Desde París, el tango rápidamente migró a otras capitales, como Londres, Roma, Berlín y finalmente Nueva York. Ahora el tango se convirtió en "respetable" y pronto fue reimportado a la Argentina y a las orillas del Río de la Plata, donde apareció en los cafés y clubes frecuentado por los argentinos de la clase adinerada.

La tragedia de los caídos en el curso de la Gran Guerra en Europa (Primera Guerra Mundial "en los campos de Francia").

Nota: A este respecto y más detallado ver página 494 de este mismo volumen.

"Silencio en la noche, ya todo está en calma,
el musculo duerme, la ambición descansa.
Meciendo una cuna, una madre canta,
un canto querido que llega hasta el alma
porque en esa cuna está su esperanza
Eran cinco hermanos..."
SILENCIO (1932)
Música: Carlos Gardel y Horacio Pettorossi
Letra: Alfredo Le Pera y Horacio Pettorossi

"Silencio" es uno de varios tangos que tocan el tema, ver más adelante la sección sobre poesía tanguera y sus poetas, referente a las letras de tango y la tragedia de la Gran Guerra Europea (1914-1918).

En 1914 cuando llegó la Gran Guerra (más tarde llamada Primera Guerra Mundial), varios tuvieron que partir, algunos se fueron a Estados Unidos a probar fortuna, otros regresaron a Buenos Aires. En los EE.UU. el Vasco Aín se las rebusca y da clases de baile. Viven alquilando una pieza con tres camas, dos son ocupadas por Ferrer y Filipotto, la tercera ya tenía su habitante, *El Tano*, un muchacho italiano que se ganaba la vida como albañil, quien, con el invento del cine, se transformó en el mundialmente famoso, Rodolfo Valentino. Después algunos volvieron a Buenos Aires, y más tarde muchos de ellos, partieron de regreso a Francia.

"Yo sé que aún te acuerdas del barrio perdido,
de aquel Buenos Aires que nos vio partir,
que en tus labios fríos aún tiemblan los tangos
que en París cantabas antes de morir".
LA QUE MURIÓ EN PARÍS (1930)
Música: Enrique Maciel
Letra: Héctor Blomberg
Canta Ignacio Corsini

SEGUNDA ETAPA. GUARDIA NUEVA (ca 1920-1939)
Los locos años '20

Entre las dos guerras, época también conocida como, *"Los locos años '20"*, ocho músicos, un bailarín y un cantor imponen el tango en París (1920-1928). El año entre paréntesis es el del arribo a Europa.

- (1920) Genaro Espósito, bandoneonista, guitarrista, pianista, compositor y director.
- (1920) Manuel Pizarro, bandoneonista, director y compositor, y su Orquesta Típica Argentina, con sus hermanos Domingo, Salvador y Alfredo.
- (1921) El Cachafaz, bailarín.
- (1921 y 1924) Bachicha, bandoneonista, compositor y director, y su "Fameux Orchestre Argentin" (la Orquesta Argentina Bianco-Bachicha).
- (1921 y 1927) Pascual Contursi, poeta, letrista, autor teatral y cantor aficionado.
- (1924) Eduardo Bianco, violinista, compositor y director.
- (1920-24) Eduardo Arolas, bandoneonista, compositor y director.
- (1925) Francisco Canaro, compositor, violinista y director de orquesta, de nacionalidad uruguaya, y su "Orchestre de Tango".
- (1925) Julio De Caro, músico, violinista, director y compositor.
- (1923 y 1928) Carlos Gardel, el cantor de tango por excelencia.

Como se puede observar la lista incluye varias Orquestas Típicas de estos mismos músicos y directores. Muchas de esas orquestas de tango -ya existía la Orquesta Típica- estaban establecidas, y otras en giras por las capitales europeas. Algunas eran orquestas genuinamente argentinas, otras falseadas como argentinas, y varias eran una combinación de verdaderos solistas argentinos, pero acompañados de músicos locales. Las orquestas del Filipotto y las bandas de Ariotto, su sede en Londres, durante la década de 1920 fueron de este último tipo.

Un caso especial es el Sexteto Brodman-Alfaro, una orquesta de tangos franco-italiana, con grabaciones de los años 1930-1932. Integrado por Brodman, violinista de experiencia tanguera con actuaciones en el conjunto argentino Ferrer-Filipotto y Alfaro -que era el seudónimo del cellista judío Jean Leves que-, quien dirigió este sexteto en París en el año 1928. En el sexteto participaban además dos excelentes bandoneonistas judeo-italianos, los hermanos Ettore y Giuseppe Colombo. Grabaciones de la época son testigos del estilo musical del conjunto, a la altura de las mejores agrupaciones de la era decareana.

Las musas francesas del tango[3]

Las musas francesas irrumpieron en el tango allá por la primera década del siglo XX. Fue luego de que, en 1905, se radicara en París el pianista y compositor argentino Alberto López Buchardo (1882-1948), al que algunas bellezas de esa ciudad le inspiraron "Poupée" y "Germaine". Tanto en Europa como en Buenos Aires, en los 20 años que siguieron, de 1910 en adelante, con el triunfo del tango en París los ejemplos se multiplicaron: "La Tangochinette" de Ángel Villoldo, "La Gigolette" de Manuel Aróztegui, "Jeanney Margot" de Juan Maglio "Pacho", "Yvette" de Augusto Berto -homónimo del que lleva letra de Contursi-, "Jeannette" de Genaro Espósito y "La Vasca" de Juan Carlos Bazán. En 1920, Eduardo Arolas con su tango "Alice" y luego "Poupée". Y sigue: "Francesita" de Alberto Vacarezza y Enrique Delfino, "Griseta" del mismo compositor y José González Castillo, "¡Buenos Aires es una papa!", también de Delfino y Camilo Darthés, "Ninette" de Alfonso Lacueva, "Pobre francesita" de Manuel Jovés, "Lisón" de Celedonio Flores y Rodolfo Sassone, "Madame Ivonne" de Enrique Cadícamo y Eduardo Pereyra, "Muchachita de Montmartre" de José Antonio Saldías y Osvaldo Fresedo, "Manón" del ya veterano Arturo De Bassi y varios más.

Carlos Gardel en París, la Ciudad Luz.

Después de la Gran Guerra Europea, en 1925, Francisco Canaro viajó a París y su orquesta obtuvo un triunfo resonante. El camino quedaba abonado y Gardel, en 1927, se encargaría de la consagración definitiva. El reconocimiento tan prematuro que el tango alcanzó fuera de su patria también es mérito de gentes más anónimas. Variadas versiones sostienen la posibilidad de que los verdaderos y legítimos introductores de la danza argentina hayan sido los marineros de las naves que unían a ambos continentes.

Orquesta de Francisco Canaro en "El Florida" de Montmartre, París, 23 de abril de 1925.

Así, para cuando Gardel llega a España (1923) y luego a Francia (1927), ya hay detrás unos 20 años de tango, traído por músicos y conjuntos argentinos bien establecidos y exitosos, sobre todo en París. Canaro, Bachicha (la orquesta Bianco-Bachicha), Contursi. Muchos de ellos se quedaron en la Ciudad Luz para siempre.

Cuando Cortázar y otros escritores latinoamericanos de su generación llegan a París, se encuentran con que ya hay unos 40 años de una tradición y presencia argentina en la capital francesa.

"Lejano Buenos Aires ¡qué lindo que has de estar!
Ya van para diez años que me viste zarpar.
Aquí, en este Montmartre, faubourg sentimental,
yo siento que el recuerdo me clava su puñal".

ANCLAO EN PARÍS (1931)
Música: Guillermo Barbieri
Letra: Enrique Cadícamo
Canta Carlos Gardel con las guitarras de J. Ricardo y Barbieri

Notas

1 Binda, Enrique. "¿Cuándo llegó el tango al extranjero?". Todotango.com. Extraído y adaptado de: http://www.todotango.com/historias/cronica/233/Cuando-llego-el-tango-al-extranjero/)
2 Gobello, José y Pinsón, Néstor. "Vicente Madero". Todotango.com. Extraído y adaptado de: http://www.todotango.com/creadores/biografia/1605/Vicente-Madero/
3 Selles, Roberto. "Las musas francesas del tango". Tango Reporter. Extraído y adaptado de: http://www.tangoreporter.com/nota-musas-francesas.html

En el próximo capítulo nuestra atención va de vuelta a los arrabales de Buenos Aires, donde veremos que el futuro cantor de tangos ya existía mucho antes que llegara el tango canción en escena: era el llamado Cantor Nacional, que luego se reinventaría como el eximio cantor de tangos, comenzando con ese trío irreemplazable de Corsini, Magaldi y, por supuesto, Gardel.

EL CANTANTE DE TANGO Y SU EVOLUCIÓN EN EL TIEMPO

Desde el cantor nacional (folclórico) al cantor de tango

"Sabrán que soy el Entrerriano,
que soy
milonguero y provinciano
que soy también
un poquito compadrito
y aguanto el tren
de los guapos con tajitos".

EL ENTRERRIANO (1897)
Música: Rosendo Mendizábal
Letra: Homero Expósito
(Considerado por muchos como el tango que inicia el período de la Guardia Vieja)

Tango y folclore[1]

En Argentina, el folclore, música del interior, del campo, y el tango, música ciudadana, porteña, están unidos por infinidad de lazos. Fundamentalmente, porque representan y simbolizan las entrañas del propio país. Existen innumerables ejemplos al respecto. Folkloristas que entonan y rasguean en sus guitarras páginas del acervo tanguero. Y de estos incorporando milongas pampeanas o sureñas (Los ejes de mi carreta), o valseados litoraleños (Noches correntinas), o una tonada cuyana transformada en tango (La Tupungatina), por citar ejemplos. Les invito a escuchar en YouTube, algunos temas referidos a estas experiencias. En primer término, por el conjunto folclórico tucumano, "Los tucu tucu", el vals de Enrique Maciel y Héctor Pedro Blomberg: La pulpera de Santa Lucía. Por la orquesta de Osvaldo Pugliese el tango de Emilio Balcarce: Norteño. Y por el conjunto salteño "Los cantores del alba", el valsecito que Francisco Canaro dedicó a su madre: Corazón de oro.

¿Qué significó ser cantor nacional?

La figura del Cantor Nacional puede ser vista en un horizonte amplio en el transcurso del tiempo. Significa la evolución natural del payador o el cantor criollo, del 1700 y del 1800, a Cantor Nacional. Es una tradición que tuvo su culminación en los años 1920-1930. Tuvo su mayor exponente en Carlos Gardel, luego una retracción estoicamente resistida por Edmundo Rivero, y también algún gesto aislado de Julio Sosa, y luego una recuperación progresiva, impulsada hoy por nuevas generaciones de intérpretes y oyentes.

El motivo del nombre Cantor Nacional se debió a la naturaleza del repertorio, en general *folclórico sureño*, música característica de la llanura de la provincia de Buenos Aires, compuesto por estilos, zambas, milongas (camperas), y que a partir de los primeros años del siglo XX incorpora el "tango milongueado" (milonga ciudadana, milonga bailable) de letras picarescas y casi siempre anónimas[2], para llegar, por último, un tiempo más tarde, al "tango canción". Y que es la evolución artística de Gardel, de cantor folclórico a cantor del tango.

El cantor solista en el tango-canción

El *cantor solista* de fines de siglo XIX y, hasta muy avanzados los años treinta, fue así denominado Cantor Nacional. Más tarde, en la década de 1910 y en las siguientes este *Cantor Nacional*, va a ser el vehículo musical cantado que -junto o paralelo al *Sainete* como género teatral popular- va a contribuir al desarrollo del *tango-canción* y sus géneros afines. Los cantores nacionales equilibraron tangos, valses, milongas y canciones criollas o de diversa raíz folclórica en sus repertorios, que admitieron incluso ritmos importados durante sucesivas modas, como las del *foxtrot* o el *fado*. El acompañamiento característico fue el de guitarristas extraordinarios desde el punto de vista técnico, pero notablemente permeables al carácter de cada género.

Carlos Gardel, del mismo modo que sus exitosos contemporáneos Ignacio Corsini y Agustín Magaldi -voces que encabezaron las preferencias del público de su época- fueron cantores nacionales, pese a la preeminencia del tango en sus repertorios, y al hecho de que fueron tangos sus grabaciones más populares. Cuando surge el "tango canción" se modifica la participación dentro de los repertorios, y el tango empieza a imponerse sobre los otros géneros.

Los tríos típicos de la Vieja Guardia -guitarra, flauta y violín- al incorporar primero el bandoneón y después el piano, se transformaron en cuartetos, quintetos y sextetos, que para comunicar al público el hecho que ejecutaban exclusivamente tangos, agregaban al nombre de sus formaciones dos palabras: Típica y Criolla, o solo la primera.

El Cantor Nacional, casi siempre acompañado solo por guitarras, convivió durante muchos años con estas formaciones orquestales que interpretaban el tango únicamente en forma instrumental. Eran dos carriles que funcionaban en paralelo. Por un lado, los solistas acompañados por pequeños conjuntos o solo con guitarras. Por el otro, las orquestas y sextetos, que también ejecutaban tangos con letra, pero la melodía la cantaban los instrumentos, ya sea en solos o en duetos, sin ningún cantor, a lo sumo con coro de los propios músicos y de muy corta duración.

El desarrollo histórico del canto en la música de tango nos permite comprender mejor el crecimiento del género y su inserción popular.

"¡Adiós, pampa mía...!
Me voy... Me voy a tierras extrañas.
Adiós, caminos que he recorrido,
ríos, montes y cañadas,
tapera donde he nacido.
Si no volvemos a vernos,
tierra querida,
quiero que sepas
que al irme dejo la vida.
¡Adiós...!"

¡ADIÓS, PAMPA MÍA...! (1945)
Música: Mariano Mores y Francisco Canaro
Letra: Ivo Pelay

EL CANTOR DE ORQUESTA EN EL TANGO-CANCIÓN
La evolución en la dinámica entre el vocalista y la orquesta

Con el transcurso del tiempo se fueron originando distintas formas y estilos en la interpretación, diferentes relaciones dinámicas entre el vocalista y la orquesta. Podemos distinguir cronológicamente en la música urbana, cuatro categorías de intérpretes vocales, que no pueden ser definidas ni diferenciadas por la época, ya que coexistieron en muchos momentos. Hasta tal punto que un mismo cantor estaba en más de una categoría. Así, considerando la participación de la voz humana y su contribución al tango, desde sus comienzos hasta la actualidad, las cuatro categorías serían:

- El Cantor Nacional
- El Estribillista
- El Cantor de la Orquesta
- El Solista Consagrado

EL CANTOR NACIONAL: Como ya se ha mencionado más arriba, resulta evidente que este "cantor nacional" argentino tiene un parentesco indiscutible con el payador, pionero en la poesía musical y criolla, tanto por su repertorio como por el estilo de su interpretación. Carlos Gardel fue, sin duda, no solo el más grande intérprete del tango de todos los tiempos, sino también el ejemplo más acabado de lo que significaba un "cantor nacional". En sus comienzos grabó un repertorio folclórico totalmente carente de tangos. Por un período de cerca de 20 años, desde Gardel -allá por 1912- hasta Hugo del Carril, a fines del treinta, todos los grandes solistas del tango pertenecieron a la categoría de "cantor nacional". Esto incluye a cantantes como Ignacio Corsini, Agustín Magaldi, Charlo, Alberto Gómez, Mario Pardo, Agustín Irusta y otros.

El estribillista: El estribillista era el cantante de orquesta que en los años veinte y treinta cantaba solo un fragmento de la letra (el estribillo), o un breve tema central de cada tango, sin tener demasiada trascendencia. Es a partir de 1924, y por una idea de Francisco Canaro, siempre en la búsqueda de incorporar novedades a su orquesta, que aparece "el cantor estribillista" o "chansonniers", antecedente necesario del "cantor de la orquesta" de los años cuarenta.

Roberto Díaz, con el tango "Así es el mundo", inaugura la participación del canto en el tango orquestado. También Osvaldo Fresedo en su propia orquesta, adhiere a la novedad aportada por su colega, incorporando a los estribillistas. El estribillista tiene una colaboración muy acotada, solo a un pedacito de la letra y muy humilde, ni siquiera aparecía su nombre en las etiquetas (al igual que los letristas, que muchas veces no figuraban en las partituras o aparecían con letras muy pequeñas en comparación a las del compositor). El estribillista, en desventaja, tenía que imponer la voz humana en un muy breve lapso de la composición contra la sonoridad de una orquesta que no detenía su ímpetu cuando este cantaba y, ante el ruido del público de las confiterías, de por sí bochincheras, y carentes de micrófonos, debía utilizar "para defenderse" o para hacerse notar, pequeñas bocinas o megáfonos. Pero, así y todo, la incorporación como estribillistas de los cantantes importantes de la época, como el caso de Agustín Irusta, fueron consolidando su posición.

En los años treinta no se concebía una orquesta que no tuviera por lo menos dos vocalistas, de lo cual Canaro también fue propulsor al incorporar un segundo cantante a su orquesta. Charlo, pese a ser ya famoso como solista, actúa y graba como estribillista en varias orquestas al mismo tiempo, con Canaro, Lomuto y Carabelli. En muchos casos, cuando lo hace con Canaro, un mismo tema lo graba como estribillista y, al poco tiempo, como solista acompañado por la orquesta del maestro. El éxito de los estribillistas, incluyendo a cantores consagrados, algunos ya mencionados como Agustín Magaldi, Francisco Fiorentino, Carlos Varela, y otros, obliga a las empresas discográficas a contratarlos como cantores del sello, o dicho con el lenguaje de la época "cantores de la casa". Esta situación, a su vez, los obliga a cantar en todas las orquestas que trabajan con el sello de grabación. Así, por la Orquesta Típica Víctor desfilaron muchos de los cantantes más valiosos de la época, entre el año 1929 y 1935. Poco a poco la figura del estribillista fue creciendo, no solo en lo artístico sino en sus remuneraciones. El cantor y la orquesta comenzaron a compartir los elencos y las marquesinas. El estribillista crecía en sus intervenciones haciendo alguna parte más de la letra y, algunas veces, incluso la letra entera.

El cantor de la orquesta: La fecha exacta del comienzo de la etapa que continúa es imposible de precisar, porque durante algún tiempo convivieron "el cantor nacional" y el "estribillista" con "el cantor de la orquesta", surgido al final de la década del treinta. Ya en 1933 la orquesta de Francisco Lomuto, sin perder su hegemonía en lo estrictamente musical, otorgaba a su cantor, Fernando Díaz, y después de 1935 a Jorge Omar, un espacio más destacado que la de un simple estribillista, pero aún con un rol secundario respecto de la orquesta.

Una orquesta ya consagrada en el veinte, como la del maestro Osvaldo Fresedo transforma a su estribillista, Roberto Ray, en su cantor, a partir del tango "Mía vida", grabado en 1938. Luego, el momento clave de la transformación del estribillista al "cantor de orquesta" se produce con la aparición de las nuevas orquestas típicas en la mitad de la década del treinta y comienzos del cuarenta. Es muy ilustrativo el caso de Juan D'Arienzo, que en 1938 graba el tango "Indiferencia" con su cantor Alberto Echagüe, y lo hace con todas las características del "cantor de la orquesta". Más tarde, Aníbal Troilo graba un tango cantado el 4 de marzo de 1941, "Yo soy el tango", con la voz de Francisco Fiorentino, el símbolo del "cantor de la orquesta". Miguel Caló con Raúl Berón; Rodolfo Biagi con Jorge Ortiz; Aníbal Troilo con Alberto Marino, luego de la partida de Fiorentino; Osvaldo Pugliese con Alberto Morán y Carlos Di Sarli con Roberto Rufino son otros famosos binomios en esta etapa.

La principal característica de este momento, en el desarrollo evolutivo del tango cantado, es sin duda, la perfecta sincronización y armonía que había entre el vocalista y la formación musical. El cantante era una voz destacada, pero era también un instrumento más de la orquesta, la que generalmente hacía su lucimiento al principio y en el medio de la pieza para, después, ponerse a disposición de la voz en el resto del tema. La voz afinaba con los músicos de tal forma que el cantor era un músico más y su voz un instrumento musical que sobresalía, no por la factura de un solo, como lo haría un violín o un bandoneón en la época anterior, rol también breve asignado a los estribillistas, sino por su protagonismo en el tema.

Además, este protagonismo se manifestaba en la aceptación popular y en la importancia comercial que había adquirido el cantor, por el valor de su cachet, por el volumen de ventas de discos, por la cantidad de público que convocaban, por el cartel, por las notas en las radios, diarios y revistas. No muy diferente en muchos aspectos a lo que ocurre hoy en la comercialización de la música, una verdadera industria empresarial.

El éxito impresionante que tuvo el tango en los cuarenta (ca 1935-1955), la Época de Oro del Tango Argentino, se debió a tres razones. La gran proliferación de orquestas integradas por jóvenes y talentosos músicos: Aníbal Troilo, Osvaldo Pugliese, Miguel Caló, Alfredo de Angelis y otros. Luego, el ritmo que impuso la orquesta de Juan D'Arienzo ("El rey del compás"), a mediados del treinta, y que provocó un nuevo acercamiento de los jóvenes con la danza y el género, que además influyó en el resurgimiento del tango. Y muy importante también, fue el nuevo rol del cantor de tangos en la orquesta, importancia que se refleja en las discografías de las más importantes formaciones de ese período, donde encontramos pocas composiciones instrumentales. El cantor y el director se convirtieron en socios, en un binomio que los mostraba con igual protagonismo, lo que generó, en la mayoría de los casos, -en carteleras y marquesinas-, una presentación de dos apellidos: Troilo-Fiorentino, D'Agostino-Vargas, D'Arienzo-Echagüe, entre otros. En definitiva, el cantor y la orquesta formaban una unidad inseparable, una verdadera sociedad artística.

El solista consagrado: Solamente como resultado de un rutilante éxito, y no en todos los casos, un cantor de orquesta podía llegar a "solista", o incluso dueño de su propia formación instrumental. Así, a fines de la década del '40, vemos a cantores de la talla de Alberto Castillo, Alberto Marino, Ángel Vargas y Francisco Fiorentino, armar sus propias agrupaciones musicales: Alberto Castillo con su orquesta dirigida por Emilio Balcarce; Alberto Marino con su orquesta; Ángel Vargas con su orquesta dirigida por Armando Lacava; Francisco Fiorentino con su orquesta dirigida por Astor Piazzolla. Por primera vez en la historia del tango el cantor somete a la orquesta, propia o contratada, la pone a su disposición para su lucimiento y termina, de este modo, el viejo predominio. Por otro lado, algunos excelentes cantores de orquesta llegaron a ser más importantes en su etapa de solistas, como son los casos de Edmundo Rivero y Roberto Goyeneche.

Otros grandes que llegaron a ser importantes solistas fueron Julio Sosa (ex Francini-Pontier), quien tuvo el mérito de resucitar el tango en los difíciles años sesenta. Floreal Ruiz que fue un cantor de importantísimas orquestas, y terminó siendo una estrella con brillo propio hasta el final de sus días. Roberto Rufino, considerado maestro de cantores por sus propios pares y Argentino Ledesma, ex cantor de Héctor Varela que a partir del éxito de "Fumando espero" hizo una exitosa carrera profesional, vendiendo muchos discos.

"Criollita, decí que no,
que de tormento me muero,
porque tu boca que anhelo
todo su fuego me dio".
CRIOLLITA DECÍ QUE SÍ (1934)
Música: Carlos Gardel.
Letra: Alfredo Le Pera
Canta Carlos Gardel

Los cantantes de tango. De la Guardia Nueva a la Época de Oro[3]
(ca 1915 – 1955)

Los conocedores del género suelen coincidir en señalar que los tres solistas más importantes de la época temprana del tango, Guardia Nueva (ca 1917-1935), fueron Carlos Gardel, Ignacio Corsini y Agustín Magaldi. Estos artistas solían cantar acompañados de guitarras, y sus estilos tuvieron tal relevancia para la música nacional que moldearon a la mayoría de los cantantes posteriores.

En lo que respecta a orquestas típicas, resulta hoy sorprendente notar que por muchos años carecieron de vocalistas, y que los tangos que interpretaban eran solo instrumentales. Le corresponde a Francisco Canaro, como ya se mencionó, el honor de haber incorporado en 1924, a su orquesta, al primer cantante: Roberto Díaz. En aquella época, se acostumbraba a cantar solo el estribillo de las obras, es decir la segunda parte de las letras, no más de ocho líneas. Por lo tanto, al cantor se le llamaba estribillista y su rol era considerado secundario, al punto que en muchos casos ni se lo mencionaba en los créditos de las grabaciones discográficas.

Pero la difusión de las obras haría que los cantantes fueran cobrando relevancia. El oyente se relaciona más con el vocalista que con los músicos. El acercamiento es más íntimo y personal, si se quiere, con la voz, y a esta se la distingue con facilidad. Los discos exitosos catapultaron a los cantantes al nivel de ídolos en la medida que su arte era consumido, admirado y hasta envidiado por el público común. La popularidad de los cantantes creció a niveles inimaginados y los nombres de algunos vocalistas, inclusive, llegaron a eclipsar al de las mismas orquestas. Era común escuchar que alguien dijera: "Voy a escuchar a Ángel Vargas", en vez de referirse a la orquesta de Ángel D'Agostino. Asimismo, ciertos discos eran más requeridos si habían sido grabados por tal o cuál cantante, porque con el paso de los años las orquestas famosas como las de Troilo, D'Arienzo, Canaro, llegaron a grabar ¡varias versiones de un mismo tango con diferentes cantores!

Y como suele ocurrir, la elegancia personal del artista también tenía influencia en las preferencias de los seguidores. La prestancia de cantantes como Gardel, Corsini, Charlo, Alberto Castillo, Hugo del Carril, para nombrar algunos, era un plus que sin duda ayudaba a cementar la fama que gozaban. El tango "Corrientes y Esmeralda", escrito por Celedonio Flores finaliza haciendo mención de "la pinta de Carlos Gardel". Por razones de humildad y modestia, Gardel nunca lo grabó, pese a que la obra se había convertido en una de las favoritas del público. Pero, así y todo, más allá de la apariencia, el estilo interpretativo de cada cantante era lo que más apreciaba el público. En el caso de Ángel Vargas, o del uruguayo Julio Sosa, es fácil notar que se está en presencia de voces recias, claras, inconfundibles. En cambio, si uno escucha a Francisco Fiorentino o a Roberto Chanel, lo que cautiva es la ductilidad de la voz, la entonación, el equilibrio. Charlo, Corsini y Gardel sobresalían por tener voces hermosas, de gran musicalidad y amplio registro. Estos gigantes del tango, además, sabían cómo transmitir el sentimiento de cada obra.

Entre las voces más potentes del tango puede citarse a Alberto Podestá, Alberto Marino o Enzo Valentino. Entre las más bellas, a Julio Martel, Argentino Ledesma y Alberto Morán. Muchos agregarían también a Óscar Larroca, Carlos

Dante, Floreal Ruiz, y otros. Artistas como Alberto Castillo y Roberto Goyeneche (en su última etapa), además de poseer una perfecta entonación y clara dicción, se caracterizaban por la incongruencia del *tempo* de la vocalización con respecto a la melodía. Resulta, asimismo, interesante mencionar que artistas como Francisco Fiorentino y Edmundo Rivero fueron músicos profesionales antes de convertirse en cantantes. Más tarde, Rivero se dedicaría principalmente a interpretar tangos reos, de letras muy intrincadas por el extendido uso del lunfardo.

No olvidemos la participación de las hermosas voces de las mujeres del tango. Entre las cantantes femeninas puede recordarse a Rosita Quiroga por su cadencia arrabalera y a Mercedes Simone por su equilibrado registro mezzo-soprano. El nombre de Ada Falcón evoca una hermosa voz y una perfecta dicción. En esta breve síntesis debe incluirse a Nelly Omar por su límpido estilo, su profesionalidad y su larga trayectoria que la llevó en el año 2010 a dar un concierto en el Luna Park a los 90 años de edad.

> *Las voces femeninas en el tango, como por magia irrumpieron casi al mismo tiempo. Eso ocurrió en la década del veinte, entre 1923 y 1930. Llegaron y se quedaron para siempre. Si bien surgieron otros nombres en los años siguientes, para sumarse a estas pioneras, ninguna las superó. Cada una con su estilo y con su propio repertorio siguen vigentes en las grabaciones. Tales son los casos, además de los ya mencionados, los de Azucena Maizani, Libertad Lamarque, Tita Merello en 1927 y Tania en 1930.*

La riqueza del tango ha dado cabida a una variedad de posibilidades en las distintas proyecciones de su arte, y esto se observa en cuanto a cantantes se refiere. Si bien hay nombres que sobresalen y que pertenecen a la mitología tanguera, es fascinante observar que no hay cantante que domine por completo el horizonte tanguero. Por ello, distintos tangos tienen sus mejores versiones con distintas orquestas y/o cantantes. Es difícil explicar las razones de esta realidad. Probablemente, pese más en el resultado final cuestiones imponderables como el poder transmitir mejor el sentimiento de la obra y descubrir su potencial oculto, por sobre la técnica o el talento intrínseco del artista.

Se indica a continuación, a modo de ejemplo, las versiones que para muchos son las cumbres de cada composición:

- *Ventanita de arrabal* cantado por Carlos Gardel acompañado por guitarras (1927).
- *Tus besos fueron míos* cantado por Carlos Gardel.
- *Arrabal amargo* cantado por Carlos Gardel, orq. T. Tucci (1935).
- *El adiós* cantado por Ignacio Corsini acompañado por guitarras (1938).
- *La pulpera de Santa Lucía* cantado por Ignacio Corsini acompañado por guitarras (1929).

- *El motivo* cantado por Roberto Goyeneche, orq. A. Troilo.
- *Cómo se pianta la vida* cantado por Roberto Goyeneche, orq. A. Troilo.
- *Desde el alma* cantado por Nelly Omar, orq. F. Canaro (1946).
- *Cualquier cosa* cantado por Enzo Valentino acompañado por guitarras (1952).
- *Pedacito de cielo* cantado por Alberto Podestá.
- *Fueron tres años* cantado por Argentino Ledesma orq. Héctor Varela (1956).
- *Que tarde que has venido* cantado por Argentino Ledesma orq. Héctor Varela (1956).
- *Viviré con tu recuerdo* por Ada Falcón orq. F. Canaro (1942).

LAS VOCES MARAVILLOSAS DE LAS INTÉRPRETES FEMENINAS DEL TANGO

Rosa Rodríguez Quiroga de Capiello (1896-1984)

Sofía Bozán "La Negra" (Sofía Isabel Bergero, 1904-1958)

Mercedes Simone (1904-1990).
La dama del tango, la Gardel femenina.
Hugo Omar (https://commons.
wikimedia.org/wiki/File:Img286a.jpg),
„Img286a", https://creativecommons.
org/licenses/by-sa/3.0/legalcode

Tita Merello (Ana Merello, 1904-2002). Tita de Buenos Aires (Portrait of Argentine actress and singer Tita Merello. (Annemarie Heinrich). (circa 1938)).

Tania (Ana Luciano Divis, Toledo, España, 1893-1999). Fue la compañera de Enrique Santos Discépolo. Fotografía de Tania en su época de esplendor. (Autor desconocido). (1926).

Dorita Davis (Ema Gallardo de Regard, 1906-1980). La calandria criolla (Argentina. Archivo General de la Nación. Departamento Documentos Fotográficos/Consulta_INV: 1898_A).

Imperio Argentina (Magdalena Nile del Río, Buenos Aires 1906-Málaga, España, 2003).

Mercedes Carne
(Brasil, 1908-Buenos Aires, 1988).
Fotografía: autor desconocido.

Libertad Lamarque (1908-2000)

Amanda Ledesma (Josefina Rubianes Alzuri, 1911-2000) (Argentina. Archivo General de la Nación. Departamento Documentos Fotográficos/ Consulta_INV: 16826_A).

Sabina Olmos (Rosa Herminia Gómez, 1913-1999). (Tapa de la desaparecida revista *Radiolandia* con la imagen de la actriz argentina en la década de 1940).

Tita Galatro (Balbina Margarita Galatro, 1914-1988) (Argentina. Archivo General de la Nación. Departamento Documentos Fotográficos/Consulta_INV: 16429_A).

Maruja (Esther) Pacheco Huergo (1916-1983), actriz. Fotografía de autor desconocido.

Fanny Loy (Anita Fanny Luchi, 1917-¿?) (Argentina. Archivo General de la Nación. Departamento Documentos Fotográficos/Consulta_INV: 16777_A).

Carmen Duval (Carmen Leonor Simone, 1918-2012), actriz. Fotografía de autor desconocido.

Tres eximias voces del tango
Rivero, Goyeneche, Sosa

Una mención, especial, merecen estas voces del tango, pertenecientes a la "Época de Oro del Tango Argentino" (1940-1960).

Edmundo Rivero (1911-1986). El cantor nacional. Excepcional intérprete del tango, notable guitarrista y cultor del habla lunfarda. Interpretó tangos y canciones camperas. Fue un insuperable cantor nacional que, como tal, supo abordar el canto de la ciudad y del campo. Nacido en Puente Alsina, del lado de la provincia, pasó su infancia en Moquehuá. Su madre, que gustaba contarle historias de malones, lo acunaba con estilos y vidalitas. Aquellas canciones, recordaba Rivero, eran "casi todas sureras, orientales y cuyanas".

Con la guitarra ya tocaba el "Pericón Nacional" y el uruguayo "Pericón por María". Su padre le había transmitido la milonga china hereje del payador Juan Pedro López. "El de payador es un destino al que llegué tarde, pero alguna vez me prendí también en el viejísimo juego al menos para confirmarme lo difícil y lo hermoso que era. El guitarrista -tal como me había augurado mi padre- era bien recibido en todas partes. En ocasiones me han dicho que se me reconoce cierta influencia de aquellos poetas y cantores; si fuese verdad, sería uno de mis mayores orgullos, de mis mejores méritos".

Había afirmado su condición de cantor y guitarrero gracias a los payadores. Su amigo Aníbal Troilo años después lo llamó "El Gaucho". En 1982 publicó *Una luz de almacén*, memorias que dan cuenta de su trayectoria artística, y de su pasión por las palabras lunfardas.

Roberto Goyeneche ("El Polaco", 1926-1994)[4]. Fue personaje síntesis de los últimos treinta años del tango (ca 1950-1980), no solo por tratarse de un cantor extraordinario, sino y, fundamentalmente, por ser el arquetipo de la última camada de la estirpe y bohemia porteña. La expresividad de su fraseo, el particular modo de colocar la voz, la fuerte personalidad del que conoce la esencia misma del tango, lo distinguen de todos los otros cantores de nuestro tiempo. El manejo de los acentos y los silencios, el arrastre de alguna palabra de la letra, o el susurro intimista de un verso, lo convierten en un vocalista irrepetible, imposible de ser confundido con otro.

Goyeneche se consagró como solista después de brillar como cantor de orquesta y, curiosamente, el fervoroso reconocimiento y la devoción del público llegaría a la madurez de su voz, para no abandonarlo hasta su muerte. Fue grande entre los grandes, y de la mano de Gardel y de sus "hermanos" Ignacio Corsini, Charlo, Francisco Fiorentino y Ángel Vargas, su voz, su "garganta con arena", nos seguirá deleitando, a través de sus grabaciones, con el sabor del tango y el perfume cotidiano de las noches de Buenos Aires.

Julio Sosa (El "Varón del Tango". Uruguay, 1926-1964)[5]. Fue el último cantor de tango que convocó multitudes. Y en ello, poco importó que casi la mitad de su repertorio fuera idéntico al de Carlos Gardel, aunque también es cierto que interpretó algunos títulos contemporáneos. Como dice el investigador Maximiliano Palombo, "fue una de las voces más importantes que tuvo el tango en la segunda mitad de los años cincuenta y principios de los sesenta, época en que la música porteña pasaba por un momento no demasiado feliz".

Todo parecía marchar viento en popa. Solo había un inconveniente, enfrentarse al poderoso auge de la denominada Nueva Ola, el *show business* de turno, con el que se venían cercenando las raíces culturales en la juventud de la época. Pese al riesgo que ello parecía representar, Sosa logró una venta de discos impensable para un intérprete tanguero de aquellos días y tan abultada como la de cualquier cantante "nuevaolero". Ese enfrentamiento con la Nueva Ola se representó a la perfección en la escena que protagonizó para la película "Buenas noches, Buenos Aires" (1964), en la que entonó y bailó con Beba Bidart "El Firulete", ante unos jóvenes "twisteros" que terminaban por pasarse a los cortes y quebradas. La realidad no estaba lejos. Sosa logró que una juventud desorientada volviera a la música que le pertenecía. Falleció trágicamente en un accidente automovilístico a la temprana edad de 38 años.

Nota

1 Tangos al Bardo. Extraído y adaptado de:http://tangosalbardo.blogspot.com/2012/04/tango-y-folklore.html

2 Circunstancias similares a lo que ocurría con la falta de las autorías de las letras del tango -y también de otros géneros musicales de la época- en el periodo del Prototango (1860-1900), cuando la mayor parte de los compositores de música y letra eran analfabetos y no sabían tampoco leer una partitura.

3 Miranda, Juan. "Tango argentino: su música, su danza y sus letras". Extraído y adaptado de: http://www.monografias.com/trabajos85/tango-argentino-su-música-su-danza-y-sus-letras/tango-argentino-su-música-su-danza-y-sus-letras2.shtml

4 García Blaya, Ricardo. "Roberto Goyeneche". Todotango.com. Extraído y adaptado de: http://www.todotango.com/creadores/biografia/151/Roberto-Goyeneche/

5 García Blaya, Ricardo. "Julio Sosa". Todotango.com. Extraído y adaptado de: http://www.todotango.com/creadores/biografia/165/Julio-Sosa/

En el capítulo siguiente vamos a entrar en la magia del tango-canción, en el que sus creadores lograron alcanzar niveles insospechados en lo que fue la poesía del tango.
Poesía tanto en lo popular y, a la vez, con una penetración profunda en el alma humana y las vivencias del día a día en las experiencias duras de la vida.

Índice onomástico

C

D

H

I

J

L

M

N

Ñ

O

P

Q

R

S

T

Y

Z